桂花榜

定兴鹿氏旧藏科举文献四十四种

桂花榜

定兴鹿氏旧藏科举文献四十四种

河北大学出版社
·保定·

十年寒窗苦　迎来桂花香（序言）

《桂花榜》是一部关于定兴科举试卷的书。它分为『定兴科举综述』『秀才卷』『举人卷』『定兴进士、举人、贡生（秀才）名录』等四部分，介绍了一千多年定兴科举制度的历史，图文并茂地呈现了定兴科举文献，是一部可圈、可点、可读的教科书，具有史料性、通俗性、趣味性、知识性等特点，值得广大读者品味和收藏。

定兴是位于华北腹地的一个古老城市。她西倚太行，东接雄安，北距首都北京八十九公里，南距河北省会石家庄一百七十六公里，京广铁路、京广高铁、京港澳高速公路、京昆高速公路、一〇七国道纵贯南北，定易公路、定津公路、荣乌高速、固德引线横穿东西。辖十六个乡镇、一个城区、二百七十四个行政村，面积七百一十四平方公里，人口六十万。交通便利，区位优势明显。

定兴为古燕之地，历史悠久。据明万历《保定府志》、清康熙十二年（一六七三）《定兴县志》等记载，定兴，秦置范阳县，属上谷郡，治所在今天的固城；金大定六年（一一六六）始置定兴，取大定兴盛之意，治所在今定兴县城，也就是今定兴版图的基始。一九九七年被文化部命名为全国文化先进县。

定兴是一个有故事的地方。闻名遐迩的黄金台，位于定兴县城西十五公里处的高里乡境内，是昔日燕昭王招贤纳士的地方。位于定兴县城南五公里的北河，古为河阳渡口，是水路、旱路交汇处，素有『九省咽喉』之称。公元前二二七年燕太子丹送荆轲于易水之畔去刺杀秦王，留下了『风萧萧兮易水寒，壮士一去兮不复还』的悲壮诗句。坐落在定兴县城西北十五公里处的义慈惠石柱，通高六点六五米，记载了北魏时期葛荣、杜洛周农民起义的史实，集书法、雕刻为一体，是一九六一年第一批全国重点文物保护单位。定兴古城，始建于金大定七年（一一六七），距今已有八百五十余年历史了。宋乾道六年（一一七〇）秋，南宋诗人范成大出使燕京（今北京），途经定兴时写下了一首题为《定兴》的诗：『新城迁次少人烟，桑柘中间井径寒。亦有染人来卖缬，淡红深碧挂长竿。』描写了定兴初建时井邑未成的景象。位于定兴古城中央的慈云阁，建于元大德十年（一三〇六），取佛教『心慈为贵，贵慈如云』命名，为全国重点文物保护单位。位于定兴县城西南五点五公里处的东引村，东临南拒马河，南界北易水，是一处风水宝地，明忠臣杨继盛的墓就在此地。杨继盛，号椒山，明嘉靖年间因弹劾奸相严嵩被杀，明万历三十年（一六〇二）其墓地由容城迁到定兴东引村卧龙岗处。清康熙十二年（一六七三）定兴知县张其珍依据定兴风情为定兴设定了『定兴八景』，依次为督亢春晴、金台夕照、百楼耸翠、河阳晚渡、北海孤亭、易水秋风、长安晓月、巽阁笼烟，描绘了定兴的美好风光。此外，定兴还有沿村古柏、沽酒、青冢、文庙、平章墓、驸马坟等文物古迹。在一个县同时具有像义慈惠石柱、慈云阁和战国丛葬墓群这样三处全国重点文物保护单位，在其他地方是不多见的。

定兴人杰地灵，名人辈出。郭隗，定兴河内村人。公元前三一一年，燕昭王听取了郭隗『千金买骨』的故事，筑起了黄金台，置千金于台上以延天下士，开了中国历史上『招贤纳士』的先河。高渐离，战国时期音乐家，定兴县高里村人。高里，因其为高渐离故里而得名。公元前二二七年，燕太子丹派荆轲刺杀秦王，高渐离等人于易水之畔为荆轲送行而留名千古。蒯通，汉初范阳（今定兴固城）人。秦末陈胜、吴广起义，蒯通劝说范阳县令徐公归降，使陈胜不战而得燕赵三十余座城池。郦炎，东汉诗人，范阳人，通音律，有文采，平生擅写诗，有《大道》《灵芝》留存于世。祖逖，东晋名将，定兴县祖村店人。幼年聪颖，博览群书。少年与刘琨为友，均有大志。同居时中夜闻鸡起舞，誓死恢复中原，成语由此得名。张柔，元大将，定兴河内村人。曾任定兴县令、保州元帅等职，是今保定市建城的奠基人。一二二七年，张柔率军重修保定城，莲花池是其私园。张弘范，张柔第九子，善马槊，以骁勇著称，能诗文，在元灭南宋统一中国的历史进程中立下了汗马功劳，元至元十六年（一二七九）灭南宋于厓山，并在岩石上刻『镇国大将军张弘范灭宋于此』十二个大字凯旋。王实甫，定兴人，元代戏剧家，一生著杂剧十四种，流传至今的有《西厢记》《丽春堂》《破窑记》三种，《西厢记》是其代表作。薛论道，明代散曲家，定兴城内二街人。八岁能文，喜好谈兵，从军三十余年，官至指挥佥事，著有《林石逸兴》等书。鹿传霖，清末军机大臣，定兴西江村人。历任广西兴安知县、广西桂林知府、河南巡抚、陕西巡抚、四川总督、两广总督、军机大臣、工部尚书、户部尚书等职，是今四川大学创办者，著有《筹瞻疏稿》《松砚斋诗抄》等。另有现代诗人张秀中，抗美援朝一级战斗英雄孙生禄，中国第一个女试飞员张玉梅，中国十大杰出青年、南丁格尔奖获得者姜云燕，乒乓球世界冠军牛剑锋等人物。定兴为拥有这些名人志士而骄傲。

悠久的历史和深厚的文化底蕴丰富了定兴作为全国文化先进县的内涵，书写了定兴文化的新篇章。在隋代至清代一千余年的科举制度中，定兴中式状元一名，进士九十名，举人三百四十二名，贡生（秀才）三百五十名，涌现出许多人才。这些考取功名者往往历经寒窗，苦登龙门，大多出类拔萃，如金代的郭济忠、郭济道，明代的蔡梦齐、蔡应齐，均为兄弟二人同榜进士；清代的鹿学尊、鹿名世父子是同榜举人。这些举子大都在外地做官，在全国各地做知县、知府的人很多，有的还做了封疆大吏。如鹿传霖曾任陕西巡抚、四川总督，平定西南之乱。明正德十四年（一五一九）定兴举人陈谠曾任山西平遥知县，为今天当地旅游业的发展打下基础。鹿亢宗，鹿传霖的三伯父，曾任广州安定知县、顺德知县，署澳门同知，在澳期间刊印了《鹿善继年谱》《鹿氏名人传记》等，为澳门的发展倾注了心血。这次发现的四十四份科举档案卷，只是定兴科举的一部分，也是中国科举的一个缩影，它包括清末军机大臣鹿传霖，晚清重臣、鹿传霖妻弟张之洞，清太祖努尔哈赤之子多铎的后裔宝铭等人的乡试中式举人卷，弥足珍贵。这批珍贵的资料，揭开了科举制度的神秘面纱，令人实际感受到科举考试组织严谨、科举档案的规整和莘莘学子考取功名者的喜悦和荣耀，也深深体会到实行一千余年科举制度在国家选人、用人方面的感召力、生命力……

科举作为封建王朝选拔人才的制度，学子在其中博取功名，一般要经历童试、乡试、会试、殿试几个阶段，考取秀才、举人、贡士、进士，每次考试都是过五关斩六将，考取者凤毛麟角。乡试，作为古代科举考试之一，主要是选拔举人，由各地州、府主持，一般在农历八月举行，又称『秋闱』。明、清两代定为每三年举行一次，在京城及各省省城举行。京城附近包括直隶在顺天府举行，定兴明清属直隶省管辖，也在顺天府乡试考试举人。凡本省生员与监生、荫生、官生、贡生经科考、岁考录遗合格者均可应试。各省主考官均由皇帝钦派，中式者称为『举人』，第一名称『解元』。中式者，原则上即获得选官的资格，均可参加次年在京城举行的会试，考取进士。每个学子经过十年寒窗都渴望榜上有名，成为国家栋梁。唐代朱庆馀在《近试上张籍水部》一诗中写道：『洞房昨夜停红烛，待晓堂前拜舅姑。妆罢低声问夫婿，画眉深浅入时无。』表达了自己作为一名应试者在面临关系到自己前途的一场考试时所特有的不安和期待。诗中以新妇自比，以新郎比水部官员张籍，以公婆比主考，写下这首诗征求张籍的意见。张籍在《酬朱庆馀》诗中回应道：『越女新妆出镜心，自知明艳更沉吟。齐纨未足时人贵，一曲菱歌敌万金。』暗示他不必为此次考试担心。这一语双关的技巧，使人感到惊叹，成为后世佳话。清代吴敬梓在《儒林外史》中讲述了范进中举的故事。故事运用夸张的修辞手法刻画了范进因中举喜极而疯的形象，用岳丈在范进中举前后的极其鲜明的肢体动作和言语表情以及中举后邻居对他的前呼后拥等描写，生动描绘了趋炎附势、追求功名利禄的社会风气，反映出封建社会后期知识分子及官绅的活动和精神面貌。

寒门学子经过苦苦打拼，终于榜上有名。放榜之时，正副主考官等齐聚公堂，填写正榜，送顺天府衙署或省巡抚衙门、布政使司张挂。巡抚衙门举行『鹿鸣宴』，宴请主考、监临、学正和新科举人。新科举人每人发二十两牌坊银、顶戴衣帽和匾额，匾额悬挂住宅大门之上，公告乡里，光宗耀祖。因乡试放榜的时间在九月上旬或中旬，正是桂花飘香的季节，故称『桂榜』或『桂花榜』。本书大部分撷取的是乡试中式举子的考试卷，这些学子都在桂花飘香的季节高中举人，功成名就，因此，书名定为『桂花榜』。宋代词人向子諲在《桂殿秋》中写道：『秋色里，月明中。红旌翠节下蓬宫，蟠桃已结瑶池露，桂子初开玉殿风。』

真切描写了中式举子的喜悦之情。

科举作为时代的产物，在百年后的今天已远离我们而去，但它曾经的辉煌仍然留在历史的记忆中，它在文化、教育、人才选拔等方面的影响至今犹存。今将一些珍贵资料整理成册，以飨读者，给后人以借鉴、以启迪。

晓言几行，是为序。

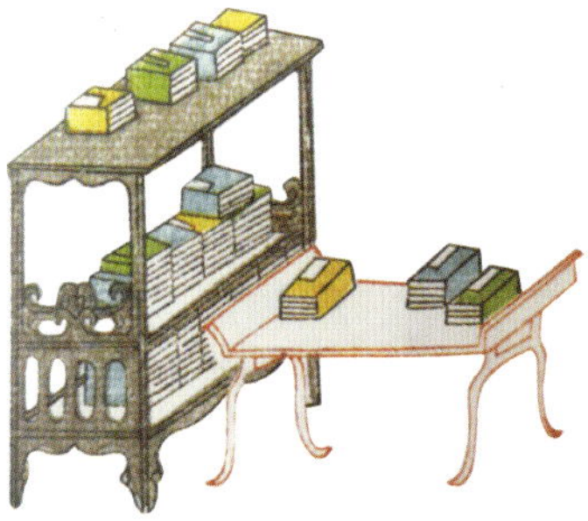

定兴县文联主席　王振林

二〇二〇年十月三十日

目录

定兴科举综述

◎壹

一、科举制度的由来与演变

科举制度是通过考试选拔官吏的制度，创立于隋代大业元年（六〇七），至清光绪三十一年（一九〇五）停废，延续了一千三百年之久，是中国历史上历时最久、影响最大的选才制度，也是世界上延续时间最长的考试制度。所谓科举，就是『分科举士』，始于汉代，当时叫察举制，即由各郡国及公卿向中央举荐有学问、有道德、有才华的各种人才。魏晋南北朝时期实行九品中正制，由中央任命『贤有识鉴』的官员兼任各郡的『中正』，负责查访与之同籍的各地人士，评列为九等，作为朝廷除授官员的依据。到了隋代，一种凭借客观性考试来选拔官吏的制度取代了魏晋南北朝时期的九品中正制，这就是科举制，至此科举制度确立。

唐朝建立后，科举制度有了进一步发展。科举有两种，每年举行的称常举，由皇帝临时决定举行的称制举。科举考试分科进行，常举考试由吏部主持，分秀才、进士、明经、明法等科目，分别考试文章、诗赋、律法等内容。唐代重要官员大多出身进士，考上者被视为『登龙门』。制举科目有文辞清丽科、博学通艺科等数十种。

辽金时期，金代最重科举。金代共开科四十六次，取进士六千余人。宋代和元代对科举制度进行了一些改革，宋代进士和其他各科的功名分『及第』『出身』『同出身』三种。宋太祖时正式建立了殿试制度，即礼部考试后由皇帝亲自再次进行考试，由皇帝赐给功名。北宋时，殿试第一名称榜首，第二、第三名称榜眼。南宋时第一名为状元，第二名为榜眼，第三名为探花。科举考试仍分为常科和制科两种，常科考试分为州府试（解试）、礼部试（省试）和殿试三级。至元代，这三级考试称为乡试、会试和殿试，并从《大学》《中庸》《论语》《孟子》四书中选题，答案以朱熹的《四书章句集注》为准。

明代科举制度的一个重要特点，是开始与学校制度紧密结合，学校有官学、私学和书院等形式并存。官学，隶属官府，故有学署之称。自中央到地方有国子监、府学、州学、县学。只有府、州、县学的生员和国子监的监生才有资格参加乡试，考试内容以『四书』为主，其文体采用八股文。

清承明制，科举必由学校，即只有各类学校的生徒才有资格参加乡试，考取举人。清代的学校，是指各类国立教育机构。清代设立各类官学，京师设有国子监、宗学、八旗官学等。各省设有府学、州学、县学。除这些官学外，还有私人和地方社会创办的私塾、社学、义学和书院等教育机构。这些官办和非官办的教育机构，构成了现代汉语中广义的学校，成为科举制度最重要的体制来源。

二、清代科举制度的程式

科举制度虽是作为一种选官考试的形式出现，但由于通过科举选拔的对象必须具备应试知识，而他们获得应试知识的主要途径是入各级官学、书院、私学等教育机构学习，因此，科举考试也是教育考试。科举制度从隋代建立发展到清代已有一千三百余年历史，日臻完善。清代士子在应科举以求功名的路上，要经过考取生员（秀才）、考取举人和考取进士这三个步骤。在这一过程中，要经过多次考试。换而言之，清代各种考试可以归入生员（秀才）考试、举人考试和进士考试等三个系列。

（一）生员（秀才）系列考试

童生考取生员（秀才）须经本县、本府（或本直隶州、厅）和学政的三级考试：

1. 县试。县试由州县官主持，日期多在二月。其程序为：童生向本县衙署的礼房报名。填写父母、祖父母、曾祖父母三代存殁及已仕、未仕的履历；或出具同考五人互相保结，或出具本县廪生的保结，保其身家清白，不属于优倡隶皂之子孙，以及没有冒籍、匿丧、顶替、假捏姓名等情况，方准应考。县试一般分五场，每日一场，黎明前点名入场，即日交卷。第一场为正场，试『四书』文两篇，五言六韵试贴诗一首，题目、诗、文的写法皆有一定格式和字数限制。第一场录取者准应府试，其余各场是否参考听考生自便。县试第一名称县案首，院试时惯例录取入学。

清光绪年间某士子中举后，钦命大主考赐予的『举人』牌匾

2. 府试。府试由知府、直隶州知州、直隶厅同知主持，日期多在四月。因故未参加县试者，府试前补试一场，亦可参加府试。其他报名、具保、场次、考试内容等与县试相同。第一场录取者即准应院试，其余各场是否参加听考生自便。府试第一名称府案首，院试时惯例录取入学。

3. 院试。院试由学政主持。清代学政是中央派往各省管理教育和科举事务的官员，多由朝廷在翰林院、詹事府官员中选任，每三年一任，逢子、卯、午、酉乡试（考举人）之年的八月简放。其基本任务：一是主持院考，录取各府、州、县学的生员（秀才）；二是主持各地检验生员学业的岁考；三是主持作为乡试预备考试的科考。各省学政在三年任期内两次巡回各地，称按临，主持生员（秀才）的岁考和科考；与此同时，进行童生的院试。因故未参加县试、府试者，均可经补考后参加院试。院试报名、结保、考试内容等与县试、府试相同，唯正场之前加试经古一场，考试解经、史论、诗赋等。院试场规很严，入场由学政亲自点名、认保，如有冒考、顶替者查出严办。院试录取的新生须填写亲供，书年龄、籍贯、三代以及身高相貌特点，由各州县学官出具印结，汇报学政。然后分拨县、州、府学学习。留县者称县学生员，拨府者称府学生员。这里的县学生员、府学生员统称秀才。各府、州、县奉到学政发下的新生名单后，即通知新生入学，在府、州、县官的带领下拜谒孔庙，再至学宫拜谒本学学官，开始新的学习生活。

（二）举人系列的考试，即乡试

通过乡试选拔举人是取古代『乡举』之义。『乡举』一语见于《周礼》，言乡大夫向朝廷推举贤能。明清士子通过乡试后，即取得一种永久性功名——举人。

1. 乡试的时间和考试内容。清代乡试三年一科，逢子、卯、午、酉年举行，称正科；遇到皇帝万寿、登基等庆典，增加一次，称恩科。乡试于八月举行，亦曰秋闱。乡试分三场进行，以初九、十二日、十五日为正场，考生于每场正场前一日入场，后一日出场。考试内容，顺治初年规定第一场考『四书

定兴文庙棂星门（明）

省级文物保护单位
定兴文庙大成殿（金）

五经』，用八股文，谓之制义，亦称制艺、时艺、时文；第二场考论一篇，判五道，诏、诰、表择作一道；第三场考经、史、时务策五道。乾隆五十二年（一七八七）后，改第一场考『四书』文三篇，五言八韵诗一首；第二场考经文五篇；第三场考策问五道，题问内容为经史、时务、政治。顺天乡试（举人）的『四书』题和贴试题由皇帝钦命，顺天乡试朱卷首页都标有『钦命四书诗题』字样。其余考试内容由主考、同考官员命题；各省乡试均由主考命题。

2. 乡试的参考人员。清代乡试考场设于顺天府和各省。顺天乡试亦称北闱，参考者有两部分人：一为直隶、奉天、热河等省区以及满蒙汉军的生员和贡生、监生。定兴明清时期属直隶管辖，所有参加乡试的生员和贡生、监生都要到顺天府考试，考取举人。二为各省的贡生、监生。各省乡试地点在省城，参考者为本省的生员。

3. 乡试的考场。清代乡试考场称贡院。顺天贡院亦称北闱，位于北京崇文门内东南角上，始建于明永乐十三年（一四一五），为元代礼部衙门旧址，清代扩建，规模宏大，是京城仅次于紫禁城的建筑群。大门前有一座『天开文运』的牌坊。各省贡院均建于省城东南，贡院大门上正中悬『贡院』墨字匾额，大门东、西建立两坊，分别书『明经取士』和『为国求贤』，是通过科举考试为国家选拔人才的意思。贡院大门外有东、西两座辕门。中有一高耸门楼，名曰『明远楼』。贡院四面围墙遍插荆棘，考试期间，四周派军队驻守巡逻。自唐代开始，逐渐形成『庙学合一』的定制，即庙学与官学合而为一。在北京国子监东侧建有规模相当的孔庙，与国子监连为一体。明清时期，各府州县基本上都建立了官学（文庙），数量多达千余所，遍布全国各地。由于清代实行『科举必由学校』，士子只有考中秀才，才有资格进入官学学习，才有资格参加乡试，因此，入官学学习是清代读书人获准参加科举考试的必要环节。定兴文庙位于定兴古城西南隅，是历代官员祭孔的地方，也是旧时儒学所在地。现为定兴实验小学校址，占地一万一千九百一十三平

顺天贡院明远楼及文昌槐
摄于清光绪二十八年
（一九〇二）

方米，校内仅存文庙大成殿和月台。据明万历《保定府志》及清《定兴县志》记载，文庙草创于金大定年间，旋沦兵燹。元至元二年（一二六五）县尹孟世杰在城南建大殿，元天统元年（一三三三）县尹王居敬做泮池、棂星门等，元末毁于兵乱。明洪武四年（一三七一）奉诏设立，洪武八年知县卞礼重修。现看到的是宣统二年（一九一〇）军机大臣鹿传霖重修文庙大成殿的面貌。二〇一九年八月定兴实验小学学校建设时挖出元至元二年《定兴县重修孔子庙碑记》和清同治十三年（一八七四）《重修定兴县文庙碑记》石碑，详载其事。目前，河北定州还保存着一处完整的清代贡院遗址。定州贡院，俗称『考棚』，位于定州城内东大街草场胡同，清乾隆四年（一七三九）由当时的州牧王大年始建，道光十三年（一八三三）州牧王仲槐又募捐于民，重建而成，每年都有文武两科在此考试。

4. 乡试的考官和阅卷、录取。清代乡试的考官为正副主考各一人。道光后顺天乡试的副主考为三人，负责命题、阅卷、录取。正副主考均由皇帝钦命简放，专用翰林进士出身的官员。其中顺天乡试用一、二品大员，其他省用侍郎、内阁学士或翰林院、詹事府和都察院的官员。除正副主考外，各省乡试还任用同考官帮助阅卷。顺天乡试的同考官由礼部会同吏部选用科甲出身的官员担任，各省乡试的同考官由担任乡试『监临』的督抚考选，专用邻省界三百里以外的在籍进士、举人。监临负责监察、总摄考场事务。顺天乡试以顺天府尹为汉监临，任用二、三品满官为满监临；各省乡试以巡抚、总督为监临。此外，乡试还设监试、提调、帘官等人员负责管理考场。士子用墨笔作答的原卷称墨卷，出场交卷后将弥封的墨卷编号后交誊录人员用朱砂誊录，称朱卷。朱卷誊毕后，校对无误，分别套封，墨卷存于外帘，将朱卷交内帘阅卷，正副主考批阅各房荐卷，以头场为主，取定中额。放榜之日，按中式朱卷红号调取墨卷，当众开封，填写榜名，放榜公布。放榜后各省试卷调礼部复查。

5. 乡试的放榜。清代乡试于九月放榜，多选寅、辰日支，以辰属龙，寅属虎，取龙虎榜之意；又因

清咸丰年间，某生考取举人后朝廷赐予的匾额

时值秋季，桂花盛开，也称桂花榜。放榜时，正副主考、监临、房官、提调、监试等齐集公堂，拆墨卷弥封核实中式者姓名、籍贯；核实后交书吏唱名，唱毕填写正榜。填写完毕，将榜文加盖顺天府尹或本省督抚关防，载以黄绸彩车，在鼓乐仪仗兵丁护卫下，送到顺天府尹署或省布政使司署、巡抚署前张挂。发榜第二天，在各省巡抚衙门举行『鹿鸣宴』，由主考、监临、学政、内外帘官和新科举人参加。新科举人第一名称解元，第二名称亚元，第三、第四、第五名称经魁，第六名称亚魁，其余称文魁。均由国家颁给二十两牌坊银和顶戴衣帽匾额。匾额悬挂住宅大门之上，门前可以树立牌坊。新科举人第二年即可赴京参加礼部会试；会试一科或三科不中，也可以经过吏部的拣选，以『大挑』就任低级官员。如定兴鹿氏家族中的鹿恂理，道光二十年(一八四〇)举人，会试不中，经吏部拣选大挑二等，任涞水县训导等。

(三) 进士系列的考试

『进士』一词，始见《礼记·王制》，指可以进授爵禄之人。从隋代开始历代沿用。清代举人中式后，经会试、复试和殿试取中者，称进士。

1. 会试。清代会试于春季在京师贡院举行，试期多在三月，也称春试（春闱）；因礼部主持，也称礼闱。会试每三年一科，逢丑、辰、未、戌年举行；遇乡试恩科，翌年之会试即为会试恩科，是年正科或提前或延后一年举行。会试考试、阅卷、场规和考试内容等与乡试基本相同，唯第一场『四书』三题由皇帝钦命。会试考官于三月简放，初用内阁六部大员四至七人；咸丰后定制四人，一正总裁，三副总裁，以大学士及翰林进士出身的一、二品官员充任；同考官十八人，与主考官同时简放。清代会试中额各科多少不同，一般百余名。会试四月放榜，中式者称贡士，其第一名称会元。

2. 复试。经会试取中的贡士，接着要参加复试。清初贡士本不进行复试，康熙五十一年（一七一二）因发生科场舞弊案，会试后进行了复试，经过雍正、乾隆至嘉庆初年始成定制，地点在皇宫保和殿。复试考『四书』文一篇，五言八韵诗一首，当日交卷。

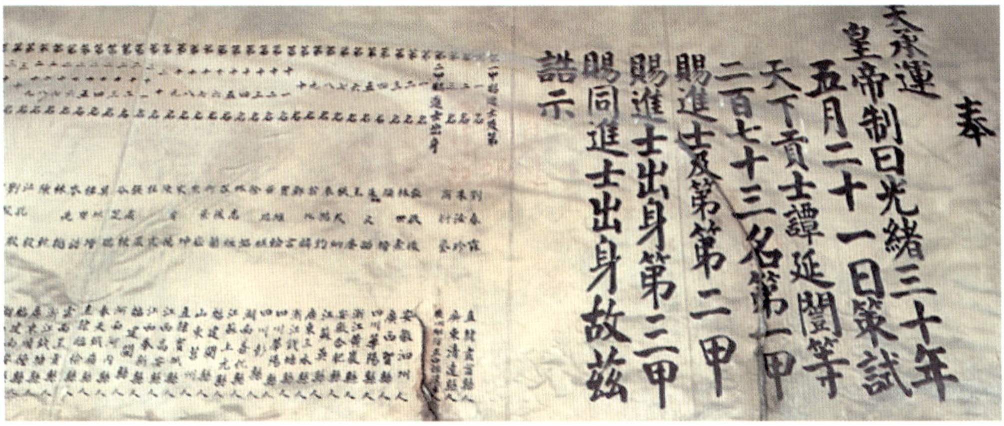

清光绪三十年（一九〇四）最后一期皇榜 刘春霖为末代状元

第二天派阅卷大臣评定成绩，分一、二、三等，列等者即准参加殿试。

3. 殿试。殿试于会试放榜一月后举行，乾隆二十六年（一七六一）定四月二十一日举行，二十五日传胪（公布名次），著为定制。殿试最初在天安门外，顺治十四年（一六五七）改在皇宫太和殿举行。乾隆五十四年又改在保和殿举行。殿试的内容为时务策一道，由读卷大臣拟出若干题送皇帝钦定圈出，作为试题。殿试试卷的评阅，由皇帝任命读卷大臣进行。读卷大臣由礼部开列的大学士及进士出身的尚书、侍郎、左都御史、内阁学士等组成，奏请皇帝从中简派。殿试翌日，读卷大臣在文华殿阅卷，成绩评定后于二十四日向皇帝进呈前十本，钦定名次并公布引见，称小传胪。二十五日在太和殿公布全部名次，称传胪。殿试名次的排列分三甲，一甲共三名，第一名称状元，第二名称榜眼，第三名称探花，赐进士及第；二甲若干名，赐进士出身；三甲若干名，赐同进士出身。殿试传胪后颁发上谕，一甲第一名授翰林院修撰，第二名、第三名授翰林院编修。殿试传胪后五日，在保和殿进行进士朝考，以选拔翰林院庶吉士，朝考内容分诏、论、疏、诗、赋等形式，成绩分一、二、三等。庶吉士的录取要综合复试、殿试和朝考三次考试的成绩等第，以朝考成绩为主。重视楷法，书法不好者难取优等。如鹿传霖在同治元年（一八六二）进士考试中获会试中式第一百七十名，殿试第二甲第三十六名，朝考第一等第三十名，钦点翰林院庶吉士。鹿学良在光绪六年（一八八〇）进士考试中获保和殿复试一等第十名。

（四）武科考试

在科举时代，作为封建社会人才选拔方式，武举考试晚于文举。武举又称武科，是古代专为选拔武职人才而设置的科目。武举始创于唐武则天长安二年（七〇二），每年举行一次。唐末五代，王朝变更频繁，武举被停止，直至北宋仁宗天圣七年（一〇二九）重开武举取士，二十年后中止。宋英宗治平元年（一〇六四）又恢复。元代不设武举。明代英宗天顺八年（一四六四）恢复武举考试。次年，

仿佛穿杨
〔清光绪十六年（一八九〇）《点石斋画报》〕

旗童技射
〔清光绪十六年（一八九〇）《点石斋画报》〕

即宪宗成化元年（一四六五）制定了武举法，规定了武举考试内容、及第后授官的程序。孝宗弘治十七年（一五〇四）以后，武举三年一试渐成定制。直至明末崇祯四年（一六三一），明毅宗亲自主持武殿试，对会试选中的武进士进行考试，钦定一甲三人。清代沿袭明制，并在此基础上建立了较为完善的武举制度，考试方法、内容和录取更加全面和公正。分四级考试：第一级称童试，及格者称武生，俗称武秀才；第二级称乡试，由武生参加，及格者称武举人；第三级称会试，由武举人应试，及格者称武贡士；第四级称殿试，由武贡士参试，被选中者称武状元和武进士。在考试方法和内容上除完善体力、武术、技能等『武艺』考试外，还考策论等内容。清代武科考试在紫禁城箭楼前广场举行。武科中童生考取生员的童试，其县试、府试略同于文科；其院试每三年举行一次。武试的童试也分内外场，第一、第二场为外场，考试马射、步射、硬弓刀石；第三场为内场，考默写《武经》《孙子》《司马法》等。其中名额，府学二十名，小州县七至八名，中等州县十二名，大州县十五名。武科的乡试（武举人）试期为十月，分为三场，头场考试马箭，第二场考试步箭，再考试开硬弓、舞刀、掇石等，此为外场。第三场考试策、论，嘉庆后改为默写《武经》，此为内场。武科会试的试期在九月，中额一百至二百名不等。会试也分一、二、三场进行。一、二场为外场，即武场，考弓、马、技勇；三场为内场，即文场，考策论《武经》。会试外场的第一场考骑马射箭；第二场考步射、技勇。技勇分三项，一项为拉弓，二项是舞大刀，三项是搬石头，石分四号：三百斤以上、三百斤、二百五十斤、二百斤。今定兴究室村还保留清道光二十九年（一八四九）武举人王国昌使用过的大刀和刻有二百四十斤的掷子石。会试后经复试、殿试，一甲一名授一等侍卫，二名、三名授二等侍卫；二甲选十名授三等侍卫，三甲选十六名授蓝翎侍卫，其余以守备在兵部注册选用。据光绪十六年（一八九〇）《定兴县志》记载：定兴县射圃在儒学（今定兴实验小学）门西，本是习射之所，旧制设射圃教诸生习射。县学岁试学额

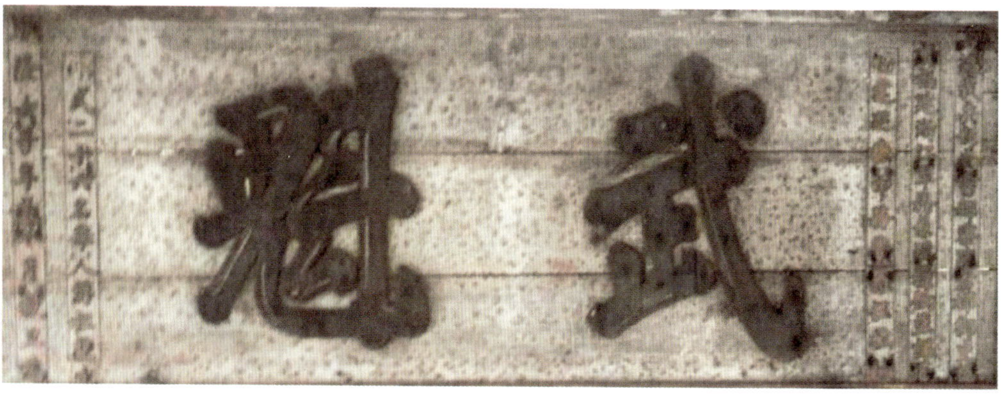

清乾隆年间，某生考取武举人后朝廷赐予的匾额

加取武童十二名等。据不完全统计，定兴自金大定六年（一一六六）重新置县始称定兴后至清末，共出了二十三名武进士，一百二十七名武举人，武秀才不计其数。薛虎臣（约一五三五—一六一〇），字恒夫，初名好道，定兴城内二街人。性刚毅，有威严，好读书，随其兄在密云供职。以官籍在当地报考童生，遭到拒绝。督府许襄毅（定兴县石象村人）闻知此事，遂亲自招试，惊奇地说：『此虎臣也。』遂改名『虎臣』，并准予在武学场考试，万历二年（一五七四）会试名列第一。明万历朝鲜之役，薛虎臣所率部军纪严明，孤军奋战，与日军作战一年有余，大获其功。授石门参将。许显纯，定兴县石象村人。明嘉靖皇帝驸马许从诚之孙，万历四十六年武进士，擢锦衣卫都指挥佥事，为明末阉党成员，曾杀害杨涟、左光斗等东林党人。上述生员（武秀才）、武举人、武进士系列的考试，均为科举制度中的常科考试。除常科外，清代武举也有制科，或称制举。如康熙十七年（一六七八）和乾隆元年（一七三六）两次令中央和地方的官员举荐品学兼优的人应考，成绩列一、二等者俱授翰林官等。自顺治初年下诏举行武举，历经二百五十余年，从未间断。至光绪二十七年（一九〇一），因武举考试内容与现实脱节，慈禧皇太后宣布废除武举，在中国历史上延续一千二百年之久的武举制度被废止。

◎贰

定兴是全国文化先进县，历史悠久，地域文化丰富。据《河北通志》、万历《保定府志》及清康熙《定兴县志》等记载，定兴，秦置范阳县，属上谷郡，治所在固城。至此定兴始有县名。历经西汉、东汉、三国、两晋、南北朝、隋唐，定兴一直称范阳。至金大定六年（一一六六），金人以此地繁杂，重新置县，取名定兴，大定兴盛之意，治所在今定兴县城，也就是现在定兴版图的基始。

定兴人杰地灵，名人辈出。历史上出现了郭隗、高渐离、蒯通、郦炎、祖逖、卢照邻、贾岛、张柔、

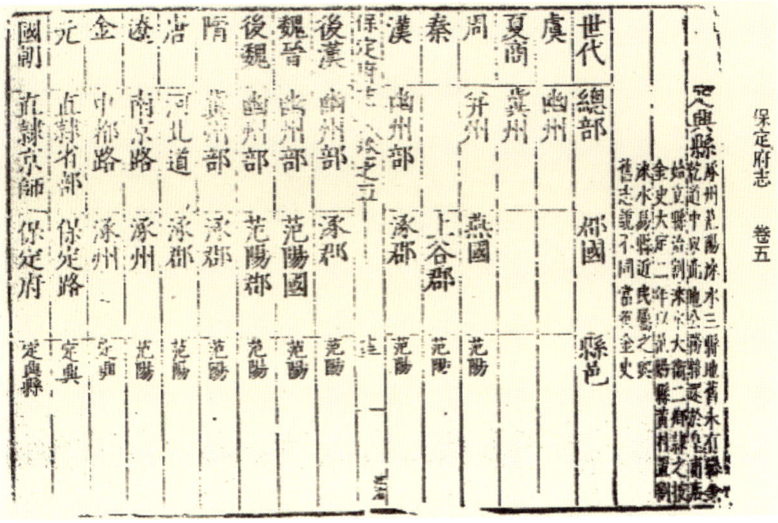

保定府志　卷五

世代	總部	郡國	縣邑
虞	幽州		
夏商	冀州		
周	幷州	燕國	范陽
秦		上谷郡	范陽
漢	幽州部	涿郡	范陽
後漢	幽州部	涿郡	范陽
魏晉	幽州部	范陽國	范陽
後魏	幽州部	范陽郡	范陽
隋	冀州部	涿郡	范陽
唐	河北道	涿郡	范陽
遼	南京路	涿州	范陽
金	中都路	涿州	定興
元	直隸省部	保定路	定興
國朝	直隸京師	保定府	定興縣

明万历《保定府志》　定兴县历代沿革表

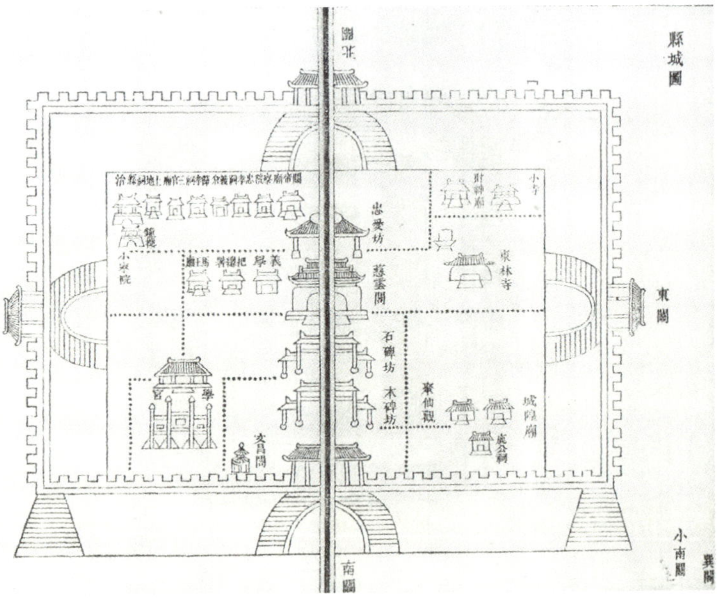

清光绪十六年（一八九〇）定兴县城图

张弘范、张珪、王实甫、薛论道、鹿传霖等名人志士。

隋唐以来，通过科举制度选拔的人才比比皆是，在全国各地为官者很多。据清康熙十二年（一六七三）《定兴县志》、乾隆四十四年（一七七九）《定兴县志》、光绪十六年（一八九〇）《定兴县志》记载，定兴科举制度始于唐代武后时期，在长达一千余年的科举史上，定兴共出现了一名状元，九十名进士（含二十三名武进士），三百四十二名举人（含一百二十七名武举人），三百五十名贡士（秀才）。明嘉靖二十五年（一五四六）邑人赵宸《定兴县儒学科第题名记》、明代郝陛《定兴县儒学教职题名记》、明嘉靖三十五年御史张镐《定兴县儒学贡士题名记》有详细记载。朱保炯、谢沛霖的《明清进士题名碑录索引》也记载了定兴进士名录。这些秀才、举人、进士通过科举考试，层层选拔，有时几年才考中一个或几个，考中者可谓凤毛麟角。考中举人者大多在本籍或外地任知县、县丞、主簿、教谕、训导等；考取进士者大多在本籍以外任知府、巡抚、布政使、监察御史等职，支持了历代定兴及当地社

定兴县北南蔡乡南留村杨滋及其父亲杨斌的墓葬群发掘现场

会的发展。从唐武后朝后定兴有范阳卢氏十一人中进士，明清时期定兴鹿氏十二人中进士。金正隆二年（一一五七）定兴河内村郭济道、郭济忠，明万历十六年（一五八八）定兴辛木村蔡梦齐、蔡应齐兄弟二人同中进士；明天顺三年（一四五九）定兴西靳村李翔凤、李鸣凤，清雍正十年（一七三二）定兴西江村鹿迈祖、鹿师祖等兄弟二人同中举人，光绪八年（一八八二）鹿学尊、鹿名世父子同榜中举人，在当地成为佳话。其中，张九成（一〇九二—一一五九），字子韶，号无垢，南宋高宗绍兴二年（一一三二）状元，南宋官员。其先是范阳（今定兴）人，少时游学于京师汴京，历任宗正少卿、侍讲、权礼部侍郎兼刑部侍郎。主张抗金，反对议和，直言上疏，为秦桧所忌，辞官归故里病卒，追赠太师，封崇国公，谥文忠，是定兴旧志中记载的定兴县历史上唯一的状元。此外，定兴旧志所载考取进士者有『初唐四杰』之一卢照邻，唐朝著名诗人贾岛，金代定兴划县而治的郭济忠，明代南京兵部尚书王尧封，明代佥都御史张镐，明末理学家鹿善继，宁夏巡抚耿好仁，清末军机大臣鹿传霖等佼佼者。明正德十四年（一五一九）定兴举人陈说还出任过山西平遥知县，施政有方，在平遥古城留下了多处建筑遗址，对今平遥古城旅游文化事业的发展颇有贡献。清代定兴鹿氏后人鹿亢宗（一七七六—一八三四），字克旃，号怡亭，清嘉庆六年（一八〇一）拔贡生，曾任顺天府良乡教谕，选授广东琼州府定安知县，广州府顺德知县，署澳门同知，署理澳门事务，为澳门的发展倾注了一份力量。鹿恂理（一八一六—一八六二），字长叔，号仲如，道光二十年（一八四〇）举人，其师张昕翁，名学尹，湖南湘阴县人，嘉庆十五年举人，十六年进士，曾任福建侯官县知县，台湾鹿仔港（今我国台湾彰化县西南鹿港镇）理番同知。乾隆四十九年鹿仔港开为商埠，光绪二十三年改称鹿港。王履泰（一八五八—一九二三），字子安，号阶平，定兴县平堤村人，光绪二十年甲午科举人。光绪二十一年参加康有为领导的『公车上书』，反对在甲午战争中战败的清政府签订丧权辱国的《马关条约》。过去，古人写

王履泰（一八五八—一九二三）
清光绪二十年（一八九四）举人
定兴县平堽村人

清光绪十六年（一八九〇）进士、
定兴东落堡村张文焕书法对联

传，写某人只写到县，很少写到村，这就给后人研究其生平带来很大麻烦，在众多秀才、举人、进士的考取者中，除定兴鹿氏、许氏、耿氏当中的考取者可以辨别出鹿氏原籍是定兴西江村，许氏是定兴石象村，耿氏是定兴百楼村外，其他人士大部分不知是哪村人。二〇一八年一月，定兴县北南蔡乡南留村发现古墓，据考古发掘和清康熙十二年《定兴县志》等记载，此墓应是杨滋和其父杨斌墓葬群。杨滋，定兴县北南蔡乡留村人，明弘治三年（一四九〇）进士，历官山东按察司佥事。蔡梦齐，字觉我，定兴县辛木村人，明万历二十年（一五九二）进士，曾任山西太原府同知、山东莱阳同知，现该村留有万历四十一年其题写的『忠孝世家之楼』匾额。在笔者后来的采访中还发现如刘廷侯，定兴县北柳卓村人，乾隆三十九年（一七七四）举人，其祖上刘元登，迁徙涿州黄家屯，今定兴城内大钟寺商贸广场总经理刘连禄是其后裔。于京，定兴县侯村营村人，嘉庆十三年（一八〇八）举人。侯村营村于姓是大户，该村党支部书记于克全就是其后裔。现于京家族墓地位于村西北，墓地里还有二百余年前于京种植的柏树巍然屹立。刘毅，道光十九年（一八三九）武举人，在二〇二〇年春节前定兴西册上村刘氏家族整理其家谱时看到了他的名字，才知道刘毅是定兴县西册上村人。王国昌，又名王洛平，定兴县究室村人，道光二十九年（一八四九）武举人；王纲常、孟鸿魁二人是武秀才，定兴县究室村人。王国昌、王纲常二者是笔者祖上，现究室王氏家族还保存着他们练武时使用过的大刀和掷子石等。鹿学尊（一八三九—？），字子重，号杏斋，光绪八年（一八八二）举人。曾任青县、柏乡、涞水教谕，长垣、蓟州训导，直隶州知州。光绪二十五年（一八九九）为重修定兴城隍庙撰写碑文。张文焕（一八六〇—一九三二），字子静，定兴县东落堡村人，光绪十六年（一八九〇）进士，曾任工部主事。宣统二年（一九一〇）鹿传霖去世，他作为乡绅奏报朝廷，旌表其成就。

定兴科举制度的发展是中国历代科举制度发展的缩影，从隋代到清代科举制度日臻完善，特别是

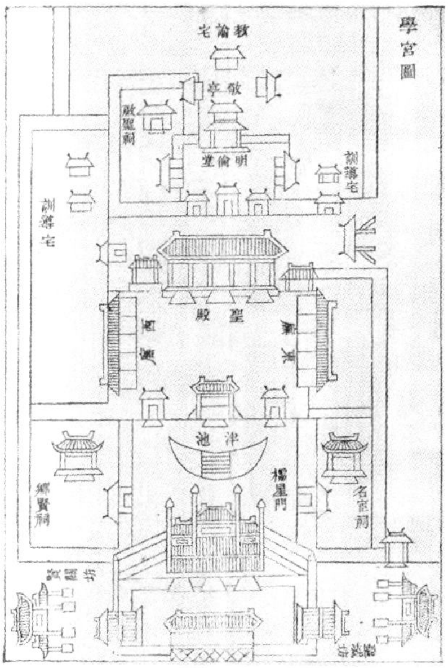

清定兴县学宫图

清代，科举制度和学校紧密联系在一起，除设有县学外，还有诸如私塾、社学、义学、书院等学校组织，为莘莘学子『学而优则仕』提供了良好的学习场所。

一、府学、州学、县学

府学、州学、县学属于官学，由国家出资设立。童生经过考试合格入县学、州学、府学学习者，称生员，又称庠生、茂才、博士弟子，俗称秀才。换句话说，清代的生员（秀才），也是国立府学、州学、县学的学生。府学、州学、县学皆由朝廷设置正副学官。其正学官，府学为教授，州学为学正，县学为教谕；其副学官，不论府学、州学、县学，皆称训导。学官既是作为学校管理者的官员，又是教师，一方面负责教授在校生员的学业，同时负责管理本府学、州学、县学的所有生员。府学、州学、县学的入学考试是科举制中的初级考试，每三年录取两次，各学录取生员皆有定额。明代府学、州学、县学生员最初每月都给廪膳，补助生活，名额有定数，府学四十人、州学三十人、县学二十人，每人月给廪米六斗，清代沿用。生员分廪生、增生（增广生员）和附生（附学生员）三种。廪生每年由国家发给廪饩银两，即助学金，有为应试童生具保的责任。新入学的生员须在学学习三年，至下期新生入学为止。学习期满离校的生员，要参加每三年一次的岁考，视考试成绩给以奖惩。据明万历《保定府志》记载，定兴县学生员一百九十九名，其中廪膳生二十名，起复廪膳生一名，停廪生一名，增广生二十名，附学生一百四十八名，革巾附学生九名。又据清光绪十六年（一八九〇）《定兴县志》记载，定兴县学，原额科岁试各取文童十五名，岁试加取武童十二名；廪膳生二十名，增广生二十名，二年一贡，等等。

县学，又称儒学，它是儒家教育的外在表现形式之一，其学址是有系统的规制建筑。自唐太宗贞观四年（六三〇）诏州县皆立孔子庙开始，文庙与府、州、县学即融为一体，成为『学宫』『庙学』，它的建筑规制是前庙后学或左庙右学。定兴县学，即定兴县文庙，位于定兴古城西南隅，草创于金大定七年（一一六七）始建定兴县城时。元代县尹孟世杰、

明伦堂〔清光绪十六年（一八九〇）《点石斋画报》〕

王居敬，明代知县卞礼，清代知县张其珍，清末军机大臣鹿传霖等重修。其规制就是前庙后学，也就是前面是文庙，后面是学宫，互为一体，前后交融。

文庙亦称学宫，是古时地方官办教育的机构，肩负着为朝廷培养生员（秀才）、造就文化人才的职能，也是旧时定兴儒学所在地。古代的学校称为庠、序、学、校、塾。西周时有辟雍，西汉时中央设太学，地方置学宫。唐时分类更细。明清时承袭了隋唐时期的体制，由于科举制度的发展，使学校成为科举制的附属品。清末开始兴办近代教育，光绪二十八年（一九〇二）的《钦定学堂章程》中称学校为学堂，新式学堂遍设各地。一九一一年辛亥革命后，教育部公布新体制，所有学堂一律改为『学校』，沿用至今。

县学属官学，隶属官府，又有学署之称。作为县学，它的办学宗旨、教学内容以及各种规制完全服务于科举考试，办学的主要目的是培养生员参加乡试。县学设教谕一人，训导一人，由举人、贡生、监生出身者充任，负责学宫的教学管理。定兴学署

明伦堂位于定兴文庙大成殿后，是古时定兴县学的场所，也是定兴考试秀才的地方。东有长街，门曰『儒学』（东西），西行转北入仪门（南向），正堂三楹（间），左有『进德』，右为『修业』，二斋各有三楹堂。有匾额『贡院』，并有文昌阁在文庙东南角定兴古城墙上，是古时魁星点状元的地方，元中统元年（一二六〇）定兴县尹王居敬建。明洪武四年（一三七一）知县卞礼、万历元年（一五七三）知县毕自肃、崇祯元年（一六二八）知县薛綦隆与邑人鹿正重修。清康熙十二年（一六七三）知县张其珍、乾隆四十四年（一七七九）知县王会燕、道光八年（一八二八）知县朱文奎、咸丰元年（一八五一）知县周灏、同治十一年（一八七二）知县彭虞孙重修。在学宫周围设有射圃和学田。所谓射圃，旧时是习射之场，是武生考试骑马射箭的地方。据光绪十六年（一八九〇）《定兴县志》载，射圃在儒学西。乡射，旧制设射圃教诸生习射，朔望试之，有司官暇时与学官一体习射。旧学田，一百五十一亩一分二厘一毫八丝，知县李瑾置。新置学田八顷，嘉庆

學署明倫堂在大成殿後東有長街門曰儒學街東西行轉北入儀門南向正堂三楹左有進德右有修業二齋各三楹堂壁有歷科貢題名元中統時縣尹王居敬建洪武四年

定興縣志　卷二　學校　十

知縣卜禮修萬曆末知縣畢自嚴重修雍正初知縣薛基暨與邑人鹿正重修 康熙志 國朝康熙十一年知縣張其珍乾隆四十四年知縣王會蕃道光八年知縣朱文奎重修咸豐元年知縣周灝同治十一年知縣彭廣孫重修

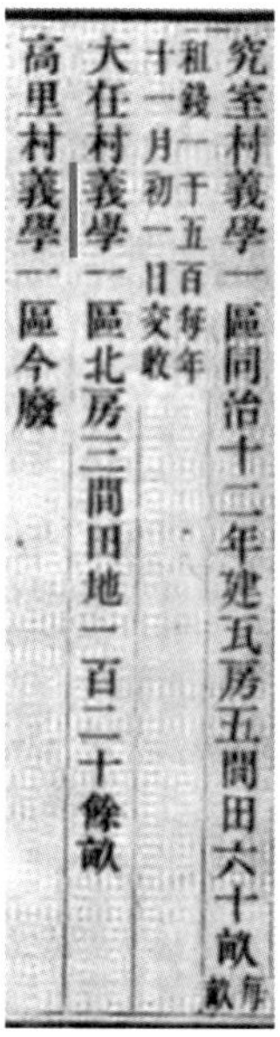
究室村義學一區同治十二年建瓦房五間田六十畝每畝租錢一千五百每年十一月初一日交收

大在村義學一區北房三間田地一百二十餘畝

高里村義學一區今廢

清光绪十六年（一八九〇）《定兴县志》关于明伦堂和究室村义学的记载

十八年（一八一三）邑人陈廷梁捐置。敬一亭，在学署明伦堂后，明嘉靖十一年（一五三二）知县张文绣建，天启六年（一六二六）大雨后被毁。

教谕宅在明伦堂、敬一亭后，训导宅在明伦堂左右，各厅事三楹，另有号房数间，旧时都是诸生读书之所。生员（秀才）课程主要是『四书五经』，在此期间，定兴大多秀才从这里走出。随着时代发展至民国时期，学宫变成学堂，民国十二年（一九二三）变成国民小学。现为定兴实验小学所在地。

二、私塾、社学、义学

私塾是中国古代社会一种开设于家庭、宗族或乡村内部的民间儿童教育机构，它是古时私人所办的学校，以儒家思想为中心。清代童子启蒙教育，除富人延聘家庭教师教授子弟外，公共教育机构就是私塾。私塾为私人、宗族或地方社会所办，延聘儒生（一般是秀才或老童生）担任教师。私塾讲授《三字经》《百家姓》《千字文》等识字和启蒙教材，程度高的也选讲『四书五经』等教材。定兴古时富家子弟大部分上过私塾，私塾是清代定兴启蒙教育的重要形式之一。

社学，起源于宋元，一般为地方社会所办。明初曾下令民间五十家设立一所社学，延聘教师以教育子弟，后废弛。清初复令每乡设置社学一所，择聘文行优秀者充当社师，官府免除其差徭，并酌给薪水，后来这一制度也逐渐废弛。据清光绪十六年（一八九〇）《定兴县志》记载：『社学在县治前街西，嘉靖元年（一五二二）陈廷瓒建，今废。』这说明定兴县社学建于明嘉靖元年（一五二二），位于今定兴古城南大街路西，清光绪十六年（一八九〇）已被废止，在定兴古城存续了三百余年的历史，为定兴启蒙教育的发展起到了重要作用。

义学，俗称义塾，由北宋文学家范仲淹创立，是一种专为民间孤寒子弟所设立的学校。清代义学是根据康熙四十一年（一七〇二）『定义学小学之制』及康熙五十一年『令各省府州县多立义学，聚集孤寒，延师教读』之规定而办的。一般为地方社会或急公好义的人士集资创办，专收孤儿和家境贫寒的生童入学，弥补社学不足。义学、社学的学生可以参加科举考试，称童生。清光绪十六年（一八九〇）《定兴县志》记载了百楼、北河、鲜鱼（贤寓）、南重楼、郑村、马家庄、南幸、萧金庄、阎台、青塚、留村、究室、大任、高里、大沟等二十一处义学。如，郑村义学，一区，郭锦所设施田四十亩，庄基一亩，瓦房三间，草房三间，井一口，乾隆二十二年（一七五七）建。常乐富村义学在圣庙内，旧有二区，今并，邑人王惠吉撰碑记。王惠吉，鲜鱼（贤寓）村人，光绪三年（一八七七）进士。究室村义学，一区，同治十二年（一八七三）建，瓦房五间，田六十亩，等等。义学为贫寒学生提供了学习之所，促进了地方基础教育的发展。

三、书院

书院是一种介于官学和私学之间，具有相对独立性的教育机构。其经费来源是多方赞助，可谓『社会办学』；有的书院也得到朝廷的赐田，但不是定额。书院自选教材，自定规章制度，但都有传统性、权威性，择师择生不看出身，只以所教所学定取舍，系开放式教学。书院学生肄业期满不能得到『法定学历』，只有一些著名的书院每年固定保送若干学生进入官学获取『出身』。书院始于唐而盛于宋，元、明、清普遍设立。唐玄宗开元六年（七一八）置丽正书院，主要为皇家修书之所。宋有湖南衡阳的石鼓书院、河南的睢阳书院（应天书院）、江西庐山的白鹿洞书院、湖南长沙的岳麓书院四大书院。书院或为官办，或为私办，其主讲人和管理者有洞主、堂长、山主、山长等各种称呼，而以称山长者最为普遍。书院本为私人讲学之所，鉴于明末东林党之乱，清廷有意限制私人讲学，通过各种措施对书院加以控制，如由官方酌拨经费，由地方官延聘、考核山长等，并规定书院每月课程以八股文为主。这样清代的书院同官办的府学、州学、县学一样，成为科举制度的附庸。书院的生徒有生、童之分，前者为贡生、廪生、增生、附生、监生等，后者为未曾入学的童生。清光绪十六年（一八九〇）《定兴县志》记载了定兴有六所书院，分别是河阳书院、范阳书院、南台书院、白河书院、奎文书院、紫峰

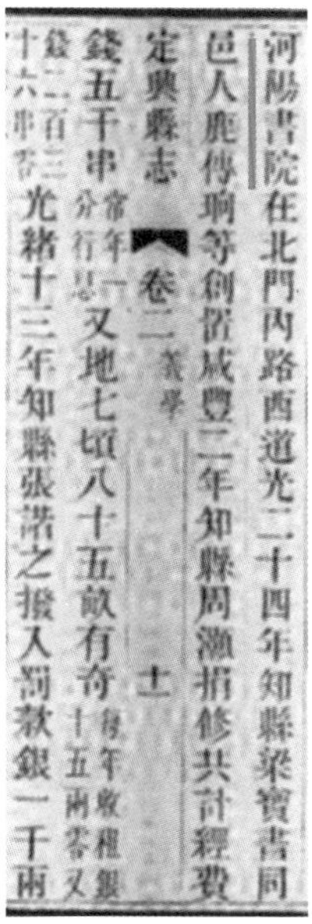
河陽書院在北門內路西道光二十四年知縣梁寶書同
邑人鹿傳珣等創置咸豐二年知縣周灝捐修共計經費
定興縣志　卷二　養學　十
錢五千串常年分行息又地七頃八十五畝有奇每年收租銀十五兩零又
錢二百三十六串零光緒十三年知縣張諧之撥入罰款銀一千兩

清光绪十六年（一八九〇）《定兴县志》关于河阳书院的记载

书院。

河阳书院：又称定兴书院。在北门内（今定兴古城北大街四牌坊西北角）路西，清嘉庆九年（一八〇四）知县赵锡蒲倡修，道光二十四年（一八四四）知县梁宝书同邑人鹿传珣等创置，咸丰二年（一八五二）知县周灏捐修，共计经费五千串。又地七顷八十五亩有奇。梁宝书，广西桂林临桂县人，道光二十年进士，道光二十一年六月任定兴知县。是著名学者梁漱溟的曾祖。周灏，贵州贵阳府贵筑县人，道光二十一年进士，咸丰元年二月任定兴知县。光绪十三年（一八八七）知县张谐之拨入罚款银一千两。张谐之，河南陕州人，光绪十三年正月署任定兴知县。

范阳书院：在县治（定兴古城）偏东，知县赵锡蒲创办。初无定所，或在巽阁，或在县城义学，后乃建屋自立，终废。

南台书院：在南郭（南关），赵宸读书处。容城杨忠愍（杨继盛）曾受业于此，后废。赵宸，号南台，定兴县石象村人，明嘉靖三十三年（一五五四）进士，授洪洞知县，擢御史，巡按江西，以政绩又擢升河南按察副使，著有《梅花堂诗稿》。贡生许启祥诗：『闻风何处可廉玩，城下荒基水半湾。为觅南台挥麈地，当年侍坐有椒山。』

白河书院：在县署之东北，规模壮丽，中丞张镐立，后废。张镐，字叔京，定兴县西相盖村人。明嘉靖八年（一五二九）进士，历任河南确山、山东益都知县，大同府知府，陕西按察副使，宁夏巡抚，又巡抚甘肃，被誉为有明一代甘肃巡抚之冠。许启祥诗：『银烛凝辉想旧游，声歌宁为过时留。春来细雨华堂夜，惟有丁香结晚秋。』

奎文书院：在西关文昌庙，举人张浩募捐倡置，后废。张浩，定兴县人，乾隆四十五年（一七八〇）举人。

紫峰书院：在固城店大街，清同治十年（一八七一）邑人刘灼等重修，鹿传霖撰碑记。

按《县志》，在光绪十六年（一八九〇），定兴六所书院大部分停废，只有河阳书院等尚存。光绪二十七年九月，清政府下令『各省所有书院，于省城均改设大学堂，各府及直隶州均设中学堂，各

张之洞

州县均改设小学堂』。光绪三十一年九月，袁世凯、张之洞又上奏说：『科举一日不废，士人皆有侥幸得第之心……学堂决无大兴之望。』清廷遂下令裁撤国子监，昭准自次年起废止科举制度。河阳书院改称定兴城内高等小学堂。定兴境内所有书院、义学等全部废止。『民国时期大改良，拆寺庙，办学堂』，清末民初，定兴各地建起小学堂，并设立劝学所，劝人们读书学习，第一任所长叫张荣藻。民国后各地小学堂改称小学。据光绪二十三年举人鹿福世《五秩前行季节略》记载，光绪三十二年科举制度废除后，应定兴知县朱慎初（又名朱贞保）邀请，鹿福世自光绪三十二年至民国二年（一九一三）任定兴城内高等小学堂堂长（校长）长达七年之久。宣统三年（一九一一），城内高等小学堂是年学生毕业二十九人，又招新生。东林寺初级小学堂先因无款停办，鹿传霖之子鹿浔理遵鹿传霖遗嘱捐银千金，才得以恢复。又据一九三〇年《定兴县新征志料》记载，定兴县自科举制度废止后举办学校，学校之设始于光绪末年知县黄秦生时代，首先于县城北大街旧书院（河阳书院）改建高等小学堂，规模宏敞，壮丽可观，为一县之模范。并筹建各村初级小学堂。迨至宣统年间，创立劝学所，以本邑张荣藻为所长，同年开办单级师范一处，造就师资。一九一二年张庭珍、温建中、刘世恒、韩通亨于寅宾馆设立女子小学一处，一九二三年劝学所改为教育局，翟芬为局长，教育体制日趋完备。

◎叁

这次《桂花榜》所收是定兴历代科举人士试卷的一部分，是定兴鹿氏的旧藏，弥足珍贵。《清代朱卷集成》是记载科举考生及其家族履历等最直接的蓝本，也只收录了很少一部分幸存的朱卷，且多为南方乡试朱卷。另外，有大量朱卷流失海外，如美国国会图书馆就收藏着清嘉庆至道光年间乡会试朱卷汇辑三十八卷及乡试题名录四十七卷等。本书许梦松、杨振邦乡试朱卷就是访问学者从美国国会图书馆影印而来的。

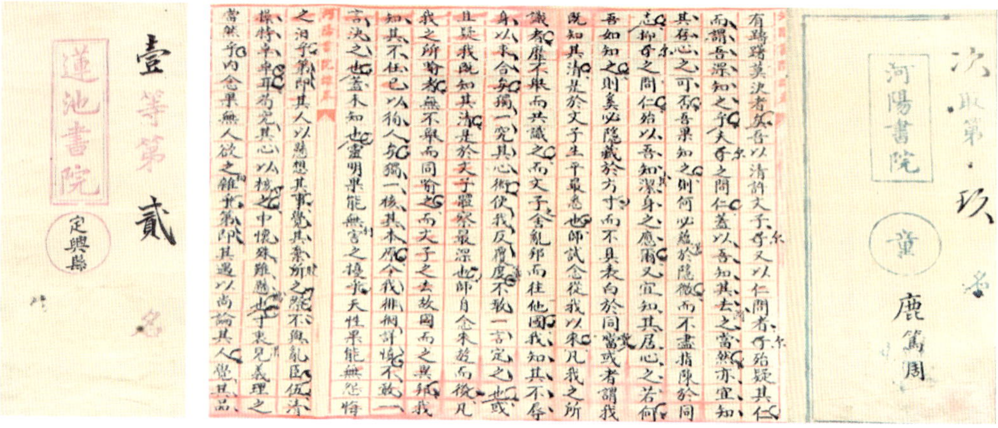

清光绪年间（一八七五—一九〇八）定兴河阳书院鹿笃周童生考试卷

《桂花榜》分两部分：一是定兴河阳书院生员（秀才）鹿元骧（鹿培理）、鹿笃周十二份考试卷，保定莲池书院贡生(秀才)鹿传纶等十五份考试卷；二是定兴鹿传霖等十五人十七份顺天乡试（举人）朱卷。共计四十四卷。河阳书院和莲池书院是清代著名书院，是科举制度的产物，随着科举制度的废止，它们也退出历史舞台，留在了人们的记忆中。

河阳书院，后又称定兴书院，位于今定兴古城北大街西侧，嘉庆年间定兴知县赵锡蒲倡修，未果。赵锡蒲（一七四五—一八一四），字建男，号秋渠，山东聊城冠县梁堂人。他出身望族，八世祖赵光远曾任保定知府，祖父曾任云南建水知州。赵锡蒲自幼聪慧，随任教谕的父亲在济南读书。乾隆四十二年（一七七七）中拔贡。先后任新城、无极、唐县、望都、定兴知县，升蓟州、遵化知州，调顺德府同知，后任直隶州知州、易州知州，死于任上，终年六十九岁。他为官三十年，有政声，在定兴任知县时，遇到水灾，乘木筏来往于乡村，相机疏导，用自己的薪俸赈济灾民。那时定兴蝗蝻成灾，他下令乡民捕捉，官府以豆子交换，既扑灭了蝗蝻，又赈济了灾民。他兴文教，创学舍，在定兴虽未建起河阳书院，但创办了范阳书院，在漫长的官宦生涯中，他无声色之谈，唯爱佳山水，好图书，常以数千卷书籍自随。直至道光二十四年（一八四四）知县梁宝书和邑人鹿传琦才建起了河阳书院。鹿传琦（一七八八—一八四六），字子芳，号黎阁，嘉庆十八年（一八一三）年拔贡生，道光元年举人，拣选知县，授文林郎。河阳书院从道光年间建立至清末科举制度废止，存约六十余年，留下的资料很少，遗址尚存。从目前清代举人许梦松、杨振邦等考取乡试（举人）卷中才发现著名学者张霖、韩堃等做过河阳书院主讲，光绪十六年（一八九〇）《定兴县志》主编杨晨做过教习，诸葛锡祜做过训导，著名学者高步瀛做过河阳书院山长。现收录的鹿元骧（又名鹿培理）、鹿笃周共十二份河阳书院生员（秀才）考试卷极其珍贵，弥补了河阳书院史料之不足。

莲池书院，位于保定古城中心，直隶总督府对面。雍正十一年（一七三三）直隶总督李卫奉旨创

清末军机大臣鹿传霖
摄于清光绪二十九年（一九〇三）

办，直到光绪二十九年（一九〇三）年停办，先后存在长达一百七十年之久。乾隆皇帝曾三次视察书院，并题匾题诗勉励师生，书院以大儒硕学为师，名满天下，成为『全国书院之冠，京南第一学府』。众多士人以到莲池书院学习为荣，考取莲池书院的生员（秀才）大都是优秀学子。收录的莲池书院的生员（秀才）鹿传纶、鹿元龙（鹿滋理）、李文蔚等都是佼佼者。今将其试卷整理成篇，以飨读者。

本书收录了清太祖努尔哈赤第十五子多铎的后裔宝铭，清末军机大臣鹿传霖，湖广总督、晚清重臣张之洞等人考取举人后的顺天乡试（举人）朱卷。其由礼部统一格式，统一整理，统一印制，定兴鹿氏后人鹿子山（鹿贞全）收藏至今。

定兴鹿氏是名门望族，世居定兴县西江村。自明万历八年（一五八〇）鹿久徵中进士以来至清末的三百余年间，历经明、清两代，共出了十二名进士，三十三名举人，再加上恩荫、杂选等途径，有许多人做了官，而且以『直、节、忠、孝』相继，可谓官宦世家，鼎盛一时。

定兴鹿氏祖先为小兴州人，明初内徙于定兴县西江村。始祖为鹿荣，荣之后五世孙为鹿府，号龙江，性孝友，慈和乐易，封文林郎，襄垣知县。鹿府之子鹿久徵，号豫轩，明万历八年（一五八〇）进士，江西道监察御史，追赠光禄寺少卿。久徵之子鹿正，字以道，号成宇，因营救左光斗、魏大中诸君子之难，天下称为鹿太公，与容城孙奇逢、新城张果中被誉为『范阳三烈士』。鹿正之子鹿善继（一五七五—一六三六），字伯顺，号乾岳，万历四十一年进士，早年曾从孙承宗督师山海关，抗拒清兵，崇祯九年（一六三六），清兵入侵，围攻定兴县城，鹿善继入城守御，定兴城陷，坠城而死，谥号『忠节』。著有《认真草》《四书说约》等。鹿善继之子鹿化麟（一五九三—一五三七），明熹宗天启元年（一六二一）举顺天乡试第一名，人称解元，能文章，以孝子著称，著有《北海亭集》。鹿化麟之子鹿尽心（一六一六—一六六六），崇祯九年举人，做过安邑知县。鹿尽心之子鹿璟（一六六二—一七二〇），字紫升，岁贡生（秀才），雍正十三年（一七三五）

清光绪二十三年（一八九七）举人鹿福世
摄于民国十一年（一九二二）

以子谦吉（进士）任广东廉州府合浦县知县。鹿璟之子鹿泰吉，乾隆三年（一七三八）举人，曾任景山教习，授文安县教谕。鹿泰吉之子鹿荃，字馥园，乾隆三十年（一七六五）拔贡，仕任两淮都转盐运使，人称『都转公』。修《定兴鹿氏家谱》十三卷，为其子孙起名时订立了『宗传理学，世笃忠贞，必由其本，时乃日新』十六字下传。所谓『宗传理学……』，首先从鹿善继说起，鹿善继青年时读明思想家、教育家王阳明《传习录》，概然有必为圣贤之志，做官不可不干实事，讲究『慎独』『做事认真』，成为理学的一代宗师，开明末清初北方理学的先声。

鹿荃之子鹿丕宗（一七八七—一八五六），字杰人，号简堂，嘉庆十八年（一八一三）拔贡，道光年间历任贵州施秉知县、平越知州、都匀知府，咸丰六年（一八五六）苗民起义，守都匀时城陷，同妻自焚，谥号『壮节』。鹿丕宗之子鹿传霖（一八三六—一九一〇），字滋轩，咸丰九年恩科举人，同治元年（一八六二）恩科进士。历任广西兴安知县、桂林知府、福建按察使、四川布政使、河南巡抚、陕西巡抚、四川总督，军机大臣、礼部尚书、工部尚书等，宣统初受遗诏，加太子少保衔，晋太子太保，历拜体仁阁大学士、东阁大学士兼经筵讲官等职。至此，定兴鹿氏官至顶峰。

以上只是按照鹿传霖的直系所列。定兴鹿氏家族显赫，人丁兴旺，名人辈出。本书中顺天乡试（举人）朱卷除了宝铭、张之洞、鹿传霖外，还录有鹿丕宗、鹿传先、鹿岱岭（鹿钟理）、鹿恂理、鹿学尊、鹿学良、鹿名世、鹿兴世、鹿福世及吴衍鋆、许梦松、杨振邦等顺天乡试（举人）朱卷。有的优秀者未列其中，如鹿瀛理（一八五二—一九〇一），字安仲，号乔笙，光绪十二年（一八八六）进士，曾任翰林院编修等职，与后任民国大总统的徐世昌是同榜进士，光绪十三年碑工李云从在定兴石柱村发现南北朝时期义慈惠石柱，本想拓片，因村人反对，未果而返，乔笙闻之，说服村民亲往摹拓，做成墨本，回京后赠予著名学者、书法家沈曾植，沈曾植为其题跋，义慈惠石柱才被世人所知，后鲁迅先生曾根据此拓本校对过义慈惠石柱。

陕西贡院明远楼
摄于民国二十二年（一九三三）

关于定兴鹿氏家族收藏宝铭、张之洞等顺天乡试（举人）朱卷情况。定兴鹿氏家族是名门望族，明清一些重要人物都与定兴鹿氏有着千丝万缕的联系。明万历三十五年（一六〇七）八月鹿久徵去世后，兵部尚书孙承宗为其撰写了神道碑。崇祯九年（一六三六）七月鹿善继殉国后，明末清初理学家、容城的孙奇逢为其写传。清乾隆五十七年（一七九二）鹿荃去世后，嘉庆皇帝的老师，历任两广总督及吏、兵、户部尚书的朱珪撰写了墓志铭。咸丰六年（一八五六）八月鹿丕宗在贵州都匀自焚后，道光二十七年（一八四七）状元、兵部尚书、东阁大学士张之万为其墓志铭书丹。宣统二年（一九一〇）鹿传霖去世后，后任民国大总统的徐世昌、著名书法家华世奎等为其书写墓志铭。民国五年（一九一六），著名藏书家、宣统皇帝的老师、鹿传霖的女婿徐坊去世后，晚清大臣、学者、宣统皇帝的老师陈宝琛为其墓志铭篆额，等等。孙承宗、孙奇逢、朱珪、张之万、徐世昌、徐坊、华世奎等都是重要的历史人物，他们与定兴鹿氏家族在不同历史时期有着深厚的渊源，对后世产生了深远的影响。

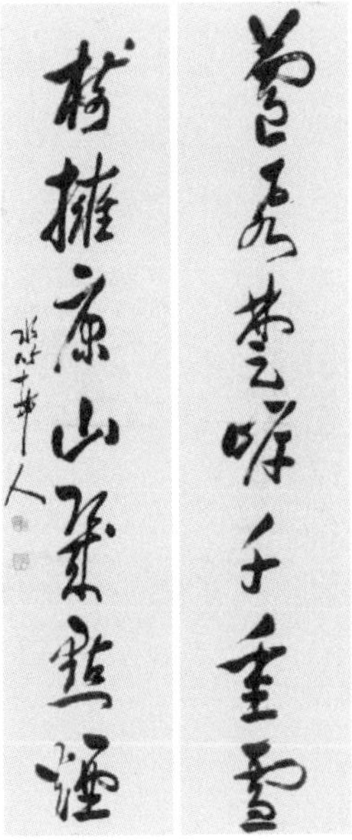

民国大总统徐世昌书法作品

定兴鹿氏和南皮张氏都是名门望族。鹿传霖的原配夫人姓张，南皮县人，是晚清名臣张之洞的姐姐。早年鹿传霖的父亲鹿丕宗在贵州任都匀知府，张之洞的父亲张锳任贵州兴义府知府，同乡同在贵州做官，结为亲眷，自然而然。鹿传霖与张之洞是郎舅关系，同时出生在贵州，少年时，常『以文行相砥砺』，青年时同中进士，晚年时同入军机，自比唐代宰相房玄龄、杜如晦，都是晚清重臣，深受光绪皇帝的器重。光绪三十四年（一九〇八）十一月十四日，光绪皇帝驾崩后，鹿传霖和张之洞是为数不多守候在旁的朝廷大臣。定兴鹿氏深受皇恩，

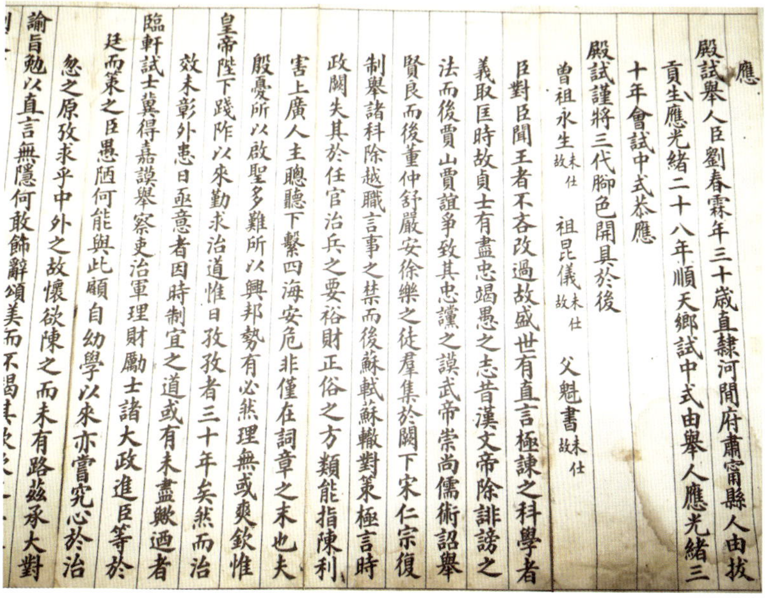
應
殿試舉人臣劉春霖年三十歲直隸河間府肅甯縣人由拔
貢生應光緒二十八年順天鄉試中式由舉人應光緒三
十年會試中式恭應
殿試謹將三代脚色開具於後
曾祖永生未仕故　祖昆儀未仕故　父魁書未仕故
臣對臣聞王者不吝改過故盛世有直言極諫之科學者
義取匡時故貞士有盡忠竭愚之志昔漢文帝除誹謗之
法而後賈山賈誼争致其忠讜之謨武帝崇尚儒術詔舉
賢良而後董仲舒嚴安徐樂之徒羣集於闕下宋仁宗復
制舉諸科除越職言事之禁而後蘇軾蘇轍對策極言時
政闕失其於任官治兵之要裕財正俗之方類能指陳利
害上廣人主聰聽下繫四海安危非僅在詞章之末也夫
殷憂所以啟聖多難所以興邦勢有必然理無或爽欽惟
皇帝陛下踐阼以來勤求治道惟日孜孜者三十年矣然而治
效未彰外患日亟意者因時制宜之道或有未盡歟迺者
臨軒試士冀得嘉謨舉察吏治軍理財勵士諸大政進臣等於
廷而策之臣愚陋何能與此顧自幼學以來亦嘗究心於治
忽之原孜求乎中外之故懷欲陳之而未有路茲承大對
諭旨勉以直言無隱何敢飾辭頌美而不竭其愚之一

末代状元刘春霖殿试卷。选自民国四年（一九一五）雷雨琴石印本。雷雨琴，定兴县城内一街人，清末出版家。

和南皮张氏世代联姻，存有和硕豫亲王多铎之后宝铭和晚清重臣张之洞的顺天乡试（举人）朱卷是不足为奇的。

在这里要特别关注一下鹿传霖对科举制度所做的贡献。鹿传霖一生戎马倥偬，长期在中央和地方做官，一心为国，任劳任怨。鹿氏家族人丁兴旺，子弟多出举人、进士，受到过良好的教育，在全国做过知县、知府的人很多。鹿传霖也不例外，他也是进士出身，出身名门，重视教育。同治五年（一八六六）他而立之年时，荣升桂林知府，因『广西乡试多贿通誊录』，科举作弊现象十分严重，他花大力气整治，『改闱中试艺』，并且严为防制，直到出榜，保持了当地科考的公正性。同治十年，定兴刘灼等人在固城重修紫峰书院，鹿传霖为其撰写碑记。光绪十九年（一八九三），以慈禧皇太后六旬万寿，特开恩科，时任陕西巡抚的鹿传霖作为监临主持了陕西乡试。考试在位于西安的陕西贡院举行。陕西贡院，始建于明景泰年间（一四五〇—一四五六），嘉靖年间（一五二二—一五六六）形成完善的建筑格局。清同治十二年，贡院号舍多至一万一千余间，光绪元年，陕甘分闱之后，陕西贡院号舍仍有九千六百余间。这次科举考试全省共录取举人五十二名，并编撰了《陕西乡试题名录》，详细记载了考试的过程。光绪二十二年，时任四川总督的鹿传霖上书光绪帝，创办四川中西学堂，也就是今四川大学的前身。

清末内忧外患，民怨四起，鸦片战争后，西方资本主义列强东来，中国面临『数千年来未有之变局』，另一方面，太平天国等国内人民反抗斗争此起彼伏，清廷迫切需要经世之才维护其统治，八股取士已不适应时代的要求，西方的科学技术及内政外交的许多知识，均出于科举士人的旧学视野之外，在这种情况下，科举制度改革势在必行。在光绪二十四年（一八九八）戊戌变法运动中，废除八股是维新派的一项基本主张。光绪二十七年慈禧皇太后宣布废除武科科举考试。光绪二十九年三月，袁世凯、张之洞联衔上奏，说明科举阻碍新教育制度的实行。光绪三十一年九月，袁世凯、张之洞又上

朝鲜科甲〔清光绪十六年（一八九〇）《点石斋画报》〕

奏废除科举制度。在清末学制改革中，鹿传霖起了重要作用。此建议若想被采纳，必须经过主管改革事宜的机构政务处审核批准，政务处共有八位大臣，瞿鸿禨、张百熙、荣庆皆表示赞成，奕劻、昆冈不置可否，孙家鼐虽持有异议，后经鹿传霖、袁世凯劝说允可。唯有王文韶从头到尾坚决反对。鹿传霖开始并不十分赞成停废科举，他认为这一制度停废，若缺乏后续保障措施，势必造成大量士人失业，引起社会动荡。然张之洞为自己姻亲，并多次致函鹿传霖，望其同意并说服王文韶，鹿传霖只好随波逐流，但王文韶依旧未改变立场。后清廷开掉了王文韶政务处差事，这一建议才得到清政府的批准，实行一千多年的科举制度至此彻底废除。原来作为科举制度一部分的各种官学和书院也先后被废除。

鹿传霖鞠躬尽瘁，死而后已，宣统二年（一九一〇）七月病逝前还倡捐银两重修定兴文庙，文庙的修缮在其去世后的第二月才开始动工，历时一年才完工。现定兴文庙顶梁上还有宣统二年鹿传霖重修文庙的记事牌。

◎ 肆

定兴文化浩如烟海，范阳故地文化璀璨。从战国时期『风萧萧兮易水寒，壮士一去兮不复还』的易水悲歌到元代王实甫『碧云天，黄花地，西风紧，北雁南飞。晓来谁染霜林醉』的长亭送别，穿越时空，贯穿古今，展现了定兴这片沃土的优美画卷。跨越一千余年的科举制度本身就是一条长河，《桂花榜》只不过是其中小小的一朵浪花。书中『初唐四杰』之一的卢照邻，以『推敲』二字出名的唐代著名诗人贾岛，宋代数学家、状元张九成，明代理学家鹿善继，明代军事家薛虎臣，清末军机大臣鹿传霖等中国历史上耳熟能详的人物在这里都有所展现，他们的名字和事迹光耀天下，映照千秋。《桂花榜》的编纂，不仅仅是简单的定兴鹿氏后人鹿元骧、鹿传先等人县学（秀才）考试卷、顺天乡试（举人）朱卷的辑录，这些资料是定兴鹿氏的旧藏，经过一百多年的历史沧桑，保存至今实属不易。

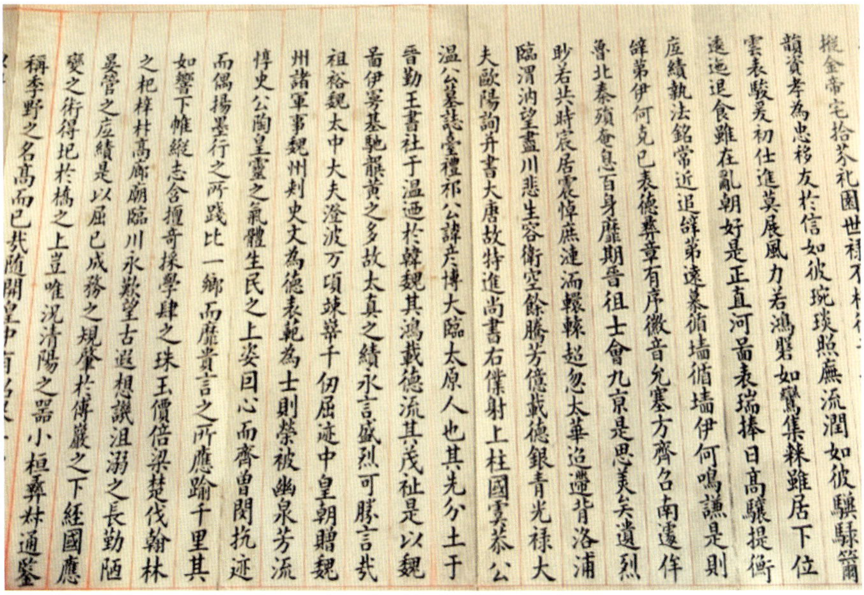

清光绪二十三年（一八九七）举人鹿福世书法

一部定兴鹿氏史就是一部定兴文化史，一部科举档案史。当我们见到这些尘封百年的科举制度档案卷时，内心充满了涌动，当我们看到鹿传霖、张之洞、鹿学良等人的顺天乡试（举人）朱卷时，充满了喜悦，产生了对先哲们的敬畏之情。这些晚清时期叱咤风云的名字是那么的熟悉，此时离我们感觉并不那么遥远。他们的顺天乡试（举人）朱卷档案完整，内容翔实，格调清新，笔意深邃，书法隽美，记录了各自的族谱、庭训、业师、论文、主考官的批注、中式名次。因明清时期，定兴属直隶管辖，乡试都在顺天府进行，考取者称顺天乡试（举人）朱卷。如鹿传先中嘉庆二十四年（一八一九）优贡第二名，二十五年考取教习第三十七名，道光五年（一八二五）顺天乡试第二百十三名；张之洞中咸丰二年（一八五二）顺天府乡试（举人）第一名（解元）；鹿福世中光绪二十三年（一八九七）选拔贡生一名，会考一等第二十一名，顺天乡试（举人）第十六名，复试二等第二十三名，等等。后鹿传霖、张之洞、鹿学良又考取进士。这些秀才、举人、进士，都不是凡夫俗子，都是时代的弄潮儿，不同时期时代风尚的引领者，为定兴历史发展做出了贡献。

作为中国古代一种延续一千三百年之久的官员选拔考试制度，科举制度对唐宋以来中国的政治、教育、文化产生了极为重要的影响，它不仅是中国集权封建政治体制得以延续的重要制度保证，也是读书人实现自己的人生抱负，振兴或维系家庭、家族荣耀的主要途径。随着影响力的逐渐扩大，科举制度逐渐渗透到社会生活的各个层面，在社会习俗、文化教育、社会心理、戏曲文学等方面都有显著的表现。正因为科举制度长期而深刻地影响着中国古代社会，因此留下的种种印记使我们在停止科举百余年的今天，依然可以或多或少地感受到它的存在。

定兴是全国文化先进县，有着深厚的文化底蕴和丰富的文化内涵。近年来，在县委、县政府的领导下，定兴经济蓬勃发展，文化事业方兴未艾。作为长期在文化战线工作的文艺工作者，多年来，我默默无闻，勤勉工作，对定兴历史文化做了大量挖掘工作。我深知定兴虽小，但五脏俱全。定兴历史悠久，定兴文化根植于中华的大地上。我立足于定兴，怀着热爱家乡的情怀，用中华文化的一桶水书写定兴文化的一杯水，出版了多种书籍，奉献给读者。我以前出版的《范阳风》《范阳潮》是对定兴历史文化的全面总结，出版的《中国民间故事全书河北·定兴卷》是对定兴民间文化的总结，出版的《义慈惠石柱》《黄金台》是定兴文物方面的专著，是对定兴重点文化遗存的总结。此外，我还对定兴古城、定兴鹿氏文化进行了深入挖掘，编印了《古城印象》《鹿善继年谱》《定兴鹿氏名人传》《范阳纪事》《鹿文拾遗》《鹿文荟萃》《笑花轩笔记》等书籍。

盛世修史，造福当代，惠及子孙。这次《桂花榜》的编纂出版，为广大文学爱好者、教育工作者等提供了难得的学习蓝本，为各图书馆、博物馆提供了重要的实物图像资源。作为一名文化工作者，有责任、有信心记录和还原过去的历史，使他们的业绩和芳名永垂青史，流芳百代。历史文化资源的挖掘是一项费时费力的系统工程，它客观反映了定兴千百年来物质文明、精神文明的历史与现状，特别是在京津冀协同发展和雄安新区建设大发展的格局下，相信《桂花榜》的出版，一定会受到广大读者的欢迎和喜爱，为定兴经济社会发展提供智力支持；有助于人们了解定兴的文化历史，让定兴走出中国，走向世界，丰富定兴作为全国文化先进县的内涵。

秀才卷

河阳书院、莲池书院秀才考试卷略说

在科举制度下，若要取得省乡试（考取举人）的资格，首先要过县试、府试、院试三关。参试者称儒童或童生，合格录取者称生员、庠生（俗称秀才）。庠，古时学校之意；庠生即学生。初入府州县学的秀才称为附学生员，简称附生。附生再通过岁考，即明清时期每年对府、州、县的生员、廪生举行的考试，递升为增广生员（简称增生）、廪膳生员（简称廪生）。各县仅有成绩前十名的廪生和生员才有资格参加本省乡试。

此外，在生员中再选拔一批人，升国子监学习的称监生，其他称贡生。贡生又分为岁贡、恩贡、拔贡、优贡、副贡，这五贡为正途出身资格。另有一种通过纳捐取得的贡生称例贡、增贡、附贡、廪贡。这些依序出贡的贡生，称岁贡。若朝廷有重大庆典或喜事，则这年的岁贡，便称恩贡。拔贡逢酉年一选，也就是十二年考一次，优胜者以小京官用，次选以教谕用。至于优贡，则是由地方教官保举品学兼优生员，由学政会同督抚考试，非常难得。副贡是由乡试卷中，选取文极佳却因额满见遗或极好卷中稍有瑕疵的落第者。

本书所介绍的诸生档案中，鹿传霖是监生，张之洞、杨振邦是附生，鹿名世是优附生，鹿丕宗、鹿学良是拔贡生，鹿传先是优贡生，鹿岱龄、鹿恂理、许梦松是廪膳生，鹿兴世是优廪生，鹿学良是副贡生，鹿福世是选拔生，吴衍鋆是增生等。名目繁多，各不相同。

本篇收录了河阳书院生员（秀才）考试卷十二份，其中鹿元骧十一份，鹿笃周一份；莲池书院贡生（秀才）考试卷十五份，其中鹿传纶三份，鹿元龙四份，鹿元骧二份，李文蔚四份，马思中一份，钱冀青一份。共计二十七份。

定兴河阳书院鹿元骧等生员（秀才）和保定莲池书院鹿传纶等贡生（秀才），就是通过县试、府试，经过童生到庠生再到贡生，依次递升，选拔出来的。他们的考试卷真实反映了河阳书院和莲池书院的考试结果，体现了清代科举制度程序复杂、组织严密和秀才们考试的艰辛。如，拔贡逢酉年才考一次，考中者寥寥无几。鹿传霖的父亲鹿丕宗（一七八七—一八五六）就是由廪生于嘉庆十八年（一八一三）考取的拔贡生，二十五年钦取八旗官学汉教习，以知县选用，拣发贵州任施秉知县、平越直隶州知州、都匀知府。究室村王化芳，又称王洛化，捐银四百两取得秀才（增贡）名分，人称『四百两』。鹿元骧，又名鹿培理，自幼聪慧，通过县试，由童生考取了河阳书院生员（秀才），后又通过府试考取了保定莲池书院佾生，充任孔庙中祭礼乐舞的人员。他多才多艺，能文能武，文章犀利，书法隽秀，经常替父亲鹿传纶等人考试，但他体质虚弱，在保定莲池书院读书期间经常旷课，光绪二十二年（一八九六）冬天参加科举考试时，徒步涉水感风寒而死，年仅三十三岁。随着时间的流逝，河阳书院、莲池书院已离我们远去，这些河阳书院、莲池书院考试卷的发现和辑录，使我们恍然回到了过去，仿佛看到了莘莘学子头悬梁、锥刺股的场景，也把河阳书院和莲池书院深深地留在了人们的记忆里……

河阳书院简介

河阳书院，位于定兴古城北大街十字路口西北处。清嘉庆九年（一八〇四）知县赵锡蒲倡修。道光二十四年（一八四四）知县梁宝书、邑人鹿传珣创置。咸丰二年（一八五二）知县周灏捐修。光绪三年（一八七七）进士、翰林院编修，光绪十六年《定兴县志》主编杨晨及张霖、韩堃、曹壬泰、赵锡榕、舒鹏秋等学者都曾任过河阳书院的主讲教师。著名文学家、教育家高步瀛曾任河阳书院山长。

据民国十九年（一九三〇）《定兴县新征志料》记载，光绪十七年（一八九一），胡宾周任定兴县知事，儒雅风流，以振兴文教为己任，担任河阳书院主讲，每月课士试卷必亲自批阅，列前茅者，膏火（读书费）以优，又立加课，以资鼓励。寻调安肃（徐水）知事。胡宾周，字恪三，邓州人，光绪九年进士。随着清末科举制度的废除，河阳书院变成定兴城内高等小学堂。受定兴知县朱慎初之邀，光绪二十三年举人鹿福世从光绪三十二年至民国二年（一九一三）出任定兴城内高等小学堂堂长（校长）达七年之久。现发现定兴鹿氏后人鹿元骧十一份、鹿笃周一份河阳书院生员（秀才）考试卷。

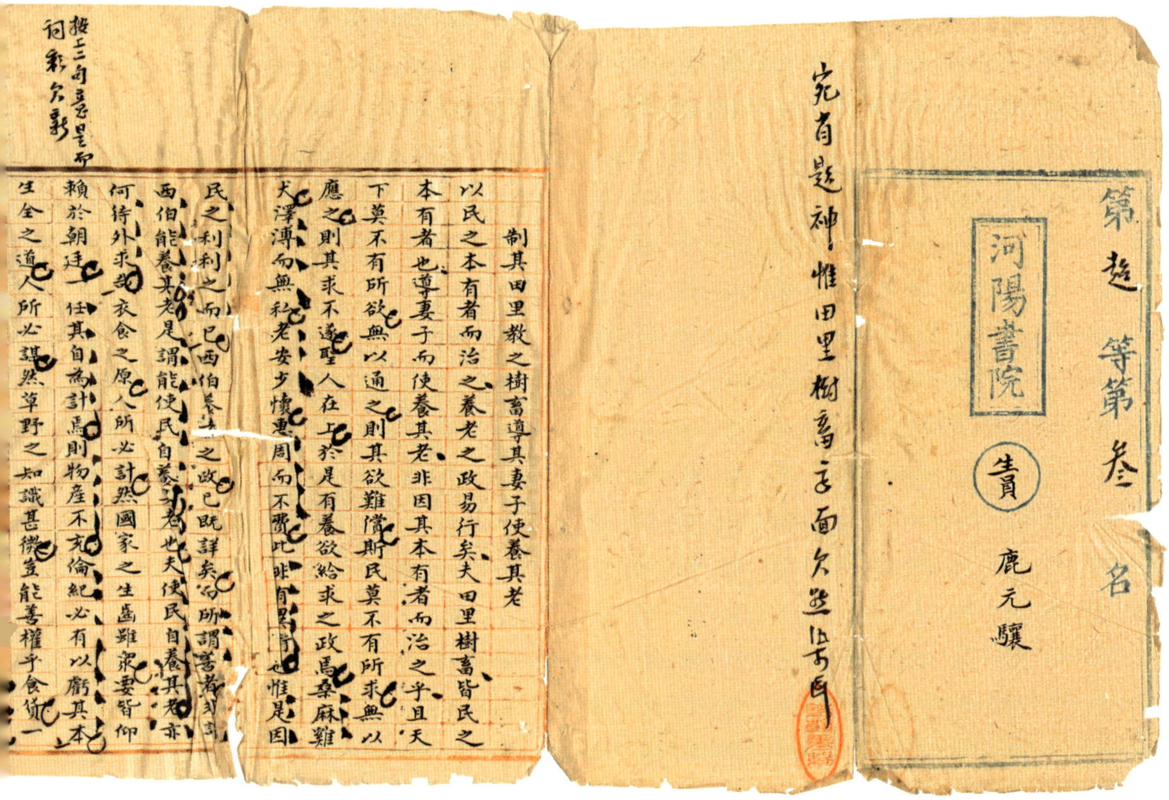

此乃鹿元驤生员（秀才）河阳书院考试卷。题目：制其田里，教之树畜，导其妻子，使养其老。卷有『宛肖题神，惟田里树畜，字面欠点染耳』批语。获河阳书院第超等第三名。

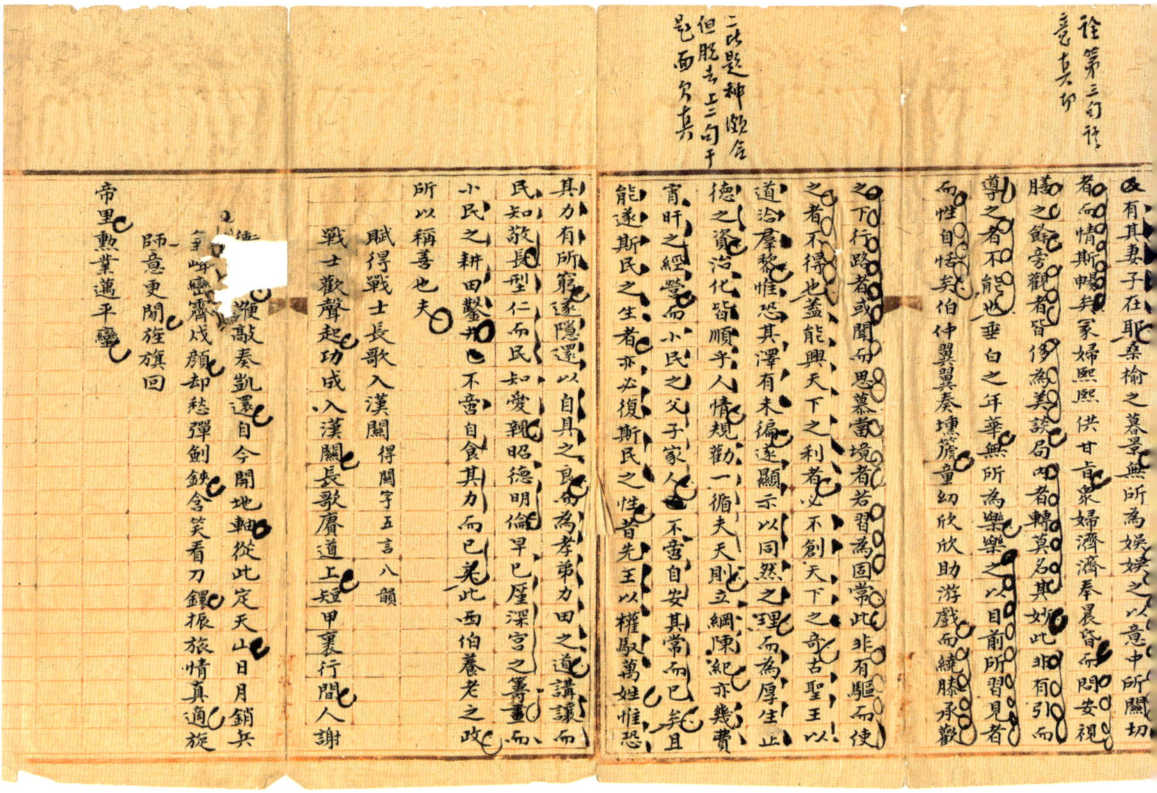

鹿元骧（一八二七—一八五九），又名鹿培理，字小卿，号厚田，行二，增生，定兴县西江村人。定兴河阳书院超等生员（秀才），保定莲池书院上等佾生。道光二十九年（一八四九）九月初三日获保定莲池书院吴汝纶山长（院长）课奖，赏钱壹千二百七十文。

鹿传霖在清光绪二十二年（一八九六）续写《定兴鹿氏家谱》中说：培理天姿敏捷，游泮（入学读书）后，有声黉序（学校）。好读书而体羸弱（身体瘦弱）。尝肄业莲池书院，是年隆冬赴试徒步涉水中，感寒得咯血疾而殁，年仅三十有三。

娶潘氏（一八二九—一八九一），安州（安新）举人、正定府教授潘斐女。守节三十三年，旌表合葬定兴县西江村鹿氏祖茔前左。以兄滋理次子学朴为嗣。有一女，殇。

詮第三句精
意真切

二比題神燄合
但脫去上三句于
題面欠真

樹畜也固為民之所自有也今既制之教之矣而養其老者不乏有其妻子在耶桑榆之暮景無所為娛娛之以意中所關切者而情斯暢矣冢婦熙熙供甘旨衆婦濟濟奉晨昏而問安視膳之餘旁觀者皆侈為美談局內者轉莫名其妙此非有引而導之者不能也垂白之年華無所為樂樂之以目前所習見者而性自恬矣伯仲翼翼奏壎篪童幼欣欣助游戲而繞膝承歡之下行路者或聞而思慕當境者若習為固常此非有驅而使之者不得也蓋能興天下之利者以不創天下之奇古聖王以道洽羣黎惟恐其澤有未徧遂顯示以同然之理而為厚生正德之資治化皆順乎人情規勸一循夫天則立綱陳紀亦幾費宵旰之經營而小民之父子家人不啻自安其常而已矣且

其力有所窮遂隱還以自具之良而為孝弟力田之道講讓而民知敬長型仁而民知愛親昭德明倫早已屋深宮之籌畫而小民之耕田鑿井不啻自食其力而已若此西伯養老之政所以稱善也夫

賦得戰士長歌入漢關 得關字五言八韻

戰士歡聲起功成入漢關長歌賡道上短甲裏行間人謝德[illegible]旋敲奏凱還自今開地軸從此定天山日月銷兵氣峙巒霽戍顏却愁彈劍鋏含笑看刀鐶振旅情真適旋師意更閒旌旗回帝里勳業邁平蠻

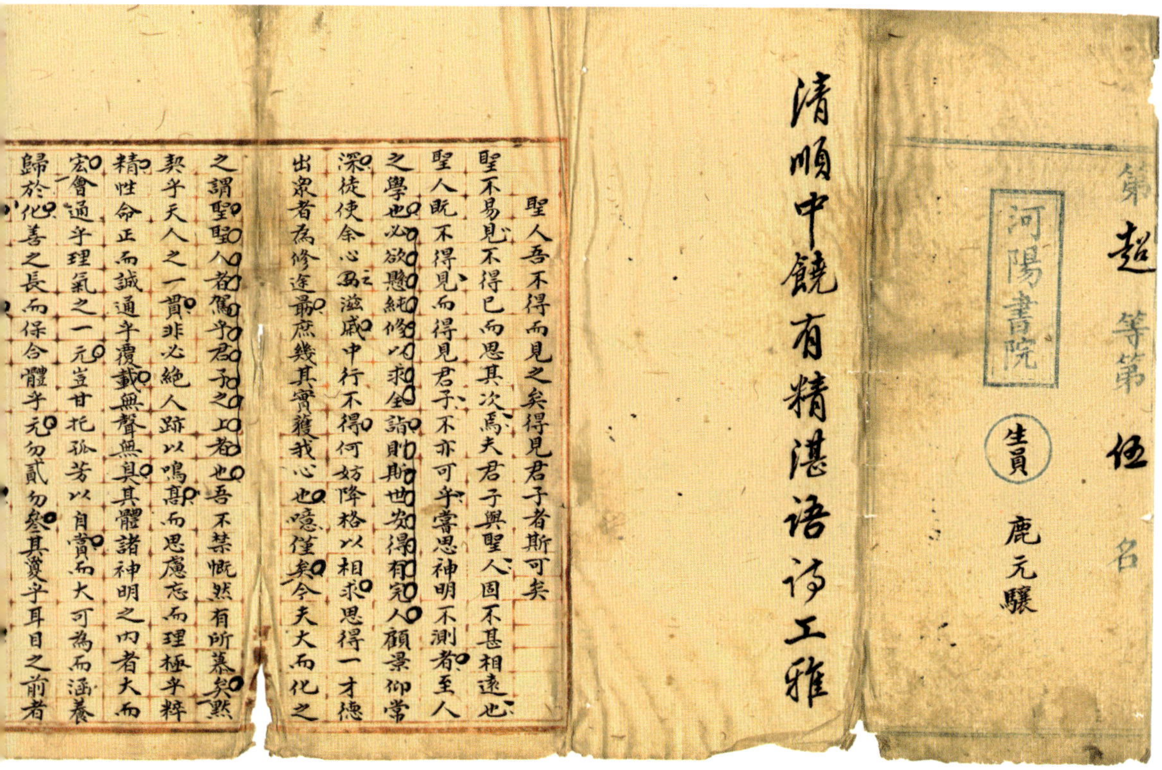

此乃鹿元骧生员（秀才）河阳书院考试卷。题目：圣人，吾不得而见之矣；得见君子者，斯可矣。卷有『清顺中饶有精湛语，诗工雅』批语。获河阳书院第超等第五名。

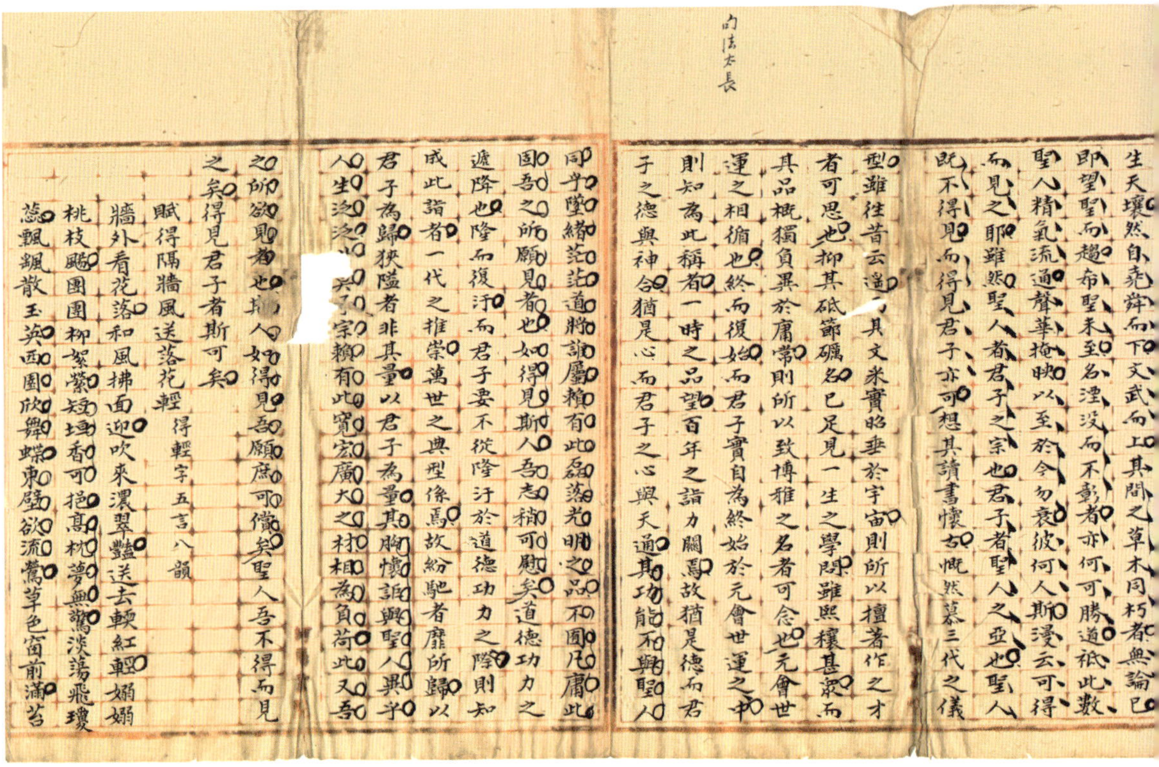

詞法太長

生天壤然自堯舜而下文武而上其間之草木同朽者無論已即望聖而趨希聖未至而湮沒而不彰者亦何可勝道祗此數聖人精氣流通聲華掩映以至於今勿衰彼何人斯漫云可得而見之耶雖然聖人者君子之宗也君子者聖人之亞也聖人既不得見而得見君子亦可想其讀書懷抱慨然慕三代之儀型雖往昔云遥而其文彩實昭垂於宇宙則所以擅著作之才者可思也抑其砥節礪名已足見一生之學問雖與壤甚殊而其品概獨負異於庸常則所以致博雅之名者可念也元會世運之相循也終而復始而君子實自為終始於元會世運之中則知為此稱者一時之品望百年之諳力關焉故猶是德而君子之德與神合猶是心而君子之心與天通其功能和輿聖人同乎瑩緒若訪道腑詣屬賴有此磊落光明之品而固凡庸此固吾之所願見者也如得見斯人吾志稍可慰矣道德功力之遞降也隆而復汙而君子要不從隆汙於道德功力之際則知成此詣者一代之推崇萬世之典型係焉故紛馳者靡所歸以君子為歸狹隘者非其量以君子為量其胸懷詣與聖人異乎人生泛泛[illegible]宗賴有此寬宏廣大之材相為負荷此又吾之所欲見者也斯人如得見吾願庶可償矣聖人吾不得而見之矣得見君子者斯可矣

賦得隔牆風送落花輕　得輕字五言八韻

牆外看花落和風拂面迎吹來濃翠豔送去軟紅輕媚媚桃枝颭團團柳絮縈嬌嬈香可挹高枕夢無驚淡蕩飛瓊蕊飄颻散玉英西園欣舞蝶東閣欲流鶯草色窗前滿苔

內法太長

大聖人其有幾乎聞嘗遠溯生民以來芸芸者非不與聖人並生天壤然自堯舜而下文武而上其間之草木同朽者無論已即望聖而趨希聖未至名湮沒而不彰者亦何可勝道祇此數聖人精氣流通聲華掩映以至於今勿衰彼何人斯漫云可得而見之耶雖然聖人者君子之宗也君子者聖人之亞也聖人既不得見而得見君子亦可想其讀書懷古慨然慕三代之儀型雖往昔云遥而其文采實昭垂於宇宙則所以擅著作之才者可思也抑其砥節礪名已足見一生之學問雖熙穰甚衆而其品概獨負異於庸常則所以致博雅之名者可念也元會世運之相循也終而復始而君子實自為終始於元會世運之中則知為此稱者一時之品望百年之詣力關焉故猶是德而君子之德與神合猶是心而君子之心與天通自[illegible][illegible]和[illegible][illegible]

后学隆緒茫茫道米言廛赖有此磊落光明之品不囿凡庸此
囿吾之所願見者也如得見斯人吾志稍可慰矣道德功力之
遮降也隆而復汙而君子要不從隆汙於道德功力之降則知
成此詣者一代之推崇萬世之典型條焉故紛馳者靡所歸以
君子為歸狹隘者非其量以君子為量其胸懷詎與聖人異乎
人生泛泛世矣[illegible]宗賴有此寬宏廣大之材相為負荷此又吾
之所欲見者也斯人如得見吾願庶可償矣聖人吾不得而見
之矣得見君子者斯可矣

賦得隔牆風送落花輕　得輕字五言八韻

牆外看花落和風拂面迎吹來濃翠豔送去軟紅輕嫋嫋
桃枝颺團團柳絮縈短墻香可挹高枕夢無驚淡蕩飛瓊
蕊飄飄散玉英西園欣舞蝶東壁欲流鶯草色窗前滿苔

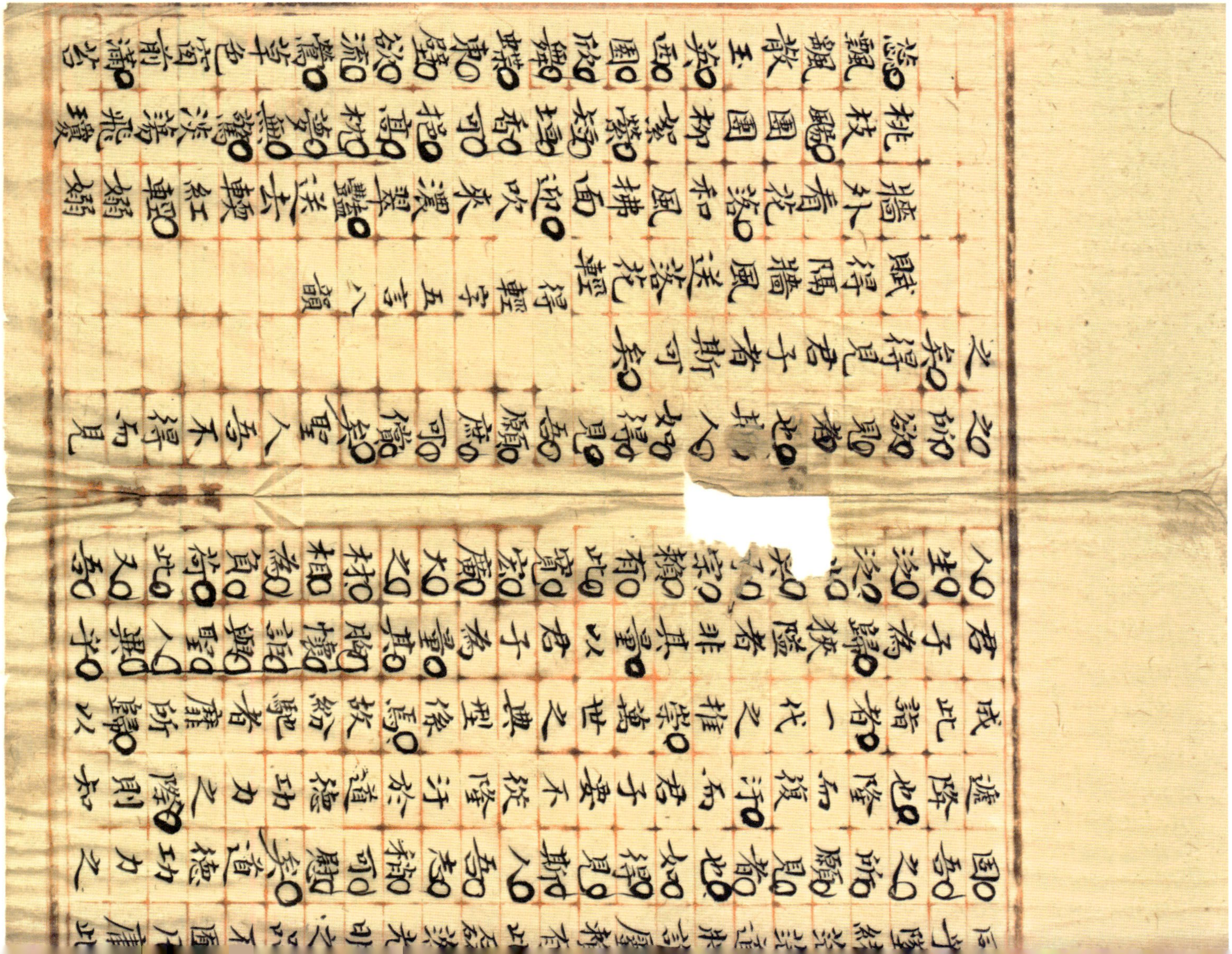

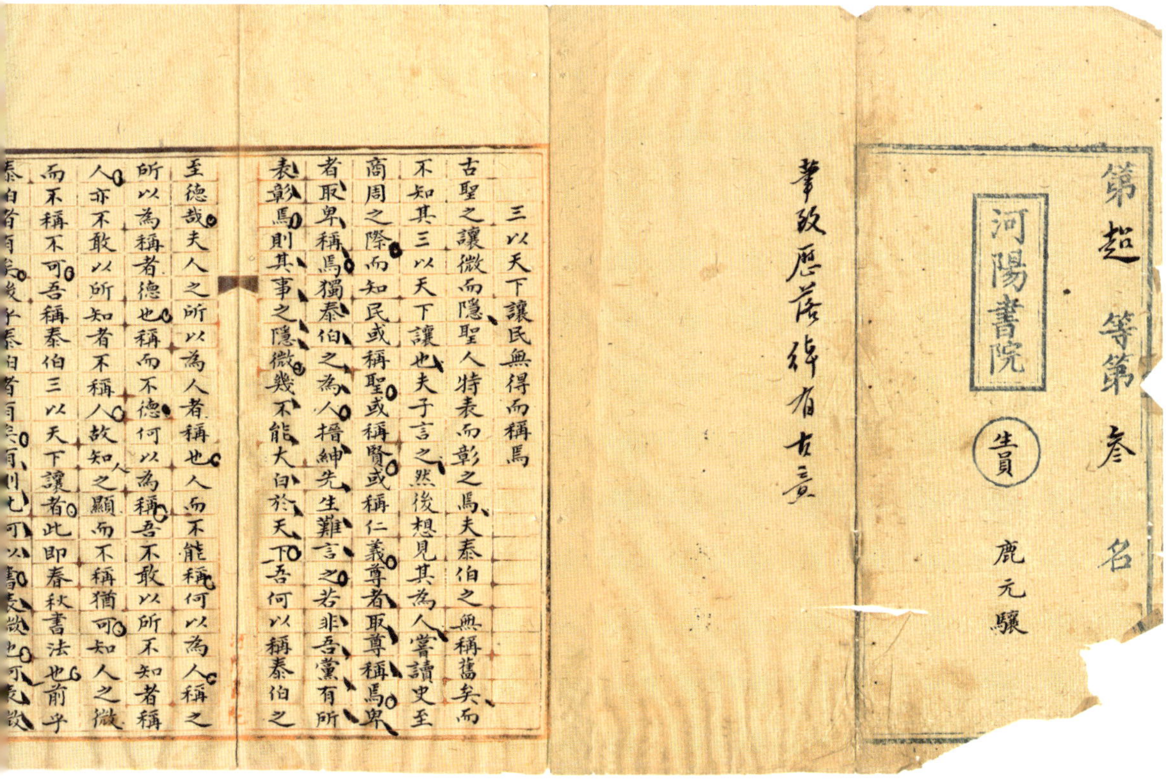

此乃鹿元骧生员（秀才）河阳书院考试卷。题目：三以天下让，民无得而称焉。卷有『笔致历落，绰有古意』批语。获河阳书院第超等第三名。

天下有一定乎哉今若是立嫡以長子猶不受也請無與仲而
與季有託而逃採藥句吳終身不入其國孰從之虞仲從之也
然則曷為不及虞仲虞仲相率偕行泰伯實主此謀為伯也弟
者即不得為季也兄吾故畧虞仲而獨書泰伯美泰伯之成乎
讓也然而數百年來商周之史皆不書元公作皇矣之詩曰惟

泰伯王季稱其名而不稱其讓載筆者更有間矣彼蚩蚩者而
孰能知之哉夫人非去天下之難而無令名之難非無令名之
難而無得而稱之難使民可得而稱焉則泰伯之讓或僞民無
得而稱焉則泰伯之讓乃真也吾所以曠然遐思蕭然遠引不
禁慨然嘆曰美哉泰伯一讓而三善備也事君之忠也從父之
孝也守身之潔也三分之勢漸成一念之誠可託可不謂忠乎

去國不以父命為辭立賢不以天倫為愧可不謂孝乎且不以
揖遜沽名更不以遠遁傷志可不謂潔乎抑聞之堯讓許由舜
讓善卷皆辭天子而為匹夫彼皆不宜有天下者也泰伯者長
也長則何以不為君以天下讓也讓何以為至德大其無稱也
曷為子大其無稱為人臣者必全忠為人子者必全孝也全忠
全孝即潔身之道也

賦得荷淨納涼時　得荷字五言八韻

萬頃煙波淨乘涼樂若何客邀三徑竹船放一塘荷地去
炎氛遠人來爽氣多無言花作壁有興酒同科鷗泛斜陽
外舟停古渡阿雨催佳句至風送好香過艷想衫披杏輕
憐扇掩羅月明聽更妙幾處起漁歌輕憐扇掩羅幾處起

三季歷幼而札太王猶獨愛之常欲立之以爲君於是泰伯曰天下有一定乎哉今若是立嫡以長子猶不受也請無與仲而與季有託而逃採藥句吳終身不入其國孰從之虞仲從之也然則曷爲不及虞仲虞仲相率偕行泰伯實主此謀爲伯也弟者即不得爲季也兄吾故畧虞仲而獨書泰伯美泰伯之成乎讓也然而數百年來商周之史皆不書元公作皇矣之詩曰惟

泰伯王季稱其名而不稱其讓載筆者缺有間矣彼蚩蚩者亦孰能知之哉夫人非去天下之難而無令名之難非無令名之難而無得而稱之難使民可得而稱焉則泰伯之讓或僞民無得而稱焉則泰伯之讓乃真也吾所以曠然遐思蕭然遠引不禁慨然嘆曰美哉泰伯一讓而三善備也事君之忠也從父之

去國不以父命為辭立賢不以天倫為愧可不謂孝乎且不以
揖遜沽名更不以遠適傷志可不謂潔乎抑聞之堯讓許由舜
讓善卷皆辭天子而為匹夫彼皆不宜有天下者也泰伯者長
也長則何以不為君以天下讓也讓何以為至德大其無稱也
曷為乎大其無稱為人臣者必全忠為人子者必全孝也全忠
全孝即潔身之道也

賦得荷淨納涼時 得荷字五言八韻

萬頃煙波淨乘涼樂若何客邀三徑竹船放一塘荷地去
炎氛遠人來爽氣多無言花作壁有興酒同科鷗泛斜陽
外舟停古渡阿雨催佳句至風送好香過艷想衫披杏輕
憐扇掩羅月明聽更妙幾處起漁歌輕憐扇掩羅幾處起

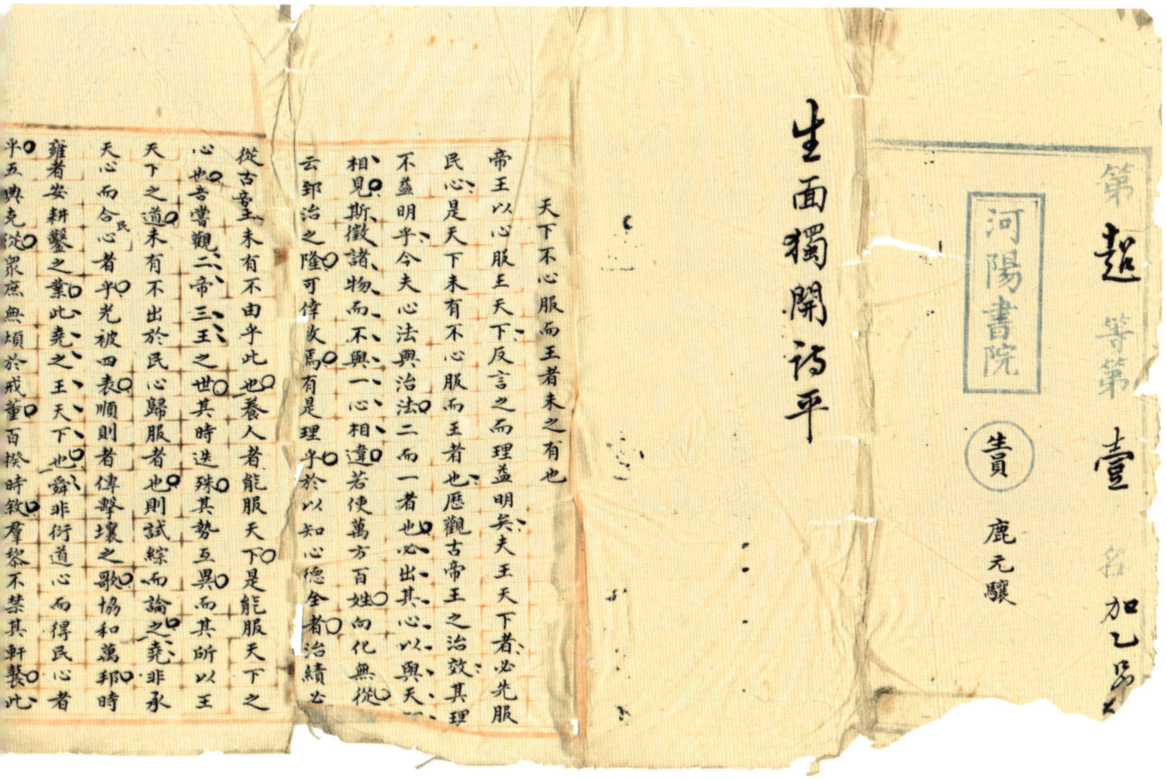

此乃鹿元骧生员（秀才）河阳书院考试卷。题目：天下不心服而王者，未之有也。卷有『生面独开，诗平』批语。获河阳书院第超等第一名加乙。

是湖心源而民心附者非湯乎幅幀既長同欽三騰之寶玉苞蘖既翦共望大旱之雲霓湯之王天下如此由是守法而民心歸者非武乎武功底定咸樂辟雝之鼓鐘篤敍方長羣聽洛師之圖卜武之王天下如此是王天下者必先服民心天下未有心服而不王者也雖然猶有慮好大喜功之主何嘗無震世之勳猷而勢迫刑驅民不抑然自下者以其心之不服也問有太平之頌獻於朝廷者乎曰未有問有樂利之休晉於草野者乎曰未有於此而言王天下蓋憂憂其難矣聖帝之興也登斯民於仁壽之區而誼美恩明隨在皆深其德化承其教者不以為分之所難越而以為情之所自流其休風不獨可想見也哉彼示以刑名法術者胡可訓也取威定霸之君亦自有非常之學畫而恩結術馭民不欣然相從者以其心之不服也問有仁讓之風興於家國者乎曰未有問有雍熙之象徧於寰區者乎曰未有以此而言王天下實落落無聞矣聖王之作也納一世於平康之路而化行俗美隨在可動其天真被其澤者不以為故事之遵循而以為真情之感召其餘韻不至今尚存也哉彼施以私恩小惠者何可言也天下不心服而王者未之有也

賦得煙暝酒旗斜 得斜字五言八韻

暮景渾難寫遥看賣酒家煙浮千縷容旗颭一竿斜淡色籠明月殘痕映晚霞杏花村十里楊柳路三叉隱約依漁舍迷離傍水涯晴雲紅樹繞宿霧碧山遮欹側形無定飄颻影自遐當前添畫意得句亦清華

舜之王天下也由是接心傳而民心向者非禹乎平成既奏修和
直遍於萬方聲教既敷總結樂輸夫九土禹之王天下如此由
是湖心源而民心附者非湯乎幅隕既長同欽三朡之寶玉苞
蘖既翦共望大旱之雲霓湯之王天下如此由是守法心而民心
歸者非武乎武功底定咸樂辟雝之鼓鐘篤敘方長羣聽洛師
之圖卜武之王天下如此是王天下者必先服民心天下未有
心服而不王者也雖然猶有慮焉好大喜功之主何嘗無震世之
動猷而勢迫刑驅民不抑然自下者以其心之不服也問有太
平之頌獻於朝廷者乎曰未有問有樂利之休普於草野者乎
曰未有於此而言王天下蓋戛戛其難矣聖帝之興也登斯民
於仁壽之區而誼美恩明隨在皆深其德化承其教者不以為
分之所難越而以為情之所自流其休風不猶可想見也哉彼

以刑政法術者何可言也[illegible]
畫而恩結御馭民不欣然相從者以其心之不服也問有仁讓
之風興於家國者乎曰未有問有雍熙之象偏於寰區者乎曰
未有以此而言王天下實落落無聞矣聖王之作也納一世於
平康之路而化行俗美隨在可動其天真被其澤者不以為故
事之遵循而以為真情之感召其餘韻不至今尚存也哉彼施
以私恩小惠者何可言也天下不心服而王者未之有也

賦得煙暝酒旗斜　得斜字五言八韻

暮景渾難寫遥看賣酒家煙浮千縷密旗颺一竿斜淡色
籠明月残痕映晚霞杏花村十里楊柳路三叉隱約依漁
舍迷離傍水涯晴雲紅樹繞宿霧碧山遮欹側形無定飄
颻影自遐當前添畫意得句亦清華

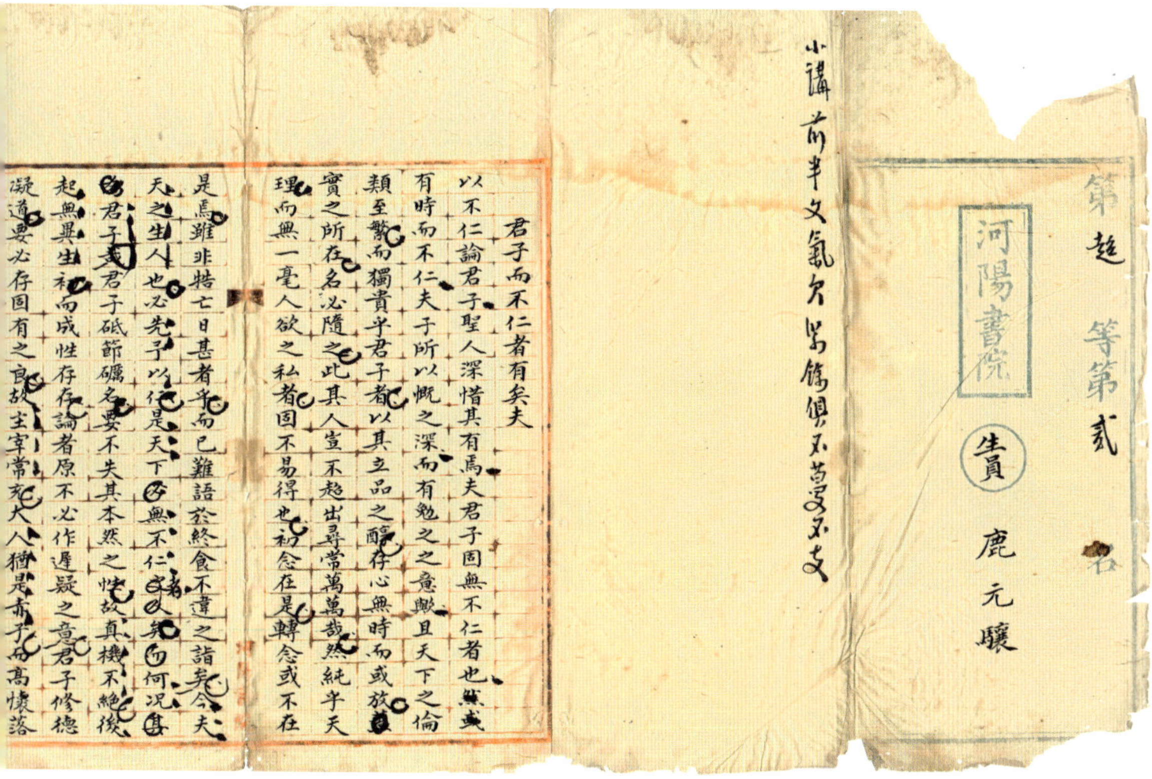
第超等第贰名
河陽書院
貴
鹿元驤

小講前半文氣欠緊餘俱不蔓不支

君子而不仁者有矣夫
以不仁論君子聖人深惜其有焉夫君子固無不仁者也然或
有時而不仁夫子所以慨之深而有勉之之意歟且天下之倫
類至繁而獨貴乎君子者以其立品之醇存心無時而或放
實之所在名必隨之此其人豈不超出尋常萬萬哉然純乎天
理而無一毫人欲之私者固不易得也初念在是轉念或不在
是焉雖非特七日甚者乎而已難語於終食不違之詣矣今夫
天之生人也必先予以仁是天下無不仁之人矣而何況君
子夫君子砥節礪名要不失其本然之性故真機不絕後
起無異生初而成性存存論者原不必作遲疑之意君子修德
凝道要必存固有之良故主宰常充大人猶是赤子而高懷落

此乃鹿元骧生员（秀才）河阳书院考试卷。题目：君子而不仁者有矣夫。卷有『小讲前半文气欠紧，余俱不蔓不支』批语。获河阳书院第超等第二名。

栻调圆 班一

穿鑿顧不免非幾之胥哉何能三月之不違也一念或差竟致終身之累持之無術良足傷耶人雖不以君子為不仁吾又何必曲為之諱哉胞與之懷本由於天賦作見既無關於要譽而入井豈無怵惕之心顧難禁嗜欲之漸開安見七日之不復也中懷偶諉每多外擾之紛雜之不明良可慨矣人雖不以不仁責君子吾不可以嚴為之戒哉學術之真純惟此纏綿悱惻之情為最至世固有侈談道德而本原之地反有難言者以其人之不仁也君子求仁甚專溯帝載於穆清之表我生有良貴而肯以世態淆之乎然聲色貨利之場俱以有所緣而入則道味或淡世味必濃也以魁閎奇偉之材猶難葆其涵育渾全之量而茫茫宇宙徒使人感慨係之矣事功之昭著惟此愷悌慈祥之意為最真世固有高語勳名而方寸之中不免懟懷者以其人之不仁也君子依仁甚切驗民彝於懿美之原此中有廣居而肯以外物奪之乎然手足官骸之具每因無所守而馳則道心未純人心或雜也以磊落光明之品尚難充其博施濟眾之能而泛泛人生輒令我低徊念之矣

下句光四語可接神

賦得蝗不害稼 得年字五言八韻

羣蝗飛境外異事記中年多稼原無害三農説有秋朝煙
籠繡陌宿雨潤芳疇螟螣皆驅避鶬鶊任去留食苗曾未
咏打稲已先謳聳翼如雲集揮鐮帶月流茨梁應作頌民
物自咸休飲蜡吹豳候豐盈慶九州

撥調圖題

有處立達之念原具於生初化工既予以陶鎔豈人事復假夫
穿鑿顧不免非幾之冒竟何能三月之不違也一念或差竟致
終身之累持之無術良足傷耳人雖不以君子為不仁吾又何
必曲為之諱哉胞與之懷本由於天賦乍見既無關於要譽而
入井豈無怵惕之心顧難禁嗜欲之漸開安見七日之復也
中懷偶誤每多外擾之纏雜之不明良可慨矣人雖不以不仁
責君子吾不可以嚴為之戒哉學術之真純惟此纏綿悱惻之
情為最至世固有侈談道德而本原之地反有難言者以其人
之不仁也君子求仁甚專溺帝載於穆清之表我生有良貴而
昔以世態淆之矣然聲色貨利之場俱以有所緣而入則道味
或淡世味必濃也以魁閎奇偉之材猶難葆其涵育渾全之量

之意爲最其世臣有喜誇勳名而方寸之中不免奧者以其人

之不仁也君子依仁甚地驗民彝於懿美之原此中有廣居焉

背以外物奪之乎然手足官骸之具每因無所守而馳則道心

未純人心或雜也以器落光明之品尚難充其博施濟衆之能

而泛泛人生輒令我低徊念之矣

賦得蝗不害稼 得年字五言八韻

羣蝗飛境外異事記中年多稼原無害三農說有秋朝煙

籠繡陌宿雨潤芳疇螟螣皆驅避鶬鶊任去留食苗曾未

咏打稻已先謳聳翼如雲集揮鐮帶月流茨梁應作頌民

物自咸休飲蜡吹豳候豐盈慶九州

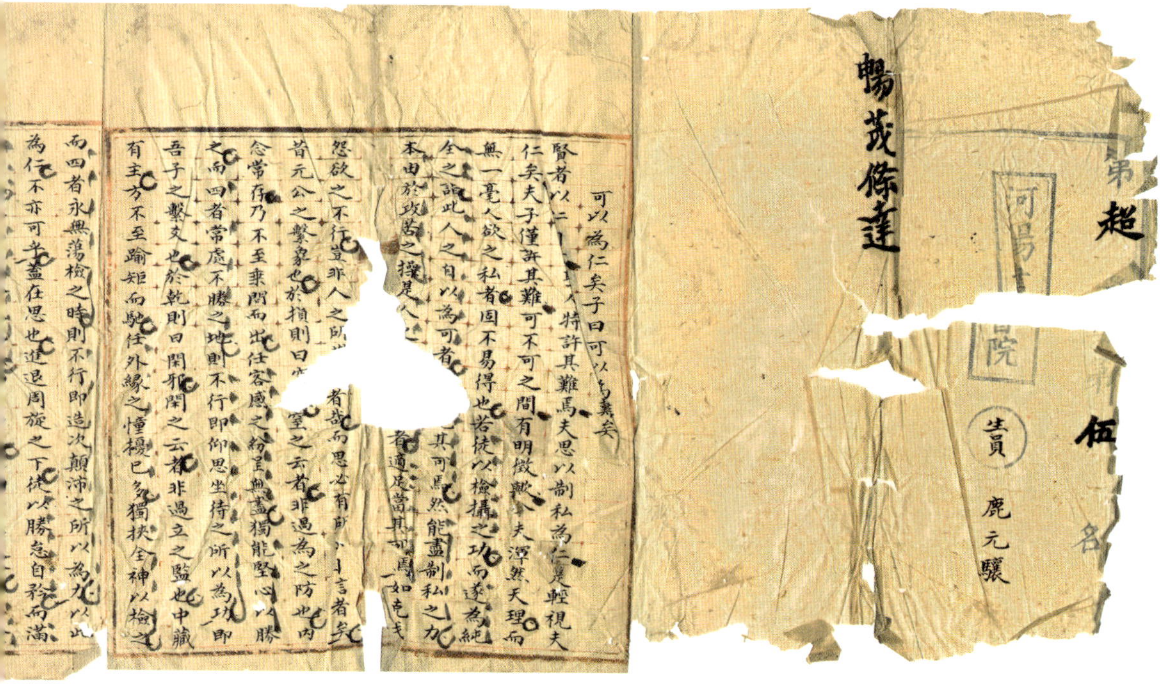

此乃鹿元骧生员（秀才）河阳书院考试卷，有破损。题目：可以为仁矣？子曰可以为难矣。卷有『畅茂条达』批语。获河阳书院第超等第五名。

夫白馬翰如十年難守黃牛用革三執難本即如四者之不行
不知幾經刻苦幾費營謀而後有此恆心之一境則雖困勉之
學蓋亦寥寥其難艱矣而思不以為難直以為仁何其視仁甚
淺視難甚深也難莫難於養性涵濡未窮戕賊乘焉此養性之
所以為難也夫地中生木業難增高山下出泉功難作聖若
四者之行不知幾致精詳幾番審慎而始有此慊意之一境
雖強制之而蓋已戛戛其難得矣而思不以為難竟以為

其視仁太輕視難太重也且先難後獲子嘗以之告樊遲
思而領是旨焉則無地不自負念處而擴充其分量亦可
而漸入於純修然不能清其源而徒塞其流即嚴防於或絕
續之交則其功不甚苦哉抑為難言訒子嘗以之告司馬牛使
思而會斯意焉則無時不默攝精神而推極其功能自可優游
而漸臻於化境然不能拔其根而僅圖其蔓即強持於為拒為
迎之際則其力不甚勞哉是難也非仁也而可不可之間不有
明徵乎

賦得兵氣銷為日月光　得銷字五言八韻

喜奏紅旗捷欣看日月昭利兵曾不用沴氣自潛銷短
痕全晴長虹影共搖前迻戈已倒空際彩旋飄垂象
璧爭輝接九霄霜寒韜劍戟雲斂淨旁妖入息東山

盛世偃武頌
環北斗杓重光宣
神堯

而四者永無蕩檢之時則不行即造次顛沛之所以為仁以此
為仁不亦可乎蓋在思也進退周旋之下徒以勝急自矜而滿
志躊躇遂覺其功修之已足而在子也徘徊顧慮之餘常若檢
身不及而私心竊計第言其諳力之維艱以為難焉其詳曰不
可難莫難於存心操守未堅放軼隨之此存心之所以為難也
夫白馬翰如十年難字黄牛用鞏三就難孚即如四者之不行

河陽書院

不知幾經刻若幾費營謀而後有此悃心之一境則雖困勉之
學蓋亦寥寥其難觀矣而思不以為難直以為仁何其視仁甚
淺視難甚深也難莫難於養性涵濡未密戕賊乘焉此養性之
所以為難也夫地中生木業難增高山下出泉功難作聖若五
四者之不行不知幾致精詳幾番審慎而始有此慊意之一境
雖堅則之為蓋已戛戛其難得矣而思不以為難竟以為

其視仁太輕，視難太重也。且先難後獲，子嘗以之告樊遲矣，思而領是旨焉，則無地不自貞，念慮而擴充其分量，亦可以……而漸入於純修。然不能清其源而徒塞其流，即嚴防於或絶續之交，則其功不甚苦哉？抑為難言訒，子嘗以之告司馬牛，使思而會斯意焉，則無時不默攝精神而推極其功，能自可優游而漸臻於化境。然不能拔其根而僅圖其蔓，即强持於為拒為

河陽書院

迎之際，則其力不甚勞哉？是難也，非仁也，而可不可之間，不有明徵乎？

賦得兵氣銷為日月光　得銷字五言八韻

喜奏紅旗捷，欣看日月昭。利兵曾不用，沴氣自潛銷。短
痕全暗，長虹影共摇。前途戈已倒，空際彩旋飄。垂象
壁爭輝，接九霄。霜寒韜劍戟，雲斂淨氛妖。入息東山

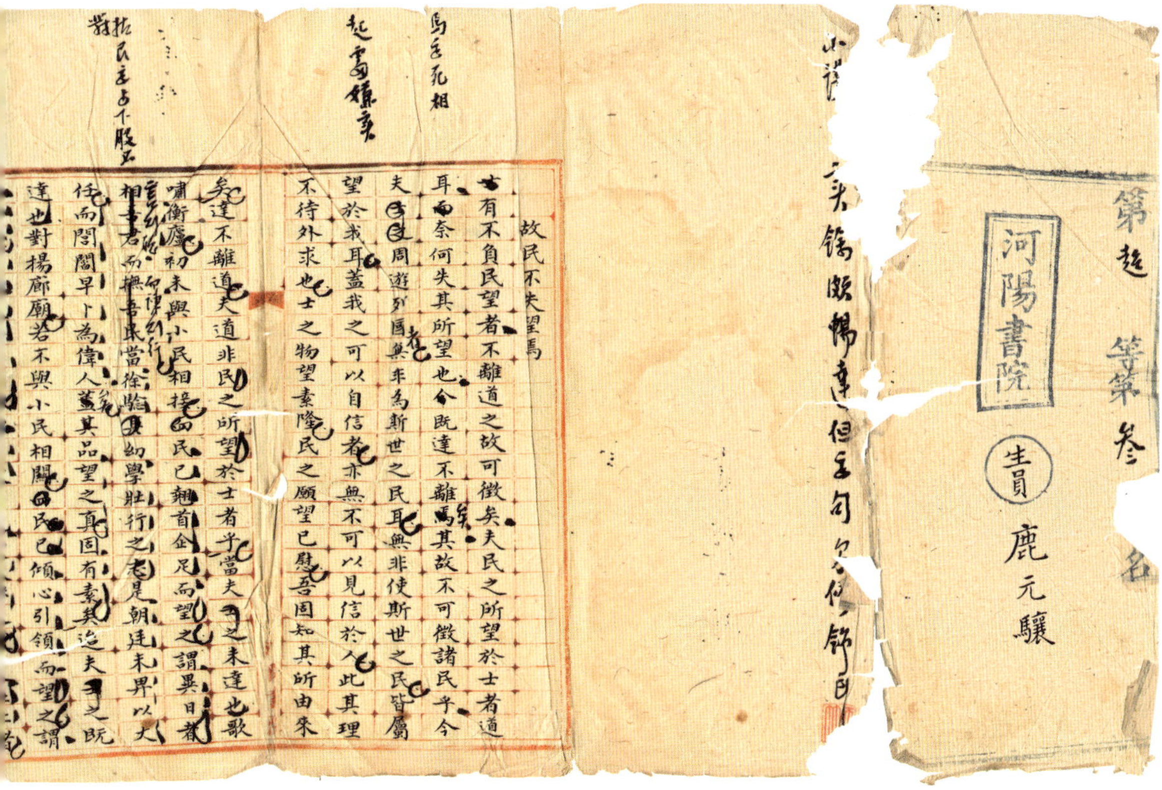

此乃鹿元骧生员（秀才）河阳书院考试卷，有破损。题目：故民不失望焉。卷有『小讲□实（作者按：缺字似应为『嫌』），余颇畅达，但字句欠修饰耳』批语。获河阳书院第超等第三名。

也而當今之世士之不負民望者亦不充數數也以而名注術為先圖而民失望以功利富强為急務而民失望卽雕龍炙輠不必其無才捭闔縱横不必其無學而民亦失望且也翦綵揣摩之徒抵掌於華屋之下狗盜鷄鳴之輩馳騁於錦繡之場而民尤失望嗟乎德業非隆民情有憾郅治無術民志難孚

固然也民有不失望者豈理也哉吾乃穆然於民不失望其望在公不在私民雖疎而無所間望宜廣不宜隘民雖衆而無所遺夫民不必過求於士而第恐士之負乎己亦於士負乎人則其望失之意中乃得之耳聞且徵之目見望之之先尚有恐心而望之之後愈有奮心謂向之所望於士者而今果如願而償也歡欣鼓舞之情不容自已或形於頌禱或作為歌謠其故有不期然而然者矣望為智愚所共民雖愚而歸向必誠望為尊卑所同民雖卑而瞻依彌切夫民不必厚期於士而特恐出或與處異則實不與名符其望失之意外也乃見諸行事非託諸空言於所望之事似無窮期而所望之心幾無餘憾謂昔之所望於士者而今果取懷而予也滿意時難之感不約而同或比若雲霓或親如父母其故有莫之致而至矣民不失望豈非達不離道之故哉

賦得清風來故人 得來字五言八韻

幾陣清風好洽然拂面來乍疑新雨至原是故人回話別經紅杏相逢又緑苔徑花緣客掃蓬戶為君開入幕吹噓至連牀省識纔氣蒸千畝竹情慰一枝梅天末飛秋雁庭陰賦夏槐朗吟江上句明月共徘徊

盖矣平

反說方不平

此處頗配聯

說折平書景
推支亦不醒

說句高恰鋪

但是平且抵
正亦能不向說

一句而正不順

猶待其設施而在下者先苛其責備矣其期望之切固已久矣然而當今之世士之不負民望者亦不克數數覯也以刑名法術為先圖而民失望以功利富強為急務而民失望即雕龍炙輠不必其無才捭闔縱橫不必其無學而民亦失望且也簡練揣摩之徒抵掌於華屋之下狗盜鷄鳴之輩馳騁於錦繡之場而民尤失望嗟乎德業非隆民情有憾郅治無術民志難孚固然也而民有不失望者豈理也哉而吾乃穆然於民不失望矣望在公不在私民雖疎而無所間望宜廣不宜隘民雖衆而無所遺夫民不必過求於士而第恐士之負乎己[illegible]負乎人固其望失之意中也乃得之耳聞且徵之目見其望之之先尚有恐心而望之之後愈有奢念謂向之毋望於士者而今果如願而償也欲效舜之青不容自[illegible]或多於負[illegible]

也之調平

不切

爲哥言其故作不其然而然者矣望為智愚所共民雖愚而歸向必誠望爲尊卑所同民雖卑而瞻依彌切夫民不必厚期於也而特恐出或與處異即實不與名符而其望失之意外也乃見諸行事非託諸空言故所望之事似無窮期而所望之心幾無餘憾謂昔之所望於士者而今果取懷而予也於變時雍之盛不約而同或比若雲霓或親如父母其故有莫之致而至以矣民不失望豈非達不離道之故哉

賦得清風來故人 得來字五言八韻

幾陣清風好洽然拂面來乍疑新雨至原是故人回話別經紅杏相逢又綠苔徑花緣客掃蓬户爲君開入幕吹噓香連牀省識纔氣蒸千畝竹情慰一枝梅天末飛秋雁庭陰賦夏槐朗吟江上句明月共徘徊

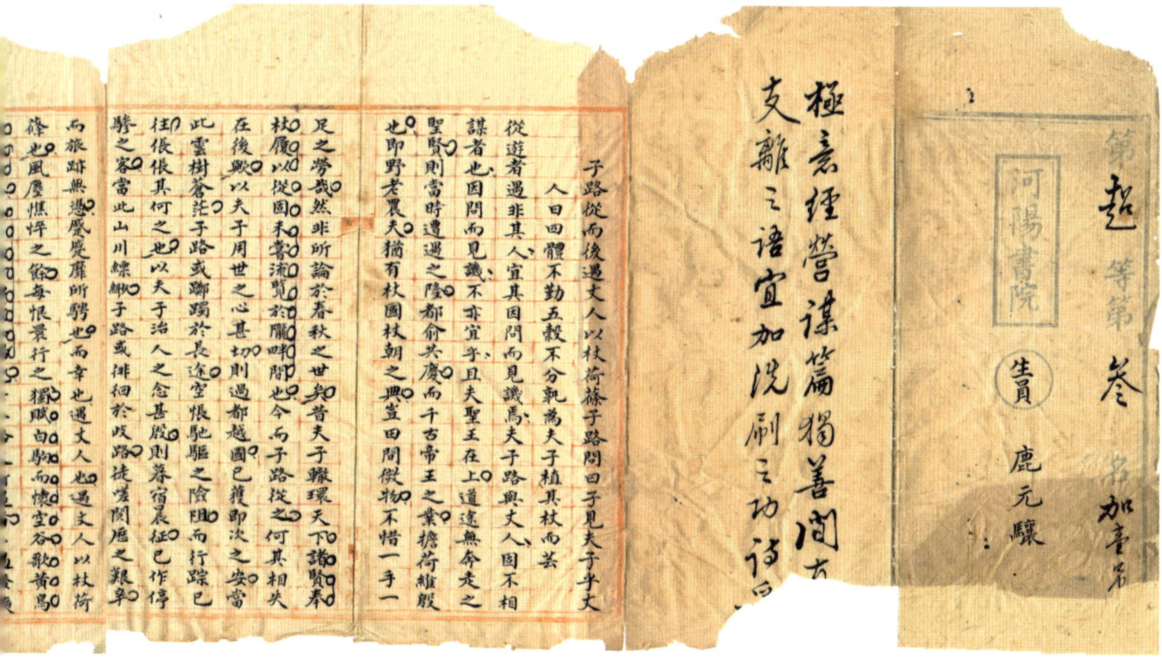

此乃鹿元骧生员（秀才）河阳书院考试卷。题目：子路从而后，遇丈人，以杖荷蓧。子路问曰：『子见夫子乎？』丈人曰：『四体不勤，五谷不分，孰为夫子？』植其杖而芸。卷中有『极意经营，谋篇独善，间有支离之语，宜加洗刷之功，诗□』批语。获河阳书院第超等第三名加一名。

深肯顧之思詠兼葭而望伊人吟舟子而頌我友此客來所以
占和遠也若丈人之所荷者僅屬草茅下品固不因所需既與
聯為同術之儔然抱負雖輕猶是仔肩未謝耳則晉接步趨之
際又何嫌切切致論子見夫子之問此其所以不容已與我朝
以幽岐創業故周官一冊言田功者甚詳如官師勸卹農民則
昳歃之中自不以勝飄與若子路從學於夫子業有年矣而聳
體沾足之流何得進而稽其勞逸也我朝以稼穡肇基故月令
一篇紀樹藝者甚備然曾稼穡於田畯則名物之鄉原不憚委
悉於人子路與夫子同遊已有日矣而比櫛崇墉之下難於此
而較其異同也而丈人竟以四體不勤五穀不分責之宜其不
知夫子為何許人也夫子路亦何嘗不勤不分哉僅以致決罔
非盡性之能明以察幾皆本育物之意其所勤習者詩書易象
非錢鎛耰鋤也其所分析者羽籥鼓鐘非禾麻菽麥也其所與
遊者賢士大夫高第弟子非負耜而往東和而和者也若丈人
之植杖而芸豈非與子路不相謀者乎

賦得一觴一詠 得情字五言八韻

修禊蘭亭會風光上巳清壺觴傳逸興歌詠敘幽情大斗
嫌頻酌佳章惜屢呈酒痕剛泛溢詩思乍回縈浮白香初
把吟紅句偶成但無杯物缺常是筆花生出令從金谷修
詞華學玉英
御園陳田宴相聚頌
昇平

而旅跡無憑，處處靡所騁也。而幸也，遇丈人也。遇丈人以杖荷蓧也。風塵憔悴之餘，每恨畏行之獨，賦白駒，而懷空谷，歌黃鳥而慕樂郊。此賓至所以處如歸也。若子路之所遇者，不過襏襫恒流，亦何必强致慇懃，聊作同心之侶，然遭逢雖偶，依然長者在前耳。則周旋進退之間，正不妨殷殷以訪羈旅凄涼之會，每深肯顧之思，詠蒹葭，而望伊人，呼舟子，而須我友，此客來所以占和遠也。若丈人之所荷者，僅屬草茅下品，固不因所需既異聯為同術之儔，然抱負雖輕，猶是仔肩未謝耳。則晉接步趨之際，又何嫌切切致詢。子見夫子之問，此其所以不容已歟。我朝以豳岐創業，故周官一册，言田功者甚詳，知官師，勸師農民，即畎畝之中，自不必躬親其苦。子路從學於夫子，業有年矣，而塗豐占（塗土）足之流，可得進而眷其勞逸也。我朝以家濤肇基，故月令

一篇紀樹藝者甚備然曾孫祝於田畯則名牧之辨序不慳委
任於人子路與夫子同遊已有日矣而比櫛崇墉之下難於此
而較其異同也而丈人竟以四體不勤五穀不分責之宜其不
知夫子為何許人也夫子路亦何嘗不勤不分哉健以致決罔
非盡性之能明以察幾皆本育物之意其所勤習者詩書易象
非錢鎛耰鋤也其所分析者羽籥鼓鐘非禾麻菽麥也其所與
遊者賢士大夫高第弟子非負耜而往秉耒而來者也若丈人
之植杖而芸豈非與子路不相謀者乎

賦得一觴一詠 得情字五言八韻

修禊蘭亭會風光上巳清壺觴傳逸興歌詠敘幽情大斗
嫌頻酌佳章惜屢呈酒痕剛泛溢詩思乍回縈浮白香初
挹吟紅句偶成但無杯物缺常是筆花生出令從金谷修

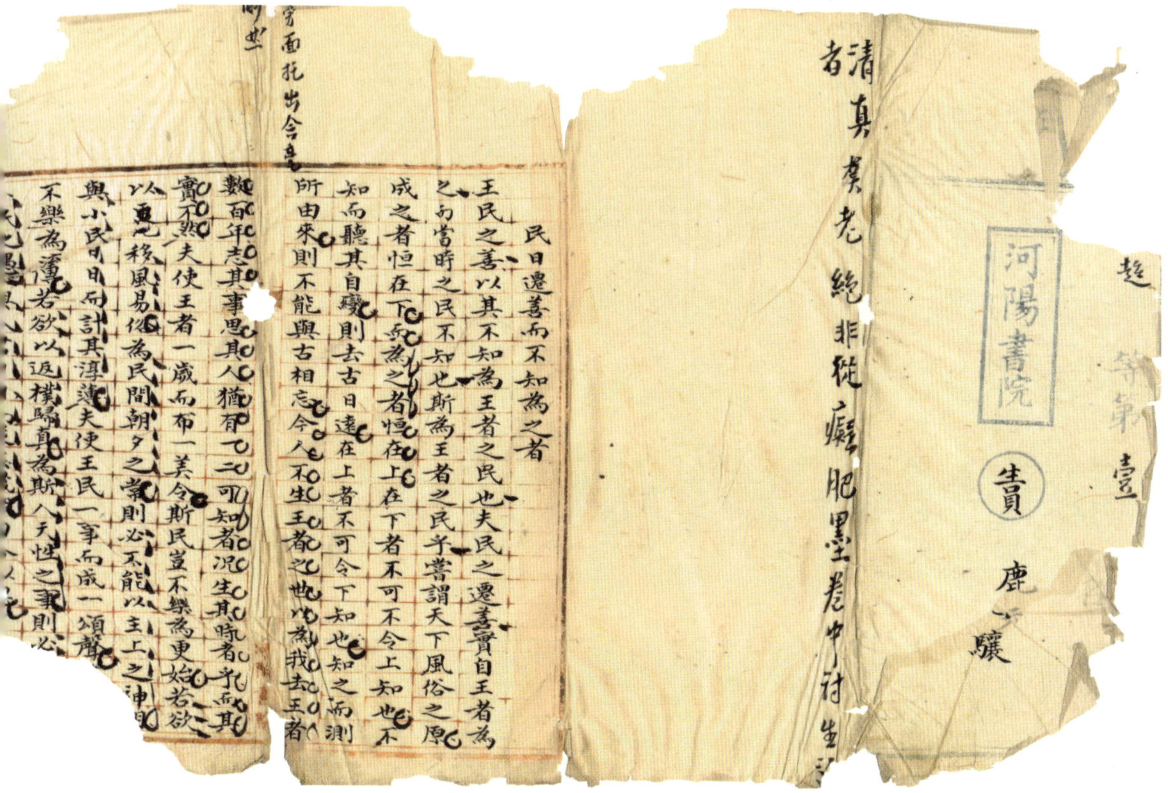

此乃鹿元骧生员（秀才）河阳书院考试卷，有破损。题目：民日迁善而不知为之者。卷有『清真虞老，绝非从痴肥墨卷中讨生活者』批语。获河阳书院第超等第一名。

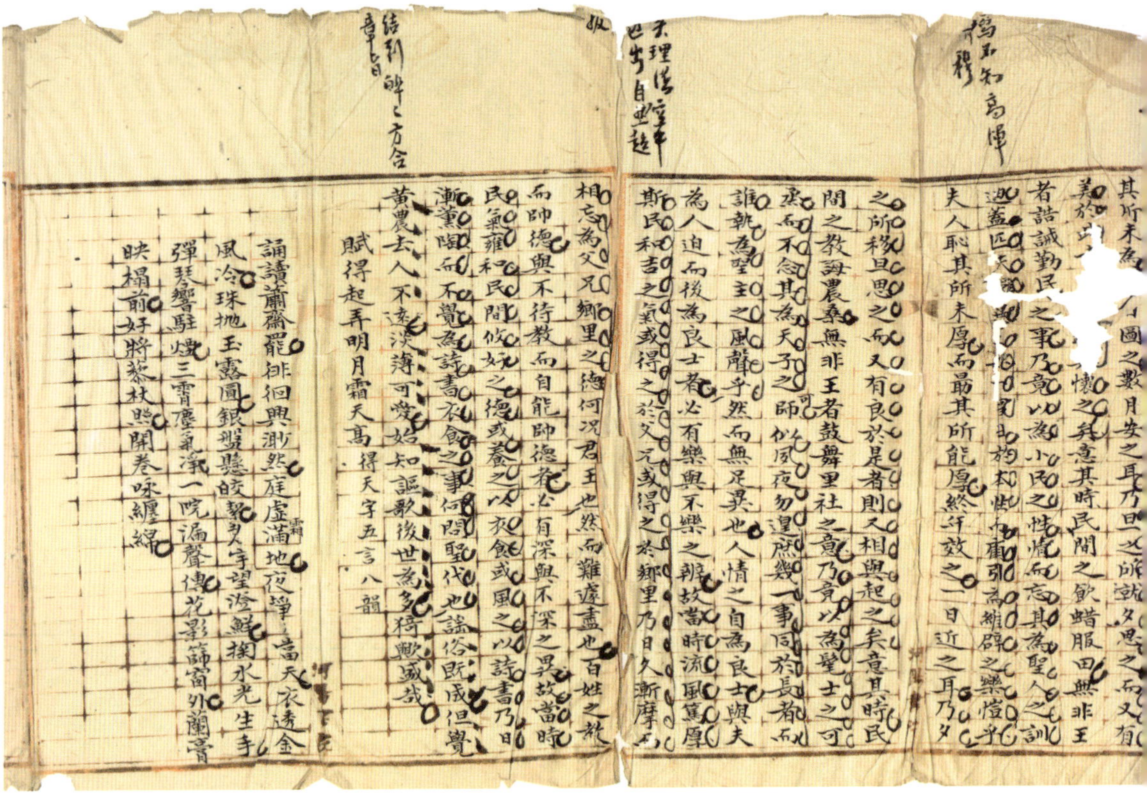

其所未為…圖之數月安之耳乃日之所…夕思之而又有
美於此…懷之矣意其時民間之飲蜡服田無非王
者諮誠勸民之事乃竟以為小民之性情而為其為聖人之訓
迎蓋以…為雅頌之樂愷乎
夫人恥其所未厚而勗其所能厚終於效之一日近之耳乃夕
之所移且思之而又有良於是者則又相與起之矣意其時民
間之教誨農桑無非王者鼓舞里社之意乃竟以為聖士之可
忠而和念其為天子之師於夙夜勿遑庶幾一事同於長者而
誰孰為聖主之風聲乎然而無足異也人情之自為良士與夫
為人迫而後為良士者必有樂與不樂之辨故當時流風篤厚
斯民和吉之氣或得之於父兄或得之於鄉里乃日久漸摩而
相忘為父兄鄉里之德何況君王也然而難遽盡也百姓之熟
而師德與不待教而自能師德者必有深與不深之異故當時
民氣雍和民間飲如之德或養之以衣飲或風之以詩書乃日
漸薰陶而不覺為詩書衣食之事何問聖代也謠俗既成但覺
黃農去人不遠渠薄可變始知謳歌後世為多將歟盛哉

賦得起弄明月霜天高 得天字五言八韻

誦讀蕭齋罷徘徊興渺然庭虛滿地霜夜淨一當天衣透金
風冷珠拋玉露圓銀盤懸皎皎寶鏡望澄鮮擬水光生手
彈琴響駐煙三霄塵氣滌一院漏聲傳花影篩窗外蘭香
映榻前好將藜杖照開卷咏纏綿

[illegible]

豈非王者為之力乎而當時之民不知也夫人稟其所素為而勉其所未為[illegible]圖之數月安之耳乃旦之所就夕思之而又有美於此[illegible]懷之矣意其時民間之飲蜡服田無非王者詰誡勤民之事乃竟以為小民之性情而忘其為聖人之訓邀蓋匠天[illegible]出於本性而衛弼為維辟之樂愷乎夫人恥其所未厚而為其所能厚終牟效之一日近之耳乃夕之所移旦思之而又有良於是者則又相與起之矣意其時民間之教誨農桑無非王者鼓舞里社之意乃竟以為髦士之可羨而不念其為天子之師似夙夜勿遑然幾一事同於長者而誰執為聖主之風聲乎然而無足異也人情之自為良士與夫為人迫而後為良士者必有樂與不樂之辨故當時流風篤厚斯民和吉之氣或得之於父兄或得之於鄉里乃日久漸摩而

結引師之方合
音節皆

而師德與不待教而自能師德者必有深與不深之異故當時
民氣雍和民間攸好之德或養之以衣食或風之以詩書乃日
漸薰陶而不覺為詩書衣食之事何問堅代也謠俗既成但覺
黃農去人不遠淡薄可愛始知謳歌後世為多猗歟盛哉

賦得起弄明月霜天高　得天字五言八韻

誦讀蕭齋罷徘徊興漸然庭虛霜滿地夜舉當天衣透金
風冷珠拋玉露圓銀盤懸皎潔引人宇望澄鮮掬水光生手
彈琴響駐煙三霄塵氣淨一院漏聲傳花影篩窗外蘭香
映榻前好將藜杖照開卷詠纏綿

河[illegible]言定

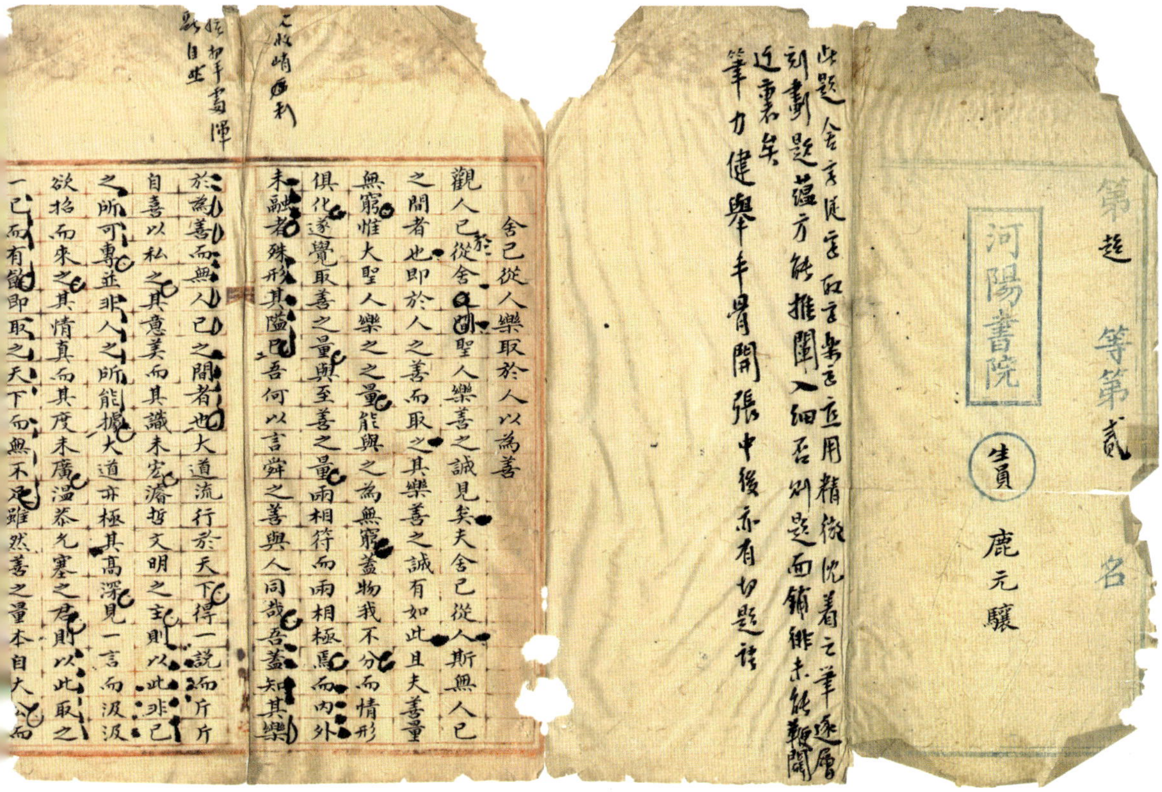

此乃鹿元骧生员（秀才）河阳书院考试卷，有破损。题目：舍己从人，乐取于人以为善。卷有『此题舍字、从字、取字、乐字，应用精微沈着之笔，逐层刻划，题蕴方能推阐入细，否则题面铺徘，未能鞭辟近里矣。』『笔力健举，手骨开张，中后亦有切题语。』批语。获河阳书院第超等第二名。

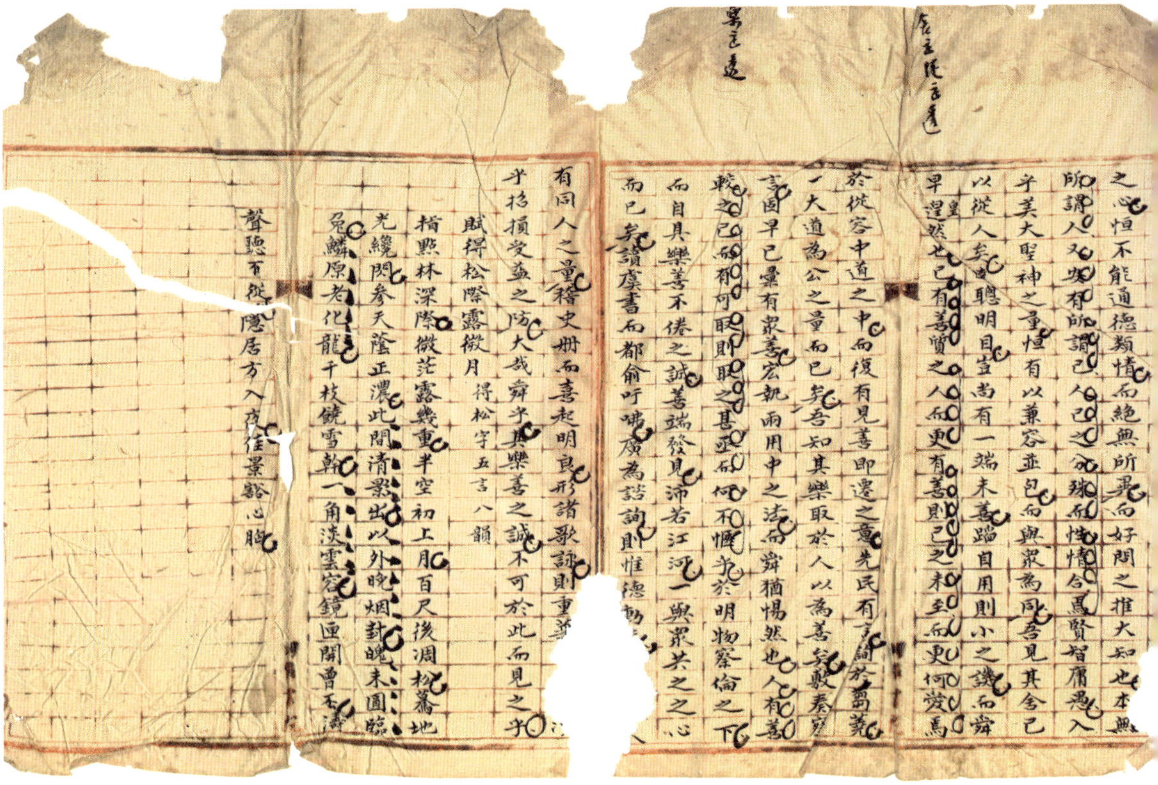

之心恒不能通德類情而絕無所异而好問之推大知也本無
所謂人又安有所謂己人己之分殊而性情合焉賢智庸愚入
乎美大聖神之量恒有以兼容並包而與眾為同吾見其舍己
以從人矣聰明自曾尚有一端未善蹈自用則小之譏而舜
早遑然也已有善實之人而更有善則己之未至而更何愛焉

於從容中道之中而復有見善即遷之意先民有言詢於芻蕘
一大道為公之量而已矣吾知其樂取於人以為善矣鼓奏[illegible]
言固早已彙有眾善宏執兩用中之法而舜猶惕然也人有善
較之己而有何取則取之甚亟而何不慨乎於明物察倫之下
而自具樂善不倦之誠善端發見沛若江河一與眾共之之心
而已矣讀虞書而都俞吁咈賡為諮詢則惟德動

有同人之量稽史冊而喜起明良形諸歌詠則重華
乎格損受益之防大哉舜乎其樂善之誠不可於此而見之乎

賦得松際露微月　得松字五言八韻

猶點林深際微茫露幾重半空初上月百尺後凋松蒼地
光纔閃參天蔭正濃此間清影出以外晚烟封魄未圓臨
兔鱗原若化龍千枝饒雪韻一角淡雲容鏡匣開曾[illegible]
聲聽下從隱居方入夜佳景豁心胸

人己切矣

含意淺意遠

寓意遠

有所謂己人己之界明而畛域分焉是非可否
之心恒不能通德類情而絕無所異而好問之推大知也本無
所謂人又安有所謂己人己之分殊而性情合焉賢智庸愚入
乎美大聖神之量恒有以兼容並包而與衆為同吾見其舍己
以從人矣古聰明自豈尚有一端未善蹈自用則小之譏而舜
早皇湼然也己有善質之人而更有善則己之未至而更何愛焉
於從容中道之中而復有見善即遷之意先民有言詢於芻蕘
一大道為公之量而已矣吾知其樂取於人以為善矣敷奏窮
言固早已彙有衆善宏執兩用中之法而舜猶惕然也人有善
較之己而有可取則取之甚亟而何不慨乎於明物察倫之下
而自具樂善不倦之誠善端發見沛若江河一與衆共之之心

有同人之量稽史册而喜起明良形諸歌詠則重荖
乎格損受益之防大哉舜乎其樂善之誠不可於此而見之乎

賦得松際露微月 得松字五言八韻

指點林深際微茫露幾重半空初上月百尺後凋松藹地
光纔閃參天蔭正濃此間清影出以外晚烟封魄未圓臨
兔鱗原老化龍千枝饒雪榦一角淡雲容鏡匣開曾否濤
聲聽有從隱居方入夜佳景豁心胸

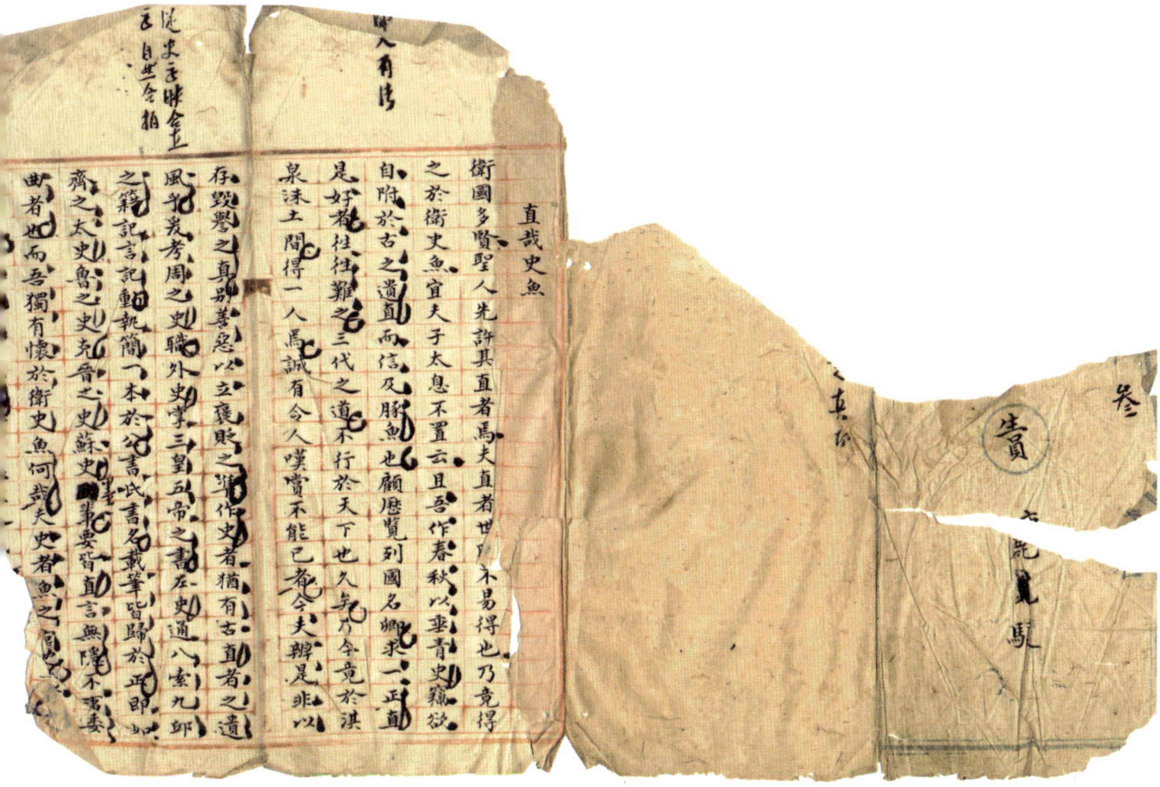
直哉史魚
衛國多賢聖人先許其直者焉夫直者世[?]不易得也乃竟得
之於衛史魚宜夫子太息不置云且吾作春秋以垂青史竊欲
自附於古之遺直而信及[?]魚也顧歷覽列國名卿求一正直
是好者往往難之三代之道不行於天下也久矣乃今竟於淇
泉沫土間得一人焉誠有令人嘆賞不能已者今夫辨是非以
存毀譽之真寓善惡以立褒貶之準作史者猶有古直者之遺
風焉[?]考周之史職外史掌三皇五帝之書左史通八索九邱
之籍記言記動執簡一本於公書氏書名載筆皆歸於正即如
齊之太史魯之史克晉之史蘇史筆要皆直言無隱不畏…
曲者也而吾獨有懷於衛史魚何哉夫史者魚之官…

此乃鹿元骧生员（秀才）河阳书院考试卷，有较多破损。题目：直哉史鱼。卷有『……真切』批语，破损难识。获河阳书院第超等第三名。

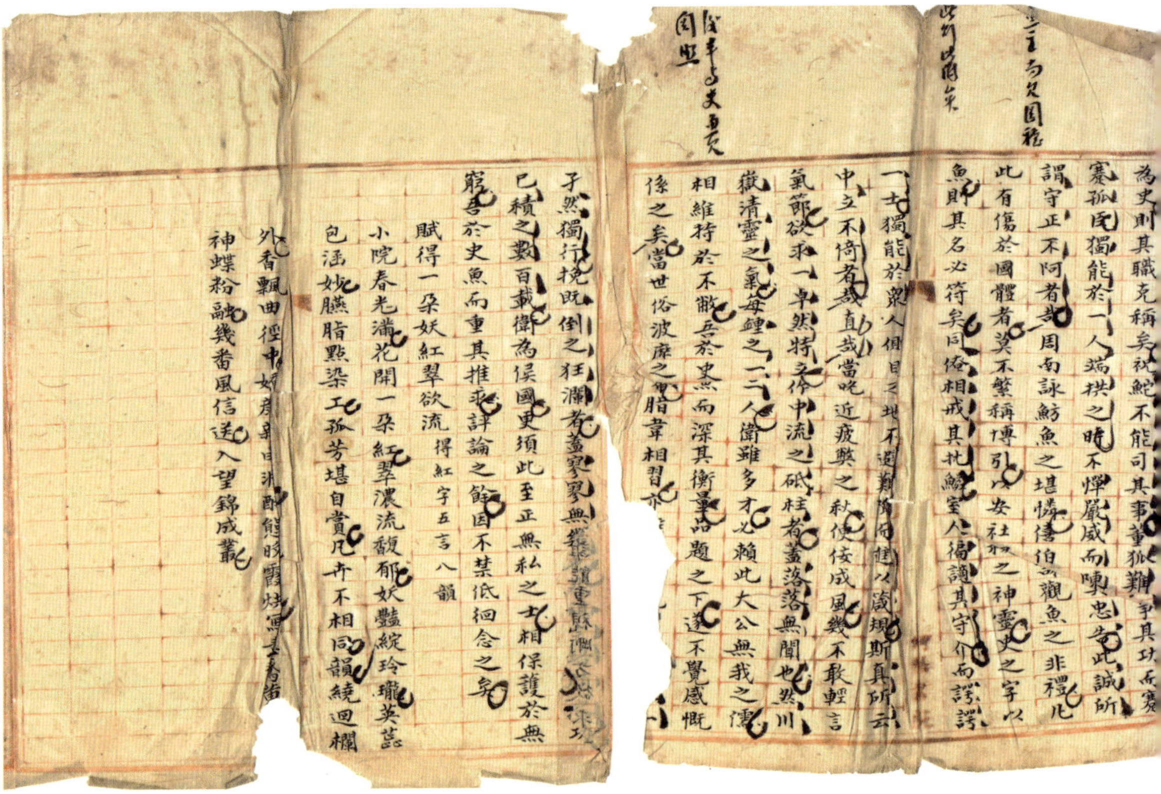
為史則其職克稱矣祝鮀不能司其事董狐難爭其功而蹇
蹇孤臣獨能於一人端拱之時不憚嚴威而陳忠告此誠所
謂守正不阿者也周南詠魴魚之堪憐傳伯禽觀魚之非禮凡
此有傷於國體者莫不繁稱博引以安社稷之神靈史之守以
魚則其名必符矣同僚相戒其批鯨室人備謹其守而諤諤
一士獨能於衆人側目之地不避艱險而進以箴規斯真所云
中立不倚者哉直哉當此近疲弊之秋使佞成風幾不敢輕言
氣節欲求一卓然特立作中流之砥柱者蓋落落無聞也然川
嶽清靈之氣每鍾之一二人衛雖多才必賴此大公無我之懷
相維持於不敝吾於史魚而深其衡量品題之下遂不覺感慨
係之矣當世俗波靡之中脂韋相習亦[illegible]
子然獨行挽既倒之狂瀾者蓋寥寥無幾[illegible]
已積之數百載御為保國吏須此至正無私之士相保護於無
窮者於史魚而重其推求評論之餘因不禁低徊念之矣

賦得一朵妖紅翠欲流 得紅字五言八韻

小院春光滿花開一朵紅翠濃流馥郁妖艷綻玲瓏英蕊
包涵妙臙脂點染工孤芳堪自賞凡卉不相同韻繞迴欄
外香飄曲徑中嬌[illegible]醉態晚霞烘[illegible]
神蝶粉融幾番風信送入望錦成叢

上二句尤圓穩

此句比喻妙矣

後半寫史魚更見圓熟

凡此有洽於民心者，莫不深切著明。以
為史，則其職克稱矣。祝鮀不能司其事，董狐難爭其功，而蹇
蹇孤臣獨能於一人端拱之時，不憚嚴威而陳忠告。此誠所
謂守正不阿者哉。周南詠魴魚之堪憐，僖伯諫觀魚之非禮。凡
此有傷於國體者，莫不繁稱博引，以安社稷之神靈。史之字以
魚，則其名必符矣。同僚相戒其扺觸，室人偏謫其守，而謬謬
一士獨能於衆人側目之地，不避艱險而進以箴規，斯真所云
中立不倚者哉。直哉，當晚近疲敝之秋，使佞成風，幾不敢輕言
氣節。欲求一卓然特立於中流之砥柱者，蓋落落無聞也。然川
嶽清靈之氣，每鍾之一二人。衛雖多才，必賴此大公無我之儒
相維持於不敝。吾於史魚而深其衡量品題之下，遂不覺感慨
係之矣。當世俗波靡之中，指韋相習於

子然獨行挽既倒之狂瀾者蓋寥寥無幾已積之數百載御為侯國更須此至正無私之士相保護於無窮焉於史魚而重其推求評論之餘因不禁低徊念之矣

賦得一朵妖紅翠欲流 得紅字五言八韻

小院春光滿花開一朵紅翠濃流馥郁妖豔綻玲瓏英蕊包涵妙臙脂點染工孤芳堪自賞凡卉不相同韻繞迴欄外香飄曲徑中嬌羞新日湧酣態晚霞烘無妄春富神蝶紛融幾番風信送入望錦成叢

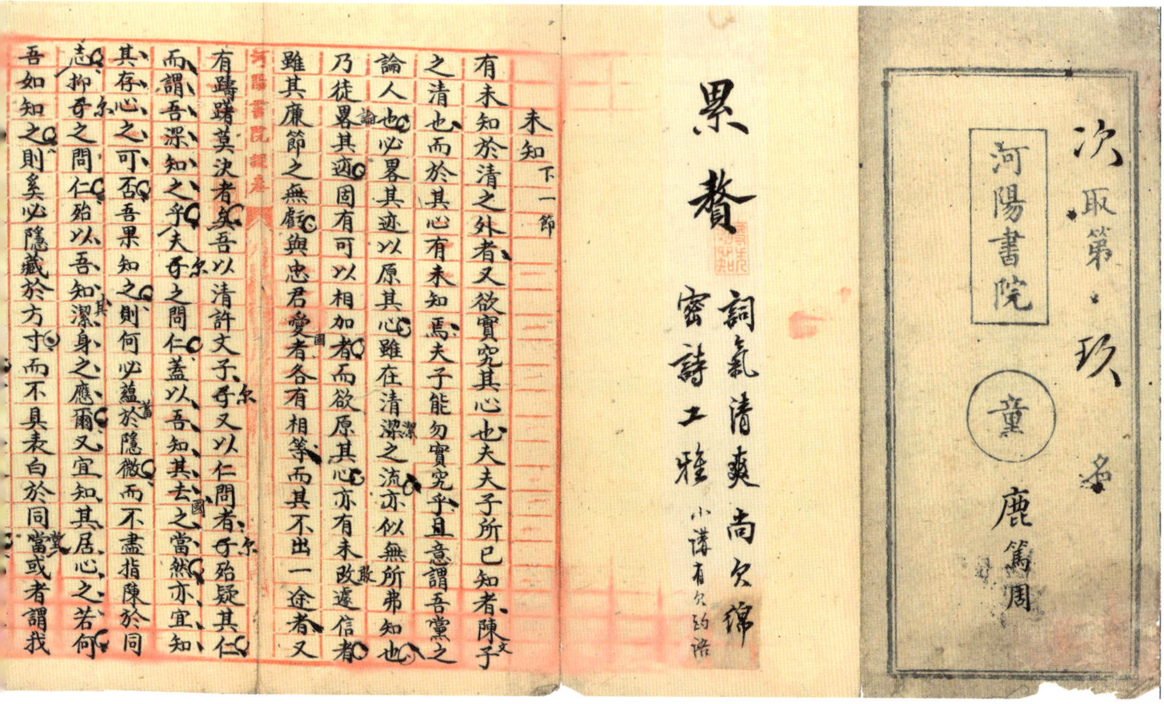

此乃鹿笃周河阳书院考试卷。卷首有『累赘。词气清爽，尚欠绵密，诗工雅。小讲有欠约语』评语。卷末页有『看卷者亦徒知批点而已』，未知何人点评。获河阳书院童生次取第九名。

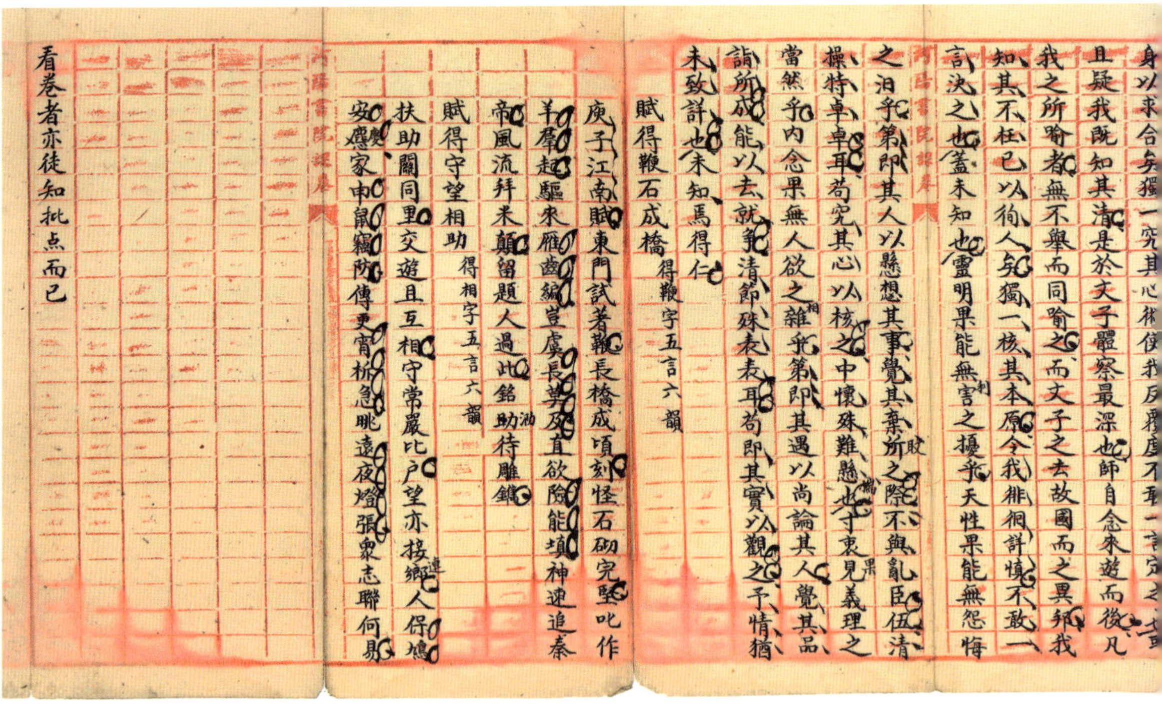
身以求合矣獨一究其心術使我反覆度不爭一言定之
且疑我既知其清矣是於夫子體察最深也師自念來遊而後凡
我之所喻者無不舉而同喻之而夫子之去故國而之異邦我
知其不枉己以徇人矣獨一核其本原今我徘徊詳慎不敢一
言決之也蓋未知也靈明果能無害之擾乎天性果能無怨悔
之汨乎第即其人以懸想其事覺其秉所之際不與亂臣伍清
操特卓卓耳苟究其心以核之中懷殊難懸也寸衷見義理之
當然乎內念果無人欲之雜乎第即其遇以尚論其人覺其品
詣所成能以去就見清節殊表表耳苟即其實以觀之予情猶
未致詳也未知焉得仁
賦得鞭石成橋 得鞭字五言六韻
庚子江南賦東門試著鞭長橋成頃刻怪石砌完堅叱作
羊群起驅來雁齒編豈虞長藥及直欲險能填神速追秦
帝風流拜米顛留題人過此銘勒待雕鐫
賦得守望相助 得相字五言六韻
扶助關同里交遊且互相守常嚴比户望亦接鄉人仔鳩
安應家申鼠竊防傳更宵柝急眺遠夜燈張衆志聯何易
看卷者亦徒知批点而已

鹿笃周，字恪亭，行二，定兴县西江村人。光绪四年（一八七八）四月十四日寅时生，民国二十二年（一九三三）十一月二十七日戌时卒。娶李氏，本邑女，光绪二年十一月十二日申时生，一九六三年孟春月（正月）初一日亥时卒，合葬定兴县西江村鹿氏祖茔右。有五子，长子怀忠，次子抱忠，三子以忠，四子致忠，五子贯忠。以抱忠出嗣弟笃庄为子。有四女，长配李涵，本邑；次配萧清儒，本邑；三配马俊生，本邑；四配孙良臣，本邑。一九三三年十一月鹿笃周去世后，鹿冠世（一八九二—一九六六）（字冕廷）率刘赵亭、孙乾一、赵冲霄等二十余乡绅送匾『仁术堪钦』。

乃徒畧其迹固有可以相加者而欲原其心亦有未敢遽信者
雖其廉節之無虧與忠君愛者各有相等而其不出一途者又

河陽書院課卷

有躊躇莫決者矣吾以清許文子子又以仁問者子殆疑其仁
而謂吾深知之乎夫子之問仁蓋以吾知其去之當然亦宜知
其存心之可否吾果知之則何必蘊於隱微而不盡指陳於同
志抑子之問仁殆以吾知潔身之應爾又宜知其居心之若何
吾如知之則奚必隱藏於方寸而不具表白於同當或者謂我
既知其清是於文子生平最悉也師試念從我以來凡我之所
識者靡不舉而共識之而文子舍亂邦而往他國我知其不辱
身以求合矣獨一究其心術使我反覆度不敢一言定之也或

我之所喻者無不舉而同喻之而文子之去故國而之異邦我知其不枉已以徇人矣獨一核其本原令我徘徊詳慎不敢一言決之也蓋未知也靈明果能無害(利)之擾乎天性果能無怨悔

河陽書院課卷

之汩乎第即其人以懸想其事覺其棄所(敗)之際不與亂臣伍清操特卓卓耳苟究其心以核之中懷殊難懸也(揣)寸衷見(果)義理之當然乎內念果無人欲之雜(相)乎第即其遇以尚論其人覺其品詣所成能以去就乎清節殊表表耳苟即其實以觀之予情猶未致詳也未知焉得仁

賦得鞭石成橋 得鞭字五言六韻

庚子江南賦東門試著鞭長橋成頃刻怪石砌完堅叱作

莲池书院简介

莲池书院，又称直隶书院，位于今保定市区中心，与直隶总督署南北相对，因其间建有莲花池而得名。莲池书院是直隶总督李卫于雍正十一年（一七三三）奉旨创办，随后逐渐发展成为中国北方最高学府。莲花池，元代汝南王张柔始建于一二二七年。张柔，定兴县河内村人。莲花池在元代以后因地震损毁，明嘉靖年间修复。庭园环境优雅清静，景色优美怡人，是学子们的理想诵读之所，有北国『城市蓬莱』之美誉。鼎盛时期与湖南岳麓书院南北交相辉映。毛泽东同志曾两次来到莲池书院，曾评价说，莲池有名，是因为有莲池书院，莲池书院当时在全国是很著名的。莲池书院作为直隶总督府府学所在地，曾有汪师韩、章学诚、黄彭年、王振纲、张裕钊、吴汝纶等众多学冠天下的宗师大家出任院长，培养了王发桂、王树枏、孟庆荣、傅增湘、冯国璋等一大批高徒学子，末代状元刘春霖也出自莲池书院。

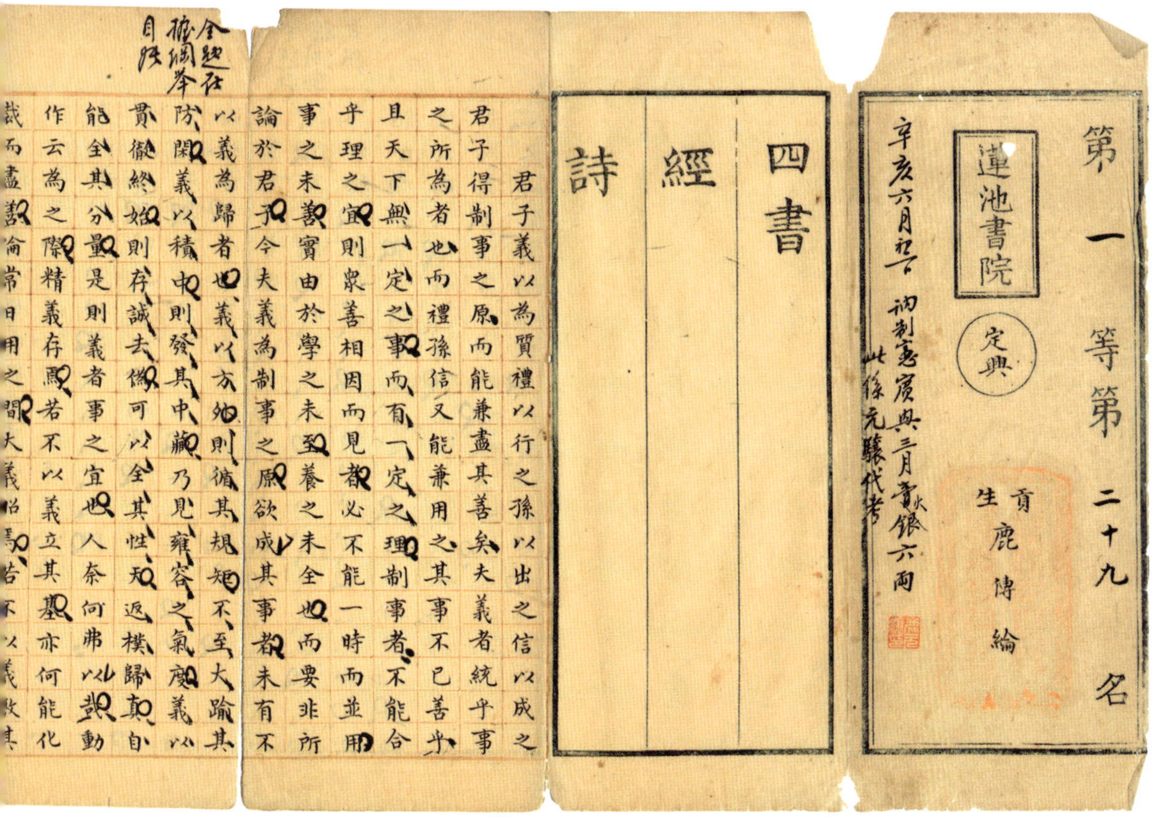

此乃鹿传纶贡生（秀才）莲池书院考试卷。系鹿传纶次子鹿元骧（又名鹿培理）代考，获莲池书院第一等第二十九名，时间为辛亥六月初一日，辛亥即咸丰元年（一八五一）。卷首页注『辛亥六月初一日，讷制宪实与三月膏火银六两』『此系元骧代考』。

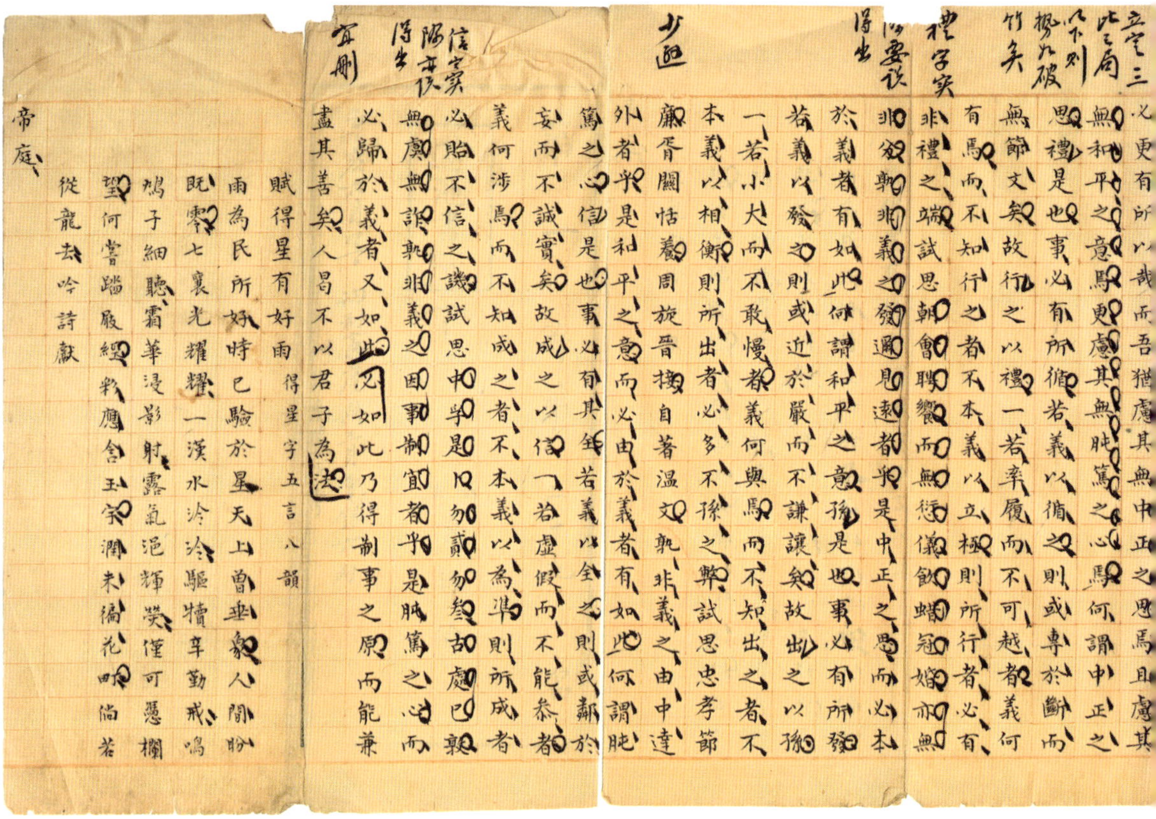

鹿传纶（一七八九—一八七三），初谱名传瀚，字绶卿，号鹤如，行一，恩贡生，定兴县西江村人。候选直隶州州判，授征仕郎。著有《小硁居士剩稿》二卷，未出版。曾在保定莲池书院学习。娶辛氏（一七九〇—一八六五），安州（安新）庠生方泰次女，封孺人。合葬定兴县西江村祖茔前左。有三子三女，长子滋理（元龙），次子培理（元骧），三子森理。

君子義以為質禮以行之孫以出之信以成之

君子得制事之原而能兼盡其善矣夫義者統乎事之所為者也而禮孫信又能兼用之其事不已善乎且天下無一定之事而有一定之理制事者不能合乎理之宜則衆善相因而見者必不能一時而並用事之末者實由於學之未至養之未全也而要非所論於君子今夫義為制事之原欲成其事者未有不以義為歸者也義以方外則循其規矩不至大踰其防閑義以積中則發其中藏乃見雍容之氣度義以貫徹終始則存誠去偽可以全其性天返樸歸真自能全其分量是則義者事之宜也人奈何弗以義動作云為之際精義存焉若不以義立其基亦何能化裁而盡致倫常日用之間大義昭焉若不以義敦其

全題在握綱舉目張

立定三比三句以下則攔入破竹矣

禮字實須要説得出

少迴

必更有所以哉而吾猶慮其無中正之思焉且慮其無和平之意焉更慮其無肫篤之心焉何謂中正之思禮是也事必有所循若義以循之則或專於斷而無節文矣故行之以禮一若辛履而不可越者義何有焉而不知行之者不本義以立極則所行者必有非禮之端試思朝會聘饗而無儀飲蜡冠婚亦無非義孰非義之發邇見遠者乎是中正之思而必本於義者有如此何謂和平之意遜是也事必有所發若義以發之則或近於嚴而不謙讓矣故出之以遜一若小大而不敢慢者義何與焉而不知出之者不本義以相衡則所出者必多不遜之弊試思忠孝節廉胥關恬養周旋晉接自著温文孰非義之由中達外者乎是和平之意而必由於義者有如此何謂肫

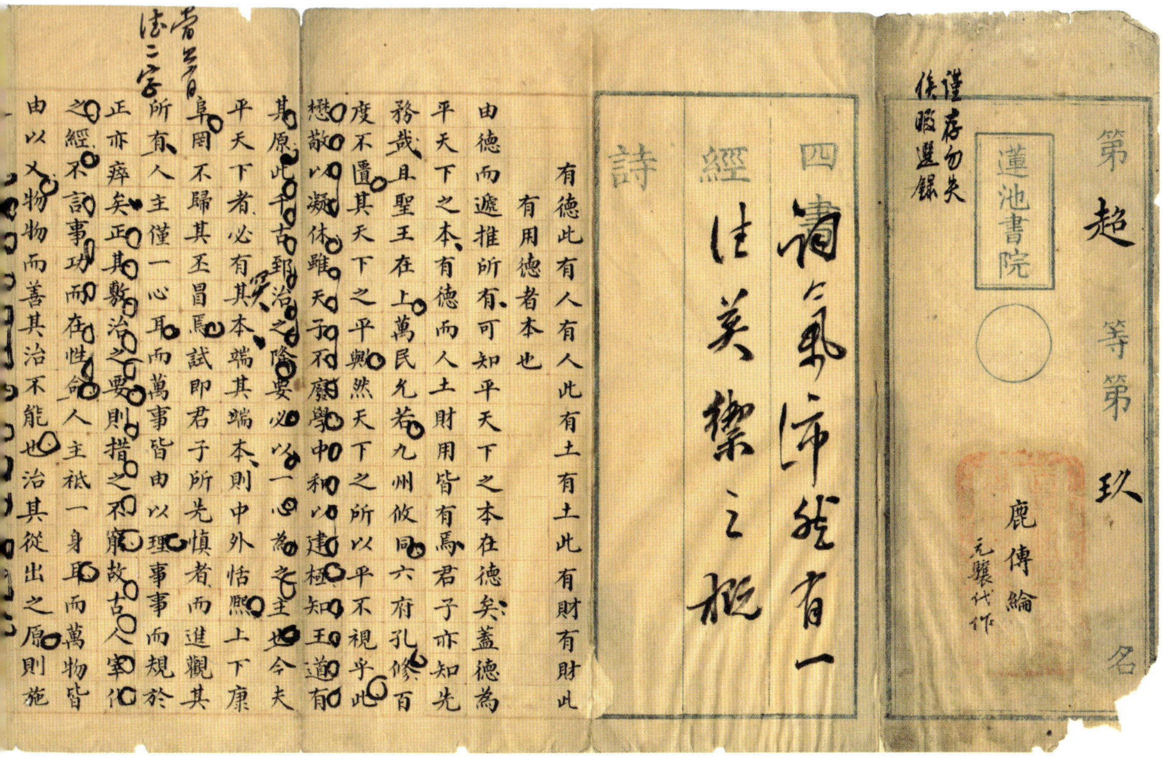

此乃鹿传纶莲池书院四书科目考试卷。由其次子鹿元骧代作。题目：有德此有人，有人此有土，有土此有财，有财此有用，德者本也。卷有『词气沛然，有一德莫御之概（作者按，通「慨」）』批语。获莲池书院第超等第九名。卷首页有『谨存勿失，俟暇选录』字样。

夫玉敬作所則垂裳端冕早廑萬幾於皇衷玉會
有圖則航海梯山咸仰一人之福命所以羣黎百姓
共樂其陶成不有人乎雍豫荊揚悉登於版籍不有
土乎且也貢賦不失其常頒錫特隆其典不旣有財
而有用乎人土財用之無一不有也如此此何如之
景象歟豈誠運會獨隆而適然遇之歟要非有德不
致此蓋德者何也闒畧者不可以言德也而粉飾者
更不可以言德王者陳紀立綱要必本思艱圖易之
心而作之以敬敬立而德日新矣吾想帝治莫過於
唐虞而禪讓迭承祇精一危微之語可知帝治之巍
巍蕩蕩皆帝心之業業兢兢也大哉堯君哉舜豈非
峻德與文德所擴而充之者乎清虛者不足以言德
也而紛更者愈不足以言德王者體國經野要必本
誠意正心之學而動之以誠誠至而德乃大矣我觀
王治莫隆於文武而家庭絡述惟敬止敬勝而言可
知洛誥周官之典型悉關雎麟趾之至意也文丕顯
武丕承豈非明德與世德所擴推而廣之者乎此無
他有本故也是以聖王在上萬民允若九州攸同六
府孔修皆度不匱者皆由咸有一德而致之也平天
下者尚其急所先務諸

賦得紅杏在林 得林字五言八韻

杏苑風光好紅顏已滿林未闌幽巷賣先在曲
江尋畫出三春色遮來一徑陰馬歸金榜後人
醉玉樓深酒幟頻斜拂僧房偶半侵但隨霞彩
合不詎礙日華臨弄影情何極聞香興不禁栽培
欽
帝力雨露
九重深

有德此有人有人此有土有土此有財有財此

有用德者本也

由德而遞推所有可知平天下之本在德矣蓋德為平天下之本有德而人土財用皆有焉君子亦知先務哉且聖王在上萬民允若九州攸同六府孔修百度不匱其天下之平與然天下之所以平不視乎此懋敬以凝休雖天予不廢學中和以建極知王道有其原此千古郅治之隆要必以一心為之主也今夫平天下者必有其本端其端本則中外恬熙上下康阜罔不歸其丕冒焉試即君子所先慎者而進觀其所有人主僅一心耳而萬事皆由以理事事而規於正亦瘁矣正其數治之要則措之不窮故古人宰化之經不言事功而在性命人主祇一身耳而萬物皆

當易旨法二字

平天下者固貴乎有德也又豈鰓鰓然別求所有哉然而德既有矣則因德而有者不有歷歷可指者乎夫王敬作所則垂裳端冕早釐萬幾於皇襄衷玉會有圖則航海梯山咸仰一人之福命所以羣黎百姓共樂其陶成不有人乎雍豫荆揚悉登於版籍不有土乎且也貢賦不失其常頒錫特隆其典不既有財而有用乎人土財用之無一不有也如此此何如之景象歟豈誠運會獨隆而適然遇之歟要非有德不致此蓋德者何也闕畧者不可以言德也而粉飾者更不可以言德王者陳紀立綱要必本思艱圖易之心而作之以敬敬立而德日新矣吾想帝治莫過於唐虞而禪讓迭承祇精一危微數語可知帝治之巍巍蕩蕩皆帝心之業業兢兢也大哉堯君哉舜豈非

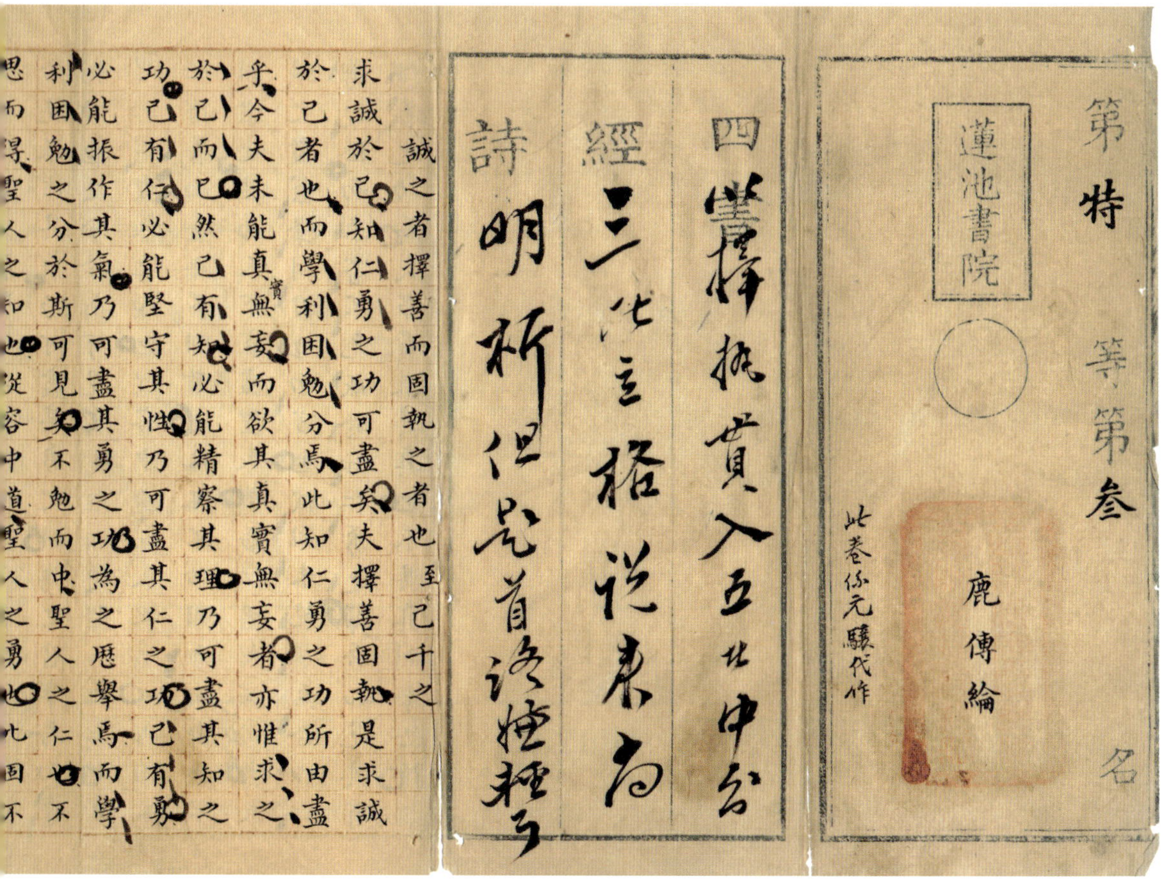
第特等第叁名
蓮池書院
鹿傳綸
此卷係元驤代作

誠之者擇善而固執之者也至己千之
求誠於己知仁勇之功可盡矣夫擇善固執是求誠
於己者也而學利困勉分焉此知仁勇之功所由盡
乎今夫未能真無妄而欲其真實無妄者亦惟求之
於己而已然已有知必能精察其理乃可盡其知之
功已有仁必能堅守其性乃可盡其仁之功已有勇
必能振作其氣乃可盡其勇之功為之歷舉焉而學
利困勉之分於斯可見矣不勉而中聖人之仁也不
思而得聖人之知也從容中道聖人之勇也凡因不

此乃**鹿传纶**莲池书院考试卷，是鹿传纶次子鹿元骧代作之笔。题目：诚之者，择善而固执之者也……已千之。卷有老师批注：『以择执贯入……，立格说来尚明析，但题首终极轻耳。』卷首页注『此卷系元骧代作』。获莲池书院第特等第三名。

誠之者兼學利困勉而言也彼雖未能驟至於知仁勇之極而未嘗不克底於知仁勇之歸吾知見其有擇善之功焉夫事貴求其真也求其真則學必博物貴究其實也究其實則問必審且也學問有真偽欲定其從違則思必慎紬繹焉而不敢忽也且也學問有取舍欲判其界限則辨必明剖決焉而不敢紊也是學知者求誠必有所以精察其理而為知者如此吾知其有固執之功焉夫學問思辨之所得者要皆有以踐其實則行尚矣其法乾之健也而視履考祥其效蒙之果也而率履不越且也無一念之或怠無一時之或寬而真意實心慥慥自勉固非若不學無術之行矣則篤信不誣也是利行者求誠必有所以堅守其性而為仁者如此吾知擇善固執而能兼盡其功焉夫學知利行之諳非不可至也然以樸拙遲鈍之資而欲一蹴以幾之勢必一無所至而後止則是學也問也思辨與行也要必貴乎循序而漸進也始焉學問以立其本繼焉思辨以觀其通終焉行之以正其則雖無盡境不敢退也雖無速效不敢懈也弗思弗措固見其心之所期己百己千更見其功之必倍是困知勉行者求誠又有所以振作其氣而以勇輔其知仁者如此彼愚柔者何弗求誠於己而盡其知仁勇之功乎

誠之者擇善而固執之者也 至己千之

求誠於己知仁勇之功可盡矣夫擇善固執是求誠於己者也而學利困勉分焉此知仁勇之功所由盡乎今夫未能真無妄而欲其真實無妄者亦惟求之於己而已然己有知必能精察其理乃可盡其知之功己有仁必能堅守其性乃可盡其仁之功己有勇必能振作其氣乃可盡其勇之功為之歷舉焉而學利困勉之分於斯可見矣不勉而中聖人之仁也不思而得聖人之知也從容中道聖人之勇也此固不必擇善而善無不明者也[illegible]又不必固執而身無不誠者也然而天下豈盡聖人哉吾試思夫誠之者夫誠之者兼學利困勉而言也彼雖未能驟至於知仁勇之極而未嘗不克底於知仁勇之歸吾知見其有

定其從違則思必慎紬繹焉而不敢忽也且也學問有取舍欲判其界限則辨必明剖決焉而不敢褻也是學知者求誠必有所以精察其理而為知者如此吾知其有固執之功焉夫學問思辨之所得者要皆有以踐其實則行尚矣其法乾之健也而視履考祥其效蒙之果也而率履不越且也無一念之或怠無一時之或寬而真意實心慥慥自勉固非若不學無術之行矣則篤信不誣也是利行者求誠必有所以堅守其性而為仁者如此吾知擇善固執而能兼盡其功焉夫學知利行之詣非不可至也然以樸拙遲鈍之資而欲一蹴以幾之勢必一無所至而後止則是學也問也思辨與行也要必貴乎循序而漸進也始焉學問以立其本繼焉思辨以觀其通終焉行之

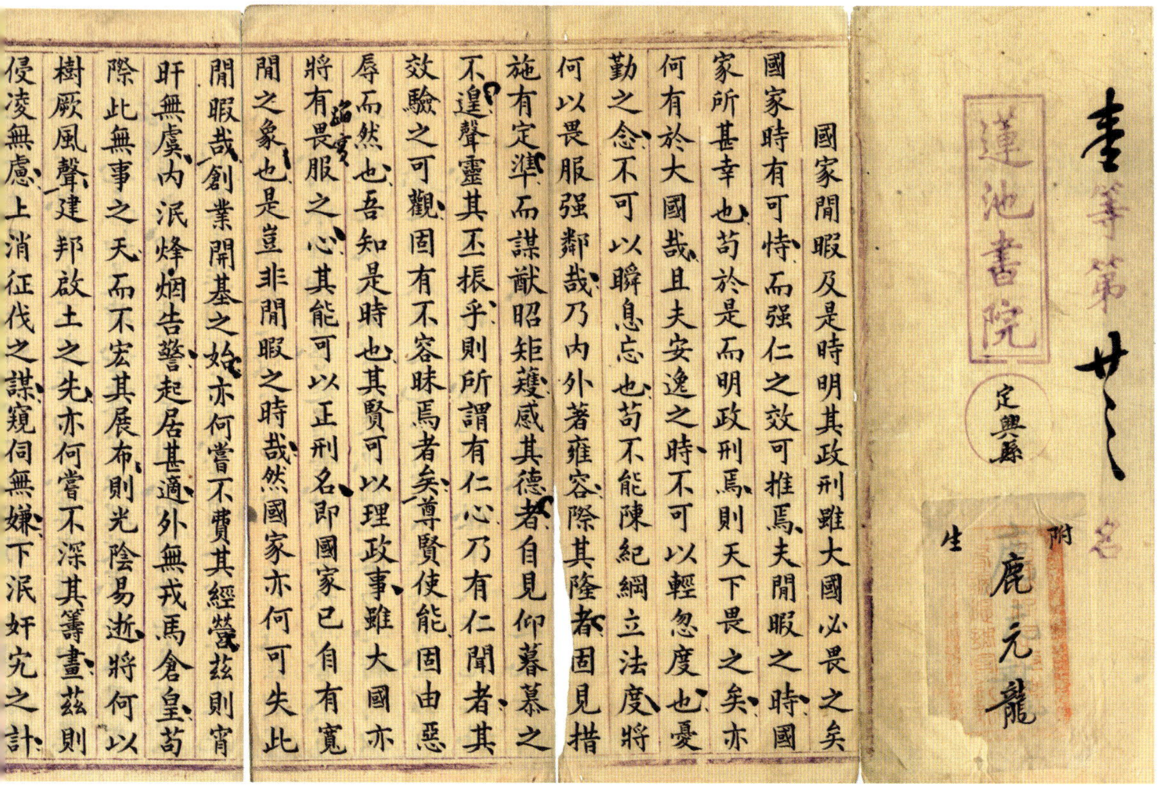

此**鹿元龙**莲池书院考试卷。鹿元龙（又名鹿滋理），鹿传伦长子，鹿元骧（又名鹿培理）长兄。卷末有『命意遣词，微欠生动』批语。获莲池书院第壹等第廿三名。

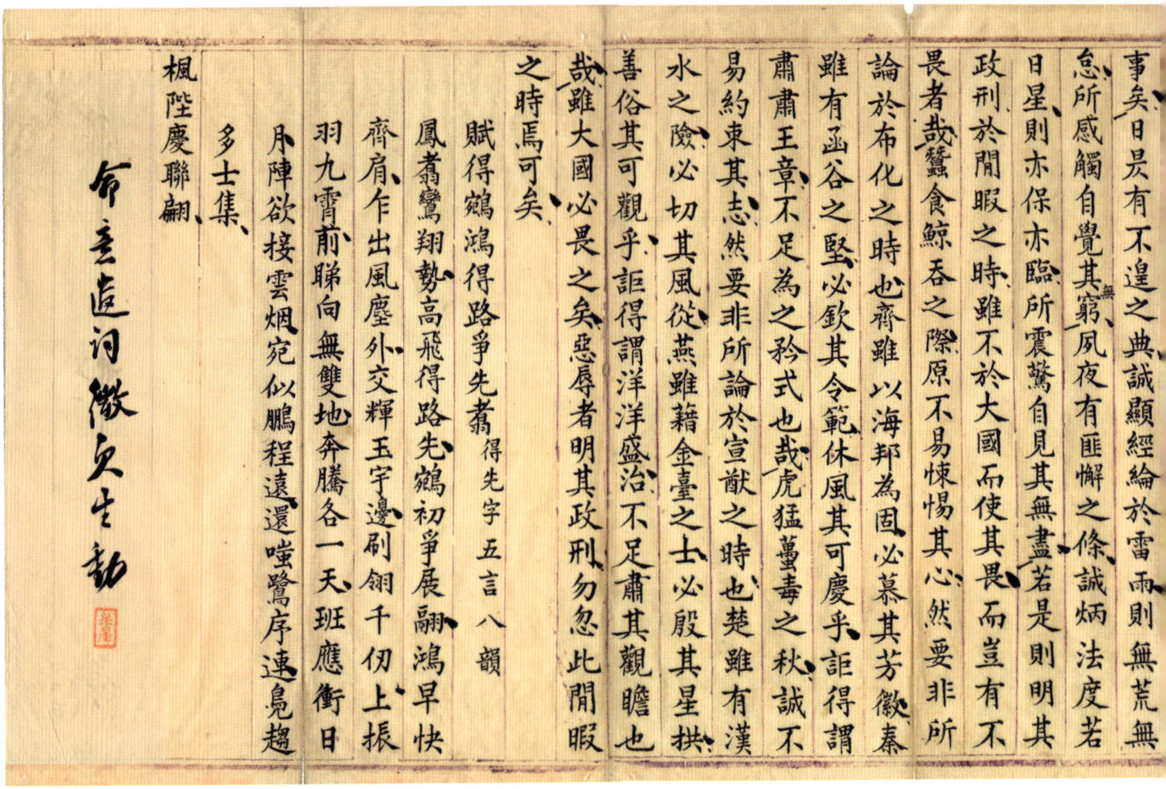

事矣日昃有不遑之典誠顯經綸於雷雨則無荒無
怠所感觸自覺其窮夙夜有匪懈之條誠炳法度若
日星則亦保亦臨所震驚自見其無盡若是則明其
政刑於閒暇之時雖不於大國而使其畏而豈有不
畏者哉蠶食鯨吞之際原不易悚惕其心然要非所
論於布化之時也齊雖以海邦為固必慕其芳徽秦
雖有函谷之堅必欽其令範休風其可慶乎詎得謂
肅肅王章不足為之矜式也哉虎猛蠆毒之秋誠不
易約束其志然要非所論於宣猷之時也楚雖有漢
水之險必切其風從燕雖藉金臺之士必殷其星拱
善俗其可觀乎詎得謂洋洋盛治不足肅其觀瞻也
哉雖大國必畏之矣惡辱者明其政刑勿忽此閒暇
之時焉可矣

賦得鵷鴻得路爭先翥 得先字 五言八韻

鳳翥鸞翔勢高飛得路先鵷初爭展翮鴻早快
齊肩乍出風塵外交輝玉宇邊刷翎千仞上振
羽九霄前睇向無雙地奔騰各一天班應銜日
月陣欲接雲烟宛似鵬程遠還嗤鷺序連覓趨
多士集
楓陛慶聯翩

命意遣詞微欠生動

鹿滋理，榜名鹿元龙，号心泉，行一，庠生。定兴县西江村人。嘉庆二十四年（一八一九）五月初九生，保定莲池书院附生，光绪十六年（一八九〇）十月二十四卒。娶史氏（一八一七—一八四七），本邑岁贡生史定基次女。续娶胡氏（一八二九—一八六七），本邑胡时中女，合葬定兴县西江村祖茔右。

國家閒暇及是時明其政刑雖大國必畏之矣
國家時有可恃而强仁之效可推焉夫閒暇之時國
家所甚幸也苟於是而明政刑焉則天下畏之矣亦
何有於大國哉且夫安逸之時不可以輕忽度也憂
勤之念不可以瞬息忘也苟不能陳紀綱立法度將
何以畏服强鄰哉乃內外著雍容際其隆者固見措
施有定準而謀猷昭矩矱感其德者自見仰暮慕之
不遑聲靈其丕振乎則所謂有仁心乃有仁聞者其
效驗之可觀固有不容昧焉者矣尊賢使能固由惡
辱而然也吾知是時也其賢可以理政事雖大國亦
將有畏服之心其能可以正刑名即國家已自有寬

閒暇吉倉豈閒其[illegible]如亦何嘗不費其經[illegible]則[illegible]
旰無虞內泯烽烟告警起居甚適外無戎馬倉皇苟
際此無事之天而不宏其展布則光陰易逝將何以
樹厥風聲建邦啟土之先亦何嘗不深其籌畫茲則
侵凌無慮上消征伐之謀窺伺無嫌下泯奸宄之計
苟當此小康之會而弗大其施行則日月迭更將何
以稱為日贊然則國家閒暇也固可及是時而有所
事矣日昃有不遑之典誠顯經綸於雷雨則無荒無
怠所感觸自覺其窮夙夜有匪懈之條誠炳法度若
日星則亦保亦臨所震驚自見其無盡若是則明其
政刑於閒暇之時雖不於大國而使其畏而豈有不
畏者哉蠶食鯨吞之際原不易悚惕其心然要非所

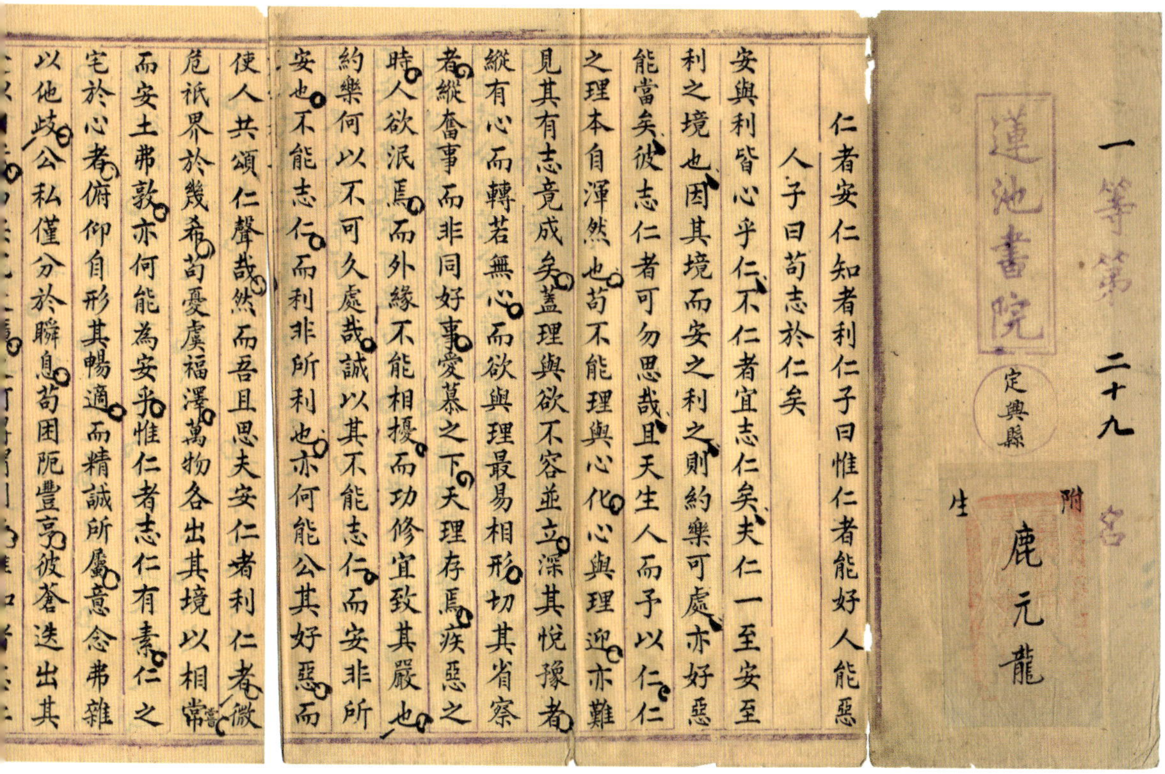
一等第二十九名
蓮池書院
定興縣
附生 鹿元龍

仁者安仁知者利仁子曰惟仁者能好人能惡
人子曰苟志於仁矣
安與利皆心乎仁不仁者宜志仁矣夫仁一至安至
利之境也因其境而安之利之則約樂可處亦好惡
能當矣彼志仁者可勿思哉且天生人而予以仁仁
之理本自渾然也苟不能理與心化心與理迎亦難
見其有志竟成矣蓋理與欲不容並立深其悅豫者
縱有心而轉若無心而欲與理最易相形切其省察
者縱奮事而非同好事愛慕之下天理存焉疾惡之
時人欲泯焉而外緣不能相擾而功修宜致其嚴也
約樂何以不可久處哉誠以其不能志仁而安非所
安也不能志仁而利非所利也亦何能公其好惡而
使人共頌仁聲哉然而吾且思夫安仁者利仁者微
危祇界於幾希苟憂虞福澤萬物各出其境以相嘗
而安土弗敦亦何能為安乎惟仁者志仁有素仁之
宅於心者俯仰自形其暢適而精誠所屬意念弗雜
以他歧公私僅分於瞬息苟困阨豐亨彼荅迭出其

此**鹿元龙**（又名鹿滋理）莲池书院附生（秀才）考试卷。题目：仁者安仁，知者利仁。子曰：『惟仁者能好人能恶人。』子曰：『苟志于仁矣。』卷有标识，卷末有『彤墀』字样。获莲池书院第一等第二十九名。

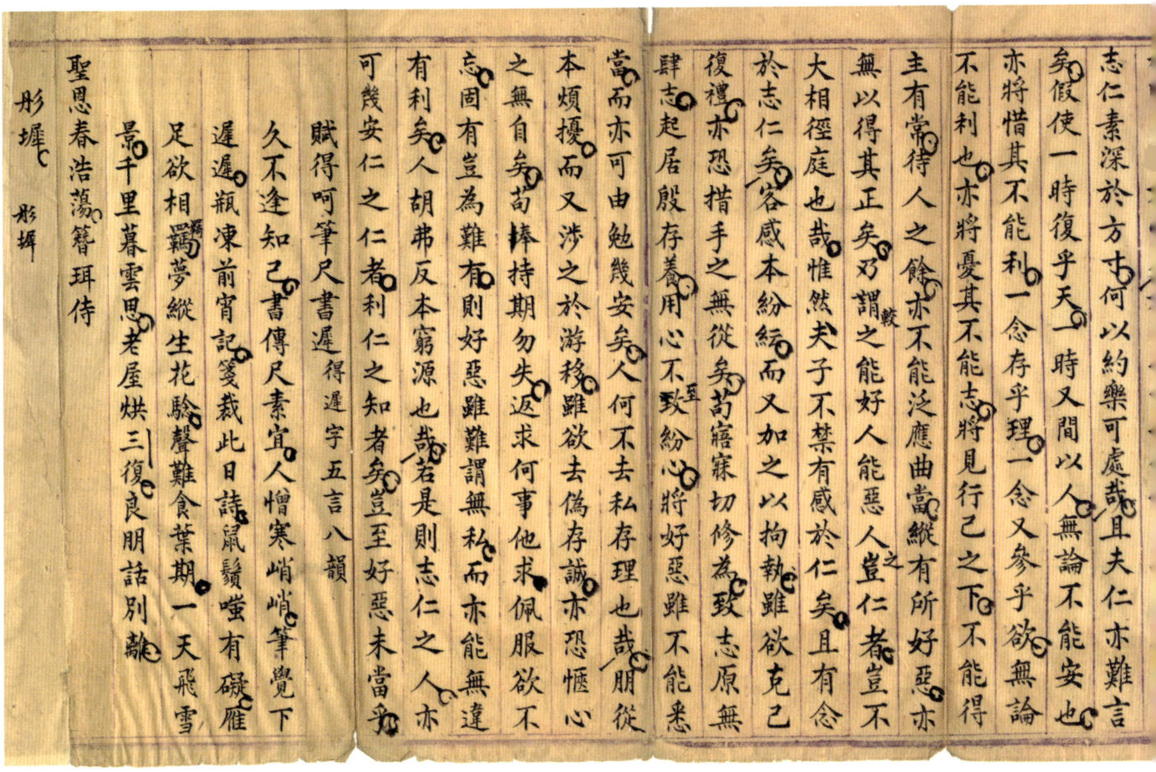

志仁素深於方寸何以約樂可處哉且夫仁亦難言
矣假使一時復乎天一時又間以人無論不能安也
亦將惜其不能利一念存乎理一念又參乎欲無論
不能利也亦將憂其不能志將見行己之下不能得
主有常待人之餘亦不能泛應曲當縱有所好惡亦
無以得其正矣乃謂之能好人能惡人豈仁者豈不
大相徑庭也哉惟然夫子不禁有感於仁矣且有念
於志仁矣容感本紛紜而又加之以拘執雖欲克己
復禮亦恐措手之無從矣苟寤寐切修為致志原無
肆志起居殷存養用心不致紛心將好惡雖不能悉
當而亦可由勉幾安矣人何不去私存理也哉朋從
本煩擾而又涉之於游移雖欲去偽存誠亦恐愜心
之無自矣苟捧持期勿失返求何事他求佩服欲不
忘固有豈為難有則好惡雖難謂無私而亦能無違
有利矣人胡弗反本窮源也哉若是則志仁之人亦
可幾安仁之仁者利仁之知者矣豈至好惡未當乎

賦得呵筆尺書遲得遲字五言八韻

久不逢知己書傳尺素宜人憎寒峭峭筆覺下
遲遲瓶凍前宵記箋裁此日詩鼠鬚嗤有礙雁
足欲相羈夢縱生花驗聲難食葉期一天飛雪
景千里暮雲思老屋烘三復良朋話別離
聖恩春浩蕩簪珥侍
彤墀

彤墀

仁者安仁知者利仁子曰惟仁者能好人能惡

人子曰苟志於仁矣

安與利皆心乎仁不仁者宜志仁矣夫仁一至安至利之境也因其境而安之利之則約樂可處亦好惡能當矣彼志仁者可勿思哉且天生人而予以仁仁之理本自渾然也苟不能理與心化心與理迎亦難見其有志竟成矣蓋理與欲不容並立深其悅豫者縱有心而轉若無心而欲與理最易相形切其省察者縱奮事而非同好事愛慕之下天理存焉疾惡之時人欲泯焉而外緣不能相擾而功修宜致其嚴也約樂何以不可久處哉誠以其不能志仁而安非所

使人共頌仁聲哉然而吾且思夫安仁者利仁者徵危祇界於幾希苟憂虞福澤萬物各出其境以相常（嘗）而安土弗敦亦何能為安乎惟仁者志仁有素仁之宅於心者俯仰自形其暢適而精誠所屬意念弗雜以他歧公私僅分於瞬息苟困阨豐亨彼蒼迭出其途以相試而安宅是曠更何得謂利乎惟知者志仁常深心之貪夫仁者念慮彌見其純誠而存養無虧神明曷暇於旁及是則仁者安仁知者利仁也使非志仁素深於方寸何以約樂可處哉且夫仁亦難言矣假使一時復乎天一時又間以人無論不能安也亦將惜其不能利一念存乎理一念又參乎欲無論不能利也亦將憂其不能志將見行己之下不能得

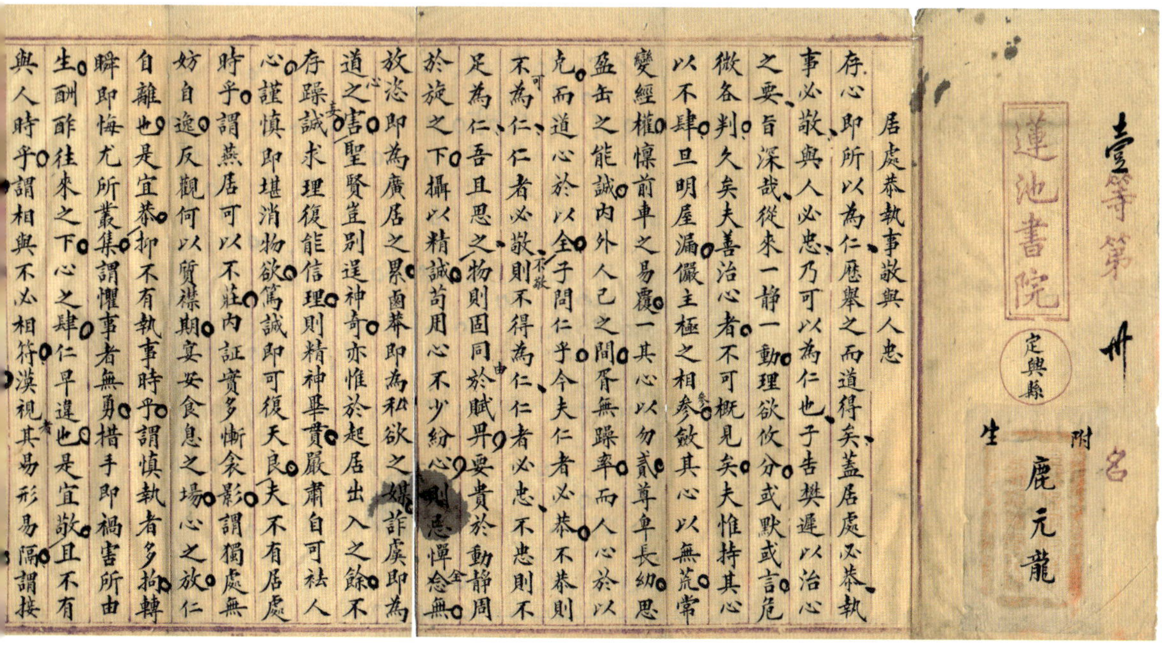

此鹿元龙附生（秀才）莲池书院考试卷。题目：居处恭，执事敬，与人忠。卷末有『文笔开展』批语。获莲池书院第一等第三十名。

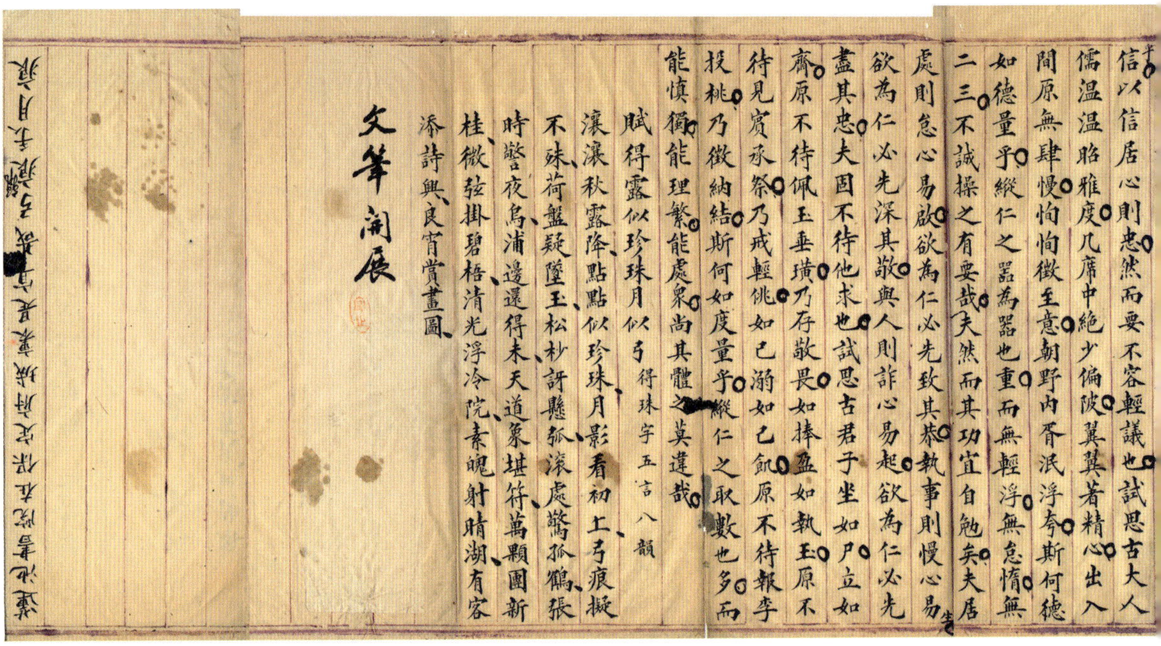

信以信居心則忠。然而要不容輕議也。試思古大人儒温温胎雅度。几席中絶少偏陂。翼翼著精心。出入間原無肆慢。恂恂徵至意。朝野內奮泯浮夸。斯何德如德量乎。縱仁之器爲器也。重而無輕浮。無怠惰。無二三。不誠操之有要哉。夫然而其功宜自勉矣。夫居處則怠心易啟。欲爲仁必先致其恭。執事則慢心易欲。爲仁必先深其敬。與人則詐心易起。欲爲仁必先盡其忠。夫固不待他求也。試思古君子坐如尸。立如齊。原不待佩玉垂璜。乃存敬畏。如捧盈。如執玉。原不待見賓承祭。乃戒輕佻。如己溺。如己飢。原不待報李投桃。乃徵納結。斯何如度量乎。縱仁之取數也多。而能慎獨。能理繁。能處衆。尚其體之莫違哉。

賦得露似珍珠月似弓 得珠字五言八韻

瀼瀼秋露降、點點似珍珠、月影看初上、弓痕擬不殊、荷盤疑墜玉、松杪訝懸弧、滚處驚孤鶴、張時警夜烏、浦邊還得未、天道象堪符、萬顆圖新桂、微弦掛碧梧、清光浮冷院、素魄射晴湖、有容添詩興、良宵賞畫圖、

文筆闹展

蓮池書院在保定府城裏是寫戲弓痕手月痕

居處恭執事敬與人忠

存心即所以為仁歷舉之而道得矣蓋居處必恭執事必敬與人必忠乃可以為仁也子告樊遲以治心之要旨深哉從來一靜一動理欲攸分或默或言危微各判久矣夫善治心者不可概見矣夫惟持其心以不肆旦明屋漏儼主極之相參斂其心以無荒常變經權懍前車之易覆一其心以勿貳尊卑長幼思盈缶之能誠內外人己之間胥無躁率而人心於以克而道心於以全子問仁乎今夫仁者必恭不恭則不為仁仁者必敬則不得為仁仁者必忠不忠則不足為仁吾且思之物則固同於賦畀要貴於動靜周

道之害。聖賢豈別逞神奇。亦惟於起居出入之餘。不
存躁誠求理。復能信理。則精神畢貫。嚴肅自可袪人
心。謹慎即堪消物欲。篤誠即可復天良。夫不有居處
時乎。謂燕居可以不莊。內証實多慚衾影。謂獨處無
妨自逸。反觀何以質襟期。宴安食息之場。心之放。仁
自離也。是宜恭。抑不有執事時乎。謂慎執者多拘轉
瞬即悔尤所叢集。謂懼事者無勇。措手即禍害所由
生。酬酢往來之下。心之肆。仁早違也。是宜敬。且不有
與人時乎。謂相與不必相符。漢視其易形易隔。謂接
人亦堪接貌。形交者其誼不親。追隨唱和之時。心之
偽。仁必遠也。是宜忠。夫然而其道可歷舉矣。夫仁宰

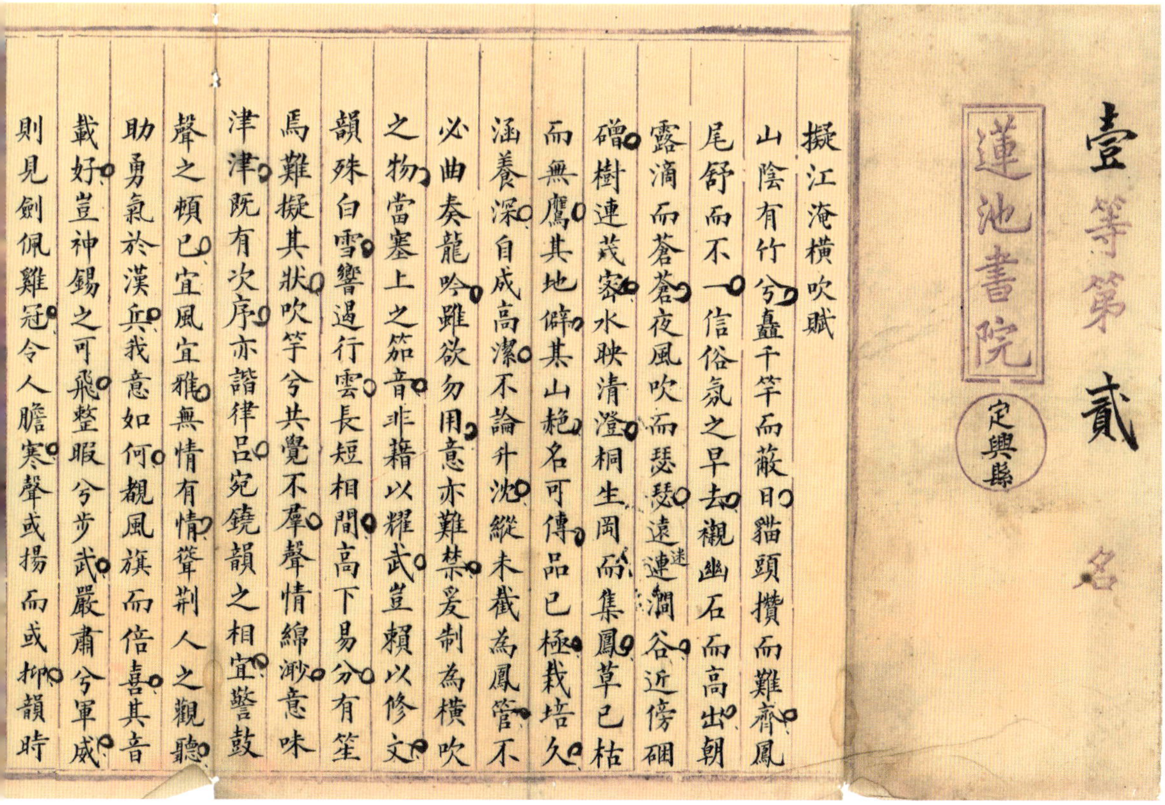

此当为鹿元龙莲池书院考试卷。题目：拟江淹横吹赋。获莲池书院第一等第二名。

曲感似斷而仍續名早耀於金陵氣可調夫玉燭、壯士聞而震疊思婦聽而踟躕較之竹箭、或相什倍自有此製自可傳之千百代價高大邑、制自適都響縈北塞品重東吳雖未號為兵器亦可藉為軍儲不等執桴之意恍看舞羽之容既阻其氣亦挫其鋒右白虎左青龍縱觀之而不見、自聽之而溶溶、人乍奏於前衝聲遂起於後陣疑若遠而若近笑我耳之不震不必竹枝詞大異箜篌引想取義之無由經摩挲而色潤折柳知而生慚落梅奏而不進人無識此聲者、余將白之而不忘

和蘇東坡聚星堂雪詩

北風凜冽捲落葉雲氣沈陰天正雪影迷塞上雁聲酸寒逼江中鳥飛絕先催梅蕊暗香浮壓得松梢柔欲折光連玉宇覺空虛氣妬書燈時明滅臥來靜聽更鼓深夢醒只因鈴索掣撥開獸炭灰尚溫冷入玉壺冰定纈新醅綠蟻滿金甌閒活烏爐烹瓊屑如當月上自雙清恍若霜鋪纔一瞥箇中況味許親嘗以外情緣不可說今正欲學袁安無奈舊衾涼似鐵

擬江淹橫吹賦

山陰有竹兮矗千竿而蔽日貓頭攢而難齊鳳尾舒而不一信俗氛之早去襯幽石而高出朝露滴而蒼蒼夜風吹而瑟瑟遠連迷澗谷近傍硱磳樹連茂密水映清澄桐生岡而集鳳草已枯而無鷹其地僻其山艷名可傳品已極栽培久涵養深自成高潔不論升沈縱未截為鳳管不必曲奏龍吟雖欲勿用意亦難禁爰制為橫吹之物當塞上之笳音非藉以耀武豈賴以修文韻殊白雪響遏行雲長短相間高下易兮有笙焉難擬其狀吹竽兮共覺不群聲情綿渺意味

聲之妙已宜風宜雅無情有情登莽人之觀聽
助勇氣於漢兵我意如何觀風旗而倍喜其音
載好豈神錫之可飛整暇兮步武嚴肅兮軍威
則見劍佩雞冠令人膽寒聲或揚而或抑韻時
往而時還胄可免兮弁如星威可歛兮功可銘
奏此曲於軍裏兮諒必可以通靈洵柬直而不
曲感似斷而仍續名早耀於金陵氣可調夫玉
燭壯士聞而震疊思婦聽而踟躕較之竹箫或
相什倍自有此製自可傳之千百代價高大邑
制自通都響縈北塞品重東吳雖未號為兵器
亦可藉為軍儲不等執桴之意恍看舞羽之容
既阻其氣亦挫其鋒右白虎左青龍縱觀之而

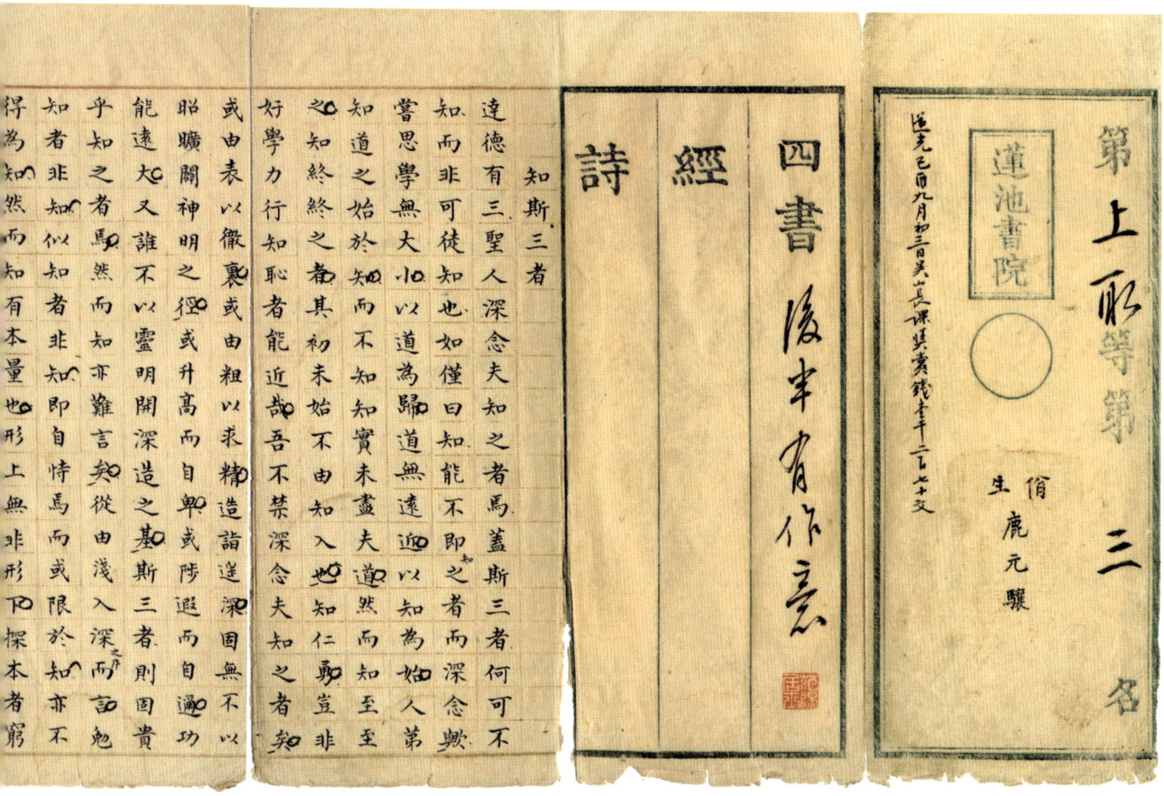

此乃佾生鹿元骧莲池书院四书科目考试卷。题目：知斯三者。卷前有老师批语：『后半有作意。』获第上取等第三名。卷首注：『道光己酉九月初三日吴山长课奖赏钱壹千二百七十文。』所谓佾生，即考秀才虽未入闱但成绩尚好，选取充任孔庙中祭礼乐舞的人员。

各殊吾所許為知之也已即無淺非深之義而言半
知者為知一知者為知即層累焉而遞進於知亦何
嘗非知然而知有分數也作止皆關性命洞徹則號
明通易簡悉稟陰陽會悟即稱靈敏其知之所以誠
學問之全功者即知之所以立萬物之先務數無窮
而量有限而萬備為知之而已蓋知之境日深而知
之功有候自生知以至學知皆知也而皆由知肇則
欲其不自限於知者必其先不自踈於知若非知知
何以破愚若此也若非知仁何以忘私若此也若非
知勇何以起懦若此也吾安得不表而示之曰知斯
三者抑知之程雖至而知之實有歸自學知以至困
知均知也而均自知推則知有始而未嘗不以知終
者實知以終而不可不自知始如不知學何以篤志
如是也如不知行何以奮勵如是也如不知恥何以
羞惡如是也吾安得不區而別之曰知斯三者所為
政者誠能如此則以達德行達道固可遞及而益進
知

賦得人語中含樂歲聲 得含字五言六韻

司農書樂歲入正說秋三語語傳豐象聲聲快
足蠶話中桑落酒祝上黍華談香飫胸懷發馨
椒舌本探齒牙饒旨趣風雨湖和甘普慶賡
仁壽寰區頌哺含

知斯三者

達德有三聖人深念夫知之者焉蓋斯三者何可不知而非可徒知也如僅曰知能不即之（知）者而深念歟嘗思學無大小以道為歸道無遠邇以知為始人第知道之始於知而不知知實未盡夫道然而知至至之知終終之者其初未始不由知入也知仁勇豈非好學力行知恥者能近哉吾不禁深念夫知之者矣

或由表以徹裏或由粗以求精造詣逢深固無不以昭曠闢神明之徑或升高而自卑或陟遐而自邇功能遠大又誰不以靈明開深造之基斯三者則固貴乎知之者焉然而知亦難言矣從由淺入深之（序）而勉知者非知似知者非知即自恃焉而或限於知亦不得為知然而知有本量也形上無非形下探本者窮

各殊吾可許為知之也已即無淺非深之義而言半
知者為知一知者為知即層累焉而遞進於知亦何
嘗非知然而知有分數也作止皆關性命洞徹則號
明通易簡悉禀陰陽會悟即稱靈敏其知之所以謂
學問之全功者即知之所以立萬物之先務數無窮
而量有限亦勤搶為知之而已蓋知之境日深而知
之功有候自生知以至學知皆知也而皆由知肇則
欲其不自限於知者必其先不自踈於知若非知知
何以破愚若此也若非知仁何以忘私若此也若非
知勇何以起懦若此也吾安得不表而示之曰知斯
三者抑知之程難至而知之實有歸自學知以至困
知均知也而均自知推則知有始而未嘗不以知終
者實知以終而不可不自知始如不知學何以篤志

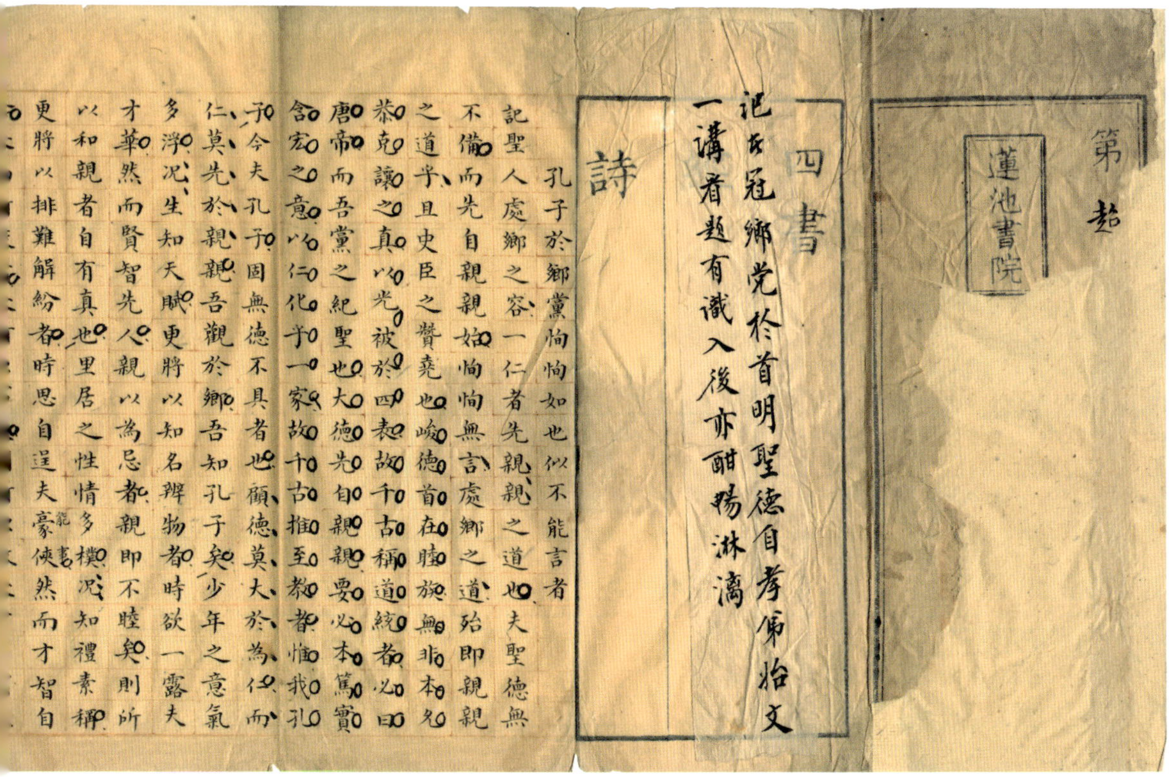

此乃鹿元骧莲池书院四书科目考试卷。题目：孔子于乡党，恂恂如也，似不能言者。卷首有『记在冠乡党于首，明圣德自孝第（作者按：通『悌』）始，文一讲看题有识，入后亦酣畅淋漓』批语。获莲池书院第超等，名次缺失。

言孔子以博學之功非不能論事而有識乃忠誠自若渾然者惟思自抑其囊恂恂如也似不能言者孔子何以於鄉黨而必若是哉念自防叔奔魯昌平闕里之間無非諸父諸兄之所在我而無知啓口適以啓羞父兄之所戒者不敢言我而有知所聞即此所見父兄之所誨者不必言不敢與不必交集雖欲言而亦不能也即或請席何嚮請衽何趾應對周旋之際豈其能不勝諸口說然以謙慄承長者之風究非以辭多來蹤人之譏也奉命而不違者寬如愚而無識觀其篤厚之至意諸父兄孰不曰有子克家哉溯自微子封宋弗父考甫之支莫非伯兮叔兮之所分我欲高談夫祖訓則方策俱在文之所載者已有言我欲上溯夫人情則父老猶存獻之所誌者皆能言有者與能者兼至是能言猶乎不能也即或尋孔父之墟問睪夷之後訪求井樹之間豈必不一費其繁辭然以一二語達其意旨究加於一二語顯其肫誠也入桑梓而欽聰明者實擬宗族而平意氣諸伯叔孰不日達人竟驗哉所以庶凡雖廢未蹈參商俎豆雖陳止安嬉戲親無或忌長無敢陵處鄉之道非即親親之道乎而說者曰孔子非老於鄉者也然在官則必言乎官矣說者曰孔子非老於鄉者也然在官

賦得書味夜燈知 得知字五言八韻

甘苦同誰共辛勤祇自知書中三味具夜際一燈宜鼓想傳更後花看燭燼時憐他糟粕棄樂此簡編披閃閃頻流影醰醰直索奇欲將千卷擁殊有八厨思膏火添應久酸鹹悟未遲皇躬當乙覽南面百城繼

孔子於鄉黨恂恂如也似不能言者

記聖人處鄉之容一仁者先親親之道也夫聖德無不備而先自親親始恂恂無言處鄉之道殆即親親之道乎且史臣之贊堯也峻德首在睦族無非本允恭克讓之真以光被於四表故千古稱道統者必曰唐帝而吾黨之紀聖也大德先自親親要必本篤實含宏之意以仁化乎一家故千古推至教者惟我孔子今夫孔子固無德不具者也顧德莫大於為仁而仁莫先於親親吾觀於鄉吾知孔子矣少年之意氣多浮況生知天賦更將以知名辨物者時欲一露夫才華然而賢智先人親以為忌者親即不睦矣則所以和親者自有真也里居之性情多樸況知禮素稱更將以排難解紛者時思自逞夫豪[能]俠[書]然而才智自

不能吐辭而為經乃樸實無華訥然者若欲常抑其
舌孔子以博學之功非不能論事而有識乃忠誠自
若渾然者惟思自抑其囊恂恂如也似不能言者孔
子何以於鄉黨而必若是哉念自防叔奔魯昌平闕
里之間無非諸父諸兄之所在我而無知啓口適以
啓姦父兄之所戒者不敢言我而有知所聞即此所
見父兄之所誨者不必言不敢與不必交集雖欲言
而亦不能也即或請席何嚮請衽何趾應對周旋之
際豈其能不騰諸口說然以辭懾承長者之風究非
以辭多來躐人之譏也奉命而不違者實如愚而無
識觀其篤厚之至意諸父兄孰不曰有子克家哉溯
自微子封宋弗父考甫之支莫非伯兮叔兮之所分
我欲高談夫祖訓則方策俱在文之所載者已有言

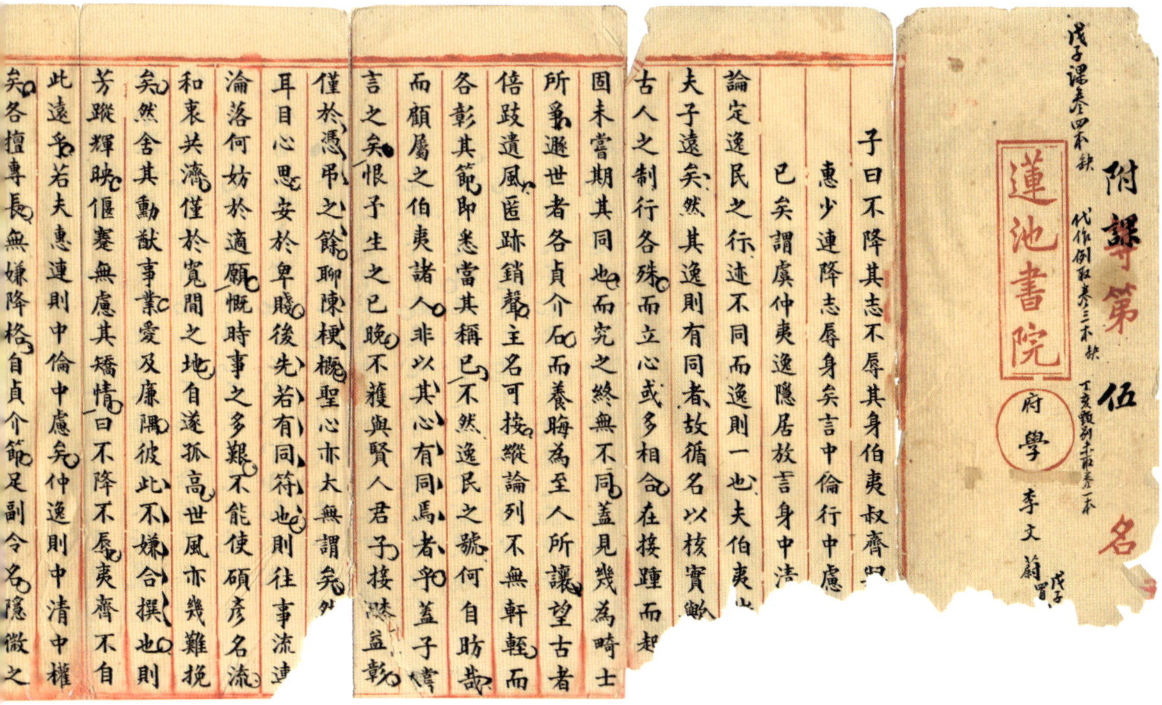
戊子課卷四本缺 代作例取卷三本缺 丁亥甄別未取卷一本
附課第伍名
蓮池書院
府學
李文蔚 戊子四月

子曰不降其志不辱其身伯夷叔齊與
惠少連降志辱身矣言中倫行中慮
已矣謂虞仲夷逸隱居放言身中清

論定逸民之行迹不同而逸則一也夫伯夷
夫子遠矣然其逸則有同者故循名以核實
古人之制行各殊而立心或多相合在接踵而起
固未嘗期其同也而究之終無不同蓋見幾為畸士
所為遯世者各貞介而養晦為至人所讓望古者
倍跂遺風匿跡銷聲主名可按縱論列不無軒輊而
各彰其範即悉當其稱已不然逸民之號何自昉歟
而顧屬之伯夷諸人非以其心有同焉者乎蓋子
言之矣恨子生之已晚不獲與賢人君子接迹益彰
僅於憑弔之餘聊陳梗概聖心亦太無謂矣
耳目心思安於卑賤後先若有同符也則往事流連
淪落何妨於適願慨時事之多艱不能使碩彥名流
和衷共濟僅於寬閒之地自遂孤高世風亦幾難挽
矣然舍其勳猷事業爰及廉隅彼此不嫌合撰也則
芳蹤輝映偃蹇無慮其矯情曰不降不辱夷齊不自
此遠乎若夫惠連則中倫中慮矣仲逸則中清中權
矣各擅專長無嫌降格自貞介節足副令名隱微之

李文蔚，生卒年不详，保定莲池书院附生，定兴鹿元龙莲池书院同学。据清光绪二十三年（一八九七）举人鹿福世《五秩前行李节略》记载：『光绪十四年戊子（鹿福世）二十五岁仍就幕清苑县署。是年莲池书院二月甄别未取，买李文蔚名应考，三月间得取超等第四名，七月间绝科列一等，得三月膏火（读书费），所作诗文就正王子元先生。时在文端公（鹿传霖）宅内课读，是年冬，三叔（鹿学衡）游泮（入校学习），次年吾大父（鹿元龙）命之接考。莲池书院例取一等膏火。本年腊月余代作例取课卷，提取特等。』从该附课第五名考试卷中：『戊子课卷四本缺，代作例取卷三本缺，丁亥甄别未取卷一本』及『戊子四月』等字样，可知戊子为光绪十四年，丁亥为光绪十三年，李文蔚应是光绪年间莲池书院的学生。卷末页有老师的批语：『笔致简洁，但多空衍处。』（括号中的文字均为作者注）

類未可混同而壹意孤行共樂以烟霞沈壯志且夫
湮沒山林是誠在我耳值利祿薰心之會而
得其安品詣豈猶在三代下乎讀史而動伊
清標介節歷歷如在目前而略迹原心儼若不謀而
合亦足增巖壑之光矣試思薇蕨同甘而浮沈之請
免樞機自慎而謙抑之德昭至於逃之荊蠻竄於夷
狄形骸之放浪自別具風流也遺世高蹤得數賢而
已足荷蕢接輿之輩能勿返而自思哉且夫挽回風
氣正賴有人耳當塵沙滿目之餘而獨能各行其是
規模豈至囿晚近中乎驅車而尋善士之蹤懿範芳
徽隱隱會諸心曲而循名核實深幸不約而同亦足
掩蓬蒿之陋矣試思可傳可法偕行者共勵清高為表
為坊合俗者原無矯激至於不惜斷髮不忍為犧吟
嘯之自如實無傷狂縱也而朝遺老得聖諭而益彰
梯榮慕勢之流庶幾聞而知恥哉此所以同為逸民
也而夫子則自處於異矣

賦得用汝作霖雨得霖字五言八韻

汝止安安協無為夏日陰關情思作雨得意用
為霖醞釀須憑昔沾濡幸及今流甘良弼德濟
衆老臣心宇宙膏能徧雲霓望共深生民歌利
澤樂歲免災祲厥職期無曠斯人倍可欽
湛恩周庶彙咸願獻毋忱

筆致簡潔但多空衍處

子曰不降其志不辱其身伯夷叔齊與

惠少連降志辱身矣言中倫行中慮

已矣謂虞仲夷逸隱居放言身中清

論定逸民之行、迹不同而逸則一也、夫伯夷

夫子遠矣、然其逸則有同者、故循名以核實歟

古人之制行各殊、而立心或多相合、在接踵而起

固未嘗期其同也、而究之終無不同、蓋見幾為畸士

所爭、遯世者各貞介、而養晦為至人所讓、望古者

倍跂遺風、匿跡銷聲、主名可按、縱論列不無軒輕、而

各彰其範、即悉當其稱、已不然、逸民之號、何自昉哉

而顧屬之伯夷諸人、非以其心有同焉者乎、蓋子嘗

僅於濕甲之餘聊陳梗概聖心亦大無謂矣外
耳目心思安於卑賤後先若有同符也則往事流連
淪落何妨於適願慨時事之多艱不能使碩彥名流
和衷共濟僅於寬閒之地自遂孤高世風亦幾難挽
矣然舍其勳猷事業愛及廉隅彼此不嫌合撰也則
芳蹤輝映偃蹇無慮其矯情曰不降不辱夷齊不自
此遠乎若夫惠連則中倫中慮矣仲逸則中清中權
矣各擅專長無嫌降格自貞介節足副令名隱微之
二比空行
際蓋大略相同矣子之謂之有以哉時地之顯分斷
難強襲而冥心獨往皆甘以泉石老孤蹤遭逢之不
類未可混同而壹意孤行共樂以烟霞沈壯志且夫
湮没山林是誠在我耳值利祿薰心之會而溷

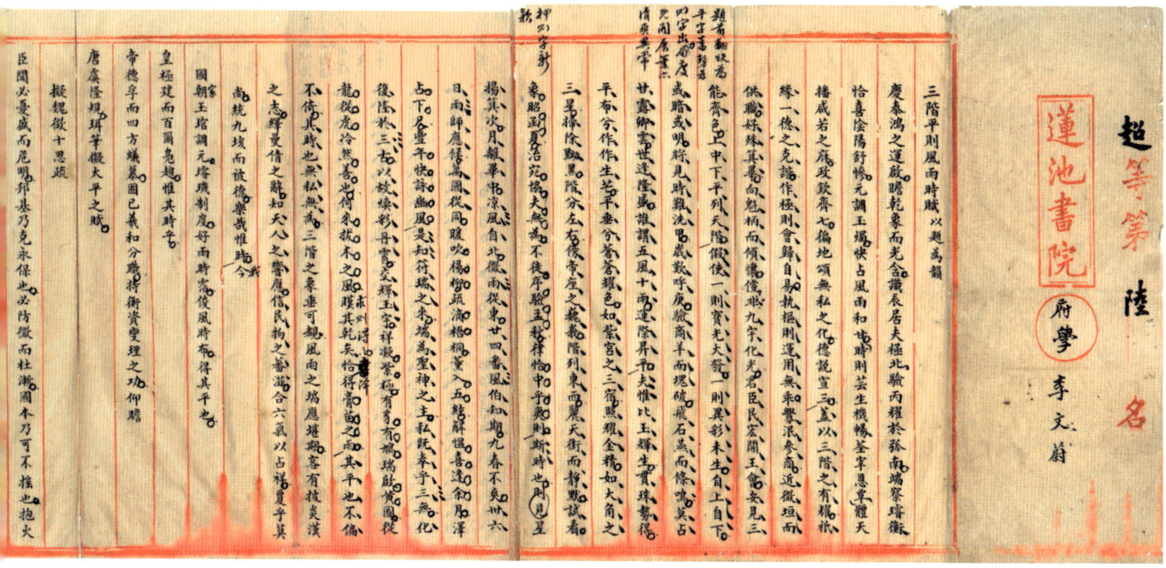

此乃李文蔚保定莲池书院府学（秀才）考试卷。题目：三阶平则风雨时赋（以题为韵）。卷后有『层次分明，词笔清丽，疏畅达论，少亲切语』批注，又有『五风十雨唐虞世，万紫千红富贵春』之语。获莲池书院第超等第六名。

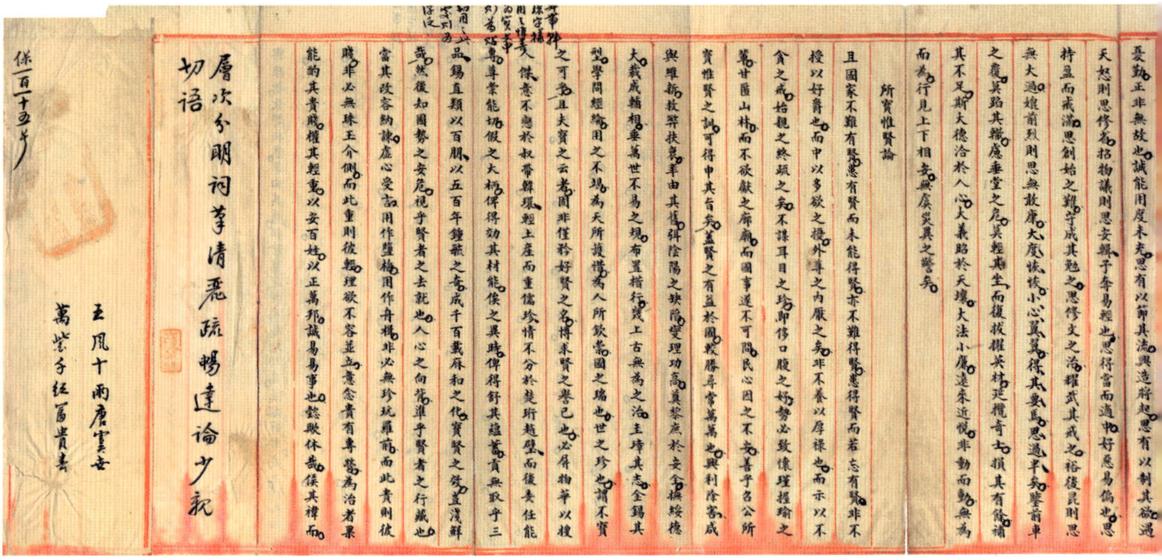

憂勤正非無故也誠能用度未充思有以節其流興造將起思有以制其欲遏
天怒則思修省招物議則思安輯予奪易輕也思得當而適中好惡易偏也思
持盈而戒滿思創始之艱守成其勉之思修文之治耀武其戒之裕後昆則思
無大過纘前烈則思無敢康大慶怵怵小心翼翼得其要焉思過半矣鑒前車
之覆莫蹈其轍慮垂堂之危莫輕其生而復拔擢英材延攬奇士損其有餘補
其不足斯大德洽於人心大義昭於天壤大法小廉遠來近悅非動而動無為
而為行見上下相安無虞災異之警矣

所寶惟賢論

且國家不難有賢患有賢而未能得賢亦不難得賢患得賢而若忘有賢非不
授以好爵也而中以多欲之擾外事之內擾之矣非不養以厚祿也而示以不
貪之戒始親之終疏之矣不謀耳目之玩即侈口腹之嗜勢必致懷瑾握瑜之
輩甘匿山林而不欲獻之廊廟而國事遂不可問民心因之不安善乎名公所
寶惟賢之訓可得申其旨矣蓋賢之有益於國較勝尋常萬萬也興利除害咸
與維新救弊扶衰革由其舊辨陰陽之缺陷燮理功高奠黎庶於安全撫綏德
大載成輔相乘萬世不易之規布置措行幾上古無為之治主琫其志金錫其
型學問經綸用之不竭為天所護惜為人所欽崇國之瑞也世之珍也謂不寶
之可乎且夫寶之云者固非僅矜好賢之名博求賢之譽已也必屏物華以樸
侏意不戀於叔季錦環輕土產而重儒珍情不分於楚珩趙璧而後專任能
尊崇能奶假之大柄俾得効其材能俟之異時俾得紓其蘊蓄責無取乎三
品錫直類以百朋以五百年鍾毓之奇成千百載麻和之化寶賢之效豈淺鮮
哉然後知國勢之安危視乎賢者之去就也人心之向背準乎賢者之行藏也
富其改容納諫虛心受言用作鹽梅用作舟楫非必無珍玩羅前而此責則彼
賤非必無珠玉介側而此重則彼輕理欲不容並立意念貴有專營為治者果
能的其貴賤權其輕重以安百姓以正萬邦誠易易事也懿歟休哉俟其禪而

層次分明詞筆清亮疏暢達論少欠
切語

玉凪十兩唐寔安
萬紫千紅冨貴春

保一百一十五號

三階平則風雨時賦 以題為韻

慶泰鴻之運啟，瞻乾象而光含。識辰居夫極北，驗丙耀於孫南。端察璿衡，恰喜陰陽舒慘。元調玉燭，快占風雨和甘。時則芸生機暢，荃宰恩覃。體天播咸若之庥，政欽齊七；徧地頌無私之化，德說宣三。蓋以三階之有耀，祇緣一德之克諧。作極則會歸自易，執樞則運用無乖。覺派參商，近微垣而供職；好殊箕畢，向魁柄而傾懷。儻非九宇化光，君臣民宏開王會；安見三能齊色，上中下平列天階。假使一則寶光大發，一則異彩未生。自上自下，或暗或明，將見時難洗甲，歲歎呼庚。驗商羊而塊破，飛石燕而條鳴。莫占甘露卿雲，世逢隆盛；誰謂五風十雨，運際昇平。夫惟比玉輝生，貫珠勢得。平布兮作作生芒，平垂兮蒼蒼耀色。如紫宮之三宿，照耀金精；如大角之三星，掃除黝黑。階分左右，儼帝座之巍峩；階列東西，麗天街而靜默。試看

題前翻映為平字蓄勢為刀字出局度次開層疊六清爽異常

押刀字新

揚箕次月離畢中凉風自北微雨從東廿四番風作知其九春不爽廿六

日雨師應候萬國從同暖吹楊柳疏滴梧桐薰入五絃解愠喜逢余月澤

占下民豐年快詠豳風是知符瑞之來瑞爲聖神之主私既奉乎三無化

復隆於三古以故煥彩丹霄交輝玉宇祥凝紫極有象有鳩瑞啟黃圖從

龍從虎泠然善也何來拔木之風暵其乾矣恰得膏苗之雨其平也不偏

不倚其時也無私無爲三階之象垂可覩風雨之瑞應堪期客有披炎漢

之志繹曼倩之辭知天人之響應信民物之蕃滋合六氣以占祥疊乎莫

尚統九垓而被德樂哉惟時

國朝王瑄調元璿璣制度好雨時需俊風時布得其平也

皇極建而百爾㬥趨惟其時乎

帝德孚而四方蟻慕固已義和分職持衡資燮理之功仰瞻

唐虞隆規珥筆擬太平之賦

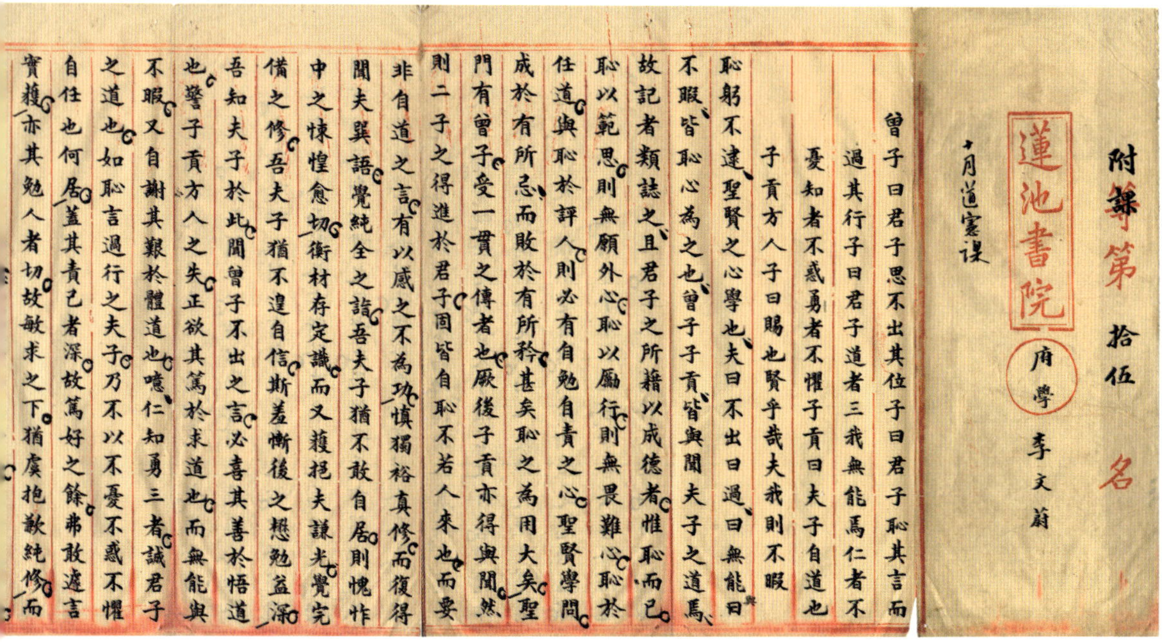
附課第拾伍名
蓮池書院
府學　李文蔚
十月道憲課

曾子曰君子思不出其位子曰君子恥其言而過其行子曰君子道者三我無能焉仁者不憂知者不惑勇者不懼子貢曰夫子自道也
子貢方人子曰賜也賢乎哉夫我則不暇

恥躬不逮聖賢之心學也夫日不出日過曰無能曰不暇皆恥心為之也曾子子貢皆與聞夫子之道焉故記者類誌之且君子之所藉以成德者惟恥而已恥以範思則無願外心恥以勵行則無畏難心恥於任道與恥於評人則必有自勉自責之心聖賢學問成於有所忌而敗於有所矜甚矣恥之為用大矣聖門有曾子受一貫之傳者也厥後子貢亦得與聞然則二子之得進於君子固皆自恥不若人來也而要非自道之言有以感之不為功慎獨裕真修而復得聞夫巽語覺純全之詣吾夫子猶不敢自居則愧怍中之悚惶愈切銜材存定識而又獲挹夫謙光覺究備之修吾夫子猶不違自信斯羞慚後之懇勉益深吾知夫子於此聞曾子不出之言必喜其善於悟道也譬子貢方人之失正欲其篤於求道也而無能與不暇又自謝其艱於體道也噫仁知勇三者誠君子之道也如恥言過行之夫子乃不以不憂不惑不懼自任也何居蓋其責己者深故篤好之餘弗敢遽言實獲亦其勉人者切故敏求之下猶虞挹歉純修而

此乃李文蔚府学（秀才）莲池书院考试卷。题目：曾子曰：『君子思不出其位。』子曰：『君子耻其言而过其行。』子曰：『君子道者三，我无能焉。仁者不忧，知者不惑，勇者不惧。』子贡曰：『夫子自道也。』子贡方人。子曰：『赐也贤乎哉？夫我则不暇。』

卷面有『十月道宪课』题文。卷尾有『拈耻字作柱，亦能诣题。文以曾子子贡前后平列，中二章随便敷衍，未免挂漏』批语。

获莲池书院府学附课第十五名。

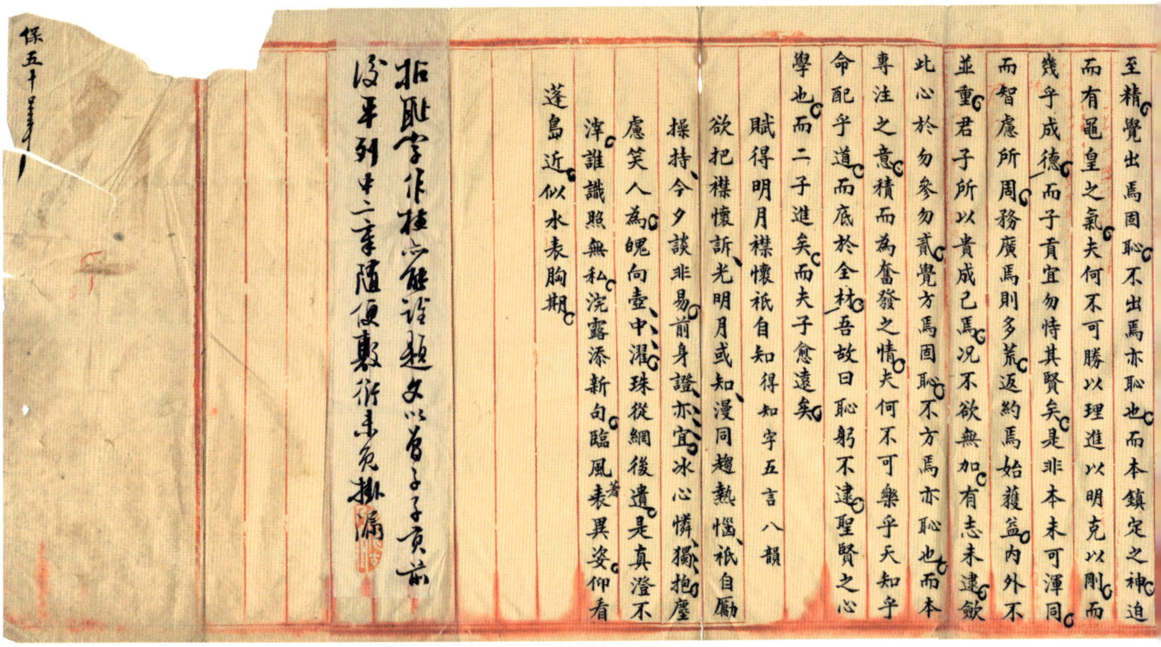

保五十

至精覺出焉固恥不出焉亦恥也而本鎮定之神迫
而有黽皇之氣夫何不可勝以理進以明克以剛而
幾乎成德而子貢宜勿恃其賢矣是非本末可渾同
而智慮所周務廣焉則多荒返約焉始獲益內外不
並重君子所以貴成己焉況不欲無加有志未逮歟
此心於勿參勿貳覺方焉固恥不方焉亦恥也而本
專注之意積而為奮發之情夫何不可樂乎天知乎
命配乎道而底於全材吾故曰恥躬不逮聖賢之心
學也而二子進矣而夫子愈遠矣

賦得明月襟懷祇自知得知字五言八韻

欲把襟懷訴光明月或知漫同趨熱惱祇自勵
操持今夕談非易前身證亦宜冰心憐獨抱塵
慮笑人為魄向壺中濯珠從網後遺是真澄不
滓誰識照無私浣露添新句臨風著表異姿仰看
蓬島近似水表胸期

推此字作桂字能詳題文以首子子貢前
後平列中二章隨便敷衍未免掛漏

曾子曰君子思不出其位子曰君子恥其言而過其行子曰君子道者三我無能焉仁者不憂知者不惑勇者不懼子貢曰夫子自道也

子貢方人子曰賜也賢乎哉夫我則不暇

恥躬不逮聖賢之心學也夫曰不出曰過曰無能曰不暇皆恥心為之也曾子子貢皆與聞夫子之道焉故記者類誌之且君子之所藉以成德者惟恥而已恥以範思則無願外心恥以勵行則無畏難心恥於任道與恥於評人則必有自勉自責之心聖賢學問成於有所忌而敗於有所矜甚矣恥之為用大矣聖門有曾子受一貫之傳者也厥後子貢亦得與聞然

非自道之言有以感之不為功慎獨袪其偽而後得

聞夫巽語，覺純全之詣，吾夫子猶不敢自居，則愧怍

中之悚惶愈切；衡材存定識，而又獲挹夫謙光，覺完

備之修，吾夫子猶不遑自信，斯羞慚後之懋勉益深。

吾知夫子於此，聞曾子不出之言，必喜其善於悟道

也；警子貢方人之失，正欲其篤於求道也。而無能與

不暇，又自謝其艱於體道也。噫，仁知勇三者，誠君子

之道也。如恥言過行之夫子，乃不以不憂不惑不懼

自任也，何居？蓋其責己者深，故篤好之餘，弗敢遽言

實獲；亦其勉人者切，故敏求之下，猶虞抱歉。純修而

曾子宜善用其思矣。迹象本無容膠執，而精神有限。

紛營之祇自苦，專務之乃有成。彼此不相謀，君子所

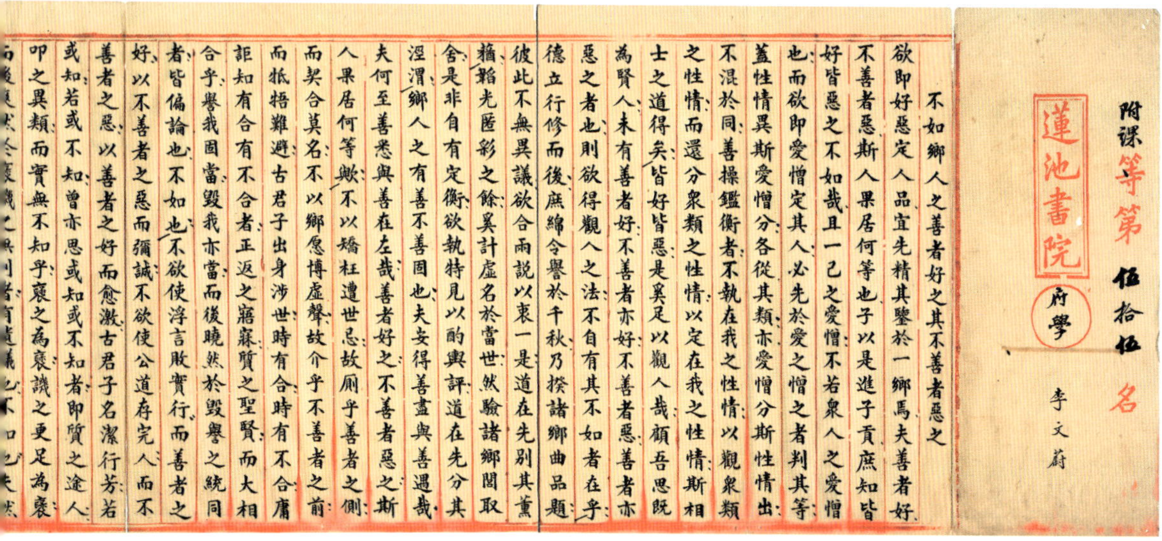
附課等第伍拾伍名
蓮池書院
府學
李文蔚

不如鄉人之善者好之其不善者惡之
欲即好惡定人品宜先精其鑒於一鄉焉夫善者好
不善者惡斯人果居何等也子以是進子貢庶知皆
好皆惡之不如哉且一己之愛憎不若衆人之愛憎
也而欲即愛憎定其人必先於愛之憎之者判其等
蓋性情異斯愛憎分各從其類亦愛憎分斯性情出
不混於同善操鑑衡者不執在我之性情以觀衆類
之性情而還分衆類之性情以定在我之性情斯相
士之道得矣皆好皆惡是奚足以觀人哉顧吾思既
為賢人未有善者好不善者亦好不善者惡善者亦
惡之者也則欲得觀人之法不自有其不如者在乎
德立行修而後庶綿令譽於千秋乃揆諸鄉曲品題
彼此不無異議欲合兩說以衷一是道在先別其薰
猶黯光匿彩之餘奚計虛名於當世然驗諸鄉閭取
舍是非自有定衡欲執特見以酌輿評道在先分其
涇渭鄉人之有善不善固也夫安得善盡與善遇哉
夫何至善悉與善在哉善者好之不善者惡之斯
人果居何等歟不以矯枉遭世忌故厠乎善者之側
而契合莫名不以鄉愿博虛聲故介乎不善者之前
而牴牾難避古君子出身涉世時有合時有不合庸
詎知有合有不合者正返之寤寐質之聖賢而大相
合乎譽我固當毀我亦當而後曉然於毀譽之統同
者皆偏論也不如也不欲使浮言敗實行而善者之
好以不善者之惡而彌誠不欲使公道存完人而不
善者之惡以善者之好而愈激古君子名潔行芳若
或知若或不知曾亦思或知或不知者即質之途人
叩之異類而實無不知乎褒之為褒譏之更足為褒

此乃李文蔚府学（秀才）莲池书院考试卷。题目：不如乡人之善者好之，其不善者恶之。卷末页有老师批语『宽泛』。获莲池书院附课等第五十五名。

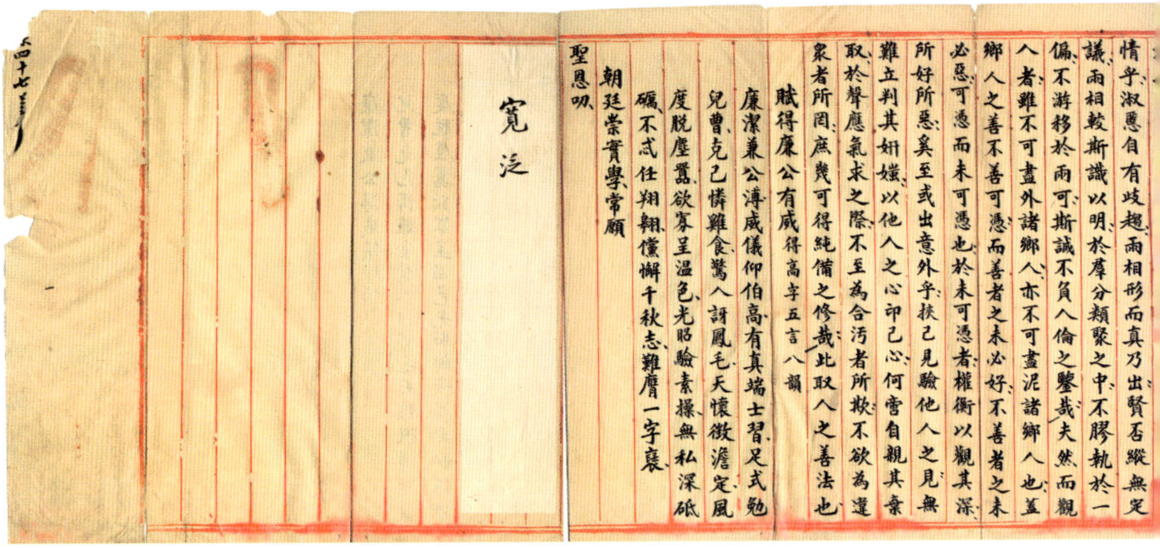
情乎、淑慝自有歧趨、兩相形而真乃出、賢否縱無定
議、兩相較斯識以明、於羣分類聚之中、不膠執於一
偏、不游移於兩可、斯誠不負人倫之鑒哉、夫然而觀
人者、雖不可盡外諸鄉人、亦不可盡泥諸鄉人也、蓋
鄉人之善不善可憑、而善者之未必好、不善者之未
必惡、可憑而未可憑也、於未可憑者、權衡以覲其深
所好所惡、奚至或出意外乎、挾己見驗他人之見、無
難立判其妍媸、以他人之心印己心、何啻自親其棄
取、於聲應氣求之際、不至爲合汚者所欺、不欲爲違
衆者所罔、庶幾可得純備之修哉、此取人之善法也
賦得廉公有威得高字五言八韻
廉潔兼公溥、威儀仰伯高、有真端士習、足式勉
兒曹、克己憐雞食、驚人詡鳳毛、天懷徵澹定、風
度脱塵囂、欲寡呈温色、光昭驗素操、無私深砥
礪、不忒任翔翱、懍懈千秋志、難膺一字褒
朝廷崇實學、常顧
聖恩叨、
寬泛

不如鄉人之善者好之其不善者惡之

欲即好惡定人品、宜先精其鑒於一鄉焉、夫善者好、不善者惡、斯人果居何等也、子以是進子貢庶知皆好皆惡之不如哉、且一己之愛憎、不若衆人之愛憎也、而欲即愛憎定其人、必先於愛之憎之者判其等、蓋性情異斯愛憎分、各從其類、亦愛憎分斯性情出、不混於同、善操鑑衡者、不執在我之性情、以觀衆類之性情、而還分衆類之性情、以定在我之性情、斯相士之道得矣、皆好皆惡、是奚足以觀人哉、顧吾思既為賢人、未有善者好、不善者亦好、不善者惡、善者亦惡之者也、則欲得觀人之法、不自有其不如者在乎、猶、韜光匿彩之餘、奚計虛名於當世、然驗諸鄉閭取舍、是非自有定衡、欲執特見以酌輿評、道在先分其涇渭、鄉人之有善不善固也、夫安得善盡與善遇哉、夫何至善悉與善在左哉、善者好之、不善者惡之、斯人果居何等歟、不以矯枉遭世忌、故厠乎善者之側、而契合莫名、不以鄉愿博虛聲、故介乎不善者之前、而抵牾難避、古君子出身涉世、時有合、時有不合、庸詎知有合有不合者、正返之寤寐、質之聖賢、而大相合乎、譽我固當、毀我亦當、而後曉然於毀譽之統同者、皆偏論也、不如也、不欲使浮言敗實行、而善者之好、以不善者之惡而彌誠、不欲使公道存完人而不

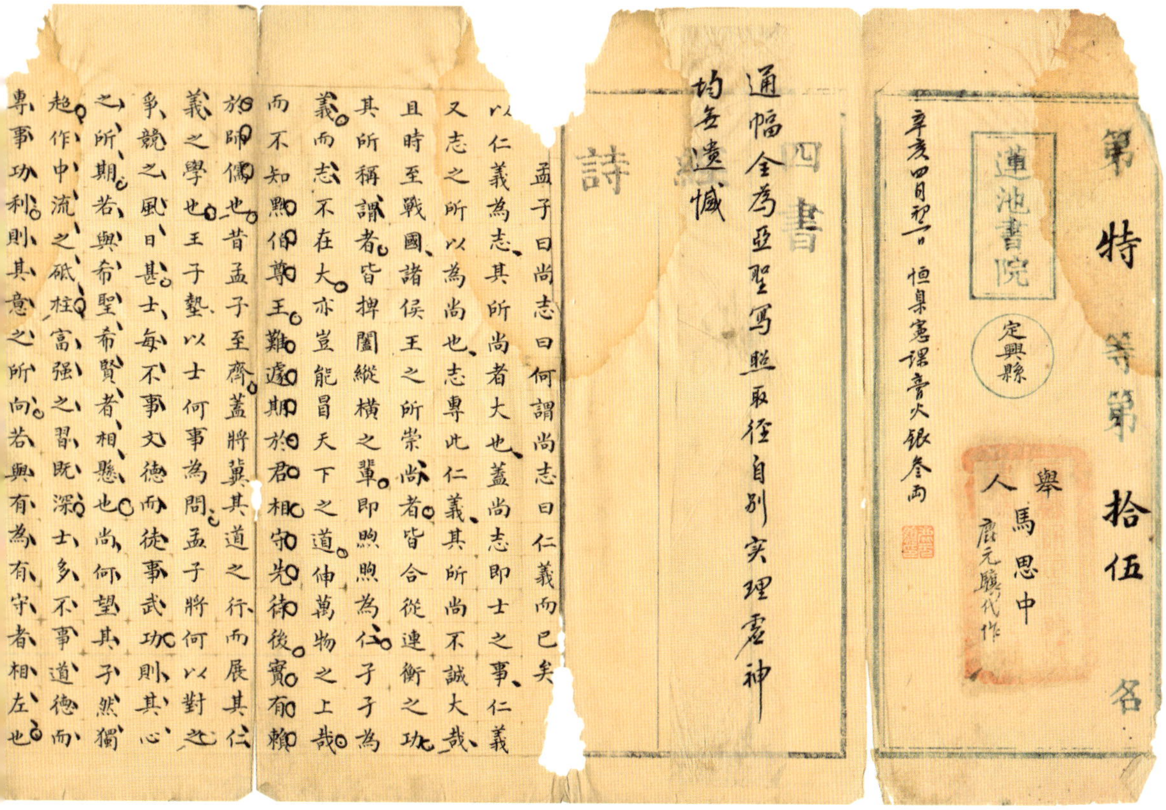

此乃举人**马思中**莲池书院四书科目考试卷，系鹿传纶次子鹿元骧代作。马思中，生卒年不详，字恒臬，号恕卿，定兴县人。道光二十九年（一八四九）举人，曾任国子监学正、延庆州学正。卷首有『辛亥四月初一日，恒臬宪课，膏火银叁两』字样，辛亥即咸丰元年（一八五一）。卷首有『通幅全为亚圣写照，取径自别，实理应神，均无遗憾』批语。获莲池书院第特等第十五名。

不能為天地立心者其自待亦[illegible]

議之士矣正大者其氣象光明者其襟期而抱殘守

缺之思直欲道性善為天地留其節概危不可奪窮

且益堅何莫非以四德之統宗而得其化裁之妙也

哉抑後乎聖賢而不能為聖賢明道者其自命亦卑

一言尚志又非遨遊之士矣曠遠者其胸懷高深者

其度量而挈艱執衷之加實能闢異端為聖賢樹之

干城淡泊可明溫飽何慮此要皆以五常之根柢而

協其綱紀之宜也已而王子墊不知也何謂之間其

殆欲究其實乎且以志之不可不尚也厚生者此志

利用者亦此志苟無以尚之則天爵雖尊而是非之

界不明遂漸入於歧途矣尚志者藏仁抱義直蝸生

之聰明才力以索其精當其窮而在下也即以也

為能德之資而涵育渾全此外更無餘事矣育萬[illegible]

者此志正萬民者亦此志苟無以尚之則秉彝雖美

而得失之機不辨必至迷於所往矣尚志者仁漸義

摩直舉當世之酬酢往來以順其正及其達而在上

也即以此為濟世之略而旁通曲暢此中已備全功

矣此孟子所以直應之曰仁義而已矣

賦得夏雨雨人　得人字五言八韻

幾度春過時哉夏雨長風之曾拂物雨矣又需

人霡霂誰思舊空濛孰念新陂塘含已徧枕簟

簟灑來頻膏膏如餐瀣油油似飲醇提壺青笠

潤負耒綠簑包既慰三農望無愆十日晨南薰

歌解慍澤沛沐

堯仁

孟子曰尚志曰何謂尚志曰仁義而已矣

以仁義為志，其所尚者大也。蓋尚志即士之事，仁義又志之所以為尚也。志專此仁義，其所尚不誠大哉。且時至戰國，諸侯王之所崇尚者，皆合從連衡之功，其所稱謂者，皆捭闔縱横之輩。即煦煦為仁，孑孑為義，而志不在大，亦豈能冒天下之道，伸萬物之上哉。而不知黜伯尊王，難遽期於君相，守先待後，實有賴於師儒也。昔孟子至齊，蓋將冀其道之行，而展其仁義之學也。王子墊以士何事為問，孟子將何以對之？爭競之風日甚，士每不事文德而徒事武功，則其心之所期，若與希聖希賢者相懸也。尚何望其孑然獨起，作中流之砥柱？富强之習既深，士多不事道德而專事功利，則其意之所向，若與有為有守者相左也。

不能為天地立心者其自待亦薄一言尚志固非橫
議之士矣正大者其氣象光明者其襟期而抱殘守
鉅之思直欲道性善為天地留其節概危不可奪窮
且益堅何莫非以四德之統宗而得其化裁之妙也
哉抑後乎聖賢而不能為聖賢明道者其自命亦卑
一言尚志又非遨遊之士矣曠遠者其胸懷高深者
其度量而救弊扶衰之加實能闢異端為聖賢樹之
干城淡泊可明溫飽何慮此要皆以五常之根柢而
協其綱紀之宜也已而王子墊不知也何謂之問其
殆欲究其實乎且以志之不可不尚也厚生者此志
利用者亦此志苟無以尚之則天爵雖尊而是非之
界不明遂漸入於歧途矣尚志者戴仁抱義直遏生
[illegible]之聰明才力以索其精當其窮而在下也即以也

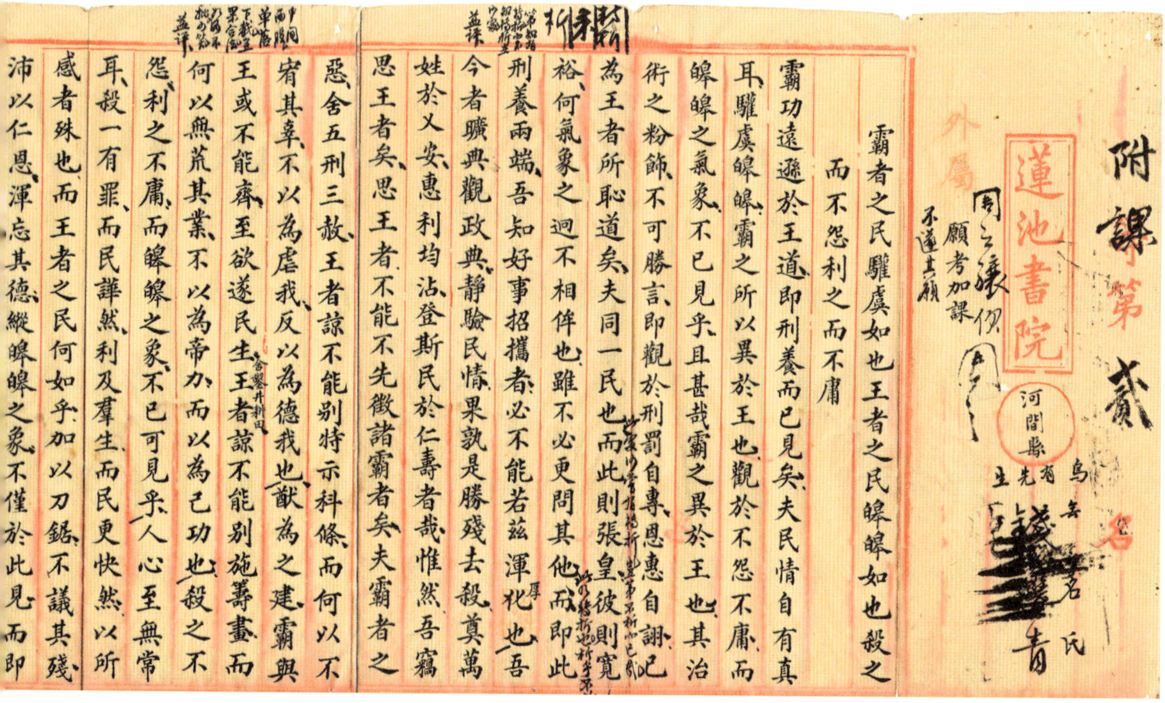
附課第貳名

蓮池書院

外屬

河間縣 烏有先生 [redacted]

願考加課

霸者之民驩虞如也王者之民皞皞如也殺之
而不怨利之而不庸
霸功遠遜於王道即刑養而已見矣夫民情自有真
耳驩虞皞皞霸之所以異於王也觀於不怨不庸而
皞皞之氣象不已見乎且甚哉霸之異於王也其治
術之粉飾不可勝言即觀於刑罰自專恩惠自詡已
為王者所恥道矣夫同一民也而此則張皇彼則寬
裕何氣象之迥不相侔也雖不必更問其他而即此
刑養兩端吾知好事招攜者必不能若茲渾化也吾
今者曠典觀政典靜驗民情果孰是勝殘去殺萬
姓於乂安惠利均沾登斯民於仁壽者哉惟然吾竊
思王者矣思王者不能不先徵諸霸者矣夫霸者之
惡舍五刑三赦王者諒不能别特示科條而何以不
宥其辜不以為虐我反以為德我也歡為之建霸與
王或不能齊至欲遂民生王者諒不能别施籌畫而
何以無荒其業不以為帝力而以為己功也殺之不
怨利之不庸而皞皞之象不已可見乎人心至無常
耳殺一有罪而民譁然利及羣生而民更快然以所
感者殊也而王者之民何如乎加以刀鋸不議其殘
沛以仁恩渾忘其德縱皞皞之象不僅於此見而即

此乃**钱冀青**莲池书院考试卷。题目：霸者之民欢虞如也，王者之民皞皞如也。杀之而不怨，利之而不庸。卷首零乱，题有『外属』『河间县乌有先生』『无名氏』。涂抹处字迹不清，应为『钱冀青』。并题有『愿考加课』，『不遂其愿』等字样。卷尾有『词气颇为妥顺，而作法尚多未合。诗未知题出处』批语。批语后有『作法尚多未合，固也。……是懂文不懂文耶？』似为钱冀青反驳之语。获莲池书院附课第二名。

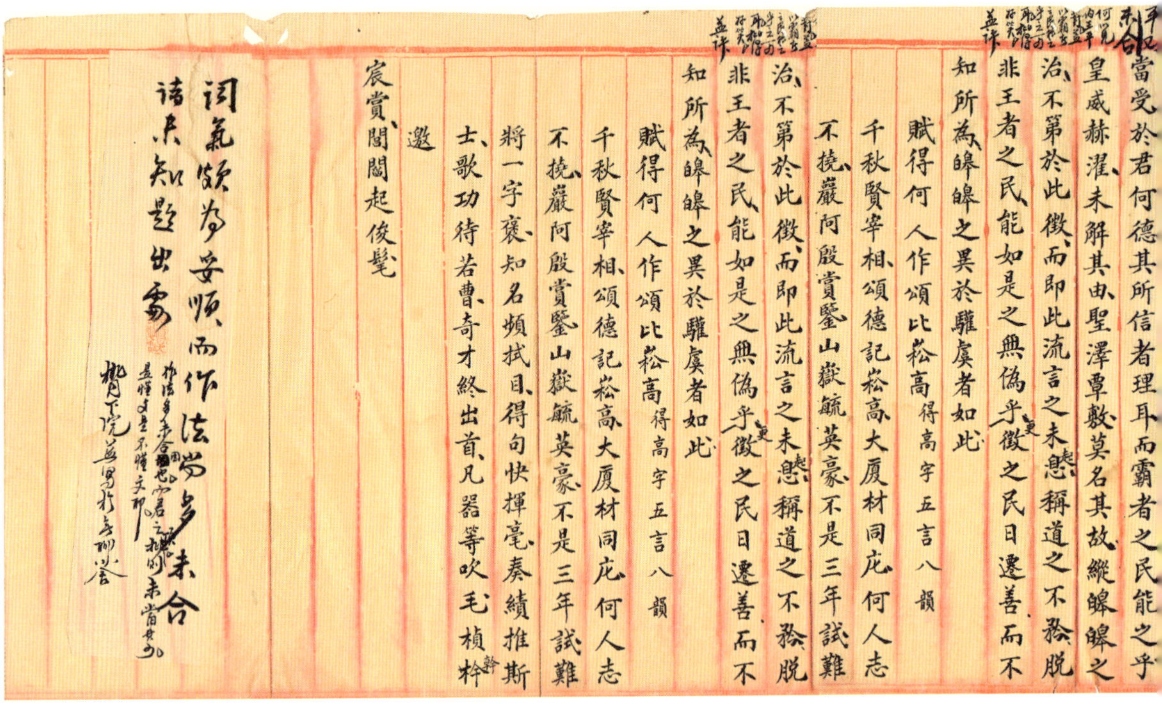
當受於君何德其所信者理耳而霸者之民能之乎
皇威赫濯、未解其由、聖澤覃敷、莫名其故、縱皞皞之
治、不第於此徵、而即此流言之未慭、稱道之不發、脫
非王者之民、能如是之無偽乎、徵之民日遷善而不
知所為、皞皞之異於驩虞者如此
賦得何人作頌比崧高 得高字五言八韻
千秋賢宰相、頌德記崧高、大廈材同庇、何人志
不撓、巖阿殷賞鑒、山嶽毓英豪、不是三年試、難
治、不第於此徵、而即此流言之未慭、稱道之不發、脫
非王者之民、能如是之無偽乎、徵之民日遷善而不
知所為、皞皞之異於驩虞者如此
賦得何人作頌比崧高 得高字五言八韻
千秋賢宰相、頌德記崧高、大廈材同庇、何人志
不撓、巖阿殷賞鑒、山嶽毓英豪、不是三年試、難
將一字褒、知名頻拭目、得句快揮毫、奏績推斯
士、歌功待若曹、奇才終出首、凡器等吹毛、楨榦
邀
宸賞、閶闔起俊髦
詞氣頗為妥順、而作法尚多未合
詰未知題出處

對待析

益謙

霸者之民驩虞如也王者之民皞皞如也殺之
而不怨利之而不庸

霸功遠遜於王道，即刑養而已見矣。夫民情自有真耳。驩虞皞皞，霸之所以異於王也。觀於不怨不庸，而皞皞之氣象，不已見乎。且甚哉霸之異於王也。其治術之粉飾，不可勝言。即觀於刑罰自專，恩惠自詡，已為王者所恥道矣。夫同一民也，而此則張皇，彼則寬裕，何氣象之迥不相侔也。雖不必更問其他，即此刑養兩端，吾知好事招攜者，必不能若茲渾化也。吾今者曠典觀政典，靜驗民情，果孰是勝殘去殺，奠萬姓於乂安，惠利均沾，登斯民於仁壽者哉。惟然，吾竊思王者矣。思王者[illegible]

忌舍五开三赦王者諒不能别施而科條而行以不

中间两股單落下、截上栗合窃、好滴水批的笑、益評、

宥其辜、不以為虐我、反以為德我也、猷為之建、霸與

王或不能齊、至欲遂民生、（舍鑿井耕田）王者諒不能別施籌畫而

何以無荒其業、不以為帝力、而以為己功也、殺之不

怨、利之不庸、而皞皞之象、不已可見乎、人心至無常

耳、殺一有罪、而民譁然、利及羣生、而民更快然、以所

感者殊也、而王者之民何如乎、加以刀鋸、不議其殘、

沛以仁恩、渾忘其德、縱皞皞之象不僅於此見、而即

此謗讟之胥損（捐）頌揚之不事、驗諸霸者之民能若此

之率真哉、民情大可見也、罪則當誅、於君何尤、賜本

當受、於君何德、其所信者理耳、而霸者之民能之乎、

皇威赫濯、未解其由、聖澤覃敷、莫名其故、縱皞皞之

回王 平反 剖合 何以見伯王平 前益

举人卷

清代定兴士子顺天乡试朱卷略说

清代的举人考试，即乡试，每三年考一科，于八月举行，曰秋闱。考场设在顺天府和各省。顺天乡试亦称北闱。参加者分两部分，一是直隶、奉天、热河等省区以及满蒙汉军的生员和贡生、监生；一是各省的贡生、监生。考试内容，清顺治初年规定第一场考『四书五经』，用八股文；第二场考论一篇，判五道，诏、诰、表，择作一道；第三场考经、史、时务策五道。乾隆五十二年（一七八七）后，改第一场考四书文三篇，五言八韵诗一首；第二场考经文五篇；第三场考策问五道，内容为经史、时务、政治。顺天乡试的四书题和试贴题由皇帝钦命，朱卷首页题有『钦命四书诗题』朱文；其余考试内容由主考、同考官员命题，各省乡试由主考命题。乾隆皇帝还指派学者方苞编定明清两朝名家所写八股文，定名《钦定四书文》刊行全国，供赴考举子阅读。定兴清代属直隶保定府管辖，其参加乡试的生员、贡生、监生都要到顺天府考试，所以，考取的举人乡试卷均是顺天乡试朱卷。

本书收录定兴士子十五人的十七份考试卷。他们是：鹿传霖、鹿丕宗（教习）、鹿传先、鹿岱龄、鹿恂理、鹿学尊、鹿学良、鹿名世、鹿兴世、鹿福世、宝铭、张之洞、吴衍鋆、许梦松、杨振邦。除有鹿传霖咸丰八年（一八五八）中举人、同治元年（一八六二）中进士考试卷各一份，鹿丕宗、鹿传先叔侄二人于嘉庆二十五年

（一八二〇）同中八旗教习考试卷各一份外，其他都是顺天乡试朱卷，即举人考试卷。其中，鹿学尊、鹿名世父子还是光绪八年（一八八二）同榜举人。

这次收录的十九份『钦命四书诗题』考试卷分别由道光、咸丰、同治、光绪皇帝亲自命题，是莘莘学子十年寒窗、刻苦学习考取举人后，由礼部统一格式、统一制定、统一印制的一份科举人事档案，是皇家的旧藏，秘不示人，民间很难看到。顺天乡试朱卷清晰记载了考取举人的个人履历；翔实地记录了他们的身世及其家族的主要功名人物，以及教过他的各位师尊，推荐过他的各级官员和他们参加过的乡试、会试的正副考官、阅卷大臣、同考试官，等等。同时笔者还对各位举子与定兴、保定有关或比较熟知的师尊进行了注解。由于时间久远，定兴大多数举人的顺天乡试考卷已经散失，故本书收录的这些考卷尤为珍贵，填补了定兴科举史的空白，史料价值极高。

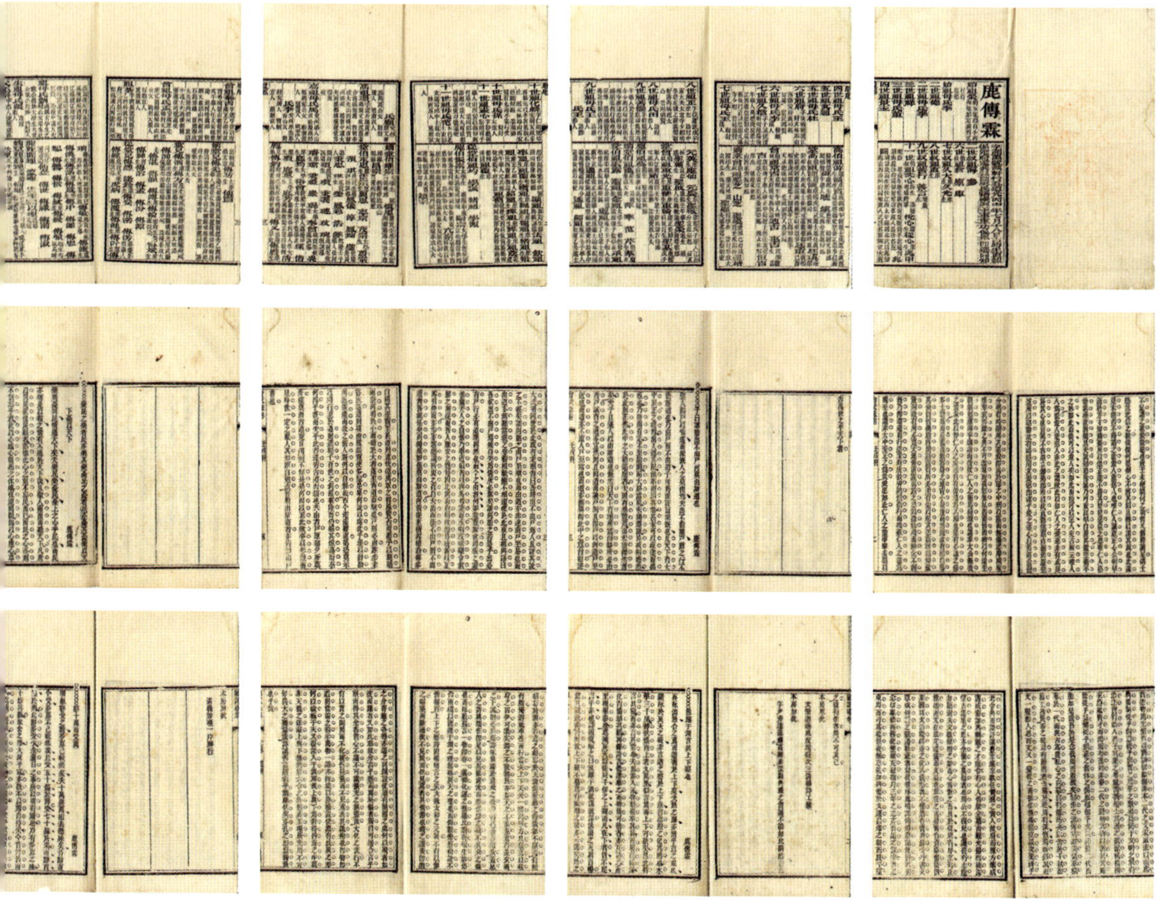

鹿传霖（一八三六—一九一〇），字滋轩，号迂叟，定兴县西江村人。咸丰八年（一八五八）乡试中举，同治元年（一八六二）中进士。历任广西兴安知县、桂林知府、河南巡抚、陕西巡抚、四川总督、两广总督、军机大臣、工部尚书、户部尚书等职。光绪十九年（一八九三）任陕西巡抚时，主持了陕西乡试，录取举人五十二人。光绪二十二年任四川总督时创办了四川中西学堂，即今四川大学前身。宣统元年（一九〇九）与摄政醇亲王同受遗诏，加封太子少保，晋太子太保，历任体仁阁、东阁大学士兼经筵讲官，国史馆总裁。宣统二年春染病，七月卒。赠太保，谥号文端。

鹿传霖在科举考试中曾获乡试第一百四十三名，会试第一百七十名，殿试第二甲第三十六名，朝考第一等第三十名，钦点翰林院庶吉士。本书所收录者，一是咸丰八年鹿传霖顺天乡试卷，考取第一百四十三名举人；

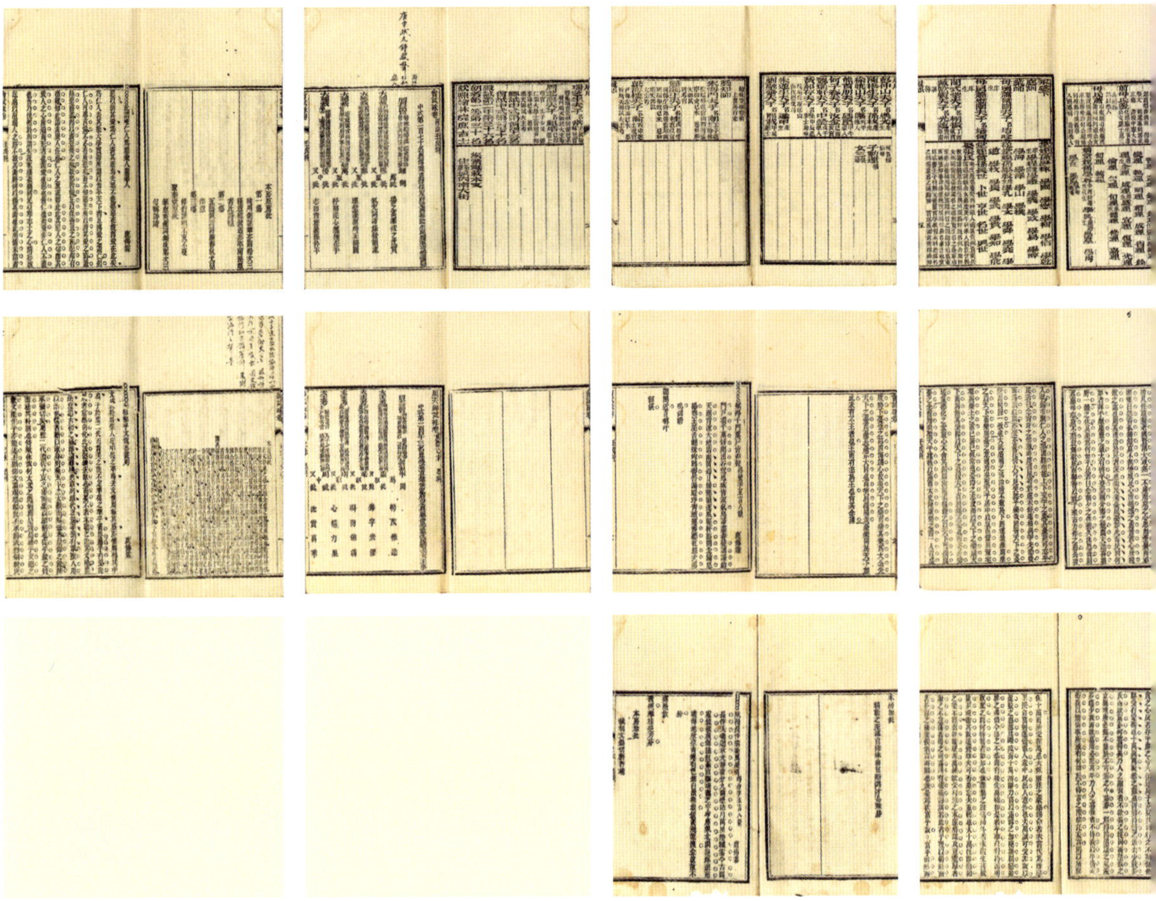

二是同治元年（一八六二）鹿传霖会试卷，考取第一百七十名进士。二卷合一，弥足珍贵。

鹿传霖业师：

徐晓山（一八一九—一八八六）：名曙，又名延旭，号虚谷，山东临清人。道光二十三年（一八四三）乡试中举，咸丰十年（一八六〇）进士，先后任广西容县知县、龙州同知、署湖北按察使、广西布政使、广西巡抚，以中法战争败绩被革职解京问罪，判斩监候，后改为充军新疆，未离京即病逝。有子徐坊、徐植。徐坊是清末军机大臣鹿传霖女婿。现定兴古城徐宅就是徐坊的故宅。

鹿傳霖

始祖榮　明永樂間自小興州徙居定興西江村有隱德
始祖母氏李
二世祖德
二世祖母氏李
三世祖祥
三世祖母氏董
四世祖景玉

字潤萬，號滋軒，行五。道光丙申年七月十八日吉時生。直隸保定府定興縣監生，民籍。候選主事，軍功保舉郎，選同知。
二世叔祖海　參
六世伯叔祖倉　廩　庫
七世叔祖久大　庠生　久光　庠生
八世叔祖道　庠生
九世叔祖善行　善言　增廣生
十一世伯叔祖洗心　廕生　誥贈明威將軍　悅心　廩生　從心　庠生　兆甲
順治恩貢生，歷任陝西甯夏鹽捕平涼通判　兆
湖南長沙府同知，署知府事，祀入長沙名宦
圖　順治歲貢生，歷任江南太平縣、湖北武昌縣知縣，山西汾州府同知，祀入武昌名宦鄉飲大賓

鹿
四世祖母氏王
五世祖文通
五世祖母氏杜
六世祖府　字汝積，號龍江，封文林郎，山西潞安府襄垣縣知縣，崇祀鄉賢
六世祖母氏李　孺人　勅贈
七世祖久徵　字子誠，號豫軒，明隆慶庚午舉人，萬歷庚辰進士，江西道監察御史，巡按蘇松，以直諫追贈光祿寺少卿，崇祀鄉賢
七世祖母氏王　孺人　勅封

高伯祖游　廩生　涵　庠生　賓　康熙戊午經魁，壬戌進士，陝西道監察御史，掌浙江道事，以嚴毅著，崇祀鄉賢　珽　康熙壬午舉人，勅贈文林郎　曉　鎮　廩生，江西分宜縣知縣
堂高伯叔祖顯　廩生　濙　康熙戊辰武進士，歷任廣東營都司，授明威將軍　廷瑛　康熙癸卯舉人，庚戌進士，任四川道監察御史，協理河南道，巡視西城，掌山東道事　廷瑄　康熙己酉經魁，庚戌聯捷進士，湖廣平江縣知縣，奉天承德縣知縣，崇祀鄉賢，入名宦祠
曾伯叔祖常吉　康熙壬午舉人，順天府固安縣教諭　遇吉　武庠生　謙　吉　康熙庚子舉人，雍正甲辰進士，歷任廣東增城、合浦，江南鳳臺縣知縣，授文林郎　恒吉　庠生，貤贈文林郎，山西永濟縣知縣
嫡堂曾伯叔祖聖芝　山芝　聖模　康熙己卯拔貢，壬戌副榜　聖楷　國學生，贈文林郎，山西沁水縣知縣　聖權　國學生，誥封奉政大夫，福建道監察御史

八世祖正　字以道，號成宇，庠生，誥封中憲大夫、太常寺少卿，明季急左、魏之難，義聞朝野，海內稱鹿太公，崇祀鄉賢
八世祖母氏田　恭人　誥封
九世祖善繼　字伯順，號乾嶽，明萬歷丙午舉人，癸丑進士，太常寺少卿，以殉城難，贈大理寺卿，謚忠節，專祠賜額忠烈，行載理學名臣傳，崇祀鄉賢，有四書說約、無欲齋詩行世
九世祖母氏王　恭人　誥贈
氏王　恭人　誥贈

元英　庠生　應仙　元慶　庠生　聖敬　康熙戊子舉人，江西分宜縣知縣，授文林郎　聖輔　武庠生　聖啟　康熙壬午舉人，任縣教諭　聖榮　增生，貤贈修職郎
堂曾伯叔祖重光　庠生　重耀　庠生　重輪　雍正癸卯科拔貢生　聖基　康熙戊子舉人，江南虹縣知縣　祐　康熙壬午進士，任兵部右侍郎，河南巡撫，誥授資政大夫
胞伯祖葵　廩生，山東章邱縣知縣，勅贈文林郎
嫡堂伯祖藏　庠生，奉直大夫，誥贈　萍　華　范　芹　增廣生　棻　廩生
堂伯祖雲露　憲祖　增生　念祖　太學生，職郎，國子監學正，勅贈修　承祖　乾隆辛酉舉人，乙丑明通　選祖　雍正壬子舉人，乾隆丁巳進士，歷任沁水、藍田縣知縣
廣平正　適祖　雍正己酉舉人，庚戌進士，翰林院編修，福建道監察御史，禮吏科給事中　定教授
述祖　湖南督糧道，四川分巡道，按察司副使　師祖　雍正壬子舉人，乾隆乙丑進士

十世祖化麟 字仁卿號怡雲明天啟辛酉解元以孝著累徵不仕 贈文林郎山西安邑縣知縣 崇祀鄉賢有北海亭集行世
十世祖母氏孫 敕封太孺人
十一世祖盡心 字靜觀明崇禎丙子舉人山西安邑縣知縣有惠政 崇祀鄉賢 誥贈中議大夫兩淮都轉鹽運使司鹽運使
十一世祖母氏范 本邑進士吏部文選司郎中士楫公女 敕贈孺人 貤贈淑人

歷任山西樂平洪洞四川新津縣知縣 顯祖 歲貢生靜海縣訓導 法祖 欽祖 卒祖 庠生 祖蘭 增生 纘祖 庠生 繩祖 庠生 絹祖 庠生 緒祖 庠生 緝祖 雍正乙卯舉人任西甯縣教諭 紹祖 庠生 輝祖 廩生 繹祖 庠生 祖蔭 乾隆庚午舉人元氏縣教諭廣平府教授 祖薈 乾隆癸酉科拔貢廣德州州判滎澤內黃曹縣縣丞 德州州同 祖蘊 庠生
從堂伯祖鈞 學誠 緒祖 學源
胞伯振宗 太學生 貤贈奉直大夫海甯州知州 嗣宗 太學生歷任浙江松陽餘姚縣知縣海甯州知州加同知銜署東塘海防同知 誥授奉政大夫 亢宗 嘉慶辛酉科拔貢生歷任平鄉南宮良鄉教諭廣東定安順德湖北黔陽孝感縣知縣廣東澳門同知 誥授奉政大夫 貤贈朝議大夫貴州都勻府知府 超宗

氏顧 安州贈文林郎向高公女 敕封孺人 貤贈淑人
高祖璟 字紫升歲貢生 敕贈文林郎廣東合浦縣知縣 晉贈奉政大夫山西絳州直隸州知州 累贈中議大夫兩淮都轉鹽運使司鹽運使
高祖母氏馬 安州舉人山東樂陵縣知縣騰龍公女 敕贈孺人 晉贈宜人 累贈淑人
氏李 安州庠生芬香公女 敕封太孺人 晉贈宜人 累贈淑人

嫡堂伯耀宗 太學生 封修林郎 貤 慎思 廩貢生歷任山東定陶滋陽傳山清平章邱縣知縣 例贈修職郎 昌宗 山西豫州府經歷
堂伯承思 廩生 法宗 增生 翼思 志宗 茂宗 太學生 蔚宗
預 琪 歲貢生廣昌縣訓導 鳳儀 淳 鳳翔 璧 乾隆庚辰舉人 秉忠 琳 歲貢生 瑩 鳳彩 浩 酃 乾隆壬子舉人任河間府訓導 頊 歲貢生 瓚 秉義 璉 玫 琬 歲貢生候選訓導
璿 庠生 瑞 秉禮 巖 琨 太學生 奉曾 歲貢生候選訓導 巽
庭鈞 庠生 太學生 裕曾 乾隆甲寅舉人嘉慶甲戌進士任國子監學正 琛 岱
瓚 廩生 庭蕙 太學生 庭芳 嘉慶庚申科舉人任大城縣教諭正定府教授 清
胞兄弟傳鈞 附貢生前任吳橋縣訓導兼襲騎都尉世職 傳乂 出嗣早逝 傳賡 庠生

三

曾祖奉吉 字道亨號訥齋雍正乙卯科拔貢考補景山教習乾隆戊午舉人任文安縣教諭 敕授修職郎 敕贈文林郎山西霍州靈石縣知縣 晉贈奉政大夫絳州知州 累贈中議大夫兩淮都轉鹽運使司鹽運使
曾祖母氏孟 安肅庠生 敕封文林郎浙江富陽縣知縣兆社公女 敕封太孺人 晉贈宜人 累贈淑人
祖埜 字君服號馥園乾隆乙酉科拔貢任順天府三河縣訓導保題知縣選山西靈石縣知

出嗣胞伯亢宗 傳坊 太學生 傳賞
嫡堂兄傳先 嘉慶己卯優貢庚辰教習道光乙酉科舉人歷任江西長甯廬陵縣知縣南昌府同知歷署德興樂平清江贛縣知縣廣信府知府壬辰科江西鄉試同考官 欽加運同銜 誥授奉政大夫 晉朝議大夫
堂兄傳泗 庠生 傳方 廩生陝西候補府經歷署隴州州同汧陽縣知縣 例贈文林郎
傳洵 廩生歷任山東嶧縣河南蘭儀縣丞原武蘭儀葉縣知縣信陽睢州知州 誥授奉政大夫 傳湛 傳灌 傳溥 庠生 傳綸 恩貢生候選教諭 傳斌 庠生
傳紳 增生 傳溶 傳盂 傳汾 傳源
從堂兄傳澧 隆鉁 庠生 傳安 傳密 傳涉 嘉慶辛酉舉人
傳經 歲貢生候選訓導 虎炳 傳濩 庠生 傳淮 庠生 傳沂 廩生 傳

縣調蒲州府永濟縣知縣陞絳州直隸州知州江蘇鎮江府知府浙江督糧道兩淮都轉鹽運使司鹽運使護理鹽漕察院 誥授中議大夫
祖母氏劉 滿城太學生之綱公女庠生壯猷公胞妹太學生大猷全猷公胞姊 誥封淑人
生祖母氏張 恭人 誥贈
父丕宗 字杰人號簡堂嘉慶癸酉科拔貢生庚辰科鑲紅旗官學教習期滿以知縣揀發貴州補施秉縣知縣升平越直隸州知州都勻府知府兼護貴東兵備道 欽加道銜 賞戴花

珣 嘉慶癸酉科拔貢辛巳恩科舉人揀選知縣 傳敏 歲貢生候選訓導 傳灝 廩生
傳漢 增生 傳誥 庠生 傳箴 庠生 傳中 傳澤 傳忠 傳
紹 傳譽 傳哲 傳紱 庠生 傳綬 傳偓 增生布政司理
問銜候選訓導 傳鋆 傳世 傳祿 傳甯 傳淑
胞姪開理 瀛理 賁理 出嗣 以理 俱幼業儒
嫡堂姪勤理 廩膳生 恂理 道光庚子科舉人現任涞水縣訓導庚申堂備本科薦卷
欣理 戊午科優貢生候選訓導戊午己未鄉試薦卷
堂姪輔理 庠生 崇理 太學生候選知縣 仁理 靜理 太學生候補河工通判
端理 中理 候選縣丞 含理 廣理 候選從九品 晰理
滋理 庠生 培理 增生 森理 上理 廩生 銘理 夔理 業儒 運

四

錫歷署大定安順府知
府郎岱台拱同知黔西
開州知州龍泉桐梓修
文縣知縣咸豐六年殉
都匀城難奉 旨從優
照三品例 賜卹 恩
給騎都尉世職 御賜
卹賞祭葬銀兩 御賜
祭文 勅建專祠國史
立傳 誥授中憲大夫
前母氏邊 任邱廩生學博公女處士鳳三
公胞姊 誥封恭人
母氏蕭 山東福山候選直隸州州判熠公女
恩貢候選訓導培晥公
庠生培畛培甸公胞妹
同殉都匀城難奉 旨
入祀專祠 誥封恭人

理 縄理 綏理 鈐理 俊理 原理 度理
容理 捷理 揚理 揆理
從堂姪邦理 庠生 敦理 廩生 仲理 英理 增生 秩理 奎理
賁理 章理 鏞理 鍾理 道光辛巳舉人現任鹽山縣教諭
變理 埶理 明理 稽理 成理 省理 銓
理 增生 全理 咸理 庠生 盛理 宜理 復理 光理
倫理 匀理 旬理 庠生 總理 修理 嘉理
甸理 純理
嫡堂姪孫學尊 辛酉科選拔貢生 學典 廩膳生 學羣 學阿
學良 學厚 俱幼業儒

永感下
庭訓
業師
母舅蕭傑園夫子 名培畛 庠生
母舅蕭樾園夫子 名培甸 庠生
閔式堂夫子 名栩振 丁酉拔貢
戴黔賓夫子 名光遠 貴州永甯 訓導

堂姪孫學稼 學畬 學樾 學智 學信 學乾
庠生學程 業儒 學禮 學義 學政 學易 學醇
學海 學澤 學山 學樸
從堂姪孫學殷 庠生 學孔 學孜 學舜 學堯 學
道 學校 學長 學武 學貫 學知 學能
堂姪曾孫長世 卜世 亨世 名世 興世
娶張氏 南皮縣嘉慶癸酉科舉人前署貴州貴東兵
備道諱鍈公女嘉慶庚午科舉人前任任縣
教諭諱鏡原公現任四川開縣知縣名鉽公胞姪
女州同銜候選教諭名之濟附貢生名之淸軍功
保舉分發補用同知直隸州名之淵胞妹前廣東
候補鹽知事諱濂笙陝西候補知縣名濂笠嫡堂
妹咸豐壬子科解元覺羅官學教習本科謄錄名
之洞儒童名之涌胞姊 貲議藍翎河南即補知

彭沖山夫子 名煥光 庠生
陳橒生夫子 名孫枝 廩生
徐曉山夫子 名曙 丙午舉人
熊育朋夫子 名廷堅 甲午舉人
何子春夫子 名汝金 己酉拔貢
魏瑤軒夫子 名中瑩 戊子舉人
黃郝存夫子 名經 甲辰進士翰林
院編修原任山西按察使司
朱運生夫子 名逢甲 庠生
劉融齋夫子 名熙載 甲辰進士

州名桐 姑母
子勳理 殤
女三 俱幼

翰林院編修前 上書房行走
受知師
朱海門夫子 名潮 壬子進士翰林
院編修現官山西道監
察御史己未 恩科順
天鄉試
同考官
[illegible]生夫子 名靈桂 戊辰傳臚現官
刑部左侍郎鑲藍旗滿
洲副都統己未 恩科
順天鄉試
大主考
梁[illegible]樓夫子 名瀚 丙申進士現官
戶部左侍郎己未 恩
科順天鄉試大主考

瑞芝生夫子 名常 壬辰翰林 見官經筵講官吏部尚書 己未恩科順天鄉試大主考

周芝臺夫子 名祖培 己卯進士 現官太子少保體仁閣大學士管理戶部事務 己未恩科順天鄉試大主考

鄉試中式第一百四十三名

會試中式第一百七十名

殿試第二甲第三十六名

朝考第一等第三十名

欽點翰林院庶吉士

族繁祇載本支

住縣城內南大街

庚申狀元鍾駿聲 仁和縣人 浙江

會試硃卷 同治壬戌科

中式第一百七十名鹿傳霖直隸保定府定興縣監生民籍軍功候選同知

署試官翰林院修撰國史館協修武英殿協修加三級鍾 閱 薦批 揚之高華按之沉實

大總裁戶部右侍郎兼管錢法堂事務正白旗滿洲副都統管理新營房大臣加三級熙 取批 又批 氣充詞沛鋒發韻流

大總裁署戶部左侍郎兼管三庫事務大理寺卿稽察右翼覺羅學新授山西布政使加三級鄭 取批 又批 理瑩藻潔局正機圓

大總裁經筵講官兵部尚書兼管順天府府尹事務加三級萬 取批 又批 抒柚從心鑪錘在手

大總裁經筵講官起居注官工部尚書翰林院掌院學士上書房行走鑲白旗蒙古都統加三級倭 中批 又批 志和音雅躁釋矜平

本房原薦批

第一場

純用側註筆亦圓暢次三極意經營迥非率爾操觚者比詩穩

第二場

五藝氣清詞腴春秋尤見作意

第三場

條對詳明不支不蔓

聚奎堂原批

筆意爽健詞無枝葉次三匀稱詩諧

此謂唯仁人爲能愛人能惡人 鹿傳霖

惡以濟其愛爲仁人表其能焉夫惡不徒惡惡在彼即愛在此矣爲仁人表其能大學實指所謂以告平天下者且博愛之謂仁似仁人可專言愛不必有所惡矣而不知惡正所以濟其愛之窮蓋除惡務盡即以廣登俊之階嫉邪若讐正以保善良之族彰癉有微權知此詣非異人任也仁人之放流如此此其惡人之切即其愛人之心所迫而形者也蓋愛也惡也皆仁也而要非仁人不能也吾乃恍然於所謂矣從來權姦竊柄足以寒志士之心猜忌盈廷適以阻端人之路不激其濁將何以揚其清也此用情未當者

不足謂之能愛能惡也僉壬未絕窺何之萌哲乂猶將褒足僞士隱託忠信之貌後傑何忍傾心不辨其似且轉以淆其眞也此識見未精者不得謂之能愛人能惡人也唯仁人誠意正心公明早涵於方寸知摘姦所以崇正遂不勝其好色惡臭之思唯仁人格物窮理旌別獨具夫眞知思除暴乃可安良早自握其鑑空衡平之妙如此而後可以愛人矣如此而後可以惡人矣古所云唯人人爲能愛人能惡人非此之謂歟此以知仁人之愛惡非有成見於其心也良莠不容並立鋤莠即所以扶良勸懲原自相因嚴懲益所以昭勸故有時隱用其愛惡即渾乎愛之迹心以苦而愈覺

分明有時顯用其惡愛即寓於惡之中刑以當而無傷忠厚國家惟華袞斧鉞之典不可濫施而喜怒無私者要皆因物以付迨至朝綱整肅海宇廓清而後歎仁人之能爲獨擅也謂非大公無我之懷哉此以知仁人之愛惡自有微權於其際也惡有必誅之條多士觀感而益奮姦無容身之地宵小悚懼而思遷故有惡以尊其愛賢哲偶踰防閑譴責有所必至有愛以形其惡姦雄稍知斂戢刑戮有所必寬天地惟雷霆雨露之恩獨微妙用而神化不測者乃即遵道而行迨至豺虎投畀鴉鸞偕行而後歎仁人之能爲獨至也謂非大中至正之規哉愛惡如此仁人之能事畢矣願以

告萬世之平天下者

子曰誰能出不由戶何莫由斯道也　　鹿傳霖

聖人即戶以喻道而深慨人之莫由焉夫出不能離戶猶之行不能離道也乃由戶而不由道子所爲深訝而深慨也且天下有大中至正之境焉出入遵其限即率循蹈其常甚未可以歧途而偶惑也乃防閑有定不至踰閑而大路當前未聞遵路於彼則曉然於此則茫然此中之大相逕庭者夫固有參觀焉而未能釋然者矣夫子曰望人以由斯道也慨然曰天下有理所當由勢所必由者戶誠有之道亦宜然則且因道而論戶則且即戶以例道戶至近也而道亦不遠人戶至常也而道亦無異術此中之意旨相證

大抵相同使於此或有走相告曰吾將出不由戶焉人且訝其說之不經矣誰則能之由戶至順也而由道亦非逆由戶至易也而由道亦無難當境之參稽相較應不相遠使於此或且相與語曰吾欲出不由戶焉幾自笑爲情所必無矣誰則能之若是乎出必有戶行必有道理固然也而今之由者何如哉蓋斯世同惑之端惟冀夫人之自悟乃舉近似者以與爲考證而或明或昧翻令索解之無從而吾人難安之隱每因比例而愈明故卽易曉者以互爲引伸而亦步亦趨應識折衷之有自夫出而能不由戶則不由道者吾無怪矣而獨無如僅莫由斯道何哉從來積習相沿每多

自開其徑實至於道則直統億萬衆之智愚賢否而悉予以範圍而奈何明於小而暗於大者遂至背道而馳也戶則必由跬步未嘗或越道則莫由履蹈竟使多歧是果何說以處此乎理以對勘而出依違兩歧之情人將何以自解哉古今迷途難返第恐莫示以周行至於道則遞經千百世之剝復乘除而仍昭其坦蕩而奈何得乎彼而失乎此者遂皆舍道而趨也共由者戶原朝夕所莫外僅莫由者道竟日用而不知是果何因以至此歟事以參觀而見身世一定之程人其知所自勉哉吾願由斯道者亦皆如由戶者也

樂民之樂者民亦樂其樂憂民之憂者民亦憂其憂樂以天下憂以天下　鹿傳霖

樂與憂同民情通天下矣夫樂民樂憂民憂上之心乎民也而民亦稱是以報之情有不通於天下哉且聖人南面而聽天下凡所以同民欲恤民艱者亦惟此心之刻不忘民而已而民之心亦刻不能忘乎君故以心感心朝廷之休戚恆視閭閻卽以心應心草野之肫誠上通黼座其情至洽其澤至周而其契合無間者可以普一世大同之休焉臣言不與民同樂之非而上之宜與民同者不獨樂也憂亦有然夫其樂其憂固將胥天下而同歸一致者也

古聖帝垂裳致治凡利用厚生正德諸大端無一不煩朝廷之擘
畫卽至饔飧窮奇偶殘生命龍蛇鳥獸逼近室家民心所欲去之
事皆君心所必去之事也則其維繫於民者切也昔先王卑服康
功凡任職養老興賢諸大政無一不廑廟堂之心思卽至暑雨祁
寒惟日怨咨孤獨鰥寡不無慘戚民心所抱憾之處皆君心所抱
歉之處也則其浹洽於民者深也樂民樂憂民憂如此而民固何
如者拜手獻屢豐之頌大有書年登堂稱介壽之觥農夫誌喜朝
野一體之休其樂爲何如乎民若曰念朝夕之休養久沐恩膏則
君惠毋忘斯不禁鼓舞歡欣而馨香以祝予來古力作之勤公功
入執歸市繫仁人之望國難相從上下交孚之慶其憂詎可忘乎
民若曰念宵旰之劬勤時廑蔀屋苟君慮未紓遂相與爭先恐後
而竭蹶以圖亦樂亦憂民情大可見矣懿乎爍哉固胥天下之憂
樂而同歸一致也大抵盛明之郅治情不隸於下則運量難周準
之以天下而樂與憂之意通焉矣聖天子居中以馭而爾田爾宅
羣興樂土之歌已溺已飢常抱憂時之志故卽以天下之樂遠天
下而別無其樂卽以天下之憂還天下而別無其憂也而奚分畛
域哉德化之宏施心不會其歸則淪浹未徧斷之以天下而樂與
憂之念普焉矣聖天子建極以臨而太史陳康樂之書一人有慶
歲時下憂恤之詔四海歸心故後天下之樂而樂其樂爲大公先
天下之憂而憂其憂亦大同也而奚別疆隅哉憂樂同於天下如
此未有不王者也王而有志於王也何其念諸

賦得千門萬戶皆春聲 得鶯字五言八韻　鹿傳霖

門戶環千萬新聞出谷鶯鳳城皆淑氣鳥語盡春聲調譜鈞
天朗音流大地清幽篁迎日煖雅韻逐風輕軒豁開金鑰悠
揚奏玉笙舌翻珠宛轉簧咨漏瑽琤青瑣連番聽紅腔次第
鳴仰瞻
閶闔近百囀叶
韶韺

順天鄉試硃卷　咸豐己未　恩科

中式第一百四十三名鹿傳霖直隸保定府定興縣優秀監生民籍候選主事

同考試官翰林院編修 國史館協修 功臣館纂修 記名御史加三級朱　閱　薦　批　暢茂條達

大主考刑部左侍郎鑲藍旗滿洲副都統正白旗宗室總族長大臣稽察 壇廟大臣加三級靈　取　批　又批　器宇宏深

大主考戶部左侍郎管理三庫事務兼署吏部右侍郎稽察右翼宗學加三級梁　取　批　又批　斟酌飽滿

大主考經筵講官刑部尚書 武英殿總裁廂白旗蒙古都統十五善射加三級王　取　批　又批　心精力果

大主考經筵講官 太子少保協辦大學士戶部尚書 武英殿總裁加三級周　中　批　又批　沈實高華

[illegible]

本房總批

丹文綠牒之華玉版金鏤之實魚魚雅雅艷抃鯨呿雄辭夔龍虎琵根柢於周情孔思波瀾乎蘇海[illegible]

國典[illegible]

東觀所撰家風理學不走詳

國文章籠世篤忠貞無愧兼資文武亨有厚望生其勉旃

郁郁乎文哉吾從周　鹿傳霖

文成於周聖人定率從之準焉夫文惟周極其盛亦惟周得其中也子於監二代而贊美之能不定率從之準乎嘗思嬗乎有交從風者翕然向化此誠懿鑠宏猷也而要不若本朝之治爲尤隆蓋法度追古初之盛渺遠難稽典章列昭代之揭率循有準聖人用以治世儒者藉以淑身則極天下之大觀而無憾者景仰之餘師承彌切矣周監二代蓋從乎夏之忠而進以昭明也從乎殷之質而袪其朴陋也猗歟休哉何大文之彪炳若是哉莫盛于文德之敷父能作子亦能述丕顯仰文謨瑞昭麟趾丕承揚武烈劍脫虎

賁造物篤生聖哲而寶訓留貽無非本二代之文采風流以垂爲典要制從乎創意從乎因實之茂華之敷也莫備于文明之象有治法寳有治人君子其樂之粤賦菁莪髦士其烝之載歌棫樸國家蔚起賢才而鴻圖布濩罔非參二代之辟明文物以著其光輝簡從乎益繁從乎損嘉之會休之揚也郁郁乎文箴非監二代而能如是哉吾於是念我周而殷然矣制作之流傳常昭美備萃精華於一代而與古爲隆私心之向慕自有權衡決取舍於千秋而當王者貴吾之從周有斷然者吾竊於從周有深慨焉祈招諷而文一變都人思而文又一變從之而振作無權縱空談究奚裨乎考令典而證訏謨豐京鎬京孰任贊襄之責入故府而陳方策成書成憲誰爲黼黻之才祇令有心人情殷企慕而覲光揚烈徒深望古遙集之思亦余懷之莫慰者也周公不復見也遵從有志能勿緬溯夫文教修明之始而心焉慨之吾且於從周有厚望焉正雅頌而文在茲定禮儀而文益在茲從之而肄習有資斯奮發固非難耳文治繼辟雍之化式儀型者不僅道存寶典銘受丹書文章成炳蔚之觀遵軌範者豈徒雅咏鳳鳴譯傳雉獻誠使賢君相念切興修而飭紀整綱克慰期月三年之志亦吾道之深幸者也東周而可爲也景從無忌能勿興懷於文運昌熾之朝而跂予望之後有作者周不可及已

本房原批

文筆遒鍊風度端凝次三清暢詩工雅

本房加批

字尹旁達藻耀高翔非深觀典禮之會通不能如此斟酌盡善

魚躍于淵言其上下察也　鹿傳霖

再咏淵魚合之鳶而道著於上下矣夫魚之躍亦猶乎鳶之飛也繼咏於戾天之後非言道之察於上下哉嘗思鯤之化爲鵬也水擊三千里摶扶搖而上者九萬里似言魚而上下可統矣然此特言其變而非言其常也夫出游入泳物類復率其眞而窮高極深化育備昭其蘊再繹詩言覺遞舉之而物情可繪者亦互證之而至理畢彰也鳶飛戾天豈徒見千仞之上翔而凡在下者皆不足言乎非也詩固復咏之曰魚躍于淵就淺就深活潑之天眞自暢當其鼓鬣揚鬐與波上下絕不慕鳶有振翮之能亦云適矣魚之

相忘於淵亦若鳶之相忘於天淪漪輕動之餘微無不顯焉有鱧有鮪優游祇率性而行當夫上下天光一碧萬頃方且儆鳶以藏身之固伊可樂矣淵之不能無魚亦如天之不能無鳶荇藻交橫之下誠則必形焉詩咏魚躍於鳶飛之後抑何其善言道哉蓋風人之寄興隨在即足以見眞臨清流而想像躍之機不異飛之機也而咏歎長言一物即存一義抑化運之推循比類而頓生妙悟合兩境以流連于淵之理無殊戾天之理也而仰觀俯察相證不啻相宣上下之察詩固明明言之矣大抵太和之元氣不有以參之則窒而難通彼不見魚而但見鳶者其情滯也境之適安即道之分寄趣之各得亦道之同歸設使道有隔閡之處何以飛者如彼而躍者又如此耶故分言乎察而寓於偏者觸目可通合言乎察而得其全者會心不遠不可識擴充之無盡哉大化之流行不有以貫之則固而不化彼但見魚而不見鳶者其識拘也即物即道固當前之指示萬物一道亦即境以參稽設使道有歧異之形何以峻極于天又復深入于淵耶故上與下爲對待四海之中莫非天機之洋溢上與下無終窮六合之外無非至理所充周不可知廣大之難量哉詩誠善言道者乎潛雖伏矣亦孔之昭豈獨魚也乎哉

木房加批

清機妙理一片神行

辭十萬而受萬

鹿傳霖

明舉辭受之數多寡已較然矣夫十萬與萬相去懸殊矣昔辭而今受多寡不已較然哉且受五十鎰於薛受七十鎰於宋而辭百鎰於齊此辭多受少余曩日之事所以明有禮也乃有多寡之殊十倍其數取舍之際大反乎常亦既不以禮自持矣今昔判若兩人當境之營求正無解於從前之恝置焉如使予欲富且無前日之辭何有於今日之受既無今日之受何論夫前日之辭乃既辭者我已漠然而望受者人且废然則試即辭受之數兩衡之假令與接爲構而彼此相當則既棄於前或復收於後何必非事之常

也乃辭若懼其得受若恐其失而得之數終莫償其失之數出以顛倒我笑其操術之未工卽使勢不相侔而等差未甚則無意於前或難謝於後猶未爲情之變也乃辭則近於廉受則近於貪而貪之心反若存乎廉之心大相逕庭子亦疑其制行之不類無他辭受有定衡也十萬與萬較然之數也握筭持籌之輩去少就多我而欲富亦何嘗獨異乃人之期我者不欲我之從同而望我之立異理所必無不妨於不可解之中姑參一解撙節退讓之風遜多趨少我而欲富則必酌其平乃人之嘗我者不待我以平情而衡我以矯情事所或有何妨於不待言之際聊託妄言則以所辭在十萬而所受在萬也大抵解推之豪畀錫命者未嘗代爲推尋至揆自當躬遂覺愜人意中反出人意外也夫萬誠可受非敢以盈數之惠薄其賵投而十萬胡辭乃竟以重祿之加絕無顧戀始屏之弗惜令郤之不恭問有後先異轍如是者乎事以對待而明取棄之間何待智者始知也哉維縶之般情局外者未暇生其較量至兩衡其數遂覺昧夫可否並忘夫重輕也夫十萬旣辭卿相之榮不難棄如敝屣而萬鍾欲受利祿之末遽將謀及豆羹厚者謝之不遑薄者得之則喜問有權衡謬戾若此者乎理以相形而著多寡之辨奚俟煩言而解也哉是爲欲富乎哉○富乎梏形而

本房加批

精能之至郤自餘味曲包斯爲才品兼勝

賦得長伴雲衢萬里明得分字五言八韻　鹿傳霖

長伴天衢迥秋光靜夜分九霄懸皓月萬里捲纖雲今古圓靈鏡縱橫錦繡紋蘂宮騰瑞靄芝宇麗氛氲北闕迎輝朗南樓得地欣空青寒有色鋪白淨無垠銀漢飛能渡金波散不紛羹階欽晋照攀桂挹芳芬

本房加批

裁制文錦切磨香璃

在十萬而所受在萬也大抵解推之豪舉錫命者未嘗代爲推尋至揆自當躬遂覺愜人意中反出人意外也夫萬誠可受非敢以盈數之惠薄其贈投而十萬胡辭乃竟以重祿之加絕無顧戀始屏之弗惜今郤之不恭問有後先異轍如是者乎事以對待而明取棄之間何待智者始知也哉維縶之殷情局外者未暇生其較量至兩衡其數遂覺昧夫可否並忘夫重輕也夫十萬既辭卿相之榮不難棄如敝屣而萬鍾欲受利祿之末遽將謀及豆羹厚者謝之不遑薄者得之則喜問有權衡謬戾若此者乎理以相形而著多寡之辨奚俟煩言而解也哉是爲欲富乎哉。富乎相形而

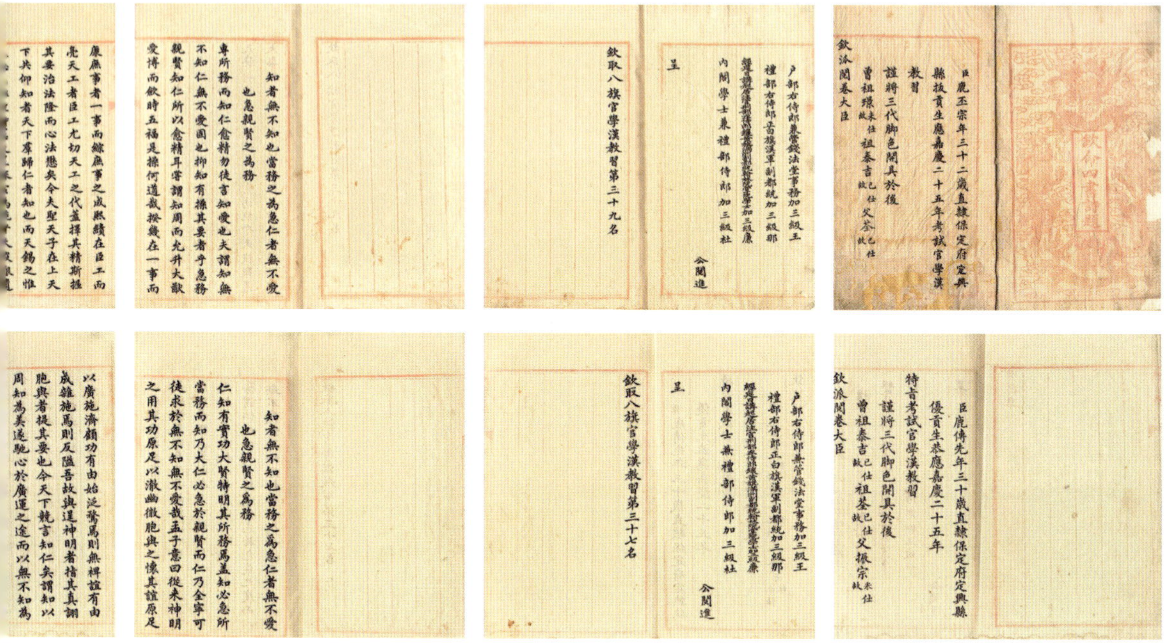

鹿丕宗（一七八七—一八五六），字杰人，号简堂，行五，廪生，定兴县西江村人。嘉庆十八年（一八一三）拔贡生，嘉庆二十五年考取官学汉教习，充镶红旗官学，教学期满，以知县用。道光十二年（一八三二）拣发贵州，补镇远府施秉县知县，擢升平越州知州，补授都匀府知府。咸丰六年（一八五六）八月，苗民攻陷都匀，鹿丕宗夫妇殉城，诏按三品例从优议恤，恩给骑都尉世袭，御赐祭文，本籍暨贵州各任所敕建专祠，入祀京师昭忠祠，国史立传，谥壮节，御赐碑文，授中宪大夫，子传霖官赠光禄大夫。配边氏（一七八七—一八三〇），任丘庠生学溥女，赠恭人，晋赠一品夫人。续配萧氏（一八〇六—一八五六），山东福山恩贡覃女，鹿传霖生母。与鹿丕宗在都匀同时自焚，奉旨旌表，附祀专祠，封恭人，晋赠一品夫人，合葬定兴田侯祖茔。有六子一女，长子传均、次子传乂（殇）、三子传赓、四子传昉、五子传霖、六子传宣（殇）。一女适署贵州清平县知县石壎，滦州、贵州德江通判煦第三子。

此嘉庆二十五年（一八二〇）鹿丕宗和其侄鹿传先考试官学汉教习卷。鹿丕宗钦取八旗官学汉教习第三十九名。同时，其家族侄子鹿传先特旨考试官学汉教习，钦取八旗官学汉教习第三十七名。鹿丕宗连同鹿传先叔侄同榜。

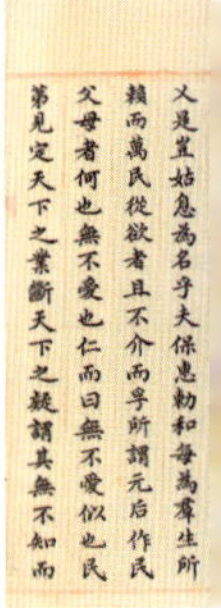
又是豈姑息為名乎夫保惠勸和每為羣生所
賴而萬民從欲者且不介而爭所謂元后作民
父母者何也無不愛也仁而曰無不愛似也民
第見定天下之業斷天下之疑謂其無不知而

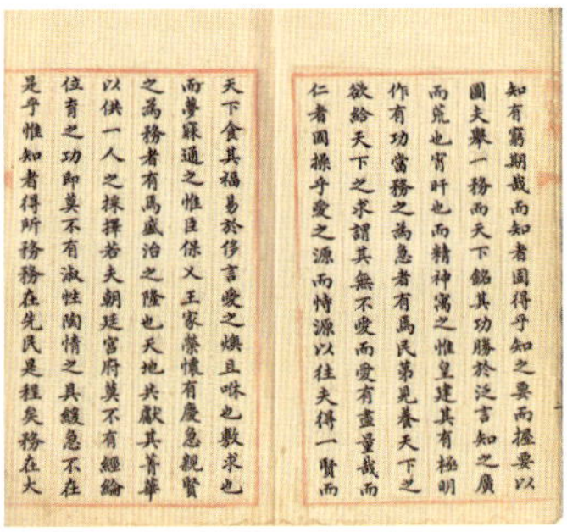
知有窮期哉而知者固得乎知之要而握要以
圖夫舉一務而天下銘其功勝於泛言知之廣
而荒也宵旰也而精神寓之惟皇建其有極明
作有功當務之為急者有禹民第見養天下之
欲給天下之求謂其無不愛而愛有盡量哉而
仁者固操乎愛之源而恃源以往夫得一賢而
天下食其福易於侈言愛之煥且咻也數求也
而養蘇通之惟臣保乂王家榮懷有慶急親賢
之為務者有禹盛治之隆也天地共獻其菁華
以供一人之採擇若夫朝廷宮府莫不有經綸
位育之功即莫不有淑性陶情之具緩急不在
是乎惟知者得所務務在先民是程矣務在大

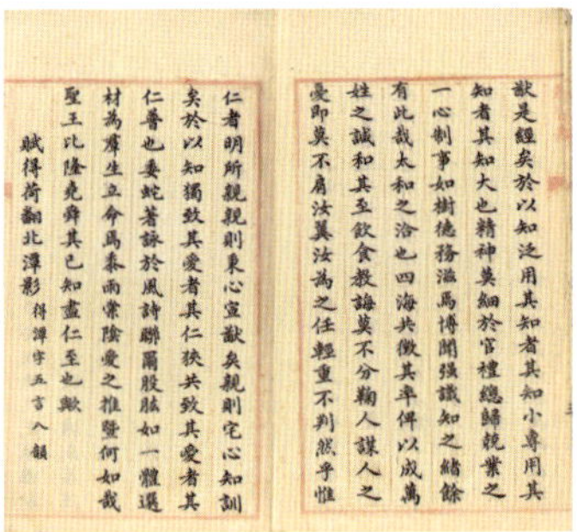
猷是經矣於以知泛用其知者其知小專用其
知者其知大也精神莫細於官禮總歸親業之
一心制事如樹德務滋禹博聞強識知之緒餘
有此哉太和之洽也四海共徵其率俾以成萬
姓之誠和其至飲食教誨莫不分鞠人謀人之
憂即莫不肩沃萬沃為之任輕重不判然乎惟
仁者明所親親則秉心宣猷矣親則宅心知訓
矣於以知獨致其愛者其仁狹共致其愛者其
仁普也委蛇著詠於風詩聯屬股肱如一體選
材為羣生立命禹泰雨棠陰愛之推暨何如哉
聖王比隆堯舜其已知盡仁至也歟
賦得荷翻北潭影 得潭字五言八韻

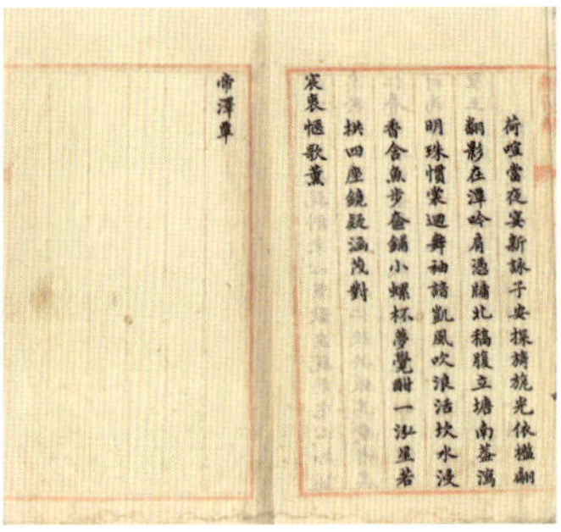
荷喧當夜宴新詠子安採擷挽光依檻翻
翻影在潭吟肩憑膈北稿腹立塘南荅瀉
明珠慣棠迴舞袖諳凱風吹浪活坎水浸
香含魚步奩鋪小螺杯夢覺酣一泓星若
拱四座鏡疑涵洩對
宸衷愜歌薰
帘潭草

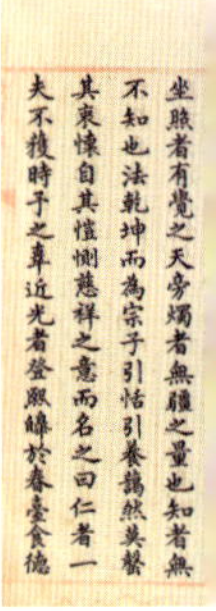
坐照者有覺之天旁燭者無髓之量也知者無
不知也法乾坤而為宗子引怙引養藹然莫罄
其衷懷自其惶惻慈祥之意而名之曰仁者一
夫不獲時予之辜近光者登熙皞於春臺食德

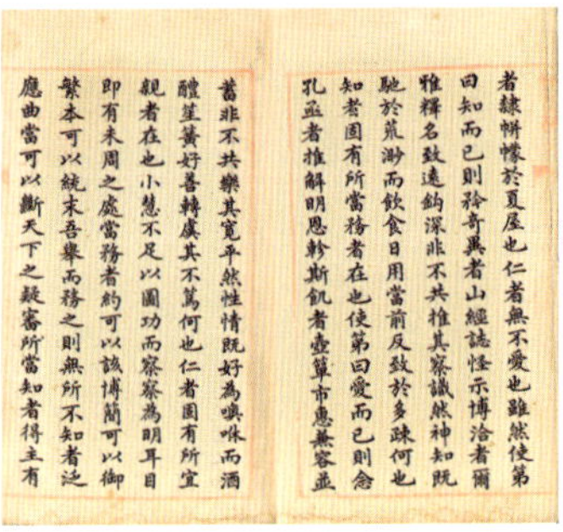
者隸帡幪於夏屋也仁者無不愛也雖然使第
曰知而已則矜奇異者山經誌怪示博洽者爾
雅釋名致遠鈎深非不共推其察識然神知既
馳於荒渺而飲食日用當前反致於多昧何也
知者固有所當務者在也使第曰愛而已則念
孔孟者推解明恩軫斯飢者壺簞市惠無容並
蓄非不共樂其寬平然性情既好為噢咻而酒
醴筐篚好善轉虞其不篤何也仁者固有所宜
親者在也小慧不足以圖功而察察為明耳目
即有未周之處當務者約可以該博簡可以御
繁本可以統末吾舉而務之則無所不知者泛
應曲當可以斷天下之疑審所當知者得主有

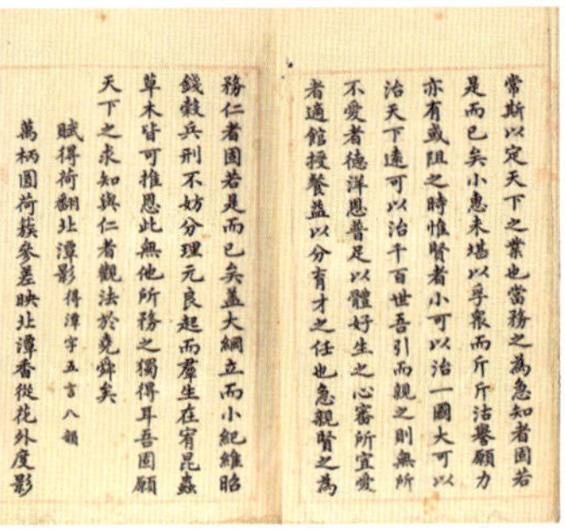
常斯以定天下之業也當務之為急知者固若
是而已矣小惠未遍以爭衆而斤斤沽譽顧力
亦有或阻之時惟賢者小可以治一國大可以
治天下遠可以治千百世吾引而親之則無所
不愛者德洋恩普是以體好生之心審所宜愛
者適館授餐益以分育才之任也急親賢之為
務仁者固若是而已矣蓋大綱立而小紀維昭
錢穀兵刑不妨分理元良起而羣生在宥昆蟲
草木皆可推恩此無他所務之獨得耳吾固願
天下之求知與仁者觀法於堯舜矣
賦得荷翻北潭影 得潭字五言八韻
萬柄圓荷簇參差映北潭香從花外度影

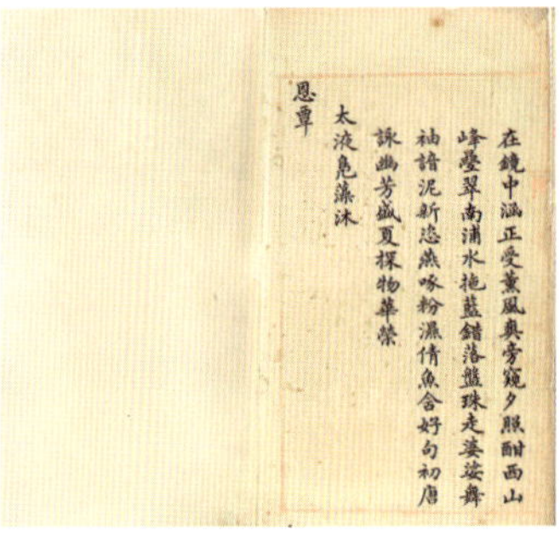
在鏡中涵正受薰風輿旁窺夕照酣西山
峰疊翠南浦水拖藍錯落盤珠走婆娑舞
袖諳泥新恣燕啄粉漲倩魚含好句初唐
詠幽芳盛夏採物華榮
太液危藻沐
恩覃

臣鹿丕宗年三十二歲直隸保定府定興縣拔貢生應嘉慶二十五年考試官學漢教習

謹將三代脚色開具於後

曾祖璟未仕故 祖泰吉已仕故 父荃已仕故

欽派閱卷大臣

戶部右侍郎兼管錢法堂事務加三級王

禮部右侍郎正白旗漢軍副都統加三級那

經筵日講起居注官刑部侍郎鑲黄旗滿洲副都統翰林院掌院學士加三級廉

内閣學士兼禮部侍郎加三級杜

公閱進

呈

欽取八旗官學漢教習第三十九名

知者無不知也當務之為急仁者無不愛也急親賢之為務

專所務而知仁愈精勿徒言知愛也夫謂知無不知仁無不愛固也抑知有操其要者乎急務親賢知仁所以愈精耳嘗謂知周而允升大猷愛博而欽時五福是操何道哉揆幾在一事而康庶事者一事而綜庶事之成熙績在臣工而亮天工者臣工尤切天工之代蓋擇其精斯握其要治法隆而心法懋矣今夫聖天子在上天下共仰知者天下羣歸仁者知也而天錫之惟天聰明惟聖時憲是豈探索為能乎夫投艱遺大每以叢脞為憂而百度惟貞者且不勞而理所謂亶聰明作元后者何也無不知也知而曰無不知似也仁也而民戴之惟臣欽若惟民從乂是豈姑息為名乎夫保惠勅和每為羣生所賴而萬民從欲者且不介而孚所謂元后作民父母者何也無不愛也仁而曰無不愛似也民第見定天下之業斷天下之疑謂其無不知而

知有窮期哉而知者固得乎知之要而握要以
圖夫舉一務而天下銘其功勝於泛言知之廣
而荒也宵旰也而精神寓之惟皇建其有極明
作有功當務之為急者有焉民苐見養天下之
欲給天下之求謂其無不愛而愛有盡量哉而
仁者固操乎愛之源而恃源以往夫得一賢而
天下食其福易於侈言愛之煥且咻也歟求也
而夢寐通之惟臣保乂王家縈懷有慶急親賢
之為務者有焉盛治之隆也天地共獻其菁華
以供一人之採擇若夫朝廷宮府莫不有經綸
位育之功即莫不有淑性陶情之具緩急不在
是乎惟知者得所務務在先民是程矣務在大
猷是經矣於以知泛用其知者其知小專用其
知者其知大也精神莫細於官禮總歸兢業之
一心制事如樹德務滋焉博聞強識知之緒餘
有此哉太和之洽也四海共徵其率俾以成萬
姓之誠和其至飲食教誨莫不分鞠人謀人之
憂即莫不肩汝翼汝為之任輕重不判然乎惟
仁者明所親親則秉心宣猷矣親則宅心知訓
矣於以知獨致其愛者其仁狹共致其愛者其
仁普也委蛇著詠於風詩聯爾股肱如一體選
材為群生立命焉泰而棠陰愛之推暨何如哉
聖王比隆堯舜其已知盡仁至也歟

賦得荷翻北潭影　得潭字五言八韻

荷喧當夜宴新詠子安探犄旋光依檻翮
翻影在潭吟肩憑牖北稿腹立塘南葢瀉
明珠慣衆迴舞袖諳凱風吹浪活坎水浸
香含魚步奩鋪小螺杯夢覺酣一泓星若
拱四座鏡疑涵茂對
宸衷愜歌薰
帝澤覃

臣鹿傳先年三十歲直隸保定府定興縣
優貢生恭應嘉慶二十五年
特旨考試官學漢教習
謹將三代脚色開具於後
曾祖泰吉已仕故 祖荃已仕故 父振宗未仕故
欽派閱卷大臣

户部右侍郎兼管錢法堂事務加三級王
禮部右侍郎正白旗漢軍副都統加三級那
經筵日講起居注官刑部左侍郎鑲黄旗滿洲副都統翰林院掌院學士加三級廉
内閣學士兼禮部侍郎加三級杜
公閲進
呈

欽取八旗官學漢教習第三十七名

知者無不知也當務之爲急仁者無不愛
也急親賢之爲務
仁知有實功大賢特明其所務焉盖知必急所
當務而知乃大仁必急於親賢而仁乃全寧可
徒求於無不知無不愛哉孟子意曰從来神明
之用其功原足以澈幽微胞與之懷其誼原足

以廣施濟顧功有由始泛騖焉則無裨誼有由
成雜施焉則反隘吾故與逞神明者指其真詡
胞與者提其要也今天下競言知仁矣謂知以
周知為美遂馳心於廣運之途而以無不知為
務謂仁以博愛為歸遂役志於包荒之度而以
無不愛為務抑思知仁固何如者哉亶聰明而

作元后或哲或謀淵然莫測其底蘊自其敦敏
狥齊之德而稱之曰知者一事不知引為已恥
坐照者有覺之天旁燭者無疆之量也知者無
不知也法乾坤而為宗子引恬引養藹然莫罄
其衷懷自其愷惻慈祥之意而名之曰仁者一
夫不獲時予之辜近光者登熙皡於春臺食德

者隸悈幪於夏屋也仁者無不愛也雖然使第
曰知而已則矜奇異者山經誌怪示博洽者爾
雅釋名致遠鈎深非不共推其察識然神知既
馳於荒渺而飲食日用當前反致於多疏何也
知者固有所當務者在也使第曰愛而已則念
孔亟者推解明恩軫斯飢者壺簞市惠兼容並

蓄非不共樂其寬平然性情既好為噢咻而酒
醴筐篚好善轉虞其不篤何也仁者固有所宜
親者在也小慧不足以圖功而察察為明耳目
即有未周之處當務者約可以該博簡可以御
繁本可以統末吾舉而務之則無所不知者泛
應曲當可以斷天下之疑審所當知者得主有

常斯以定天下之業也當務之為急知者固若是而已矣小惠未堪以孚衆而斤斤沽譽願力亦有或阻之時惟賢者小可以治一國大可以治天下遠可以治千百世吾引而親之則無所不愛者德洋恩普足以體好生之心審所宜愛者適館授餐益以分育才之任也急親賢之為務仁者固若是而已矣蓋大綱立而小紀維昭錢穀兵刑不妨分理元良起而羣生在宥昆蟲草木皆可推恩此無他所務之獨得耳吾固願天下之求知與仁者觀法於堯舜矣

賦得荷翻北潭影得潭字五言八韻

萬柄圓荷簇參差映北潭香從花外度影在鏡中涵正受薰風爽旁窺夕照酣西山峰疊翠南浦水拖藍錯落盤珠走婆娑舞袖諳泥新恣燕啄粉濕倩魚含好句初唐詠幽芳盛夏探物華榮

太液皃藻沐

恩覃

務仁者固若是而已矣蓋大綱立而小紀維昭
錢穀兵刑不妨分理元良起而羣生在宥昆蟲
草木皆可推恩此無他所務之獨得耳吾固願
天下之求知與仁者觀法於堯舜矣

賦得荷翻北潭影得潭字五言八韻

萬柄圓荷簇參差映北潭香從花外度影

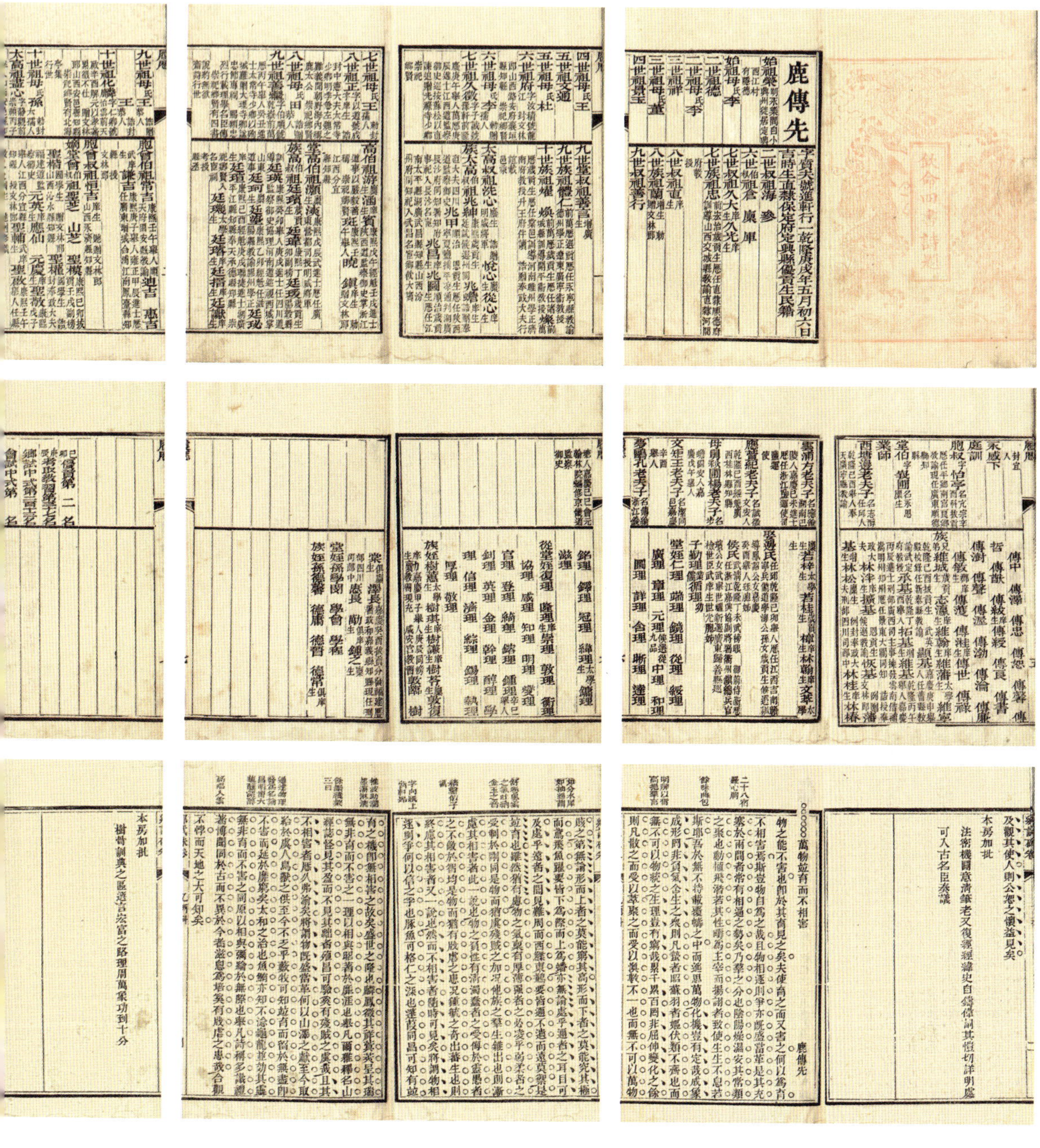

鹿传先（一七九〇—一八四四），字质夫，号进轩，行一，廪生，定兴县西江村人。嘉庆二十四年（一八一九）优贡生，二十五年考取八旗官学教习，道光五年（一八二五）举人。任江西赣州长宁县知县，调卢陵县知县，历署德兴县、清江县知县，充道光十二年江西乡试同考官，升南昌府同知，加运同衔，署广信府知府，授朝议大夫。娶边氏（一七八八—一八一一），任丘岁贡生候选训导凤诏女，赠恭人。续娶侯氏（一七九二—一八六六），武清武榜眼、浙江衢州镇总兵琔女，封恭人，合葬定兴田侯茔左。有三子，长子勤理，次

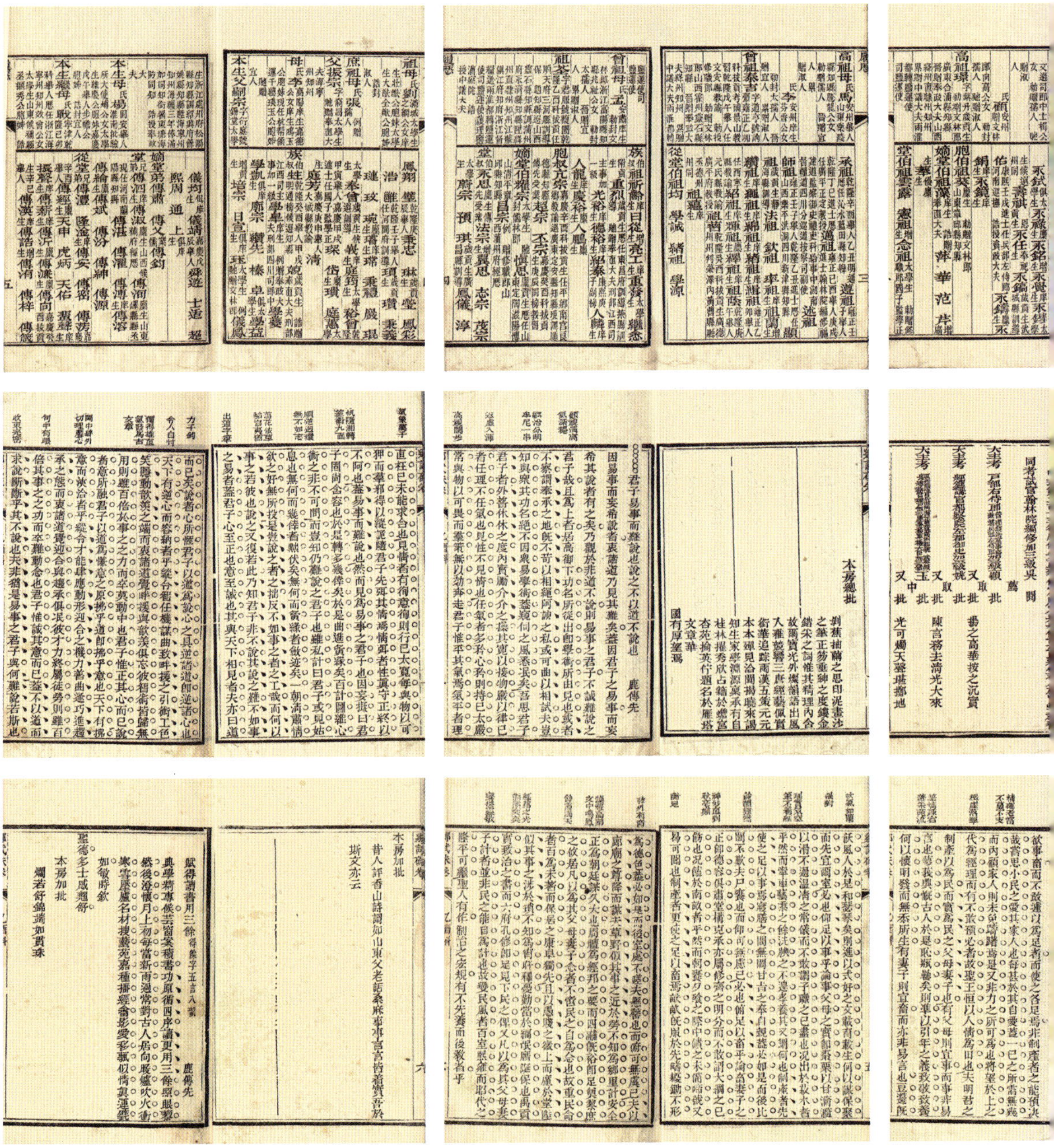

子恂理，三子欣理。鹿传先于嘉庆二十四年获优贡第二名，嘉庆二十五年考取教习第三十七名，道光五年乡试中式二百一十三名。

此鹿传先道光五年（一八二五）中式第二百一十三名举人的顺天乡试卷。

鹿传先业师：

王文矩：名洁，定兴县贤寓村人。嘉庆六年（一八〇一）举人。

鹿怡亭（一七七六—一八三四）：名亢宗，定兴县西江村人。嘉庆六年（一八〇一）拔贡，历任平乡、南宫、良乡教谕，广东顺德县知县，署理澳门同知。

鹿傳先

字賓夫號進軒行一乾隆庚戌年五月初六日吉時生直隸保定府定興縣優貢生民籍

始祖榮 明永樂間自小西江村徙居定興有隱德
始祖母 氏李
二世祖德
二世祖母 氏李
三世祖祥
三世祖母 氏董
四世祖景玉
四世祖母 氏王
五世祖文通
五世祖母 氏杜
六世祖府 字汝積號龍江 封文林郎山西潞安府襄垣縣知縣 崇祀鄉賢
六世祖母 氏李 勅贈孺人
七世祖久徵 字子誠號豫軒前隆慶庚午舉人萬歷庚辰進士江西道監察御史巡按蘇松以直諫追贈光祿寺少卿 崇祀鄉賢
七世祖母 氏王 勅封孺人
八世祖正 字以道號成宇庠生 誥封中憲大夫太常寺少卿明季急左魏之難義聞朝野海內稱鹿太公 崇祀鄉賢
八世祖母 氏田 誥贈恭人
九世祖善繼 字伯順號乾嶽前萬歷丙午舉人癸丑進士太常寺少卿以殉城難贈大理寺卿謚忠節專祠 賜額忠烈行載理學名臣傳 崇祀鄉賢有四書說約無欲齋詩行世

二世叔祖海 参
六世伯叔祖倉 廩 庫
七世叔祖久大 庠生 久光 庠生
七世族祖忠 前宏治歲貢生歷任直隸順德府訓導山西交城縣教諭直隸河間府教授
八世叔祖直 庠生
八世族祖蘭 增生 勅贈文林郎
九世叔祖善行
九世堂叔祖善言 增廣生
九世族祖體仁 前萬歷選貢歷任永寧縣教諭德州學正遼東廣寧衛教授
十世族祖燿 煥 前萬歷歲貢生歷任諸城縣訓導開平衛教授 爍 前萬歷歲貢生歷任棠邑訓導河南睢州學正濟南府教授升王府伴讀 誥贈奉政大夫行誼載邑乘
太高叔祖洸心 廩生誥贈明威將軍 悅心 廩生 從心 庠生
族太高伯叔祖兆紳 康熙歲貢生廷試候選州同 兆蟾 庠生誥贈奉直大夫四川道監察御史 兆甲 順治恩貢生歷任陝西寧夏鹽捕平涼通判湖廣長沙府同知署知府事祀入長沙名宦 兆昌 庠生 兆圖 順治歲貢生歷任江南太平縣湖廣武昌縣知縣山西汾州府同知祀入武昌名宦鄉飲大賓
高伯祖游 廩生 涵 庠生 賓 康熙戊午經魁壬戌進士陝西道監察御史掌浙江道事以嚴毅著稱 崇祀鄉賢 斑 康熙壬午舉人江西分宜縣知縣 曉 鎮 庠生 勅贈文林郎
堂高伯祖灝 廩生 湊 康熙戊辰武進士歷任廣東營都司授明威將軍
族高伯叔祖廷璸 歲貢生 廷瑋 康熙丁卯副榜 廷瑗 歲貢生陽穀縣訓導 廷瑛 康熙癸卯舉人庚戌進士任四川道監察御史協理河南道巡視西城掌山東道事 廷珂 廩生 廷壐 康熙乙卯經魁任滋陽縣教諭膠州學正 廷珌 庠生 廷瑄 康熙己酉經魁庚戌聯捷進士湖廣平江縣知縣奉天承德縣知縣 崇祀鄉賢入名宦祠 廷璣 太學生 廷璿 庠生 廷搢 庠生 廷瓛 庠生考授縣丞

履歷

九世祖母氏王 誥贈恭人
王 誥封恭人
十世祖化麟 字仁卿號怡雲前天啟辛酉解元以孝著累徵不仕贈文林郎山西安邑縣知縣崇祀鄉賢有北海亭集行世
十世祖母氏孫 勅封太孺人
太高祖盡心 字靜觀前崇禎丙子舉人山西安邑縣知縣有惠政崇祀鄉賢 誥贈中議大夫兩淮都轉鹽運使司

胞曾伯祖常吉 康熙壬午舉人順天府固安縣教諭 迪吉 惠吉
謙吉 武庠生 康熙庚子舉人雍正甲辰進士歷任廣東增城合浦江南鳳臺縣知縣 授文林郎
胞曾叔祖恒吉 庠生 山西永濟縣知縣 貤贈文林郎
嫡堂曾伯叔祖聖芝 山芝 聖模 康熙己卯拔貢壬戌副榜
聖楷 國學生 山西沁水縣知縣 贈文林郎 聖權 國學生 誥封奉政大夫
元英 庠生 福建道監察御史 應仙 元慶 庠生 聖敬 康熙戊子舉人江西分宜縣知縣 授文林郎 聖輔 武庠生 聖啟 康熙壬午舉人任縣
聖榮 增生 教諭 貤贈修職郎元氏縣教諭
堂曾伯叔祖重光 庠生 重耀 庠生 重輪 雍正癸卯科拔貢生 聖基

鹽運使
太高祖母氏范 本邑進士吏部文選司郎中士楫公女 勅贈孺人 貤贈淑人
氏顧 安州贈文林郎向高公女 勅封孺人 貤贈淑人
高祖環 字紫升歲貢生 勅贈文林郎廣東合浦縣知縣晉贈奉政大夫山西絳州直隸州知州累贈中議大夫兩淮都轉鹽運使司鹽運使

族曾伯叔祖永鋐 貢生歷任江南長洲嘉定縣知縣 勅贈文林郎 康熙戊子舉人江南虹縣知縣 永鑑
永鉽 俱太學生 永祿 廩生 永銘 增生 永覺 庠生 永鏵 太學生
壽祺 恩貢生候選州同 永任 奉祀生 永鎬 歲貢生武城縣訓導
佑 康熙壬戌進士任兵部左侍郎河南巡撫 誥授資政大夫 永鑄 廩生 永銷 庠生 永鏡 庠生
胞伯祖葵 廩生山東章邱縣知縣 勅贈文林郎
嫡堂伯祖藻 庠生 誥贈奉直大夫 萍 華 范 芹 增廣生 華 優廩生
堂伯祖雲露 憲祖 增生 念祖 太學生 勅贈修職郎國子監學正

履歷

高祖母氏馬 安州舉人山東樂陵縣知縣騰龍公女 勅贈孺人 晉贈宜人 累贈淑人
氏李 安州庠生芬香公女 勅封太孺人 晉贈宜人 累贈淑人
曾祖泰吉 字道亭號訥齋雍正乙卯科拔貢考補景山教習乾隆戊午舉人任文安縣教諭 勅授修職郎 勅贈文林郎山西霍州靈石縣知縣 晉贈奉政大夫絳州知州 累贈中議大夫兩淮都轉

承祖 乾隆辛酉舉人乙丑明通歷任沁水藍田縣知縣 遵祖 雍正壬子舉人
乾隆丁巳進士歷任廣平正定教授 邁祖 雍正己酉舉人庚戌進士翰林院編修福建道監察御史禮吏科給事中湖南督糧道四川分巡道按察司副使 述祖
師祖 雍正壬子舉人乾隆乙丑進士歷任山西樂平洪洞四川新津縣知縣 顯
祖 歲貢生靜海縣訓導 法祖 欽祖 率祖 庠生 祖蘭 增生
纘祖 庠生 緬祖 庠生 綿祖 庠生 緒祖 庠生 緝祖 雍正乙卯舉人任西寧縣教諭
紹祖 庠生 輝祖 廩生 繹祖 庠生 祖蔭 乾隆庚午舉人元氏縣教諭廣平府教授
祖蓍 乾隆癸酉科拔貢生廣德州州判榮澤內黃曹縣縣丞德州州同
祖蘊 庠生
從堂伯祖均 學誠 緒祖 學源

鹽運使司鹽運使
曾祖母氏孟 安肅庠生 勅封文林郎浙江富陽縣知縣兆祉公女 勅封太孺人 晉贈宜人 累贈淑人
祖荃 字君服號馥園乾隆乙酉科拔貢任順天府三河縣訓導保題知縣選山西靈石縣知縣調蒲州府永濟縣知縣陞絳州直隸州知州江蘇鎮江府知府浙江督糧道兩淮都轉鹽運使司鹽運使護理鹽漕察院 誥授中議大夫

族伯叔祖祈齡 庠生 曰從 增生 亮工 庠生 重發 太學生 繼念
附貢生 重烈 歲貢生歷任東昌府訓導掖縣訓導 貤贈奉直大夫刑部江西司主事加一級 光裕 庠生 德裕 庠生 紹泰 康熙庚子副榜 人麟 庠生
人龍 庠生 慶裕 廩生 人鵬 廩生
胞叔亢宗 嘉慶辛酉科拔貢生任平鄉南宮良鄉教諭選廣東定安縣知縣現調順德縣知縣傳先受業 超宗 丕宗 嘉慶癸酉科拔貢生庚辰同榜教習
嫡堂伯叔耀宗 太學生封儒林郎 貤贈修職郎山山清平章邱縣知縣 昌宗 例西蒲州府經歷 慎思 廩貢生歷任山東定陶滋陽博
堂伯叔永思 廩生傳先受業 法宗 增生 翼思 志宗 茂宗
蔚宗 太學生 預 琪 歲貢生廣昌縣訓導 鳳儀 淳

祖母氏劉 滿城太學生之綱公女庠生壯猷公胞妹太學生大猷全猷公胞姊
誥封淑人
庶祖母氏張 例贈孺人
父振宗 字裔昌太學生貤贈奉直大夫海寧州知州
母氏李 高陽庠生嘉德公女庠生鳴玉公胞妹現任杭帮領運千總瑛玉公胞姊 貤贈宜人
本生父嗣宗 字衍庭號錫堂太學

鳳翔　璧 乾隆庚辰舉人　秉忠　琳 歲貢生　瑩　鳳彩
浩　雝 乾隆壬子舉人任河間府訓導　項 歲貢生　瓚　秉義
璉　玫　琬 廩生　璿 庠生　璐　秉禮　巖　琨
奉會 太學生 歲貢生候選訓導　巽 庠生　庭鈞 太學生　裕會 乾隆甲寅舉人嘉慶甲戌進士任國子監學正　琛　岱 廩生　瓆　庭蕙 太學生
庭芳 嘉慶庚申舉人大城縣教諭　清
族伯叔 甡 乾隆癸酉舉人明通榜候選知縣　兢 歲貢生誥贈奉直大夫刑部江西司主事加一級　學皐 庠生例贈奉政大夫刑部四川司郎中　學夔
學凱 俱庠生　廓宗　纘先　榛　卓 俱太學生　學益
培宗 增貢生　日宣 俱庠生　珏 太學生例貤贈文林郎　儀鳳

生浙江處州府松陽縣知縣調紹興府餘姚縣知縣歷海寧州知州海疆三年俸滿加同知銜署東塘海防同知 誥授奉政大夫
本生母氏楊 固安舉人淮南批驗所大使煿公女太學生維慶公胞妹嘉慶戊午舉人步蟾公胞姊 誥封宜人
本生繼母氏戰 寧津乾隆己卯科舉人歷任浙江海寧州知州效曾公女太學生山東候補縣丞擷秀公胞姊 誥

儀均 俱庠生　儀靖 嘉慶戊辰舉人　舜遊　士适　超
熙　周　通　上 俱庠生
嫡堂弟 傳肅　傳乂 業儒　傳鈞
堂兄弟 傳泗 庠生　傳淑 廩生山西候補府經歷　傳洵 廩生山東嶧縣縣丞
傳湛 現任河南蘭陽縣知縣　傳濯　傳溥 庠生　傳溶
傳綸 廩生　傳斌　傳汾　傳紳　傳源
從堂兄弟 傳澧　隆淦 庠生　傳安　傳密　傳滂 嘉慶辛酉舉人
傳經 廩生　天申　虎炳　天佑　蜚聲 庠生
振聲 庠生　傳薪 庠生　傳沂 廩生　傳濂 廩生　傳向 嘉慶癸酉拔貢生辛巳舉人
傳漢 庠生　傳誥 增生　傳涓　傳梓　傳箴

封宜人
永感下
庭訓
胞叔 字怡亭 名亢宗辛酉科拔貢歷任平鄉南宮良鄉教諭現任廣東順德縣知縣
堂伯 字巽圃 名永思廩生
業師
西塘邊老夫子 名志醇任邱人乾隆己酉舉人奉天廣寧縣教諭

傳中　傳澤　傳忠　傳恕　傳馨　傳
哲　傳猷　傳紱 庠生　傳綬　傳艮　傳書
傳澍　傳聲　傳渥　傳渤　傳淪　傳廉
傳敏 郡庠生　傳濩　傳淮 庠生　傳世　傳祿
族兄弟 維城 歲貢生　志瀛 庠生　維翰 庠生　維藩 太學生　維寧
乾隆己酉拔貢生武英殿校錄任新泰縣教諭　顯基 嘉慶庚申舉人任曹縣教諭武定府教授　承基 乾隆丁酉舉人　拓基 增生　維基 乾隆丙午舉人嘉慶丙辰進士刑部廣西司主事揀發雲南借補嵩明州知州歷任景東大關同知 誥授奉政大夫
林泮 庠生　擴基 恩貢生候選教諭　恢基 例贈文林郎　藩
基 增生　林松 廩生例封奉政大夫刑部四川司郎中　林桂 庠生　林椿

雲浦方老夫子 名應綸湖南巴陵人嘉慶己未進士歷任浙江鹽運使司鹽運使
應萱紀老夫子 名誠徵文安人乾隆己酉經魁廣西桂林縣知縣
母舅秋圃楊老夫子 名步蟾固安人嘉慶戊午舉人
文矩王老夫子 名潔同邑嘉慶辛酉舉人
夢鷗孔老夫子 名傳綸浙江錢

廩生 若梓 太學生　若桂 歲貢生　樟 庠生　林翰 庠生　文華 太學生
娶邊氏 任邱乾隆己卯舉人歷任江西吉南贛寧兵備道學海公孫女歲貢生候選訓導鳳詔公女嘉慶癸酉舉人珏胞姊
侯氏 武清乾隆丁未武榜眼 御前侍衛歷任浙江嘉興協副將署衢州鎮總兵官璸公女武舉世耀新選廣東歸善縣巡檢世臣武庠生世光胞姊
子 勤理 業儒　循理　劭
堂姪 仁理　端理　鏡理　從理　綏理
廣理　章理　元理 九品候選　從中理　和理
圖理　詳理　合理　晰理　達理

塘人嘉慶己巳會元翰林院編修京畿道監察御史

銘理 鐸理 冠理 緯理太學生 鏞理

滋理

從堂姪復理 隆理庠生 崇理 敦理 衡理

協理 咸理 知理 明理 燮理

官理 登理 綺理 鎔理 鍾理辛巳舉人

釗理 英理 金理 幹理 醇理 學

理 信理 濟理 綜理 錫理 執理

厚理 敬理

族姪樹蕙太學生 樹琪庠生 樹謙庠生 樹苓廩生 敦復

勷庠生 嘉慶甲子舉人庚辰同榜咸安宮教習現充 敦臨 樹

棠俱廩生 澤長嘉慶癸酉拔貢分發福建歷署政和嘉義縣知縣現任刑部四川司郎中 惠長 勱俱庠生 鍾之廩生

堂姪孫學閔 學曾 學程

族姪孫德馨 德庸 德晉 德常俱庠生

己卯優貢第二名

庚辰考取教習第三十七名

鄉試中式第二百十三名

會試中式第　名

殿試第　甲第　名

欽點

族繁不及悉載

住縣城內南大街

順天鄉試硃卷道光乙酉科

中式第二百十三名鹿傳先直隸保定府定興縣優貢生民籍候補八旗官學教習

同考試官翰林院編修加三級吳　閱　薦

大主考戶部右侍郎管理錢法堂事務兼署兵部左侍郎加三級顧　批　取

大主考經筵講官都察院左都御史加三級姚　批　取

大主考經筵講官兵部尚書正藍旗滿洲都統武英殿總裁管理戶部三庫事務軍機大臣加三級玉　批　中

又批　揚之高華按之沉實

又批　陳言務去清光大來

又批　光可燭天聲堪擲地

本房總批

剝蕉抽繭之思印泥畫沙之筆正笏垂紳之度鏤金錯采之詞惟其精理內含故爾寶光外燦韻語出風入雅蔻響三唐經藝佩實銜華追踪兩漢五策元元本本殫見洽聞揭曉來謁知生家學淵源稟承有自桂林擢秀欣占籍於蟾宮杏苑掄英佇題名於雁塔文章華
國有厚望焉

顧視清高氣深穩
融洽分明牟尼一串
返虛入渾
高視闊步

君子易事而難說也說之不以道不說也　鹿傳先

因易事而妄希說者衷諸道乃見其難矣葢因君子之易事而妄希其說者有之矣乃觀於非道不說則易事之君子不誠難說之君子哉且爲上者居高御下功名所從出即學術所由見也或者不察謂奉承之地既不苛以相繩阿諛之私或可曲以相試夫豈知與衆共功名絕不因衆易學術葢窺伺之風悉泯矣吾思君子君子者外普休休之度內實厲介介之操其寬以接物嚴以律已者任理不任氣也見性不見情也任氣者多矜心矜則持已太嚴常與物以可畏而羣策無以効奔走君子惟平其氣焉氣平者理

氣象萬千
帆隨湘轉望衡九面
順逆迴環無不如志
落花依草駘宕夷猶
出道字筆

直枉已未能求合也見情者有徇意徇則行已太寬每與物以可狎而羣邪得以縱詭隨君子先弭其情焉情弭者性眞守正終以不阿也葢易事而難說也然而見爲易事之君子也因妄擬曰君子固尚含容也於是轉多幾倖矣於是曲進夤緣矣百計圖維心術之非不可問而豈知仍難說之君子也雖私計曰君子或見姑息也無何而幾倖者黜伏矣無何而夤緣者斂迹矣一朝淸肅情欲之好無所投是豈說之者之拙反不如事之者之工哉而何以事之若彼也說之又復若此乃知君子非不說其說之難不如事之易者葢君子心至正也意至誠也其與天下相見者夫亦曰道

力千鈞
令人自忖
獨得雄直氣發爲古文章
閎中肆外切理饜心
句中有眼
收束完密

而已矣說者心所悅君子以道爲說心之具逆諸道即逆諸心也天下有逆心而容納者乎縱含智任機謀曲致畔援之引術工色笑隱動歆羨之端而衷諸道覺畔援與歆羨俱忘彼智術皆歸無用則雖百倍於事之之力而卒莫動中也君子惟正其心而已說者意所融君子以道爲慊意之原拂乎道即拂乎意也天下有拂意而浹洽者乎縱令才能肆應動形迎合之機力善曲逢巧進趨承之態而衷諸道覺迎合與趨承俱泯彼才力終屬徒勞則雖百倍其事之之功而卒難動念也君子惟誠其意而已葢不以道而求說斷斷乎其不說也夫非猶是易事之君子與何難說若斯也

及觀其使人則公恕之懷益見矣

本房加批

法密機圓意淸筆老又復經經緯史自鑄偉詞其愷切詳明處

可入古名臣奏議

萬物竝育而不相害

鹿傳先

物之能不害也卽於其育見之矣夫使育之而又害之何以為育不相害焉斯豈物自為之哉且物相逐則爭亦既盛當革是其充塞於兩間者常有相逼之勢矣乃羣之分也陰陽燥濕安其常類之聚也動植飛潛若其性疇為主宰而揚詡者致使生生不息若斯耶吾於無不持載覆幬之中而進思萬物化機豈有定哉成象成形罔非負氣含生之衆則凡蟄者昭蘇羽者嫗伏類不齊也而無不可以物統之生理豈有窮哉累千累百罔非屈伸變化之餘則凡散之而受以萃聚之而受以渙數不一也而無不可以萬物

二十八宿羅心胸

餘味曲包

明辨以晳高抱羣言

貺之第無論形而上者之莫能窮其高形而下者之莫能究其極而鳶飛魚躍要皆下為際而上為蟠亦無論處乎邇者之耳目可及處乎遠者之聞見難周而西鰈東鶼要皆遍不遺而遠莫禦是竝育也雖然猶有慮物之氣稟有厚薄强者之必凌乎弱柔者之受制於剛同是物而猶虞殘賊之加况他族之羣生雜出也則漸慮其相害者此一說也物之質性有淸濁蠢者之受侮於靈愚者之不敵於智均是物而猶有戕虐之患况鍾毓之奇出蕃生也則終慮其相害者又一說也然而不相害者隨時可見矣將謂物相逐則爭何以信之孚也豚魚可格仁之深也蓬葭同昌可知有竝

知分水犀如抽絲繭

舒卷風雲之氣吐納金玉之音

精警似子語

字向紙上皆軒昻

育之機卽無相害之故矣盛世之隆也麟鳳徵其祥蓂莢呈其瑞無非育而不害之一理以相與昭著於靡涯也舉凡爾雅釋名山經誌怪見其盈而不見其絀者殖昌可驗奚有殘賊之虞哉且其不相害者歷久弗渝矣將謂物既盛當革何以山澤之獻至今取給於虞人鳥獸之供至今不乏乎藪牧可知竝育而留於無盡卽不害而延於靡窮矣太和之洽也魚鮪亦知不淰龜龍竝効其靈無非育而不害之同原以相與彌綸於無際也舉凡詩稱多識禮著博聞同於古而不異於今者滋息為培奚有戕虐之患哉合觀不悖而天地之大可知矣

推波助瀾墨瀋淋漓

餘韻繞梁三日

通達物理發為名論昌明博大蘊釀深醇

高唱入雲

本房加批

樹骨訓典之區選言宏富之路理周萬象功到十分

必使仰足以事父母俯足以畜妻子

鹿傳先

便有作意

精確老當不蔓不支

微虛落筆

筆情跌宕藻采葩流

所使有不止於事畜者而事畜益不可緩矣蓋父母妻子民之所欲事畜而不敢遽以為足者而使之各足焉非制產者之能預決哉嘗思小民之愛其家人也每甚於其自愛蓋一已之所需無幾而內顧家人則未免躊躇焉是又非力之所可為也將望於上之代為經理而有不敢預必者故聖王恒以人情為田也夫明君之制產以為民而實為民之父母妻子也有父母則宜事而事非易言也蓼莪興慨古人於是恥缾罍矣則準以引年之義致敬致養何以懷明發而無忝所生有妻子則宜畜而亦非易言也豈遂既飫風人於是和瑟琴矣則進以式好之文載育載生何以謀保聚而先宜爾室必也仰足以事乎論事父母之實即菽粟以甘滫瀡以滑不過溫凊之常儀而不敢謂子職之已盡也況出於菽水者乎然而牽車藝黍之餘洗腆之不遑孝養其又謂何也制產者先使之足以事焉寢膳之間無闕甘旨之奉自親蓋必如是而後比閭不歎夫尸饔也而仰可無慮已必也俯足以畜乎論畜妻子之正即德容俱肅堂構克承亦屬修齊之明分而不敢謂大綱之已飭也況饁於南畝者乎然而朝饔夕飧之際中饋之未備啼號又曷可聞也制產者更使之足以畜焉畎畝既服於先疇耰鋤不形為德色蓋必如是而後室處不嗟夫懸磬也而府可無虞已夫以廊廟之尊降而謀夫草野似其事之近於勞不知為鄉里計安全正為朝廷謀久大也周禮為經邦之要而四鄘既裕即足奠黎庶之攸居凡以為其父母妻子念者不啻民之自為念也故重民命者百為未著而保居之康阜獨先且以愚賤之微上而廑於堂陛似其事之涉於瑣不知為宵旰釋憂勤當於編氓厝誕保也禹貢實致治之書而六府孔修即足見下民之俾乂凡以為其父母妻子計者並非民之能自為計也故變民風者百室熙雍而昭代之隆平可繼聖人有作制治之宏規有不先養而後教者乎

吹氣如蘭

強對

理實氣空筆不著紙

餘韻鏗然

神妙直到秋毫巔

曲足

弦外有音

藻耀高翔文中鳴鳳

餘霞滿天

經緯之光能能奕奕

變換靈敏

本房加批

昔人評香山詩謂如山東父老話桑麻事事言言皆着實吾於

斯文亦云

賦得讀書用三餘 得餘字五言八韻　　鹿傳先

典學精專候。芸窗案積書。功原循四序。讀更用三餘。照眼藜然後。澄懷月上初。每當新雨過。常對古人居。向暖爐吹火。衝寒雪壓廬。名材搜藝苑。嘉種播經畬。影愛移瓢似。情真運甓如。敏時欽

聖德。多士感覃舒。

本房加批

爛若舒錦端如貫珠

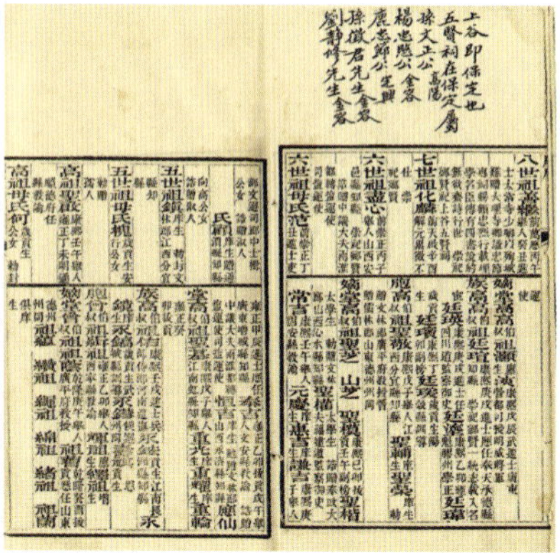
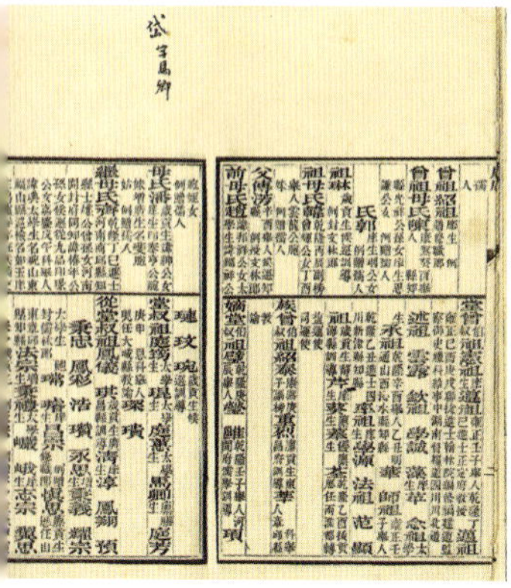
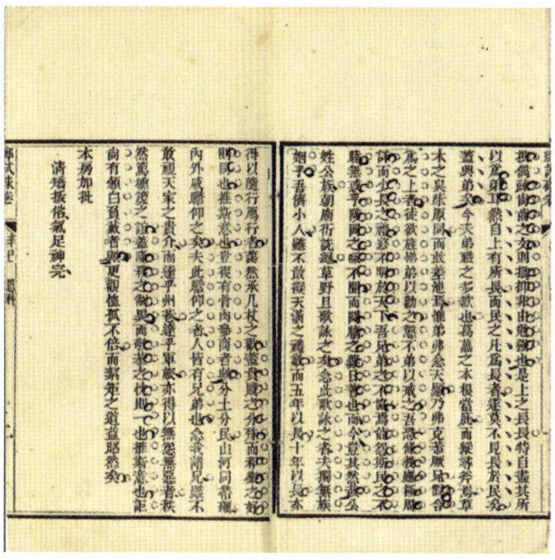
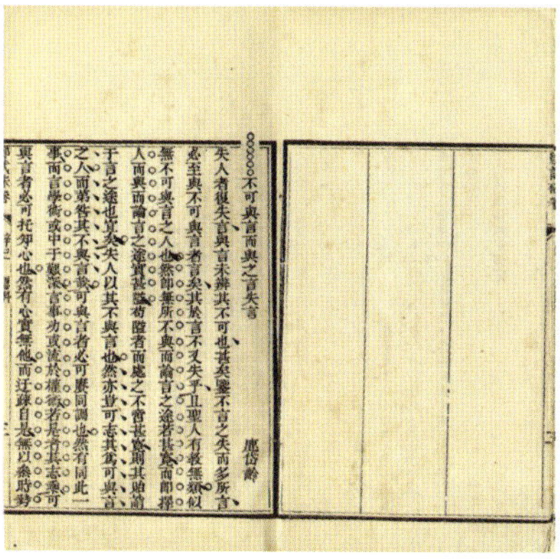
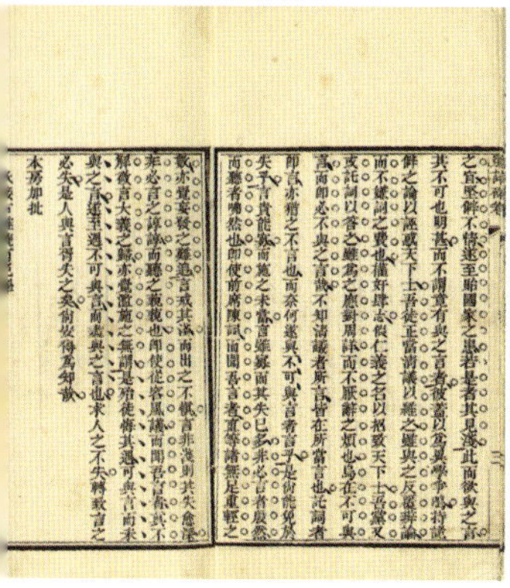

鹿岱龄（一八〇四—一八五七），原名鹿钟理，字存谋，号汝勗，行二，廪生，嘉庆九年（一八〇四）十月十八日生，传涝次子，原籍定兴县西江村，迁安州（今安新），系直隶保定府安州学廪膳生。保定莲池书院肄业，道光元年（一八二一）举人，天津府盐山县教谕，加光禄寺署正衔，保升知县，授儒林郎。娶赵氏，续娶茹氏、孙氏，合葬安州李良甫庄茔东原。有三子四女，长子学济，次子学涛，三子学澄。

此道光元年（一八二一）鹿岱龄考取顺天乡试第二百二十名举人卷。

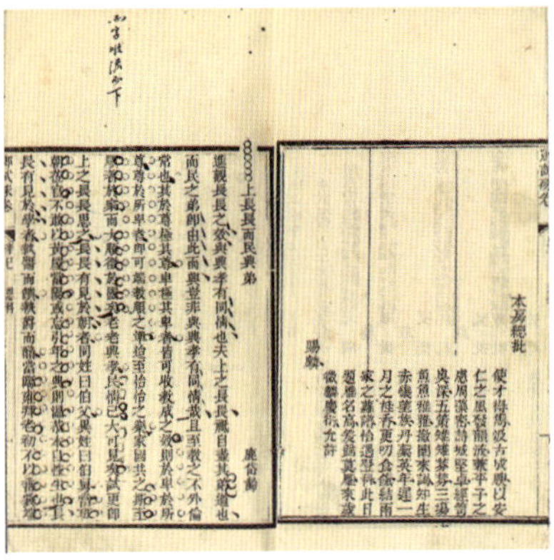

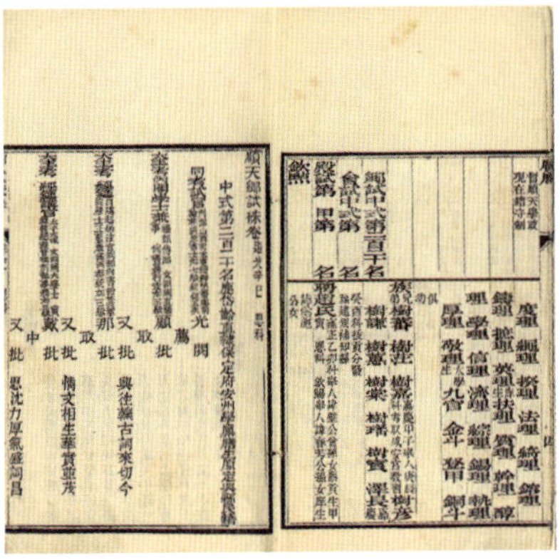

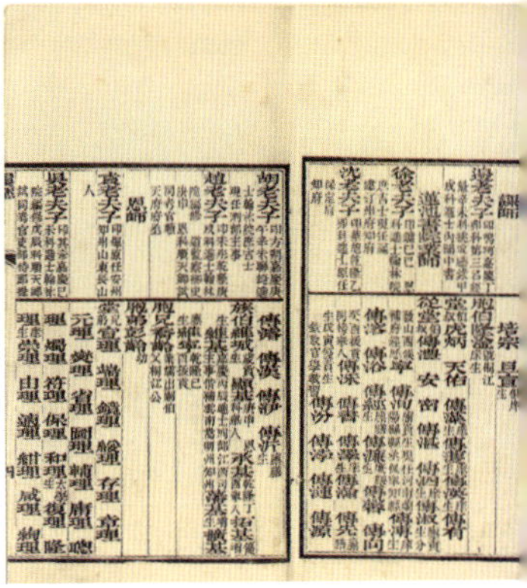

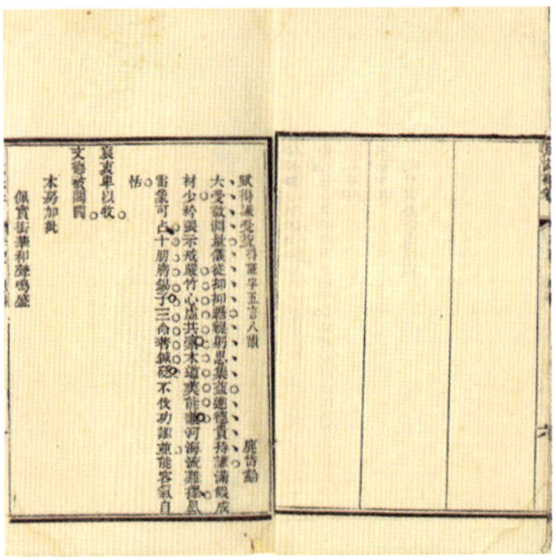

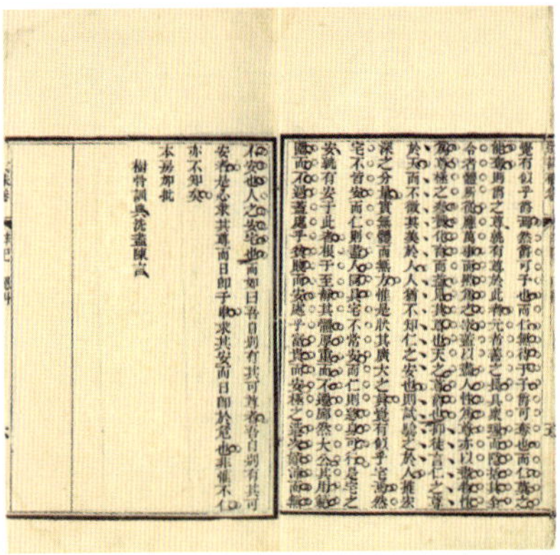

鹿岱齡

字存謀號汝劼行二嘉慶甲子年十月十八日亥時生係直隸保定府安州學廩膳生原定興縣民籍蓮池書院肄業

十一世祖府 勅封文林郎山西襄垣縣知縣 崇祀鄉賢

十世祖久徵 前隆慶庚午舉人萬歷庚辰進士江西道監察御史巡按松蘇以直諫追贈光祿寺少卿 崇祀鄉賢

九世祖正 庠生 誥封中憲大夫太常寺少卿明季急左魏之難義聞朝野海內稱鹿太公 崇祀鄉賢

八世叔祖善治 崇正丙子科舉人

六世胞叔祖洗心 廩生 誥贈明威將軍 悅心 廩生

六世堂叔祖從心 庠生

六世族叔祖兆賡 歲貢祀孝義祠 兆圖 歲貢生山西汾州府同知祀入名宦鄉飲大賓 兆甲 恩貢生湖南長沙府同知祀入名宦祠 兆紳 歲貢生考授州同 兆蟾

胞高伯叔祖游 廩生 誥封奉直大夫四川道監察御史 賓 康熙戊午科舉人壬戌科進士掌浙江道事陝西道監察御史 崇祀鄉賢 珏 康熙壬午舉人 曉 環 歲貢生 誥贈中議大夫兩淮都轉鹽運使司運使

上谷即保定也
五賢祠在保定屬
孫文正公 高陽
楊忠愍公 金容
鹿忠節公 定興
孫徵君先生 金容
劉靜修先生 金容

八世祖善繼 前萬歷丙午舉人癸丑進士太常寺少卿以殉城難贈大理寺卿諡忠節專祠賜額忠烈行載理學名臣傳有四書說約無欲齋詩行世 崇祀鄉賢祀上谷五賢祠

七世祖化麟 前天啟辛酉解元累徵不仕 崇祀鄉賢

六世祖善心 前崇正丙子舉人山西安邑縣知縣 崇祀鄉賢 誥贈中議大夫兩淮都轉鹽運使司鹽運使

六世祖母氏范 前崇正丁丑進士吏

嫡堂高伯叔祖灝 廩生 淶 康熙戊辰武進士廣東營都司授明威將軍

族高伯叔祖廷瑄 康熙庚戌進士歷任奉天承德縣知縣 崇祀鄉賢一統志載入名宦 廷瑛 康熙庚戌進士任四川道監察御史 廷瑩 康熙乙卯經魁膠州學正 廷瑋 歲貢生 廷璸 康熙丁卯副榜 廷璲 歲貢生陽穀縣訓導

胞高伯叔祖聖敬 康熙戊子舉人江西分宜縣知縣 贈文林郎廣平府教授晉贈儒林郎山東德州州同 聖輔 庠生 聖榮 庠生 勅

嫡堂高伯叔祖聖芝 山芝 聖槙 康熙己卯拔貢壬午副榜 聖楷 太學生 勅贈文林郎山西沁水縣知縣 聖權 太學生 誥贈奉政大夫福建道監察御史

常吉 康熙壬午舉人固安縣教諭 元慶 庠生 惠吉 庠生 謙吉 康熙庚子舉人

部文選司郎中士楷公女 誥贈淑人

氏顧 庠生贈通渭縣知縣向高公女 誥贈淑人

五世祖鎮 庠生 勅封文林郎江西分宜縣知縣

五世祖母氏槐 歲貢生安行公女 勅贈孺人

高祖聖啟 康熙壬午舉人雍正丁未明通順德府任縣教諭

高祖母氏何 歲貢生公女 勅封

雍正甲辰進士歷任廣東增城縣知縣 泰吉 雍正乙卯拔貢戊午舉人文安縣教諭 誥贈中議大夫兩淮都轉鹽運使司鹽運使 恒吉 庠生 貤贈文林郎山西永濟縣知縣 應仙

堂高伯叔祖聖基 康熙戊子舉人江南虹縣知縣 重光 庠生 重耀 庠生 重輪 雍正癸卯拔貢

族高伯叔祖佑 康熙壬戌進士兵部侍郎河南巡撫 永鋐 貢生江南長洲縣知縣 永鏡 庠生 永鎬 歲貢生武城縣訓導 永鑄 候選州同 壽祺 恩貢生

胞曾伯叔祖緝祖 雍正乙卯舉人西寧縣教諭 輝祖 廩生 繹祖 增生

嫡堂曾伯叔祖蔭祖 乾隆庚午舉人廣平府教授 祖香 乾隆癸酉拔貢歷任山東德州州同 蘊祖 纘祖 繩祖 綿祖 緒祖 蘭祖 俱庠生

岱 字馬卿

孺人
曾祖紹祖 庠生 贈修職郎 例
曾祖母氏陳 康熙癸酉舉人 縣知
縣光祚公孫女庠生思謙公女 例贈孺人
氏郭 庠生珚公女 例贈孺人
祖琳 歲貢生候選訓導 例封文林郎
祖母氏韓 乾隆丙辰副榜會輝公女 丁酉
舉人雲龍公胞妹 例贈孺人
父傳滂 辛酉舉人候選知縣 例授文林郎
前母氏趙 諱邦祥公女太學生諱福祥公

堂曾伯叔祖憲祖 庠生 遵祖 雍正壬子舉人乾隆丁巳進士正定府教授 適祖
雍正己酉庚戌聯捷進士翰林院編修福建道監察御史禮科給事中湖南督糧道四川川北道
述祖 雲露 欽祖 學誠 藻 庠生 莘 念祖 太學
生 承祖 乾隆辛酉舉人乙丑明通山西沁水縣知縣 華 師祖 雍正壬子舉人
乾隆乙丑進士四川新津縣知縣 率祖 庠生 學源 法祖 范 顯
祖 歲貢生靜海縣訓導 芹 庠生 葵 廩生 秦 生 廩優 荃 乾隆乙酉拔貢歷任兩淮都轉
鹽運使司運使
族曾伯叔祖紹泰 康熙庚子副榜 重烈 廩貢生東昌府訓導 莘 科舉人章邱縣
教諭
嫡堂伯叔祖璧 乾隆庚辰舉人 瑩 雝 乾隆壬子舉人河間府儒學訓導 項

胞姪女 例贈孺人
母氏潘 歲貢生諱紳公女庠生印泰亨公胞妹增廣生名斐胞
姑 例贈孺人
繼母氏齊 乾隆丁巳進士河南商邱縣知縣士雄公曾孫女河南
開封府同知諱椿年公孫女候選從九品印璟公女嘉慶戊午科舉人
諱典太學生名琬山東福山縣巡檢名如玉庠生鴻臚寺序班候補吏目名瑗候補布政司理問名珏公胞姪
女 例封孺人
繼慈具慶下

璉 玫 琬 歲貢生候選訓導
堂叔祖庭鈞 太學生 現 太學生 庭蕙 太學生 馬卿 廩膳生 庭芳
庚申恩科舉人現任大城縣教諭 琛 璜
從堂叔祖鳳儀 琪 歲貢生廣昌縣訓導 濤 庠生 淳 鳳翔 預
秉忠 鳳彩 浩 瓚 永思 增生 秉義 耀宗
太學生 貤封儒林郎 瑞 璿 庠生 昌宗 例贈修職郎 慎思 廩貢生歷任山東章邱縣知縣
法宗 增生 秉禮 太學生 巖 峨 庠生 志宗 翼思
奉曾 歲貢生封文林郎 例 振宗 修職郎 例贈 裕曾 乾隆甲寅恩科舉人甲戌科進士國子監學正
嗣宗 太學生歷任浙江嵩陽餘姚知縣現任海寧州知州 亢
宗 辛酉拔貢生現任廣東定安縣知縣 茂宗 蔚宗 超宗 丕宗

業師
庭訓
課師
邊老夫子 印鳴珂 嘉慶丁卯科第三名經魁辛未科挑取謄錄甲戌科進士內閣中書
蓮池書院業師
徐老夫子 印鏞 己巳恩科進士翰林院庶吉士現任福建汀州府知府
沈老夫子 印華旭 乾隆乙卯科進士原任保定府知府

族伯叔祖儀鑄 癸酉拔貢生欽取官學教習 嘉慶戊辰恩科舉人 甡 乾隆甲戌明通候選知縣 兢 歲貢生 通
培宗 旦宣 俱庠生
胞伯隆溢 號桐江 庠生
堂伯叔虎炳 天佑 傳藻 庠生 傳蒦 庠生 傳渙 庠生 傳有
從堂伯叔傳澧 安 密 傳湛 傳泗 庠生 傳淑 生 廩貢 分
發山西候補府經歷 亭 傳洵 廩貢生現任河南蘭陽縣縣丞保舉知縣 傳溥 庠生
傳溶 傳浴 傳經 廩膳生 傳濂 廩膳生 傳謦 傳向
癸酉拔貢同榜舉人 傳洙 傳書 傳澤 庠生 傳瀚 傳先 廩膳
戊寅優貢生欽取官學教習 傳汾 傳淳 傳漣 傳源

胡老夫子 印方朔 嘉慶庚午辛未聯捷進士翰林院庶吉士現任刑部主事
趙老夫子 印未彤 乾隆庚戌科進士翰林院編修 道監察御史 庚申恩科順天鄉試同考官順天府府丞
恩師
袁老夫子 印燁 原任安州知州山東長山人
吳老夫子 印其彥 嘉慶己未科進士翰林院編修戊辰科順天鄉試同考官吏部侍郎提

傳瀋 傳漢 傳淨 傳沂 廩膳生
族伯維城 歲貢生 顯基 庚申恩科舉人 承基 乾隆丁酉舉人 拓基 優增
生 維基 嘉慶丙辰進士刑部主事借補雲南嵩明州知州 潘基 增生 擴基
廩生 維寧 乾隆己酉拔貢
胞兄喬齡 業儒出嗣伯父桐江公
胞弟彭齡 幼
堂兄弟宣理 端理 鏡理 綬理 存理 章理
元理 燮理 省理 圖理 輔理 庸理 聰
理 燭理 符理 保理 和理 太學生 復理 隆
理 庠生 棠理 由理 適理 紺理 咸理 絢理

督順天學政
現在籍守制

度理 繩理 揆理 法理 綺理 鎔理
鑄理 攄理 英理庠生 扶理 質理 幹理 醇理
學理 信理 濟理 綜理 錫理 執理
厚理 敬理太學生 九官 金斗 登甲 銅斗

俱幼

族兄弟 樹蕃 樹注 樹嘉嘉慶甲子舉人庚辰科考取咸安宫教習 樹彦
樹謙 樹蕙 樹棠 樹瑤 樹實 澤長嘉慶

癸酉科拔貢分發福建候補知縣

聘趙氏雍正乙卯科舉人諱璧公曾孫女廩貢生甲寅恩科欽賜舉人諱春芳公孫女庠生諱鑾庭公女

鄉試中式第三百二十名
會試中式第名
殿試第甲第名
欽點

順天鄉試硃卷道光辛巳恩科

中式第三百二十名鹿岱齡直隸保定府安州學廩膳生原定興縣民籍

同考試官刑部山西司主事總辦秋審處前翰林院庶吉士加七級紀錄五次光閲
薦批

大主考內閣學士兼禮部侍郎文淵閣直閣事尚書房行走加三級顧
取批
又批 與往藥古詞來切今

大主考經筵日講起居注官刑部尚書翰林院掌院學士正藍旗滿洲都統加三級那
取批
又批 情文相生華實並茂

大主考經筵講官太子太保文淵閣大學士實録館總裁管理刑部事務加三級戴
中批
又批 思沈力厚氣盛詞昌

本房總批

使才得雋汲古成腴以安仁之風發韻流兼平子之慮周藻密詩城堅卓經笥奥深五策雉雉芬芬三塲魚魚雅雅撤闈來謁知生赤幾望族丹蘂英年遲一月之桂香更叨食餼結兩家之蘿譜恰遇登科此日題雁名高爰歸莫雁來歲徵麟慶衍允許

賜麟

上長長而民興弟　鹿岱齡

進觀長長之效與興孝有同情也夫上之長長祗自盡其弟道也而民之弟即由此而興豈非與興孝有同情哉且至教之不外倫常也其於尊極其尊卑極其卑者皆可收教成之效則於卑於所尊尊於所卑者即可端教順之準迨至恰恰之樂家國共之斯至順著於家而大順徵於國矣老老與孝民情已大可見矣試更即上之長長思之長長有見於朝者同姓曰伯父異姓曰伯舅當班朝莅官不敢以黄屋當陽或忘弘年之典則温恭本自性生也長長有見於學者執醬而饋執爵而酳當臨雍拜老初不以垂裳端

拱偶疏尚齒之文則撝抑非由勉强也是上之長長特自盡其所以爲弟耳然自上有所長而民之凡爲長者遂莫不見長於民矣蓋與弟矣今夫弟職之多歟也葛藟之本根當庇而縱尋斧焉草木之臭味原同而敢差池焉惟弟弗念天顯乃弗克恭厥兄假令爲之上者徒欲旌悌弟以勸之懲不弟以戒之吾恐條教雖極周詳而少長之禮愆不明於天下吾兄弟之不協焉能怨斯民之不睦無惑乎陟岡之哢不聞而鬩牆之釁日著也而今豈其然哉公姓公族朝廟衍詵繩草野且歌詠之矣念此歌詠之者夫獨無族姻乎吾儕小人雖不敢擬天潢之禮數而五年以長十年以長亦得以隨行鴈行者藹然承几杖之歡蓋貴賤之分殊而和樂之好則同也推斯意也豈復有骨肉參商者歟分土分民山河同帶礪內外咸瞻仰之矣夫此瞻仰之者人皆有兄弟也念我諸兄雖不敢視天家之貴介而達乎州巷達乎軍旅亦得以無怨無惡者秩然篤塤箎之誼蓋隆殺之制異而敬恭之忱則一也推斯意也詎尚有須白負戴者歟更觀恤孤不倍而絜矩之道益昭然矣

本房加批

清矯拔俗氣足神完

不可與言而與之言失言　　鹿岱齡

失人者復失言與言未辨其不可也甚矣鑒不言之失而多所言必至與不可與言者言矣其於言不又失乎且聖人有教無類似無不可與言之人也然即無所不與而論言之途若甚寬而即擇人而與而論言之途實甚隘苟隘者而處之不啻甚寬則其貽誚于言之途也宜矣失人以其不與言也然亦豈可忘其爲可與言之人而弟咎其不與言哉可與言者必可賡同調也然有同此一事而言學術或中于艱深言事功或流於權術若是者其志乖可與言者必可托知心也然有心實無他而迂疎自是無以參時勢

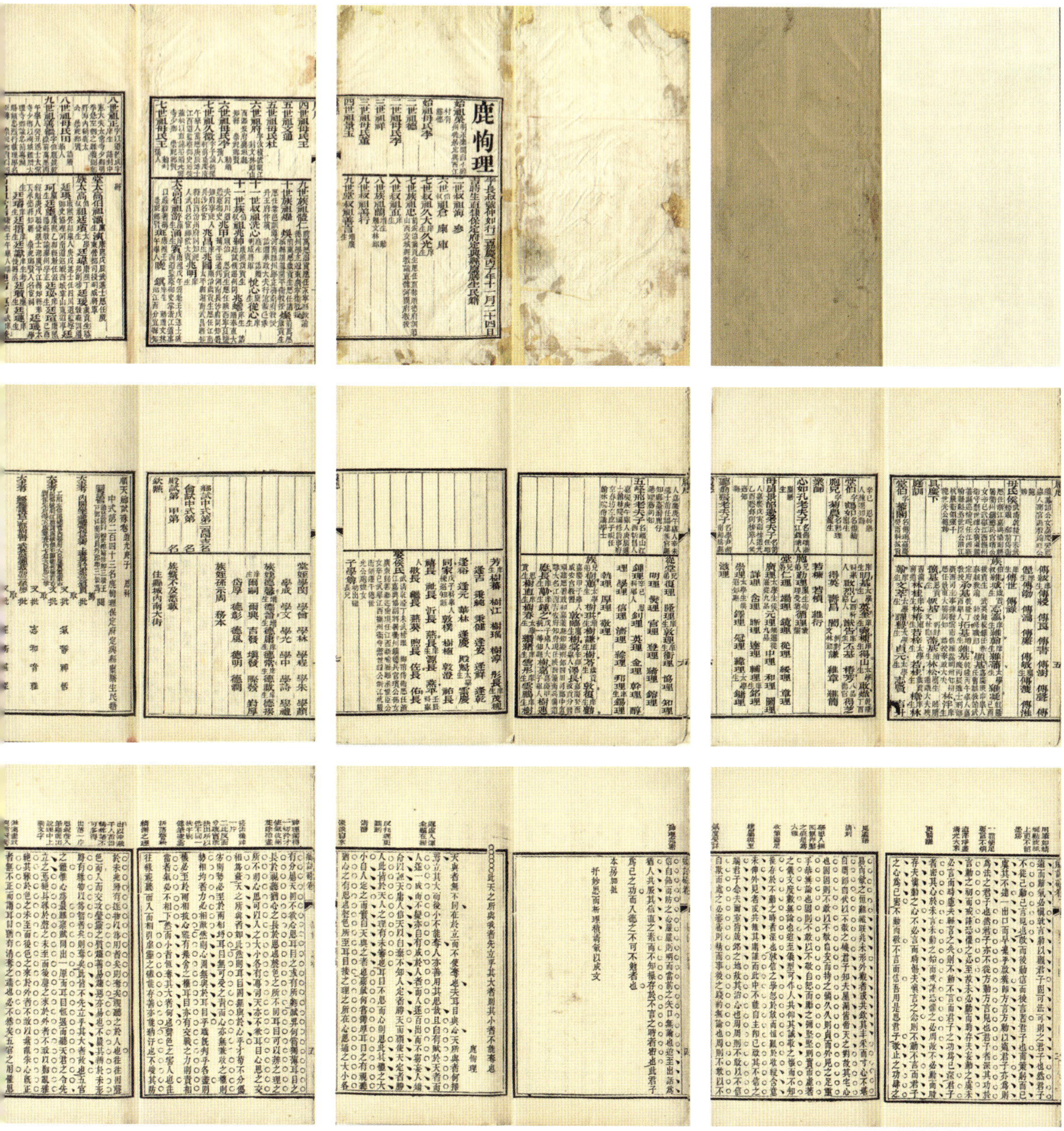

鹿恂理（一八一六—一八六二），字长叔，号仲如，行二，廪生，定兴县西江村人。道光二十年（一八四〇）举人，大挑二等，任涞水县训导，授修职郎。以子学典官赠文林郎，以子学良官赠朝议大夫。嘉庆二十一年（一八一六）十一月二十四日生，同治元年（一八六二）十一月十九日卒。娶侯氏，直隶武清、江西余干县丞世臣女，封孺人，累封恭人。道光元年四月二十四生，光绪二十二年（一八九六）九月二十六日卒，合葬在定兴田侯茔右。有三子，长子学尊，次子学典，三子学良。有三女。著有《吟霞诗草》。

此卷是道光二十年（一八四〇）鹿恂理考取顺天乡试第二百四十三名举人卷。

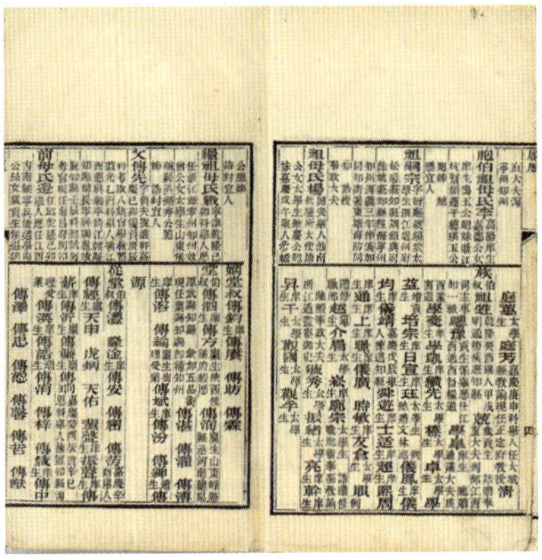
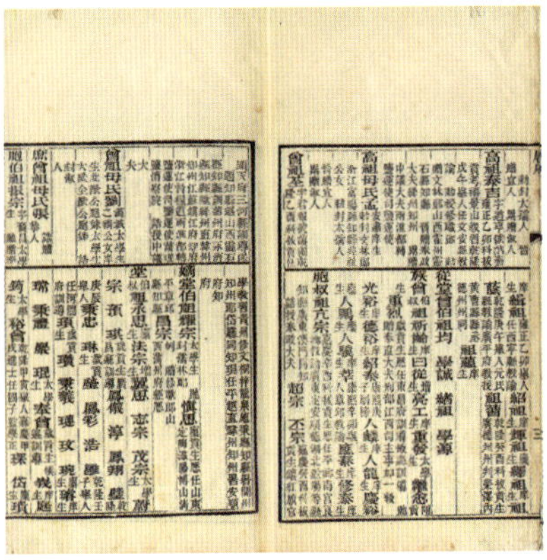
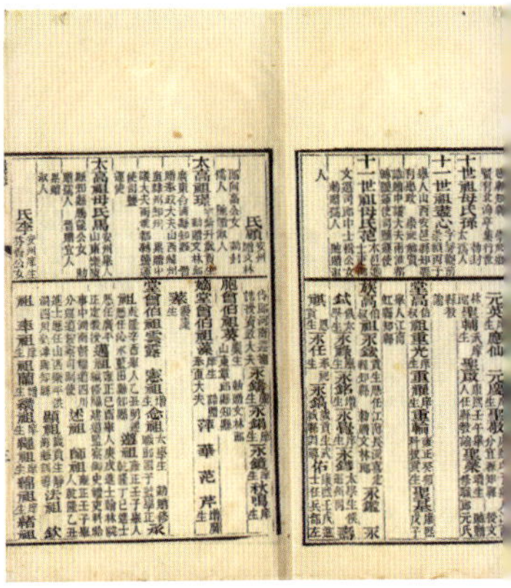
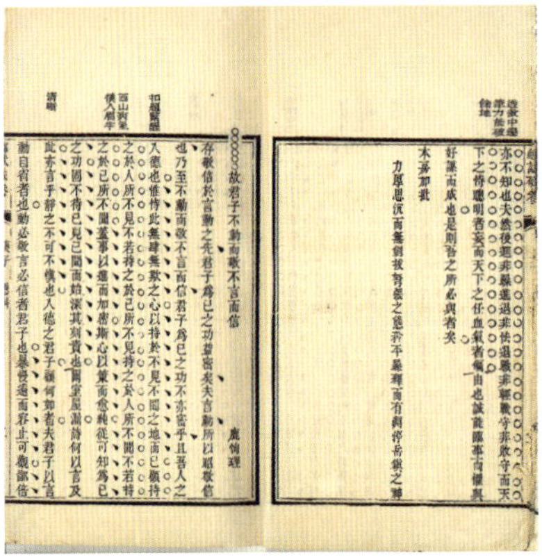
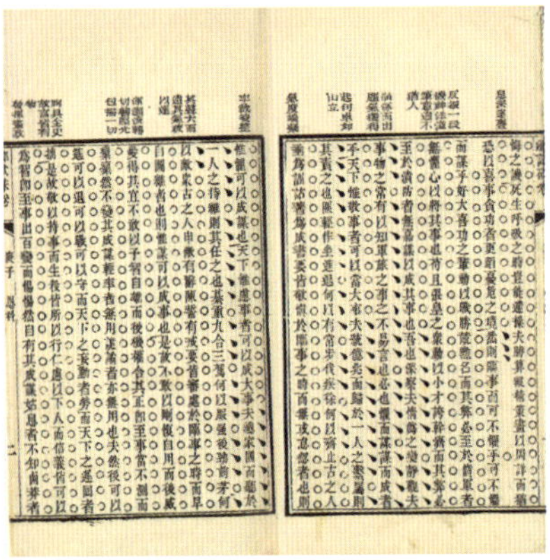
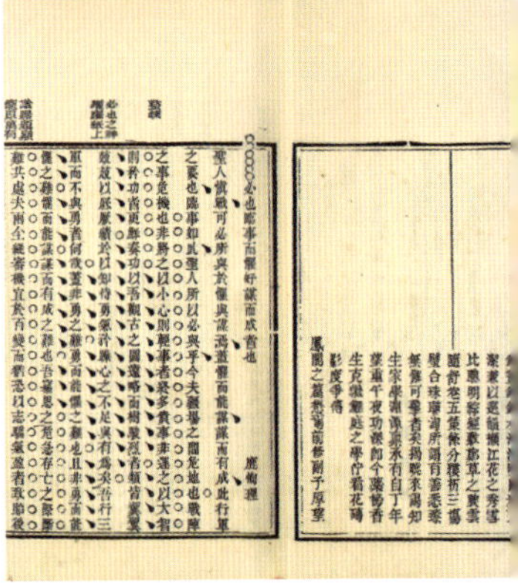
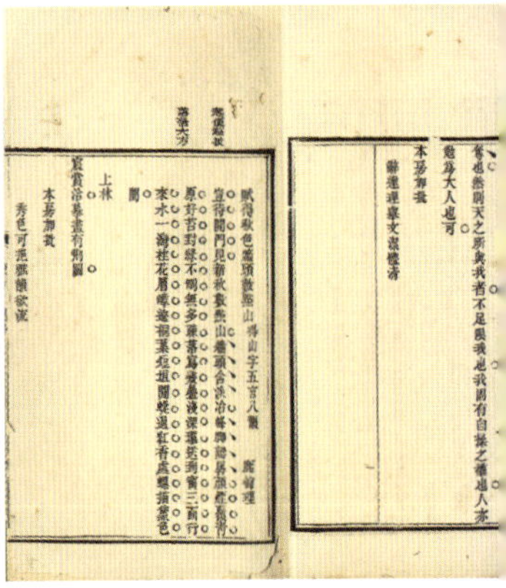

鹿恂理业师：

张听翁：名学尹，湖南湘阴县人。嘉庆十五年（一八一〇）举人，嘉庆十六年进士。福建侯官知县，台湾鹿仔港理番同知。

鹿恂理

字長叔，號仲如，行二，嘉慶丙子年十一月二十四日吉時生，直隸保定府定興縣廩膳生，民籍。

始祖榮 明永樂間自小興州徙居定興西江村，有隱德

始祖母氏李

二世祖德

二世祖母氏李

三世祖祥

三世祖母氏董

四世祖景玉

三世叔祖海 參

六世伯叔祖倉 廩 庫

七世叔祖久大庠生 久光庠生

七世族祖忠 前宏治歲貢生，歷任直隸順德府訓導、山西交城縣教諭、直隸河間府教授

八世叔祖直 庠生

八世族祖蘭 增生 勳 贈文林郎

九世叔祖善行

九世堂叔祖善言 增廣生

四世祖母氏王

五世祖文通

五世祖母氏杜

六世祖府 字汝積號龍江 封文林郎山西潞安府襄垣縣知縣 崇祀鄉賢

六世祖母氏李 敕贈孺人

七世祖久徵 字子誠號豫軒前隆慶庚午舉人萬歷庚辰進士江西道監察御史巡按蘇松以直諫追贈光祿寺少卿 崇祀鄉賢

七世祖母氏王 敕封孺人

九世族祖體仁 前萬歷選貢歷任永寧縣教諭德州學正遷東廣寧衛教授 煥 前萬歷歲貢生歷任諸城縣訓導開平衛教授 燦 前萬歷歲貢生

十世族祖耀 歷任棠邑訓導河南睢州學正濟南府教授升王府伴讀 誥贈奉政大夫行誼載邑乘

十一世叔祖洗心 廩生 誥贈明威將軍 悅心 廩生 從心 庠生

十一世族伯叔祖兆紳 康熙歲貢生廷試候選州同 兆蟾 庠生 誥贈奉直大夫四川道監察御史 兆甲 順治恩貢生歷任陝西寧夏鹽捕平涼通判湖南長沙府同知署知府事祀入長沙名宦 兆昌 庠生 兆圖 順治歲貢生歷任江南太平縣湖南武昌縣知縣山西汾州府同知祀入武昌名宦鄉飲大賓 兆明 庠生

太高伯祖游 廩生 涵 庠生 賓 康熙戊午經魁壬戌進士陝西道監察御史掌浙江道事以嚴毅著稱 崇祀鄉賢 斑 康熙壬午舉人 曉 鎮 庠生 敕贈文林郎江西分宜縣知

縣

八世祖正 字以道號成宇 庠生 誥封中憲大夫太常寺少卿明季急左魏之難義聞朝野海內稱鹿太公 崇祀鄉賢

八世祖母氏田 誥贈恭人

九世祖善繼 字伯順號乾嶽前萬歷丙午舉人癸丑進士太常寺少卿以殉城難贈大理寺卿謚忠節專祠賜額忠烈行載理學名臣傳 崇祀鄉賢石四書說約無欲齋詩行世

九世祖母氏王 誥贈恭人

氏王 誥封恭人

堂太高伯祖灝 廩生 洊 康熙戊辰武進士歷任廣東營都司授明威將軍

族太高伯叔祖廷瓚 太學生 廷瑋 康熙丁卯副榜 廷瑗 歲貢生陽穀縣訓導 廷瑛 康熙癸卯舉人庚戌進士任四川道監察御史協理河南道巡視西城掌山東道事 廷珂 廩生 廷璧 康熙乙卯經魁任滋陽縣教諭膠州學正 廷珌 庠生 廷瑄 康熙己酉經魁庚戌聯捷進士湖廣平江縣知縣奉天承德縣知縣 崇祀鄉賢入名宦祠 廷璣 太學生 廷璿 庠生 廷搢 庠生 廷瓛 庠生考授縣丞 廷瓚 廩生 廷璉 庠生

高伯祖常吉 康熙壬午舉人順天府固安縣教諭 迪吉 惠吉 武庠生 謙吉 康熙庚子舉人雍正甲辰進士歷任廣東增城合浦江南鳳臺縣知縣 授文林郎

高叔祖恒吉 庠生 山西永濟縣知縣 貤贈文林郎

十世祖化麟 字仁卿號怡雲前天啟辛酉解元以孝著累徵不仕 贈文林郎山西安邑縣知縣 崇祀鄉賢有北海亭集行世

十世祖母氏孫 敕封太孺人

十一世祖盡心 字靜觀前崇禎丙子舉人山西安邑縣知縣有惠政 崇祀鄉賢 誥贈中議大夫兩淮都轉鹽運使司鹽運使

十一世祖母氏范 木邑進士吏部文選司郎中士楫公女 敕贈孺人 貤贈淑人

嫡堂高伯叔祖聖芝 山芝 聖模 康熙己卯拔貢壬戌副榜 誥封奉政大夫福建道監察御史 聖楷 國學生 贈文林郎山西沁水縣知縣 聖權 國學生 元英 庠生 應仙 元慶 庠生 聖敬 康熙戊子舉人江西分宜縣知縣 授文林郎 聖輔 武庠生 聖啟 康熙壬午舉人任縣教諭 聖榮 增生 貤贈修職郎元氏縣教諭

堂高伯叔祖重光 庠生 重耀 庠生 重輪 雍正癸卯科拔貢生 聖基 康熙戊子舉人江南虹縣知縣

族高伯叔祖永鋐 貢生歷任江南長洲縣知縣 敕贈文林郎 永鑑 永鉽 俱太學生 永祿 廩生 永銘 增生 永覺 庠生 永鑄 太學生候選州同 壽 永祺 恩貢生 永任 奉祀生 永鎬 歲貢生武城縣訓導 佑 康熙壬戌進士任兵部左

氏顧 安州贈文林郎向高公女 敕封孺人 貤贈淑人

太高祖璟 字紫升歲貢生 敕贈文林郎廣東合浦縣知縣 晉贈奉政大夫山西絳州直隸州知州 累贈中議大夫兩淮都轉鹽運使司鹽運使

太高祖母氏馬 安州舉人山東樂陵縣知縣騰龍公女 敕贈孺人 晉贈宜人 累贈淑人

氏李 安州庠生芬香公女

侍郎河南巡撫 誥授資政大夫 永鑄 廩生 永鍋 庠生 永鏡 庠生 秋鳴 庠生

胞曾伯祖葵 廩生 敕贈文林郎山東章邱縣知縣

嫡堂曾伯祖藻 庠生 誥贈奉直大夫 萍 華 范 芹 增廣生 蓁 優廩生

堂曾伯祖雲露 憲祖 增生 念祖 太學生 敕贈修職郎國子監學正 承祖 乾隆辛酉舉人乙丑明通歷任沁水藍田縣知縣 遵祖 雍正壬子舉人乾隆丁巳進士歷任廣平正定教授 邁祖 雍正己酉舉人庚戌進士翰林院編修福建道監察御史禮吏科給事中湖南督糧道四川分巡道按察司副使 述祖 師祖 雍正壬子舉人乾隆乙丑進士歷任山西樂平洪洞四川新津縣知縣 顯祖 歲貢生靜海縣訓導 法祖 欽祖 率祖 庠生 祖蘭 增生 纘祖 庠生 繩祖 庠生 綿祖 庠生 緒祖

勅封太孺人　晉贈宜人　累贈淑人

高祖泰吉 宇道亨，號訥齋，雍正乙卯科拔貢，考補景山教習，乾隆戊午舉人，任文安縣教諭，勅授修職郎，勅贈文林郎、山西霍州靈石縣知縣，晉贈奉政大夫、絳州知州，累贈中議大夫、兩淮都轉鹽運使司鹽運使

高祖母氏孟 安肅庠生、勅封文林郎、浙江富陽縣知縣兆祉公女，勅封太孺人，晉贈宜人，累贈淑人

曾祖荃 宇君服，號馥園，乾隆乙酉科拔貢，任順天府三河縣訓導，保題知縣，選山西靈石縣知縣，調蒲州府永濟縣知縣，陞絳州直隸州知州、江蘇鎮江府知府、浙江督糧道、兩淮都轉鹽運使司鹽運使，護理鹽漕察院，誥授中議大夫

曾祖母氏劉 滿城太學生之綱公女，庠生壯猷公胞妹，太學生大猷、企猷公胞姊，誥封淑人

庶曾祖母氏張 誥贈恭人

胞伯祖振宗 字裔昌，太學生，貤贈奉

庠生　緝祖 雍正乙卯舉人，任西寧縣教諭　紹祖 庠生　輝祖 廩生　繹祖 庠生　祖蔭 乾隆庚午舉人，元氏縣教諭，廣平府教授　祖晉 乾隆癸酉科拔貢生，廣德州州判，榮澤、內黃、曹縣縣丞，德州州同　祖蘊 庠生

從堂曾伯祖均　學誠　緒祖　學源

族曾伯叔祖祈齡 庠生　曰從 增生　亮工 庠生　重發 太學生　繼念 附貢生　重烈 歲貢生，歷任東昌府訓導、掖縣訓導，貤贈奉直大夫、刑部江西司主事，加一級　光裕 庠生　德裕 庠生　紹泰 康熙庚子副榜　人麟 庠生　人龍 庠生　慶裕 廩生　人鵬 廩生　人驥 庠生　莘 康熙辛卯舉人，章邱教諭　應泰 庠生　修泰 庠生

胞叔祖亢宗 嘉慶辛酉科拔貢生，歷任平鄉、南宮、良鄉教諭，廣東定安、順德、湖北黔陽等縣知縣，廣東澳門同知，誥授奉政大夫　超宗　丕宗 嘉慶癸酉科拔貢生，鑲紅旗官學教習，貴州修文、桐梓、龍泉、施秉縣知縣，署開州知州，耶岱廳同知，現任平越直隸州知州，署安順府知府

嫡堂伯祖耀宗 太學生，貤封孺林郎　慎思 廩貢生，歷任山東定陶、滋陽、博山、清平、章邱縣知縣　昌宗 例贈修職郎，山西蒲州府經歷

堂伯叔祖承思 廩生　法宗 增生　翼思　志宗　茂宗 太學生　蔚宗　頎　琪 歲貢生，廣昌縣訓導　鳳儀　淳　鳳翔　璧 乾隆庚辰舉人　秉忠　琳 歲貢生　瑩　鳳彩　浩　雝 乾隆壬子舉人，任河間府訓導　頊 歲貢生　瓚　秉義　璉　玟　琬 廩生　璿 庠生　瑞　秉禮　巖　琨 太學生　奉會 歲貢生，候選訓導　鐵 庠生　庭鈞 太學生　裕會 乾隆甲寅舉人，嘉慶甲戌進士，任國子監學正　琛　岱 廩生　瓚

直大夫、海寧州知州

胞伯祖母氏李 高陽庠生嘉德公女，庠生鳴玉公胞妹，浙江杭州鎮標領運千總瑛玉公胞姊，貤贈宜人

祖嗣宗 字衍庭，號錫堂，太學生，浙江處州府松陽縣知縣，調紹興府餘姚縣知縣，陞海寧州知州，海疆三年俸滿，加同知銜，署東塘海防同知，誥授奉政大夫

祖母氏楊 固安舉人、淮南批驗所大使墉公女，太學生維慶公胞妹，嘉慶戊午舉人步蟾公胞姊，誥封宜人

繼祖母氏戰 寧津乾隆己卯科舉人，歷任浙江海寧州知州效會公女，太學生、山東候補縣丞擷秀公胞姊，誥封宜人

父傳先 字衡夫，號進軒，嘉慶己卯優貢，庚辰科考取八旗官學教習，道光乙酉科舉人，署江西德興、樂平、清江、贛縣知縣，補長寧縣，調廬陵縣知縣，壬辰科鄉試同考官，現任南昌府同知

前母氏邊 任邱乾隆己卯舉人，歷任江西吉南贛寧兵備道學海公孫女，歲貢生候選訓

庭蕙 太學生　庭芳 嘉慶庚申科舉人，任大城縣教諭，現任正定府教授　清

族伯叔祖甡 乾隆癸酉舉人，甲戌明通榜，候選知縣　兢 歲貢生，誥贈奉直大夫、刑部江西司主事，加一級　驄豫 貢生，保舉，歷任江西通省督糧道　學阜 庠生，貤贈通議大夫、陝西潼商道　學夔 庠生　學凱 庠生　纘先 太學生　榛 太學生　卓 太學生　學益 增貢生　培宗 庠生　日宣 庠生　珏 太學生，貤贈文林郎　儀鳳 庠生　儀均 庠生　儀靖 嘉慶戊辰舉人，揀選知縣　舜遊 庠生　士适 庠生　超 庠生　熙周 庠生　通 庠生　上 庠生　暻 庠生　儀廣　時敏 庠生　友倉 太學生　眼 例贈修職郎　越 廩生　介眉 太學生　崧 庠生　鄘宗 太學生，誥贈修職郎，新泰縣教諭，貤贈奉政大夫、浙江道監察御史　毓秀 太學生　振緒 太學生　亮 庠生　幹 庠生　昇 庠生　千 太學生　觀國 太學生　觀孚 太學生

嫡堂叔傳鈞 庠生　傳賡　傳昉　傳霖

堂伯叔傳泗 庠生　傳方 廩生，陝西候補府經歷　傳洵 廩生，山東嶧縣縣丞，河南蘭陽、原武縣知縣，現任葉縣知縣，欽加五品銜，即補知州　傳湛　傳濯　傳漙　傳溶 庠生　傳綺 廩生，尙理受業　傳斌 庠生　傳汾　傳紳 增生　傳源

從堂伯叔傳灃　隆淦 庠生　傳安　傳密　傳滂 嘉慶辛酉舉人　傳經 廩生　天申　虎炳　天佑　蜚聲 庠生　振聲 庠生　傳薪 庠生　傳沂 廩生　傳瀌 廩生　傳珦 嘉慶癸酉拔貢，辛巳恩科舉人，揀選知縣，洵理受業　傳渶 庠生　傳誥 增生　傳消　傳梓　傳箴 庠生　傳中　傳澤　傳忠　傳恕　傳馨　傳哲　傳猷

屆
導鳳詔公女嘉慶癸酉舉人南宮縣教諭珏公
胞姊
母氏侯 武清乾隆丁未武榜眼 御前侍衛歷任浙江嘉興協副將署衢州鎮總兵官璜公女辛巳武舉江西撫州衛守禦世耀公廣東歸善縣巡檢現任江西新喻縣縣丞世臣公浙江杭嚴衛領運千總世光公胞姊
具慶下
庭訓
堂伯 字藜閣 名傳珂 嘉慶癸酉科拔貢

傳紱 庠生 傳綬 傳艮 傳書 傳澍 傳聲 傳
傳偓 庠生 傳渤 傳瀹 傳廉 傳敏 廩生 傳濩 傳滙
傳世 庠生 傳祿
族伯叔 維城 歲貢生 志瀛 庠生 維翰 庠生 維藩 太學生 維凝 乾隆己酉拔貢生武英殿校錄任新泰縣教諭敕授修職郎 顯基 嘉慶庚申舉人任曹縣教諭武
承基 乾隆丁酉舉人定府教授 拓基 增生 維基 乾隆丙午舉人嘉慶丙辰進士刑部廣西司主事揀發雲南借補嵩明州知州歷任景東大關同知 林洋 庠生
擴基 恩貢生 恢基 文林郎 例封 藩基 增生 林松 廩生 通議大夫 貤贈 大夫陝西潼商道
林桂 庠生 林椿 廩生 若梓 太學生 若桂 歲貢生 樟 庠生 林
翰 庠生 文萃 太學生 耀豐 太學生 貞元 太學生 志賢 吉升

五

辛巳恩科舉人揀選知縣
堂伯 字鶴如 名傳綸 廩生
胞兄 字菊農 名勤理 廩生
業師
心如孔老夫子 名傳璜 浙江錢塘人 廩膳生
毋員景韶邊老夫子 名筠 任邱人嘉慶戊寅副榜道光乙酉謄錄同榜舉人候選知縣
聽翁張老夫子 名學尹 湖南湘陰縣

明基 庠生 英奎 太學生 堯楨 庠生 得山 庠生 啟熾 太學生 乾隆丁酉科舉人 啟烈 乙酉科舉人 猷告 庠生 丕基 椿芳 八品壽官 得芝
得英 壽昌 闇 例封文林郎 謙 維章 維簡
若棟 若楨 維衍
胞兄弟 勤理 廩生 恂理 受業 循理 業儒
堂兄弟 仁理 端理 鏡理 從理 綬理 章理
廣理 太學生 候選從九品 元理 候選從九品 中理 和理 圖理
詳理 含理 晰理 達理 輔理 銘理 庠生
崇理 太學生 候選知縣 鐸理 冠理 緯理 太學生 鏞理
滋理

人嘉慶庚午舉人辛未進士前任福建侯官縣知縣臺灣鹿仔港理番同知
五峰邢老夫子 名福山 江西新昌人 嘉慶庚午舉人庚辰進士翰林院編修詹事府左春坊左庶子現任翰林院侍講學士

從堂兄弟 復理 隆理 庠生 敦理 庠生 衡理 協理 知理
明理 燮理 官理 登理 綺理 鎔理
鍾理 辛巳恩科舉人 釗理 英理 金理 幹理 醇
理 學理 信理 濟理 綜理 邦理 庠生 錫理
執理 厚理 敬理
族兄弟 樹蕙 太學生 樹琪 增生 樹謙 庠生 樹芩 歲貢生 敦復 庠生 勷
敦臨 嘉慶甲子舉人咸安宮教習 廩生 樹棠 辛卯舉人 澤長 嘉慶癸酉拔貢分發福建歷署政和嘉義縣知縣刑部四川司郎中直隸大名江西吉安府知府現任陝西潼商兵備道
應長 庠生 勷 庠生 鍾之 戊子舉人大挑一等知縣 樹嘉 嘉慶甲子舉人 樹連
樹直 恩貢生 樹春 庠生 纘緒 太學生 雲彤 庠生 雲鵬 庠生 樹

芳 庠生 樹蕃 樹江 樹瑤 樹淳 彤長 庠生 茂槐
逢吉 秉純 秉健 逢安 逢祥 逢乾
逢裕 逢元 華林 逢慶 殿魁 太學生 雲慶
同家 戊子科舉人揀選知縣 敦樸 樹植 敦澄 祐長
禧長 祉長 沂長 燕長 庠生 源長 燕平 壬辰科舉
人 敬長 繼長 燕葵 煦長 佐長 佑長
娶侯氏 武清乾隆丁未武榜眼 御前侍衛歷任浙江嘉興協副將署衢州鎮總兵官璜公孫女辛巳武舉江西撫州衛守禦世耀公廣東歸善縣巡檢現任江西新喻縣縣丞世臣公浙江杭嚴衛領運千總世光公胞姪女
子學會 長兄 幼出繼

順天鄉試硃卷 道光庚子 恩科

中式第二百四十三名鹿侑理 保定府定興縣廩膳生 民籍

房師 翰林院檢討 國史館協修 加三級 王 閱

戶部江南司員外郎加三級 馮 薦

大主考 內閣學士兼禮部侍郎銜 上書房行走 加三級 賈 批 取 又批 氣靜神恬

大主考 工部左侍郎 總管內務府大臣 廂黃旗蒙古副都統 廂紅旗護軍統領 右翼總兵 稽查右翼保定府等五處 稽查內七倉大臣 加三級 文 批 取 又批 志和音雅

大主考 經筵講官 戶部尚書 武英殿總裁 加三級 廖 批 取 又批 經術湛深

大主考 經筵講官 太子太保 東閣大學士 南書房行走 管理刑部事務 教習庶吉士 軍機大臣 加三級 王 批 中 又批 文情周匝

堂姪學閔 學曾 學林 學程 學朱 學顏

學成 學文 學光 學中 學詩 學禮

族姪德馨（增生） 德音（增生） 德庸（庠生） 德常（庠生） 德載（庠生） 德揆

（庠生）爾嗣 爾興 吉發 填發 際發 對厚

岱厚 德彰 德風 德明 德潤

族姪孫示周 務本

族繁不及悉載

住縣城內南大街

鄉試中式第二百四十三名

會試中式第　名

殿試第　甲第　名

欽點

本房總批 罄澄心以凝思滌慮而為言說理則冰甌雪椀用筆則鐵畫銀鉤水淨沙明日光玉潔兼以選韻擷江花之秀雪比聰明綜經敷鄭草之腴雲臚舒卷五策條分縷析三場璧合珠聯洵所謂有善悉臻無弊可擊者矣揭曉來謁知生家學淵源稟承有自丁年望重午夜功深即今蘂榜香生克繼鯉庭之學佇看花磚影度爭傳鳳閣之篇懋爾前修副予厚望

必也臨事而懼好謀而成者也　鹿侑理

聖人慎戰可必所與於懼與謀焉蓋懼而能謀謀而有成此行軍之要也臨事如此聖人所以必與乎今夫疆場之間危地也戰陣之事危機也非將之以小心則輕事者終多僨事非運之以大智則矜功者更鮮奏功以吾觀古之圖遠略而樹駿烈者類皆翼翼兢兢以底厥績於以知恃勇氣矜躁心之不足與有為矣吾行三軍而不與勇者何哉蓋非勇之難勇而能懼之難也且非勇而能懼之難懼而能謀謀而有成之難也吾竊思之危急存亡之際斷難共處夫兩全縱審機宜於百變而猶恐以志驕氣盈者致貽後

整鍊

必也之神躍躍紙上

識踞題巔籠罩萬有

息深蓬藟

反振一段機神洋溢筆意遒不猶人

淵源而出題氣獨得

起句卓如山立

氣度端凝

悔之譏死生呼吸之時豈能遽操夫勝算縱精策畫以周詳而猶
恐以喜事貪功者更蹈憂危之境然則臨事而可不懼乎可不懼
而謀乎好大喜功之輩動以戰勝競勲名而其弊必至於僨軍者
無懼心以將其事也苟且張皇之衆動以小才誇幹濟而其弊必
至於潰防者無嘉謀以成其事也吾也深察夫情僞之變靜觀夫
事物之常有以知軍旅之事之不易言也必也懼而謀謀而成者
乎天下惟敬事者可以當大事夫統億兆而歸於一人之繫屬則
其責之也匪輕作坐進退何以有常步伐疾徐何以齊止古之人
垂為訓誥著為成書要皆敬慎於臨事之時而無或怠忽者也則

丰裁峻整

其聲大而遠其氣疏以達

渾灝流轉切響騰光包掃一切

胸具全史故言皆有物發揮盡致

惟懼可以成謀也天下惟慮事者可以成大事夫總家國而聽於
一人之持維則其任之也綦重九合三駕何以服強後勁前茅何
以敵衆古之人申儆有辭陳誓有戒要皆審處於臨事之時而早
自圖維者也則惟謀可以成事也是故不敢以剛愎自用而後威
愛得其宜不敢以予智自雄而後機權合其正即至事當不測而
稟稟然不變其成謀輕率者無用詭譎者亦無用也夫然後可以
進可以退可以戰可以守而天下之妄動者勞而天下之遲回者
拙是故敬以持事而生殺皆所以行仁慮以下人而信義皆可以
為智即至事出百變而惕惕然自有其成謀姑息者不知鹵莽者

透徹中邊筆力能破餘地

亦不知也夫然後進非躁進退非怯退戰非輕戰守非敢守而天
下之恃聰明者妄而天下之任血氣者偏由也誠能臨事而懼與
好謀而成也是則吾之所必與者矣

本房加批

力厚思沉而無劍拔弩張之態矜平躁釋而有淵渟岳峙之神

扣題緊醒

西山爽氣撲入眉宇

清晰

故君子不動而敬不言而信　鹿惇理

存敬信於言動之先君子為己之功益密矣夫言動所以昭敬信
也乃至不動而敬不言而信君子為己之功不亦密乎且吾人之
入德也惟恃此無肆無欺之心以持於不見不聞之地而已顧持
之於人所不見不若持之於己所不見持之於人所不聞不若持
之於己所不聞蓋事以進而加密斯心以策而愈純從可知為己
之功固不待已見已聞而始深其刻責也爾室屋漏詩何以言及
此亦言乎靜之不可不慎也入德之君子顧何如者夫君子以言
動自省者也動必敬言必信者君子也暴慢遠而容止可觀鄙倍

用筆如蜻蜓點波紙上更不留墨跡

一點便足要言不煩

渣滓淨盡清光大來

更緊醒

遠而辭氣必慎就言動以觀君子固可法可則之君子也然君子不從已動已言見也敬而後動信而後言者君子也甫策躬而已虞其不逮一出口而早凜乎啟羞郎方言方動以窺君子亦為則為法之君子也然君子亦不從方動方言見也君子者深其功於言動之初而戒謹恐懼之必至故未必動而時存夫妄動之虞未必言而時慮夫輕言之失則不動不言而君子之功為已深君子者密其心於未言未動之始而戒謹恐懼之必周故不必動而時存夫慎動之心不必言而時惕夫慎言之念則不動不言而君子之心為已密不動而敬不言而信吾用是思君子敬止之功肆之

見道語

清刻

研思入細而無斧鑿之痕是為大雅

收筆圓足

樸屬微至

氣度安詳

易而歛之恒難縱联兆未形外觀者或共欽其丰采而寸心不堪自問卽自伏以不敬之機君子知夫屋漏皆帝天之對故其宅心也固固則不敢以不敬自安而持之彌久久則貞而外見之足重手恭無論也固則不敢以不敬自恕而勵之彌堅堅則實而虛著之儀文度數無論也迨至儀型可作人共仰其誠敬之懷而不知操存於不動之時者深也敦信之學忽於放而恒艱於收縱含意未伸外見者或共推其肅謹而此中不能自主卽已啟其不信之端君子念夫爾室皆箴銘之地故其治心也周周則不敢以不信自欺而處之必審審則精而事後之踐約無論也周則不敢以不

論理完密

信自飾而防之必嚴嚴則明而當前之矢口無論也迨至出話為猶人共服其信直之素而不知操存於不言之時者密也此君子為已之功而入德之不可不勉者也

本房加批

抒妙思而析理積清氣以成文

返虛入渾全題在握

反托理更圓到

清醇

淡淡寫來

○○○○○此天之所與我者先立乎其大者則其小者不能奪也

鹿惆理

天與者無不同在於立而不使奪也夫耳目與心天所與者何擇焉立其大而後小不能奪人亦善用其思哉且自有賦於天者而人遂一成而不變亦自有成於人者而人遂百出而不窮妄人矯命以誣天庸人信天以自棄不知人定者勝天而頎使天定者勝人此皆於天人之理有未審也耳目不思而心則思此其體之大小自人定之而實自天與之者也稟賦何嘗獨厚耳目之有視聽猶心之有思也聲色所至耳目接之理之所在心思通之大小各

神理獨得

一切矜才使氣伎倆芟除殆盡

接法機神一片

二比反面分疏實能抉出所以然不同

一挑半剔健筆凌雲

折落警峭

精深之理

有分屬天固不欲心思耳目之或有所虧賦畀何嘗獨薄耳目之長於視聽猶心之長於思也聲色之所不同耳目可以辨之理之所不明心思可以入之大小各有專司天亦不欲耳目心思之交相為蔽天之所與者如此然則耳目固無與於心乎才苟不分優劣則勢必至於兩相埒耳目無可受之責而心亦無兼收之權則勢相均者力必相敵然則心固無與於耳目乎職既判乎各盡則機必至於兩相抗心縱有操舍之權耳目亦有交戰之力則責相當者氣必不相下然而小者恒奪其大者何也聲色之害人也往往緣視聽而入而相引虛靈之體能存善亦能納汙也不峻其防

出以沖融千人首肯

精粹語不可多得

出落一片

思銳能入筆顯能出說理中上乘文字

淋漓盡致與會飛騫

簡當精純得未曾有

於未兆將有逐物以為用者矣則奪矣視聽之於人也往往因聲色而入而交攻瑩靈之質趨善易趨惡亦易也不嚴其辨於未形將有緣物以為智者矣則奪矣此皆不先立乎其大者故也五官之體惟心為最難禀賦同出一原而耳目恒退而聽天君之令先立之焉絕其緣於聲之未至而後聲之來於外者不致以鄭亂雅絕其緣於色之未至而後色之來於外者不致以紫亂朱心既正者無不正而謂耳目猶有淆奪之端也必不然矣五官之用惟思為精雖賦畀各有其歸而視聽恒約而受意指之使先立之焉嚴其制於聽之方動而後聽之感於外者不致亂吾固有之聰嚴其

點睛飛去

制於視之方動而後視之感於外者不致眩吾固有之明思既定者無不定而謂視聽猶有爭奪之弊也必不然矣則其小者不能奪也然則天之所與我者不足限我也我固有自操之權也人亦勉為大人也可

本房加批

辭達理舉文潔體清

起便超拔

落落大方

賦得秋色牆頭數點山　得山字五言八韻　鹿恂理

豈待開門見新秋數點山牆頭含淡冶峰腳認孱顏煙覆青原好苔封綠不刪無多疏落寫幾疊淺深環送到窗三面行來水一灣桂花層嶂遠桐葉短垣閒蜨過紅香處螺描黛色間

上林

宸賞洽摹畫有荊關

本房加批

秀色可挹雅韻欲流

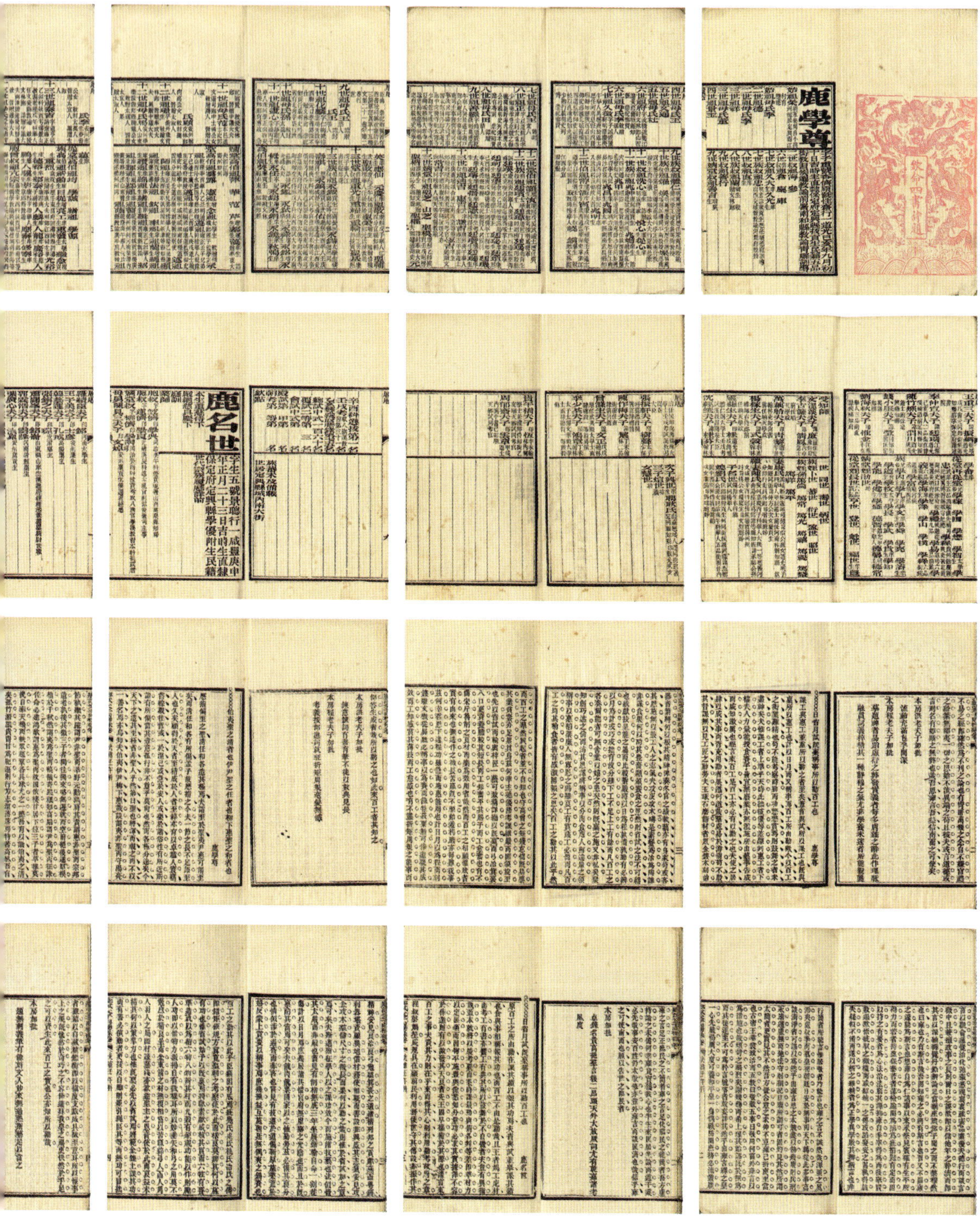

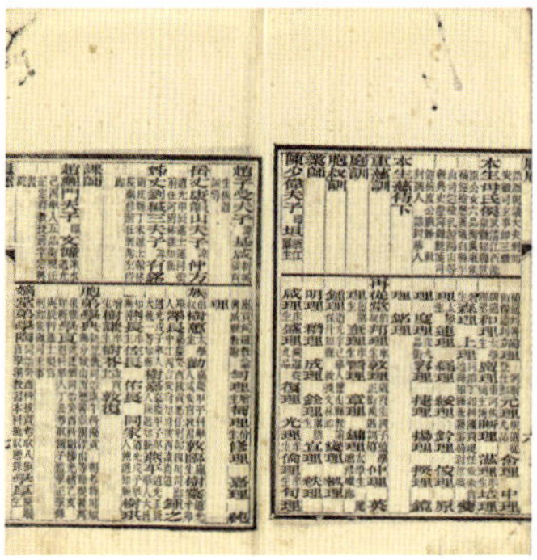
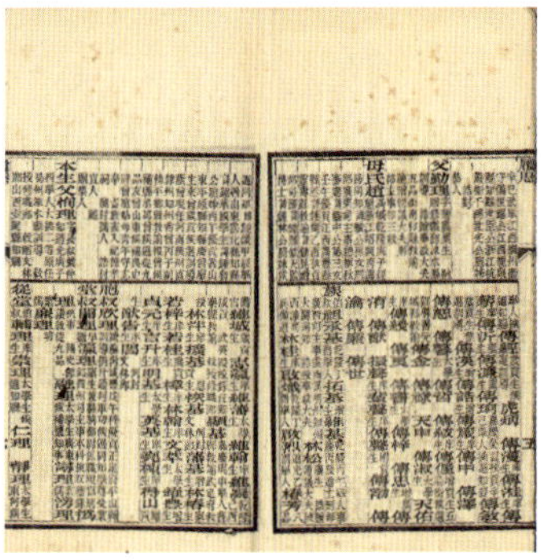
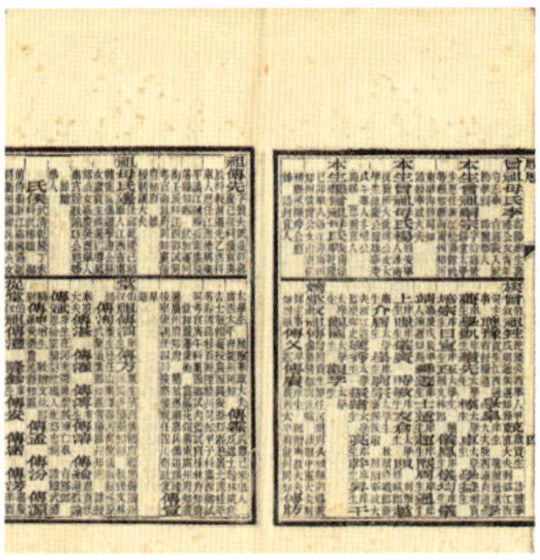
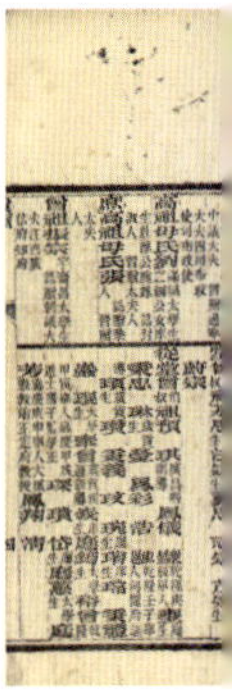
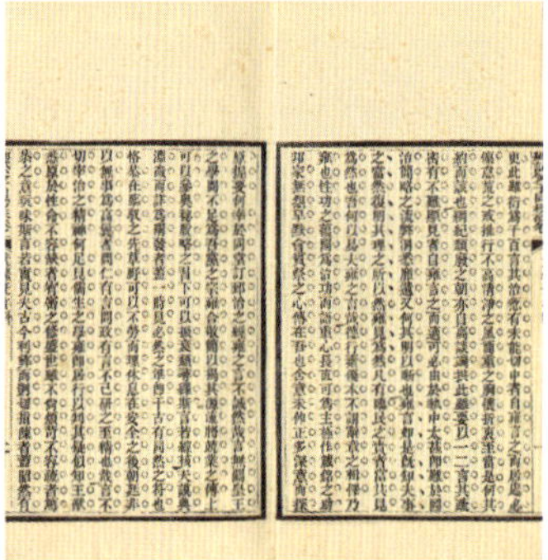
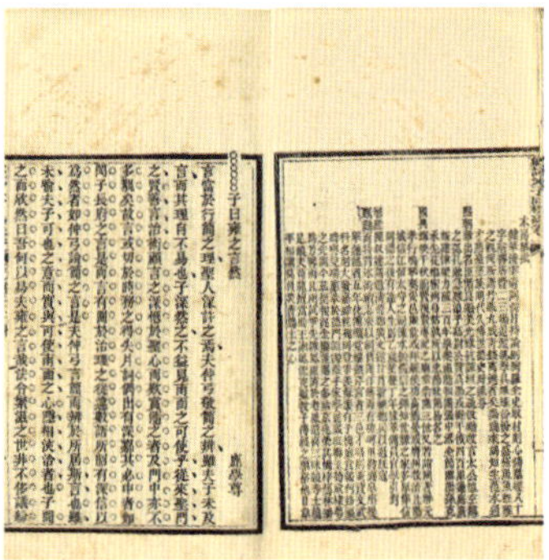
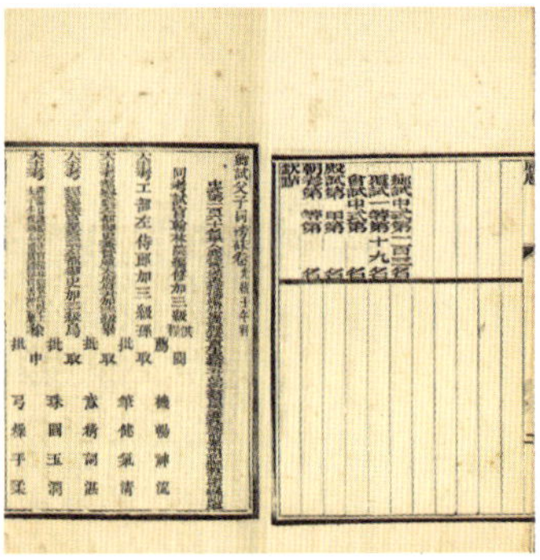

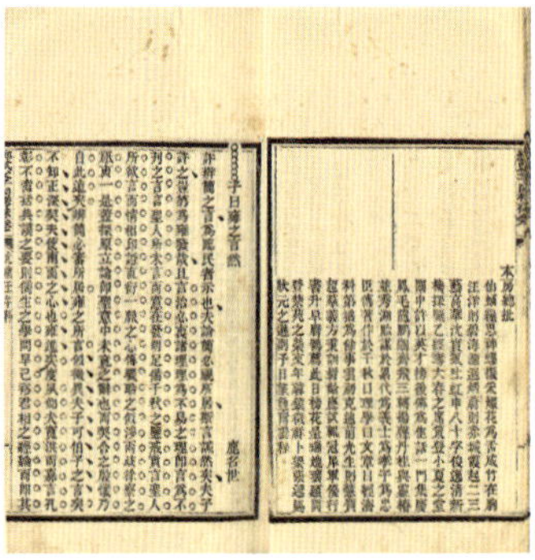
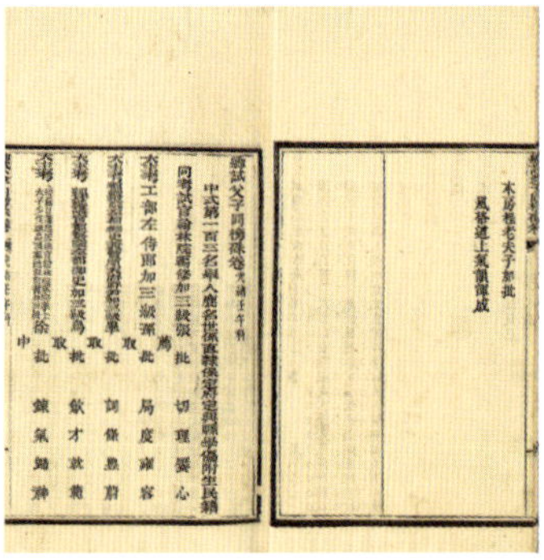
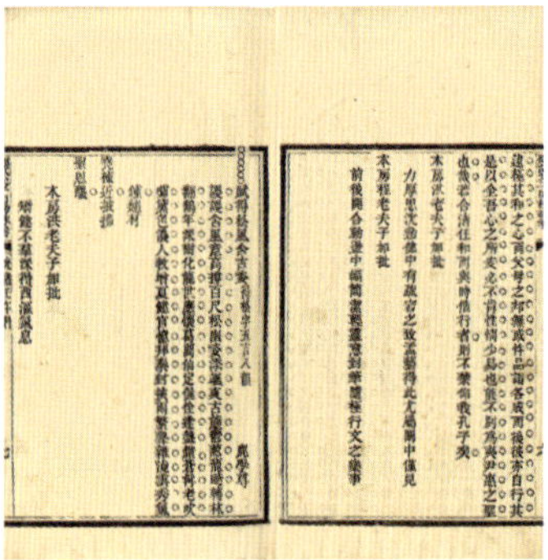
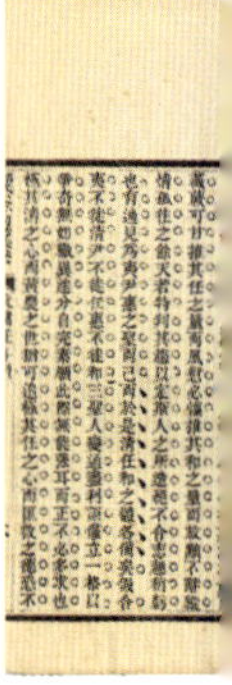
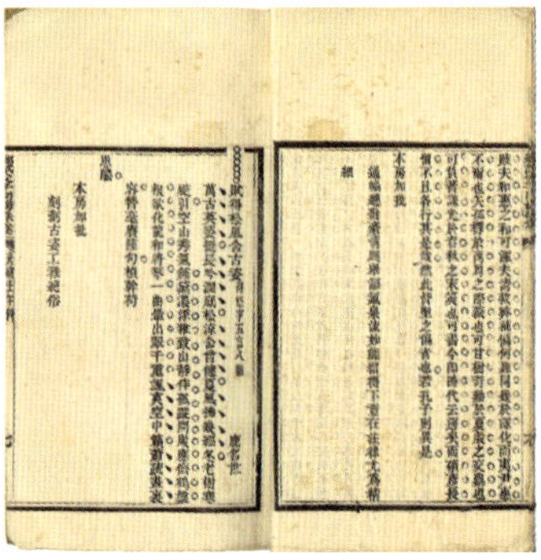
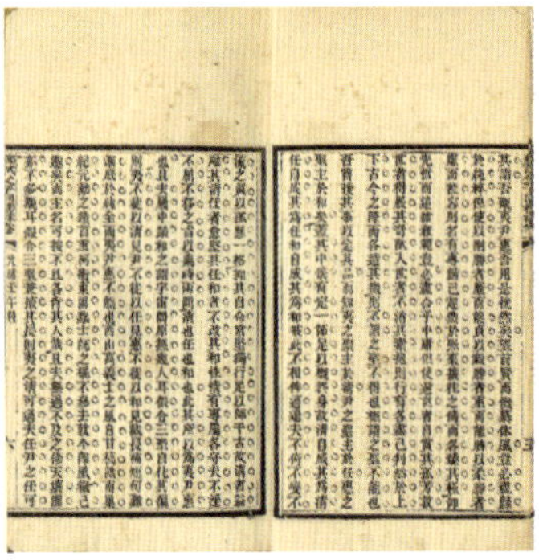
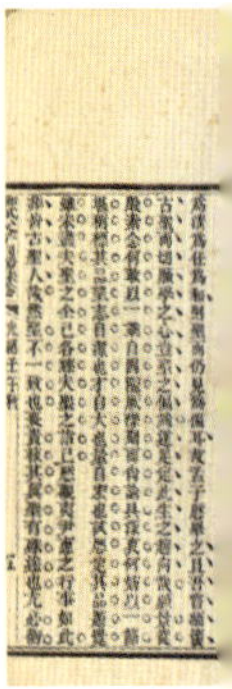

鹿学尊（一八三九—？），字子重，号杏斋、性斋，行一，廪生，定兴县西江村人。咸丰十一年（一八六一）拔贡生。同治元年（一八六二）考取八旗官学，教习期满，以教职用。光绪八年（一八八二）举人。先后任青县、南合、柏乡、涞水教谕，青县、长垣、蓟州训导，所至各任课士以先行后文，士子皆愿及门读书。俸满保升候选知县，升直隶州知州，加五品衔，授奉政大夫。莅任后，体察民间疾苦，公正廉明，有惠政，后以疾卒于官邸。娶康氏，满城进士、河南林县知县仲方次女，赠宜人。续娶陈氏，安州副贡生、候选直隶州州判榜女，封宜人。民国八年（一九一九）卒，合葬定兴田侯茔左。有五子，长子名世，次子兴世，三子煌世，四子焜世，五子坚世。有二女。鹿学尊在科举考试中曾获咸丰十一年选拔优贡生第一名；同治元年考取八旗汉教习第三十一名；光绪元年乡试挑取誊录第七十五名；光绪八年乡试中式第一百六十名，复试第二等第三名。

此光绪八年（一八八二）鹿学尊考取顺天乡试第一百六十名举人卷。在这次乡试中，鹿学尊长子鹿名世也参加了考试，考取顺天乡试第一百零三名举人，复试第一等第十九名，父子同榜。

鹿学尊业师：

赵鲤门：名文镰，涞水人。道光五年（一八二五）举人，五品衔。光绪八年（一八八二）前任定兴书院山长（院长）。

文洁溪：名廉。曾任保定府知府。

王重三：名振纲，新城（今高碑店市）人。道光十八年（一八三八）会元，同知衔，候选知县。曾任保定莲池书院院长。

李仲宣：名廷瑞，江苏人。道光十九年（一八三九）举人，二品衔，直隶候补道。曾任定兴县知县。

陈竹樵：名渭川，道光三十年（一八五〇）进士，曾任定兴县知县。

钱小庄：号茔，同知衔，江苏常州府阳湖县人，监生。咸丰八年（一八五八）六月任定兴县知县，咸丰十一年三月回任。

曾涤生（一八一一—一八七二）：名国藩，谥号文正，道光十八年（一八三八）进士，晚清名臣。

李少荃（一八二三—一九〇一），名鸿章，道光二十七年（一八四七）翰林，晚清名臣。

鹿名世，字生五，号景聪，行一，附生，定兴县西江村人。咸丰十年（一八六〇）正月二十三日生，光绪二十一年（一八九五）五月十七日卒。光绪八年（一八八二）举人，国史馆誊录，后任奉天铁岭县训导，分省试用知县，授文林郎。在训导岗位任职数年，多及门弟子，循循善诱，终日无倦，士林翕服。旋改派山东任知县，未及任以暴病卒。娶刘氏（一八六一—一八八四），任丘举人、内阁典籍高龄次女，赠孺人。续娶赵氏（一八六〇—一九三七），满城副贡生、平乡县教谕报曾长女，封孺人。合葬定兴田侯村鹿氏茔左。无子，以弟兴世长子笃平为嗣。

此光绪八年（一八八二）鹿名世考取顺天乡试第一百零三名举人卷，与父亲鹿学尊同榜举人。

鹿名世业师：

鹿学典（一八四二—一八八六），字诵五，号笠斋，行二，廪生，鹿名世胞叔。同治九年（一八七〇）优贡生，朝考以知县用，任山西夏县知县，历署壶关、浮山、万泉知县，授文林郎。

鹿学良（一八五四—一九二七）：字遂斋，光绪元年（一八七五）举人，六年（一八八〇）进士，鹿名世胞叔。曾任广东琼州知府、福建泉州知府、福州知府等职。

鹿学陶（一八五二—一九一三），字柳斋，行四，廪生，鹿名世堂叔。同治十二年（一八七三）拔贡生，考取八旗官学汉教习，本科挑取誊录，广昌县教谕，加国子监学正衔，授修职郎。

马恕卿：名思中，定兴县人。道光二十九年（一八四九）举人，国子监学正。

朱允卿：名乃恭，奉天锦州府锦县人。同治七年（一八六八）进士，同治十三年六月任定兴县知县，光绪三年（一八七七）任天津县知县。

李静山：名培祜，道光二十七年（一八四七）翰林，官任保定府知府。

鹿學尊

字子重，號杏儕，原號性齋，行一。道光己亥年九月初十日吉時生。直隸保定府定興縣拔貢生，民籍。五品銜。教習候選教諭，前署南和縣教諭、青縣訓導。

始祖榮 明永樂間自小興州徙居定興西江村，育隱德
始祖母氏李
二世祖德
二世祖母氏李
三世祖祥
三世祖母氏董
四世祖景玉

二世叔祖海 參
六世伯叔祖倉 廪 庫
七世叔祖久大 庠生 久光 庠生
七世族叔祖忠 明宏治歲貢生，歷任順德府訓導、山西交城縣教諭、河間府教授
八世叔祖直 庠生
八世族叔祖蘭 增生，敕贈文林郎
九世叔祖善行
九世嫡堂叔祖善言 增廣生

四世祖母氏王
五世祖文通
五世祖母氏杜
六世祖府 字汝積，號龍江，封文林郎，山西潞安府襄垣縣知縣，崇祀鄉賢
六世祖母氏李 敕贈孺人
七世祖久徵 字子誠，號預軒，明隆慶庚午舉人，萬歷庚辰進士，歷任河南息縣、山西襄垣縣知縣，陝西道監察御史，巡視北城，復補江西道監察御史，巡按蘇松，以直諫追贈光祿寺少卿，行載明史列傳，崇祀鄉賢

九世族叔祖體仁 明萬歷選貢，歷任永寧縣教諭、德州學正、遼東廣寧衛教授
十世族伯叔祖燿 煥 明萬歷歲貢生，歷任諸城縣訓導、開平衛教授 燦 明萬歷歲貢生，歷任棠邑訓導、河南睢州學正、濟南府教授，升王府伴讀，誥贈奉政大夫，行誼載邑乘
十一世叔祖洗心 庠生，明威將軍 誥贈 悅心 庠生 從心 庠生
十一世族伯叔祖兆紳 康熙歲貢生，廷試候選州同 兆增 庠生，贈奉直大夫，誥 兆甲 順治恩貢生，歷任陝西甯夏監察御史，四川道知府事，入祀 捕平涼通判，湖南長沙府同知，署長沙名宦祠 兆昌 庠生 兆圖 太平縣 順治歲貢生，歷任江南湖南武昌縣知縣，山西汾州府同知，祀入武昌名宦，鄉飲大賓 兆明 庠生
十二世伯祖游 庠生 涵 生 賓 康熙戊午經魁，壬戌進士，陝西道監察御史，掌浙江道事，以嚴毅著，崇祀鄉賢 玨 康熙壬午叔姪同榜舉人 曉 鎮 庠生，敕贈文林郎，江西分宜縣知縣

七世祖母氏王 宜人 誥封
八世祖正 庠生 字以道，號成宇，封太常寺少卿。明季急左魏之難，義聞朝野，海內稱鹿太公，行載明史列傳，本邑建有專祠，崇祀鄉賢
八世祖母氏田 誥贈恭人
九世祖善繼 字伯順，號乾獄，明萬歷丙午舉人，癸丑進士，選戶部山東司主事，復補河南司主事，署廣東司主事，改兵部職方司主事，晉本部員外郎、武選司郎中、尚寶寺卿、太常寺少卿，管光祿寺丞事，以殉城難，贈大理寺卿，謚忠節，敕建專祠，賜額忠烈，行載明史理學名

十二世堂伯祖灝 庠生 淡 康熙戊辰武進士，歷任廣東營都司，授明威將軍
十二世族伯叔祖廷璝 太學生 廷璋 康熙丁卯副榜 廷瓖 歲貢生，陽穀縣訓導 廷瑛 康熙癸卯舉人，庚戌進士，四川道監察御史，協理河南道，巡視西城，掌山東道事 廷珂 庠生 廷璆 康熙乙卯經魁，滋陽縣教諭，膠州學正 廷珌 庠生 廷璿 康熙己酉經魁，庚戌聯捷進士，湖廣平江縣知縣，奉天承德縣知縣，崇祀鄉賢，入名宦祠 廷璣 廷瑢 庠生，太學生 廷揩 生 廷瓛 庠生，考授縣丞 廷璜 庠生 廷璉 庠生
十三世叔伯祖迪吉 武庠生 惠吉 生 謙吉 康熙庚子舉人，雍正甲辰進士，歷任廣東增城、合浦，江南鳳臺等縣知縣，乾隆丙辰科廣東鄉試同考官 啟吉 庠生，貤贈文林郎 常吉 字德彰，康熙壬午科叔姪兄弟同榜舉人，順天固安縣教諭
十三世嫡堂伯叔祖聖之 山之 聖模 康熙乙卯拔貢，壬戌副榜 聖樁 國學生，山西沁水縣知縣，贈文林郎 聖權 誥封奉政大夫，福建道御史 元

臣傳崇祀鄉賢著有四書說約無欲齋詩鈔三歸草認眞草十五種文集二十一卷年譜二卷行世

九世祖母氏王 誥贈恭人

氏王 誥封恭人

十世祖化麟 字仁卿號恰雲明天啓辛酉解元以孝著累徵不仕贈文林郎崇祀鄉賢行載明史列傳著有北海亭集行世

十世祖母氏孫 敕封太孺人

十一世祖盡心 字靜觀明崇禎丙子舉人涿州學正山西安邑縣知縣有惠政崇

英 庠生 應仙 元慶 庠生 聖敬 康熙戊子舉人江西分宜縣知縣 聖輔

武 生 聖啟 康熙壬午叔姪同榜舉人任縣教諭 聖榮 增生 貤贈修職郎元氏縣教諭

十三世堂伯叔祖重光 庠生 重耀 庠生 重輪 雍正癸卯拔貢 聖基 康熙戊子舉人江南虹縣知縣

十三世族伯叔祖永銓 貢生江南長洲嘉定等縣知縣 永鑄 太學生候選州同

詩祺 恩貢生 永鎬 歲貢生武城縣訓導 佑 康熙辛酉舉人壬戌聯捷進士浙江西安縣知縣庚午科鄉試同考官陞禮部主客司主事儀制司員外江南道監察御史巡視南城通政司參議順天府府丞大理寺少卿太僕寺卿太常寺卿兵部左右侍郎戊子科山西鄉試大主考河南巡撫 誥授光祿大夫 永鑑 永鉽 俱太學生 永祿 廩生 永銘 增生 永

賢 庠生 永任 奉祀生 永鑄 廩生 永銅 庠生 永鏡 庠生 秋鳴 庠生

高伯祖葵 廩貢生敕贈文林郎山東章邱縣知縣

祀鄉賢 敕授文林郎 晉贈中議大夫

十一世祖母氏范 本邑進士吏部文選司郎中士楷公女 敕贈孺人 晉贈太淑人

氏顧 安州贈文林郎向高公女 敕封孺人 晉贈太淑人

十二世祖璟 字紫升歲貢生 敕贈文林郎 晉贈奉政大夫 累贈中議大夫

十二世祖母氏馬 安州舉人山東樂陵縣知縣騰龍公女 敕贈太孺人 晉贈太宜人 累贈太淑人

嫡堂高伯祖萍 華 范 芹 增生 蓉 廩生 藻 庠生 誥贈奉直大夫浙江海甯州知州

堂高伯祖雲露 憲祖 增生 念祖 太學生 敕贈修職郎國子監學正 承祖 乾隆辛酉舉人乙丑明通山西沁水藍田等縣知縣 遵祖 雍正壬子兄弟同榜舉人乾隆丁己進士廣平正定等府教授 適祖 雍正己酉舉人庚戌進士翰林院編修福建道監察御史禮吏科給事中巡視中城西城湖南督糧道四川分巡川北道按察司副使署按察使 述祖 師祖 雍正壬子兄弟同榜舉人乾隆乙丑進士山西樂平洪洞四川新津等縣知縣 縝祖 歲貢生靜海縣訓導 法祖 欽祖 琴祖 庠生 蘭祖 增生 繩祖 庠生 纘祖 庠生 綸祖 庠生 緒祖 庠生 緝祖 雍正乙卯舉人西甯縣教諭 紹祖 庠生 輝祖 廩生 繹祖 庠生 曾祖 乾隆癸酉拔貢安徽廣德州州判河南滎澤內黃等縣縣丞山東曹縣縣丞德州州同 祖蔭 乾隆庚午舉人元氏縣教諭廣平府教授

氏李 安州庠生芬香公女 敕封太孺人 晉贈太宜人 累贈太淑人

十三世祖泰吉 字道亨號訥齋雍正乙卯科拔貢考補景山教習乾隆戊午科舉人任文安縣教諭 敕授文林郎 誥贈中議大夫兩淮鹽運使司鹽運使 晉贈通奉大夫

十三世祖母氏孟 安肅庠生 敕封文林郎浙江富陽縣知縣兆祉公女 敕封孺人 誥贈太淑人 貤贈太夫人

高祖荃 字君服號馥圃乾隆乙酉科拔貢

蘊 庠生

從堂高伯祖均 學誠 緒祖 學源

族高伯叔祖祈齡 庠生 日從 增生 亮工 庠生 重發 太學生 繼念 附貢生 重烈 歲貢生歷任東昌府訓導掖縣訓導 貤贈奉直大夫刑部江西司主事 光裕 庠生 德裕 庠生 紹泰 康熙庚子副榜 人麟 庠生 人龍 庠生 慶裕 廩生 人鵬 廩生 人驥 庠生 莘 康熙辛卯舉人章邱縣教諭 應泰 庠生 修泰 庠生

胞曾叔祖亢宗 嘉慶辛酉科拔貢歷任平鄉南宮等縣儒學教諭廣東順德湖南黔陽等縣知縣廣東澳門同知 誥授奉政大夫 逕宗 太學生早逝 丕宗 嘉慶癸酉科拔貢庚辰科教習補鑲紅旗官學歷任貴州修文桐梓龍泉施秉等縣知縣黔西州知州平越直隸州知州道衛都勻府知府署貴東兵備道 賞戴花翎 咸豐六年與曾叔祖母蕭恭人同殉都勻城難 奉旨照三品例從優議卹 恩給騎都尉世職 賜郵賞祭葬銀兩 御賜祭文入祀昭忠祠 敕

朝考入選歷任順天府三河縣訓導山西靈石永濟等縣知縣絳州直隸州知州江蘇鎮江府知府浙江督糧道兩淮都轉鹽運使司鹽運使護理鹽漕察院 誥授中議大夫 晉贈通奉大夫四川布政使司布政使

高祖母氏劉 滿城太學生之綱公女庠生壯猷公胞妹 誥封淑人 晉贈太夫人

庶高祖母氏張 誥贈恭人 晉贈太夫人

曾祖振宗 字裔昌太學生 誥贈朝議大夫江西廣信府知府

建專祠 國史立傳諡壯節 誥授中憲大夫 晉贈通奉大夫四川布政使

嫡堂曾伯祖耀宗 太學生 封儒林郎 貤贈修職郎山西蒲州府經歷 慎思 廩貢歷任山東定陶清平章邱等縣知縣 昌宗

堂曾伯叔祖永思 廩生 法宗 增生 襄思 志宗 茂宗 太學生

蔚宗

從堂曾伯叔祖預 琪 廣昌縣訓導 鳳儀 璧 乾隆庚辰舉人 犨 廩生 秉忠 琳 歲貢生 瑩 歲貢生 鳳彩 浩 雝 乾隆壬子舉人河間府訓導 項 歲貢生 瓚 秉義 玫 琬 廩生 璿 庠生 瓏 秉禮 巖 琨 太學生 奉曾 歲貢候選訓導 義 庠生 庭錡 太學生 裕曾 乾隆甲寅舉人嘉慶甲戌進士國子監學正 琛 璜 岱 廩生 庭蕙 太學生 庭芳 嘉慶庚申舉人大城縣教諭正定府教授 鳳翔 清

曾祖母氏李 高陽庠生嘉德公女青年守志奉 旨旌表入祀節孝祠 誥贈恭人
本生曾祖嗣宗 字衍庭號錫堂太學生歷任浙江松陽餘姚等縣知縣海甯州知州東塘海防同知 誥授奉政大夫
本生曾祖母氏楊 固安舉人淮南批驗所大使炳公女太學生維慶公胞妹嘉慶戊午舉人步蟾公胞姊 誥贈宜人
本生繼曾祖母氏戴 甯津乾隆己卯舉人浙江海甯州知州效曾公女山東候補縣丞顯秀公胞姊 誥封宜人

族曾伯叔祖生 乾隆癸酉舉人甲戌明通候選知縣 競 乾隆歲貢生 誥贈奉直大夫刑部江西司主事 聰豫 貢生江西通省督糧道 學皐 庠生 馳贈通議大夫陝西潼商道 學 增貢生
學凱 庠生 纘先 太學生 榛 太學生 卓 太學生 學益 生
培宗 庠生 日宣 庠生 珏 太學生 贈文林郎 馳 儀鳳 庠生 儀均 庠生 儀
靖 嘉慶戊辰舉人揀選知縣 舜遊 庠生 士適 庠生 超 庠生 熙周 庠生 通 庠生
上 庠生 曝 庠生 儀廣 時敏 庠生 友倉 太學生 則 例贈修職郎 越
介眉 太學生 松 庠生 廓宗 太學生奉縣教諭 敕贈修職郎新
監察御史浙江道 毓秀 太學生 振緒 太學生 亮 庠生 乾 庠生 昇 庠生 干 馳贈奉政大夫
觀國 太學生 觀學 太學生
嫡堂叔祖傳鈞 附貢生原任河間府吳橋縣訓導兼襲騎都尉世職 誥贈中憲大夫刑部主事加四級 傳乂 早逝 傳扆 庠生廣西太平府龍州同知 馳贈奉政大夫 傳昉

祖傳先 字質夫號進軒嘉慶己卯科優貢庚辰科教習道光乙酉科舉人歷任江西德興樂平清江贛縣長甯廬陵等縣知縣 欽加運同銜壬辰科江西鄉試同考官南昌府同知廣信府知府 誥授朝議大夫
祖母氏邊 乾隆己卯舉人江西吉南贛甯兵備道學海公孫女歲貢生候選訓導鳳詔公女嘉慶癸酉舉人南宮縣教諭珏公胞姊 誥贈恭人
氏侯 乾隆丁未武科武榜眼御前侍衛浙江嘉興協副將衢州鎮總兵璜公女

太學生 廣西太平府龍州同知 馳贈奉政大夫 傳霖 咸豐己未舉人庶吉士散館選授廣西興安縣知縣歷署北流桂平等縣調臨桂首縣陸龍州同知甲子科廣西鄉試同考官庚午科廣西鄉試內監試官桂林府知府 欽加鹽運使銜 賞戴花翎廣東廉州府知府署廣州府知府 簡放惠潮嘉兵備道福建按察使調任四川按察使現任四川布政使 傳宣
早逝
堂伯叔祖傳泗 庠生 傳方 廩生陝西候補府經歷署隴州州同汧陽縣知縣 敕授文林郎 傳洵 廩生歷任山東嶧縣河南蘭儀縣縣丞原武蘭儀葉縣知縣信陽睢州知州 誥授奉直大夫
傳湛 傳濯 傳溥 庠生 傳溶 傳綸 恩貢候選教諭
傳斌 庠生在河南帶勇禦賊陣亡奉恩給雲騎尉世職入祀昭忠祠 旨賜卹 誥贈武德騎尉
傳紳 增生 敕贈文林郎安徽貴池縣知縣 傳孟 傳汾 傳源
從堂伯叔祖傳澧 隆鈐 庠生 傳安 傳密 傳澇 嘉慶辛酉

曆
辛巳武舉江西撫州衛守備世耀公江西龍泉縣知縣世臣公浙江杭嚴衛千總世光公胞姊 誥封恭人
父勤理 字菊農廩生 馳贈修職郎淶水縣訓導 誥贈奉政大夫五品銜南和縣教諭 馳贈朝議大夫刑部主事加三級
母氏趙 滿城乾隆庚子經魁浙江紹興府海防同知諱黻公孫女刑部廣東司主事總辦秋審處諱協中公第三女壬午優貢江西廣豐縣縣丞諱鍾蘭乙酉拔貢靈壽縣教諭諱鍾昆禮部司務諱鍾雁欽天監博士諱鍾林公胞妹候

舉人揀選知縣 傳經 歲貢生候選訓導 虎炳 傳漢 庠生 傳桂 庠生 傳
祈 庠生 傳沂 廩生 傳濂 廩生 傳珦 嘉慶癸酉拔貢辛巳舉人揀選知縣 傳敏
歲貢生候選訓導 傳漢 增生 傳誥 增生 傳箴 庠生 傳中 傳澤
傳恕 傳馨 太學生 傳哲 傳綋 庠生 傳偃 增貢生五品銜候選
訓導晉元城縣教諭 傳金 傳祿 天申 傳淑 太學生 天佑
庠生 傳綬 傳昆 傳書 太學生 傳梓 傳忠 增廣生 傳
洧 傳猷 振聲 庠生 磐聲 庠生 傳馨 附貢生 傳渤 傳
瀹 傳廉 傳世
族伯叔祖承基 乾隆丁酉舉人廣西司主事雲南蒲明州知州 誥授奉政大夫 拓基 增生 維基 乾隆丙午舉人嘉慶丙辰進士刑部 誥贈 林松 廩生通議大夫陝 大關同知
西潼商兵備道 林桂 庠生 啟熾 乾隆丁酉舉人 啟烈 道光乙酉舉人 椿芳 八品

選同知 印鍾鐶 甲辰舉人署山東霑化縣知縣 諱鍾華國學生 諱鍾翕公胞姊丙午優貢署山東平原縣知縣慶會廩生東來會歲貢候選訓導蔭會現任河南陝州直隸州知州希會丙子副榜平鄉縣教諭報會候補縣丞篤會候選從九品友會山東候補典史祥會胞姑母青年守志奉 旨旌表入祀節孝祠 馳封孺人 誥封宜人 馳贈恭人
本生父恂理 字長叔號仲如道光庚子科舉人大挑二等原任易州淶水縣訓導 敕授修職郎 敕贈文林郎山西壺關縣知縣

壽官 維城 歲貢 志瀛 庠生 維藩 太學生 維翰 庠生 維凝 乾隆己酉
拔貢武英殿校錄任新奉縣教諭 敕授修職郎 顯基 嘉慶庚申舉人曹縣教諭武定府教
授 林泮 庠生 擴基 貢生 恩 恢基 文林郎 例封 藩基 增生 林椿 廩生
若梓 庠生 若桂 歲貢 樟 庠生 林翰 庠生 文萃 太學生 耀豐 增生
貞元 庠生 吉升 庠生 明基 太學生 英基 庠生 堯棟 庠生 得山 廩貢
生 猷告 庠生 闓 文林郎 例封
胞叔欣理 號蘇齋咸豐戊午科優貢正定府平山縣訓導捐升通判軍功候選同知學尊受業
堂叔開理 早逝 瀛理 廩生兼襲騎都尉世職現官刑部貴州司主事本科挑取謄錄 攜
理 議敘從九品 供事國史館 融理 太學生廣東候補鹽知事 濤理 業儒 澇理
業儒 廉理 功
從堂伯叔輔理 庠生 崇理 太學生候選知縣 仁理 靜理 太學生東河候

履歷

誥贈朝議大夫刑部安徽司主事加三級

本生母氏侯 武淸江西龍泉縣知縣世臣公女六品銜廣東候補巡檢署電白縣平山司巡檢乳源陽山等縣典史澄海縣甡浦司巡檢度公胞姊敕封孺人誥封恭人

本生慈侍下

重慈訓

庭訓

胞叔訓

業師

陳少偉夫子 印坦 浙江廩生

補通判署衔糧通判 端理 例贈登仕郎 元理 候選從九品 含理 中理

候選縣丞 和理 太學生 廣理 東河候補主簿 斷理 滋理 庠生 培理

增生 森理 上理 同治丁卯科優貢現任安徽貴池縣知縣兼襲雲騎尉世職 燮理

理 太學生 連理 繩理 綏理 鈐理 俊理 原

理 度理 從九品銜 容理 捷理 揚理 揆理 鏡

理 銘理

再從堂伯叔 邦理 庠生 敦理 歲貢生國子監學正銜候選訓導 仲理 英

理 廩膳生 奎理 庠生 晉理 章理 鏞理 太學生贈修職郎 朏

鍾理 道光辛巳舉人鹽山縣教諭保升知縣敕授文林郎 燮理 執理

明理 稽理 成理 銓理 廩膳生 宣理 秩理

咸理 庠生 盛理 候選從九品 復理 光理 庠生 倫理 庠生 旬理

趙子受夫子 諱基咸 新城歲貢生候選訓導

岳丈康韻山夫子 諱仲方 道光甲辰進士運同銜前任河南林縣知縣

姊丈劉緘三夫子 諱有銘 南皮縣丁未進士翰林院編修前任刑部左侍郎

課師

趙紳門夫子 印文濂 淶水道光己酉舉人五品銜現任正定府教授前掌定興書院

廩貢候選教諭署威縣教諭

理

勻理 增生 鈎理 佾生 修理 嘉理 純

族伯叔 樹蕙 太學生 勳 嘉慶甲子科舉人咸安宮教習 敦臨 廩生 樹棠 道光辛卯舉人 澤長 嘉慶癸酉拔貢歷任刑部四川司郎中江西吉安府知府陝西潼商道 鍾之

道光戊子舉人大挑一等知縣 樹嘉 嘉慶甲子舉人揀選知縣 燕平 道光壬辰舉人大挑

知縣 燕長 庠生 佐長 佑長 同家 道光戊子舉人揀選知縣 樹琪

增生 樹謙 庠生 樹荅 歲貢生 敦復

胞弟 學典 號笠僑 同治庚午科優貢朝考特用知縣分發山西歷署壺關浮山等縣現署萬泉縣知縣 學貢 號遂僑 同治癸酉科副榜光緒乙亥恩科舉人丁丑考取國子監學正學錄庚辰科進士現官刑部安徽司主事

嫡堂弟 學陶 同治癸酉科拔貢考取八旗官學漢教習本科挑取謄錄 學厚 優廩生

王重三夫子 諱振綱 新城道光戊戌會元同知銜候選知縣前掌保定府蓮池書院

李仲宣夫子 諱廷瑞 江蘇道光己亥舉人二品銜直隸候補道前定興縣知縣

陳竹樵夫子 諱渭川 道光庚戌進士前任定興縣知縣

錢小厓夫子 諱堂 同知銜前任定興縣知縣

劉海秋夫子 印惟金 江蘇辛亥舉人三品銜直隸候補知府

學畬 庠生

再從堂兄弟 學稼 學圃 學懋 學智 太學生 學

忠 武庠生五品頂戴儘先補用把總署博野縣城守把總 學程 貴州餘慶縣典史署定番開州吏目保陞府經歷署安順府經歷 學禮 候選從九品 學易 軍功六品頂戴 學

義 六品頂戴 學海 庠生 學澤 學山 學樸 學繹 六品銜候選縣丞 學富 東河候補縣丞

族兄弟 學因 廩生 學孔 庠生 學文 庠生 學舜 學堯 學濬 庠生

學道 增生 學校 太學生 學長 學武 學貴 庠生 學知

學能 學健 庠生 學盛 德晉 道光甲午舉人 德馨 增生 德常

嫡堂姪 勛世 幼

從堂姪 長世 六品頂戴 亨世 登世 魁世 福世 庠生 豐

受知師

文潔溪夫子 諱廉 前保定府知府

李古濂夫子 諱清鳳 丙申進士前任順天學政

萬藕舲夫子 印青藜 道光辛丑翰林吏部尚書前任順天學政

楊稼生夫子 諱式穀 辛丑翰林禮部右侍郎前任順天學政

龔藕生夫子 印桂 道光戊戌傳臚體仁閣大學士壬戌考試漢教習閱卷大臣

沈經笙夫子 諱桂芬 丁未翰林

世 同世 壽世 炳世

族姪 卜世 耆世 衍世 盈世 昭世

族姪孫 篤倫 篤常 篤光 篤禧 篤禔 篤瑩

篤祥 篤平

妻康氏 滿城縣候選部司務諱佑公孫女道光庚子科舉人甲辰進士前任河南林縣知縣欽加運同銜諱仲方公次女廩貢生分部行走員外郎 印增綬胞姊

繼妻陳氏 安州嘉慶丙子科舉人大挑一等歷署河南湯陰長葛臨漳等縣知縣諱承祜公孫女咸豐辛酉科副榜候選直隸州州判諱榜公女優廩生 印文煜胞姊

子 名世 優附生本科鄉試同榜舉人

媳劉氏 任邱縣附貢生州同銜候選訓導諱杰公孫女同治庚午科舉人五品銜現任內閣中書候補侍讀 印嵩齡次女業儒 印錫疇胞姊

履歷

前任兵部尚書協辦大學士壬戌考試漢教習閱卷大臣

張振軒夫子 印 樹聲 太子少保兩廣總督現署直隸總督

陳作梅夫子 諱 鼐 丁未翰林二品銜前任直隸清河道

曾滌生夫子 謚 文正 戊戌翰林原任武英殿大學士直隸總督一等毅勇侯

李少荃夫子 印 鴻章 丁未翰林太子太傅文華殿大學士直隸總督一等肅毅伯

聘耿氏 山東歷城人運同銜前署定興縣知縣印觀光次女

次子興世 庠生

三子煊世 幼讀

亥慧世 幼

貴午橋夫子 印 恆 辛未翰林內閣學士兼禮部侍郎銜乙亥順天鄉試同考官

周郁齋夫子 印 雲章 甲戌進士內閣中書己卯順天鄉試同考官

履歷

辛酉科選拔第一名

壬戌考取八旗漢教習第三十一名

乙亥鄉試挑取謄錄第七十五名

鄉試中式一百六十名

覆試二等第三名

會試中式第　名

殿試第　甲第　名

朝考第　等第　名

欽點

族譜未及備載

世居定興縣城內南大街

鹿名世

字生五 號景聰 行一 咸豐庚申年正月二十三日吉時生 直隸保定府定興縣學優附生 民籍

世代宗族履歷詳前

本生重慈侍下

嚴繼慈具慶下

庭訓

業師

胞叔 字笠儕 印 學典 同治庚午科優貢 現署山西萬泉縣知縣

胞叔 字遂儕 印 學良 光緒庚辰科進士 現官刑部安徽司主事

嫡堂叔 字柳儕 印 學詢 附錄 同治癸酉科拔貢 考取八旗官學漢教習 本科挑取謄

母舅陳見三夫子 印 文焯 安州廩貢生 候選府經歷

羅績臣夫子 印銘 河南太學生
王子美夫子 印士彥 安州廪生
韓藝蓮夫子 印孔珹 高陽廪生
張鎮之夫子 印琮 安肅廪生
蕭蘭峯夫子 印銘崙 山東福山庠生候選府經縣丞兼襲雲騎尉世職
郭霖浩夫子 印雲陞 河南滑縣廪生
張廣心夫子 印濬泉 安州歲貢生
魏子珍夫子 印鍾琦 丙子己卯兩科副榜
丁桐生夫子 印立幹 同治辛未進士翰林院編修現任雲南學政
陳星齋夫子 印應禧 庚辰進士翰林院庶吉士

課師

馬恕卿夫子 印思中 同邑道光己酉科舉人現官國子監學正
張堯農夫子 印正埼 己卯科解元庚辰科進士現官工部虞衡司主事

受知師

朱允卿夫子 印乃恭 同治戊辰科進士前定興縣知縣現任天津縣知縣
李靜山夫子 印培祜 道光丁未科翰林前保定府知府現任通永道
何棣珊夫子 諱廷謙 道光丁未科翰林前任順天學政

鄉試中式第一百三名
覆試一等第十九名
會試中式第 名
殿試第 甲第 名
朝考第 等第 名
欽點

鄉試父子同榜硃卷 光緒壬午科

中式第二百六十名舉人鹿學嘉係直隸保定府定興縣拔貢生長蘆籍五品銜教習候選教諭前署南和縣教諭署贊皇縣訓導

同考試官翰林院編修加三級洪 程 閱 薦 機暢神流

大主考工部左侍郎加三級孫 批取 筆健氣清

大主考都察院左都御史兼管順天府府尹加三級畢 批取 意精詞湛

大主考經筵講官都察院左都御史加三級烏 批取 珠圓玉潤

大主考經筵日講起居注官翰林院掌院學士太子少保頭品頂戴禮部尚書加三級徐 批中 弓燥手柔

本房總批

健筆凌雲清詞浣月持論則胸羅全史取材則心鑄羣經八十字嗣響唐賢二三場追蹤漢學具雄雄汾汾之盛極魚魚雅雅之觀洵所謂丹鼎九成青錢萬選者矣揭曉來謁知生范水通才燕臺望族朗代久傳世德史册流芬

熙朝華出名臣循良繼美光祿抗諫垣之疏汲黯敢言太公恤左魏之孤孔融急難洵乎廷尉公贊高陽戎幄手椽四百里邊庭廣新建津梁力破三百年學案祖能報國張中丞全節睢陽孫克承先花樞密殉身姑孰所以忠節壯節易名之

國典輝映千秋前賢後賢專祀之廟堂崇隆三世又若詣闕者解元孝行鳴琴奏安邑廉能或拜蕺侯功高劉晏或膺州牧治比陽城信江留太守之祠涑水振儒宗之鐸知世祿之家多厚擇信明德之後有達人生則乙歲蜚聲丁年拔萃備員官學引對

彤廷陳叔達請遺蒲荀鄭廣文遂甘苜蓿練鄉兵以遏狂寇

甄勳而特晉冰銜纘志乘以網舊聞作傳而有功珂里勤襄皋座提舉蓮池者五年化溥鱣堂權領芹宮者三邑才略則兼資文武科名則大發嘉祥桂苑同登爭羨蘇褒有子槐庭食報何妨福時譽兒瑞應萃於德門淵源徵乎家學髫歲班聯玉筍欣棣萼之先開今茲捷報泥金慶叢蘭之多祜京兆榮其橋梓藝林播為芳馨而且兩試爭先雛鳳更清於老鳳還喜三珠競秀士龍足媲夫荀龍擅當時王謝風流克慰教子傳經之願裕他日韋平相業莫負焚香禱士之心

子曰雍之言然　鹿學尊

言當於行簡之理聖人深許之焉夫仲弓敬簡之辨雖夫子未及言而其理自不易也子深然之不益見南面之可使乎從來聖門之賢善言治術顧言之深愜於聖心而歎賞隨之者及門中亦不多覯矣故言或切於時務之得失片詞偶出有深嘉其必中者如閔子長府之言是而言有關於治理之從違數語所昭有深信以為然者如仲弓論簡之言是夫仲弓言簡而辨於所居斯言也雖未喻夫子可也之意而實與可使南面之心隱相浹洽者也子聞之而欣然曰吾何以易夫雍之言哉法令繁滋之世非不侈議紛更此雖衍為千百言其治忽有未能切中者自雍言之而居處必懍怠荒之戒推行不高清淨之風簡重之胸懷折衷至當是何其約而該也綱紀頹廢之朝亦自高談端拱此雖要以一二言其疏密有不難顯見者自雍言之而適可必由於執中太甚即難於圖治簡略之流弊洞悉靡遺又何其明以晰也雍言如是既知夫事之當然復明其理之所以然雍見為然凡有臨民之責者當共見為然也吾何以易夫雍之言哉德行素優本不謝辭章之輕俘乃雍也性功之蘊關為治功而語重心長直可為主極作箴銘之助邦家無怨早默會賓祭之心傳在吾也含意未伸正多深意而探原握要何幸於同堂訂郅治之經雍之言不誠然哉言無關皇王之學問不足為吾黨之宗雍合敬簡以揭其源流將兢業之傳上可以參奧秘脫略之習下可以振衰頹尋繹斯言若綜核天謨典淵微而詳為闡發者蓋一時見必然之準即千古有同然之符也恪恭在臨馭之先草野可以不勞而理休息在安全之後朝廷非以無事為高曩者問仁有言問政有言不已研之至精也哉言不切宰治之精神何足見儒生之學雍即居行以判其疑似知王猷悉原於性命不容缺者宥密之修盛世雖不尚煩苛不容疏者篤恭之意玩味斯言若實見夫古今利弊而剴切指陳者蓋昭然有

不易之經即確然爲不刊之論也有宵旰萬幾之念自不嫌官禮之紛繁無鄙夷一切之思始不流異端之苟且彼夫或言道德或言刑名有如斯之無弊也哉吾思雍言吾益信南面之可使矣

本房洪老夫子加批

流動充滿包孕閎深

本房程老夫子加批

摹題神者易蹈虛衍之弊發實義者每多膚雜之辭此作理脉融貫詞義粹精其一種靜穆之氣尤非學養未邃者所能覬襲

日省月試既稟稱事所以勸百工也　　鹿學尊

課工與惠工並重所以勸之者至矣蓋省與試所以課工也既與稟所以惠工也計以日月而又稱事焉百工所由勸歟今以百工之術業難精也苟不能考察時勤而功懋懋賞焉則鼓舞之者未盡神矣夫惟課工者上準乎天時此絀彼優等差顯判惠工者下權夫人力量能授食賚予皆宜無廢業亦無濫施所由藝事告成而咸知激厲也經言來百工是百工亦必有以勸之也夫使之居肆以成其事而胥克用勸者果遵何道哉羣處易於游惰苟不覈其督課無以見工匠之勤勞夫玉琢石磨飭材者衆金鏤木刻治器者繁將何以振其精神俾奏冬官之績執藝亦有身家苟或吝其恩施無以鼓工人之志氣夫攻皮攻木疇是素餐爲冶爲陶誰非謀食果何以酧其豐嗇顯頒饗食之恩然則省試之法不可緩也統獻技呈能之屬而比較綦嚴將以日爲程孰惰孰勤有必辨以月爲計或巧或拙有攸分雖下工不足上工有餘而凡百工之各奏爾能者可無舍業以嬉之患矣然則既稟之施又非私矣聚知創巧述之倫而沛其恩澤將稱事以分肉食庖人鮮逾量之頒稱事以惠稻粱廩人無寡恩之賜雖良工有賞賤工必罰而凡百工之均其稍食者皆有感激圖報之思矣百工之勸其以此乎然而百工之羣然興起者並不自知也守高曾之矩矱怠惰既易驟其業貧窶亦足累其身茲何幸主德優隆考課維嚴而匪頒旋至也先以省試而輪輿梓匠一藝可致精詳繼以既稟而弓冶箕裘入口更資養贍較其短長而工知奮乎其賜予而工愈奮也有不備宋斤魯削之良材而樂爲效用者哉然而百工之相顧懽欣者實有由來也撫造作之微長苦窳既不願貽羞楛腹亦每難從事茲何幸君恩下逮程功雖急而施惠能周也計日月以爲程而刻鏤雕文概從屏黜必稱事以爲賚而餼牲萩粟無可倖邀覩其成效而工知感賞其薄技而工愈感也有不盡折矩周規之能事而

仰答生成者哉所以勸之也如此來百工者其知之

本房洪老夫子加批

鍊意鍊詞有書有筆不徒以藪典見長

本房程老夫子加批

考義按部選詞就班折矩周規毫髮無憾

伯夷聖之清者也伊尹聖之任者也柳下惠聖之和者也

鹿學尊

歷指偏至之聖清任和各造其極焉夫詣至於聖夷尹惠可謂至矣而清任和各有所偏孟子故歷指之今夫一節之長不足語至人也久矣顧得於天者至精成於人者至粹亦有以卓越人寰稱嘗綜觀往哲或一於潔己或急於安人或樂於諧俗性有所近斯詣有所偏當其壹意孤行非不負乎莫尚也然而各極分途矣今天下之造其至極者非聖人乎然第曰聖也將渾而視之而不以一善名焉亦烏知夫伯夷伊尹柳下惠哉設謂夷非聖而守陽亮

節孰繼其蹤謂尹非聖而莘野元勳孰肩其責謂惠非聖而宗邦遺老孰接其徽三子者獨往獨來略無遷就而空前絕後遂昭模楷於千秋然謂夷爲聖而稱餓奇蹤祗知高蹈謂尹爲聖而征誅佐命必建鴻猷謂惠爲聖而故國依棲甘居下位三子者草推莫挽自率天機而軼衆超羣各具殊尤之一德吾有以識伯夷之清矣孤竹潛蹤貴冑甘爲肥遯則行芳志潔落落焉特著高風吾有以識伊尹之任矣桐宮悔過嗣王必惠阿衡則致君澤民赫赫焉獨完責備吾有以識柳下惠之和矣東魯名流直道出以退遜則流風餘韻藹藹然猶在人心曰清曰任曰和夷尹惠之所以爲聖

者不有如此哉而於是夷尹惠之聖可稱矣假令夷不能清尹不能任惠不能和三聖人德行未純詎足動百世之興起乃竟神凝志壹獨擅專長此詣亘難企耳而實各不相侔也推其清之量而薇蕨可甘推其任之量而風徵必懍推其和之量而放黜不辭縱情孤往之餘天若特判其趨以定斯人之所造絕不合志趣稍虧也有適見爲夷尹惠之聖而已而於是清任和之體各備矣假令夷不徒清尹不徒任惠不徒和三聖人變通盡利詎僅立一格以爭奇無如轍異途分自完素願此際無能强耳而正不必多求也極其清之心而黃農之世猶可追極其任之心而匡救之德恐不

逮極其和之心而父母之邦無或忤品詣各成而後彼亦自行其是以全吾心之所安必不肯性情少易也能不別爲夷尹惠之聖也哉若合清任和而與時偕行者則不禁仰我孔子矣

本房洪老夫子加批

力厚思沉勁健中有疏宕之致孟藝得此尤屬闈中僅見

本房程老夫子加批

前後開合動盪中幅簡潔輕靈意到筆隨極行文之樂事

賦得松風含古奏 得松字五言八韻　鹿學尊

謖謖含風意高撐百尺松幽姿添颯爽古態鬱蔥龍颷轉林翻鶴年深樹化龍世應懷葛閟仙定偓佺逢盤錯蒼髯老吹嘘黛色濃人教增夏健官憶拜秦封挾雨繁聲雜淩雲秀氣鍾翹材堯棟近披拂聖恩醲

本房洪老夫子加批

矯健不羣深得西崑氣息

本房程老夫子加批

風格遒上氣韻渾成

鄉試父子同榜硃卷 光緒壬午科

中式第一百三名舉人鹿名世係直隸保定府定興縣學優附生民籍

同考試官翰林院編修加三級張　薦　批　切理饜心

大主考工部左侍郎加三級孫　取　批　局度雍容

大主考都察院左都御史兼管順天府府尹加三級畢　取　批　詞條豐蔚

大主考經筵講官都察院左都御史加三級烏　取　批　斂才就範

大主考經筵日講起居注官翰林院掌院學士太子少保頭品頂戴禮部尚書加三級徐　中　批　鍊氣歸神

本房總批

仙蛹繅思神蟳振采燦花爲舌成竹在胸汪洋則碧海瀾迴炳蔚則赤城霞起二三藝高華沈實氣吐虹申八十字俊逸清新機探驪乙經奪大春之席笑登小夏之堂闈中許以英才榜後傳爲佳話一門集慶鳳毛隨鵬翮齊飛三輔揚聲丹桂與靈椿並秀溯貽謀於累代爲義士爲孝子爲忠臣傳著作於千秋曰理學曰文章曰經濟科第猶爲餘事雲礽克迪前光生則慧質超羣義方秉訓髫齡應試輒冠犀軍優行書升早膺鶚薦此日榜花呈瑞媲瓌頴同登禁苑之榮來年蓉鏡徵祥卜梁張遞賜狀元之選副予日望勉爾雲程

子曰雍之言然　鹿名世

許辨簡之言爲臨民者示也夫論簡必視所居斯言誠然矣夫子許之豈第爲雍發哉且言治必衷諸理理爲不易之理卽言爲不刊之言聖人所未言而意在發明足備千秋之鑒戒實言聖人所欲言而情相印證直衍一脈之心傳聚聆之似涉兩歧徐察之祇衷一是蓋探原立論卽聖意中未竟之辭也而契合之殷懷乃自此遠矣辨簡必審所居雍之所言似微異夫子可伯子之言矣不知正深契夫使南面之心也雍進矣度夙仰夫寬洪而嘉言孔彰不啻括典謨之要則儒生之學問早已裕君相之經綸而卽其言以觀會通覺治化弛張悉視宸衷疏密品素優夫德行而談言微中且兼擅政事之長則爾日之謨猷卽以儲他年之幹濟而卽其言以深紬繹覺丹鉛辨論足當楲座箴銘子聞之而不禁穆然也曰雍也乃有斯言哉吾固知雍之必將有斯言也吾又不圖雍之遽能爲斯言也想雍自爲仁請事以來承祭見賓確有生平所得力而若者持盈保泰若者蕩檢踰閑爲酯爲疵指歸有定而因以持之有要者爲心法治法窮其源抑雍自季宰得爲而後舉賢赦過默悟統馭之微權而或紹精一之傳或蹈宴安之習孰得孰失疑似不淆而遂以析之維精者爲正學異學嚴其辨斯言也非行簡者所能言惟居敬者乃能言也雍之言不誠然哉渾噩之風渺矣處叔季而慕皇初朝廷日安於無事而天下轉從此多事高談淸淨者可謬以爲然乎由雍言思之本兢業以飭幾康則兵刑永靖遁虛無而弛法守則綱紀日隳所謂可者固灼見其然所謂太簡者更實見其不然吾方覺含意之未伸不意雍已折衷至當也古帝王垂裳致治而五教曰敬敷五事曰敬用何嘗外雍言以爲措施也哉煩苛之禍烈矣謝幾務而希上理其始謬託於無爲而其後遂至不可爲矜言脫略者敢妄許其然乎由雍言繹之皇一心先嚴惕厲大度可養和平皇一身偶軼防閑庶務必流叢脞

雍之言足正臨民之不簡者雍之言足化臨民之徒簡者吾方慮持論之未備何幸雍竟實獲我心也半生來匡居坐論而道千乘必先敬事安百姓仍本敬修亦豈外雍言而談匡濟也哉信乎雍之可使南面也願以告世之臨民者

本房加批

卓鍊名貴高挹羣言後二昂頭天外大放厥詞尤有乾嘉諸老風度

日省月試既稟稱事所以勸百工也　　鹿名世

原百工之所由勸在課其績以報其功焉夫省與試並舉課其績也食與事相稱報其功也而百工不由是勸哉且王者鳩工庀材而考工有書亦饗工有典其所以鼓舞於不自覺者夫豈有異術哉蓋本就將以殿考覈而乘時課最勤與惰各判等差即準材力以定匪頒而因物平施豐與儉悉如分量功必求其實據澤不容於倖邀則有以激發其天良者先王固早權衡於其際也請言來百工之事夫資其力則在乎來而得其心則利用勸考故府之章程叔磬媯笙成規具在顧前民利用務使世守其傳設非振作其

精神安見良治良弓勉紹箕裘之遺緒稽列邦之貢獻燕函粵鎛利器堪資顧異地借材務使相觀而善設非興感其志氣安見攻金攻木羣儲尺寸之微長而果何以勸之哉則惟於省試加之意焉可矣夫斯邁斯征學人以之課功效今而施諸技藝也法似覺其太嚴而非嚴也嘗見有削楮無成三年坐廢斲輪自命一割徒傷計以日月焉庶幾居諸共惜官府無虛擲之光陰也而且於既稟酌其當焉可矣夫餼肉餼粟國家以之恤勤勞茲必慎其衰分也情似涉於過吝而非吝也嘗見有技進於道偏靳厚施業荒於嬉反蒙上賞要以稱事焉庶幾損益互施朝廷無偶爽之錫賚也

百工之勸其以此乎臣竊因有感焉鳧氏㮚氏桃氏冶氏之傳即錯矩偭規方冀覓聖朝之考察使於此而楛良莫辨其何以旌有功也惟省試始予以既稟焉將獻素獻成核其實而六牲有資準造就以為衡六物八物辨其材而九穀有須視功能以作則勵人功即以惜物力激揚自有微權耳所以妙垂矢和弓之用莫不勉底於精良呈南金東箭之材無復相嘗以苦窳綜弓人函人角人羽人之屬即材疎藝淺亦欲邀聖主之恩膏使於此而良窳未精其何以策羣力也惟既稟必先以省試焉將範金鑠土課其功而有善必償勤者更援以自勵削墨引繩區其等而無功可冒拙

者難藉以自藏精鑑衡即以慎度支裁成具徵至意耳所以懔事上之規既恍然於奇巧之不容倖進拜我皇之賜更快然於手足之可以資生此來百工之實也公亦知所以勸哉

本房加批

題無剩義筆有餘妍文入妙來無過熟斯藝足以當之

伯夷聖之清者也伊尹聖之任者也柳下惠聖之和者也

鹿名世

聖有自成其爲偏者清任和可歷舉焉夫夷尹惠皆古聖人也而爲清爲任爲和則聖而仍見爲偏耳故孟子歷舉之且吾嘗緬懷古聖而切願學之心豈聖之偏端遂足定此生之趨向哉顧景從殷素念何敢以一端自圓隘厥襟期而尚論具深衷何妨以一節堪稱標其品望志自潔也才自大也量自宏也試歷定其品題覺雖未盡夫聖之全已各臻夫聖之詣已歷觀夷尹惠之行事如此非皆古聖人哉然聖不一致也要責核其眞聖有殊途也尤必衡

其詣吾觀夷尹惠吾用是恍然矣望前賢而慨慕休風豈必盡歸於純粹但使以剛勝者廉而能貞以毅勝者重而能勝以柔勝者虛而能容則名有專歸已超然於熙來攘往之儔而各臻其極仰先哲而追維雅範豈必盡合乎中庸但使避世者自賞其孤芳救世者得展其奇猷入世者不淆其素抱則行有各盡已判然於上下古今之際而各造其微則不謂之聖不得也槪謂之聖不能也吾嘗援其事以定其品而知夷之聖主於清尹之聖主於任惠之聖主於和矣蓋其中懷有定一節足以概終身故清自成其爲清任自成其爲任和自成其爲和彼此不相侔適還夫不倚不變不

流之眞以孤懸一格抑其自命常堅獨行足以師千古故清者益勵其清任者愈堅其任和者不改其和性情有專屬各守夫不淫不屈不移之旨以鼎峙兩間清也任也和也此其所以爲夷尹惠也且夫履中蹈和之詣宇宙間原無幾人耳假令三聖自化其偏則夷不徒以清見尹不徒以任見惠不徒以和見截長補短何難漸底於純全而夷尹惠不能也西山高義士之風自甘槁餓南巢紀元勳之績首重阿衡東國黜士師之權不參去就令即風徽已邈矣而主名可按不且各有其人哉且夫無過不及之修天壤間亦不多覯耳假令三聖兼擅其長則夷之清可通夫任尹之任可

賅夫和惠之和可渾夫清救弊補偏何難同我於渾化而夷尹惠
不爾也矣孤標於商周之際薇也可甘樹奇勳於夏殷之交鼎也
可負著謙光於春秋之末筴也可書今即時代云遥矣而碩彥長
留不且各行其是哉然此皆聖之偏者也若孔子則異是

本房加批

通幅總發豪情颷舉灝氣泉流妙能留得下意在法律尤爲精
細

賦得松風含古姿 得松字五言八韻　鹿名世

萬古英姿挺長吟澗底松涼含會健夏風拂幾經冬老樹寒
颷引空山秀氣鍾黛濃添雅致山靜伴孤蹤問歲應僊鶴盤
根欲化龍和將琴一曲暈出翠千重颯爽空中籟蕭疏畫裏
容贊毫賡座句楨榦荷
恩釀

本房加批

刻劃古姿工雅絕俗

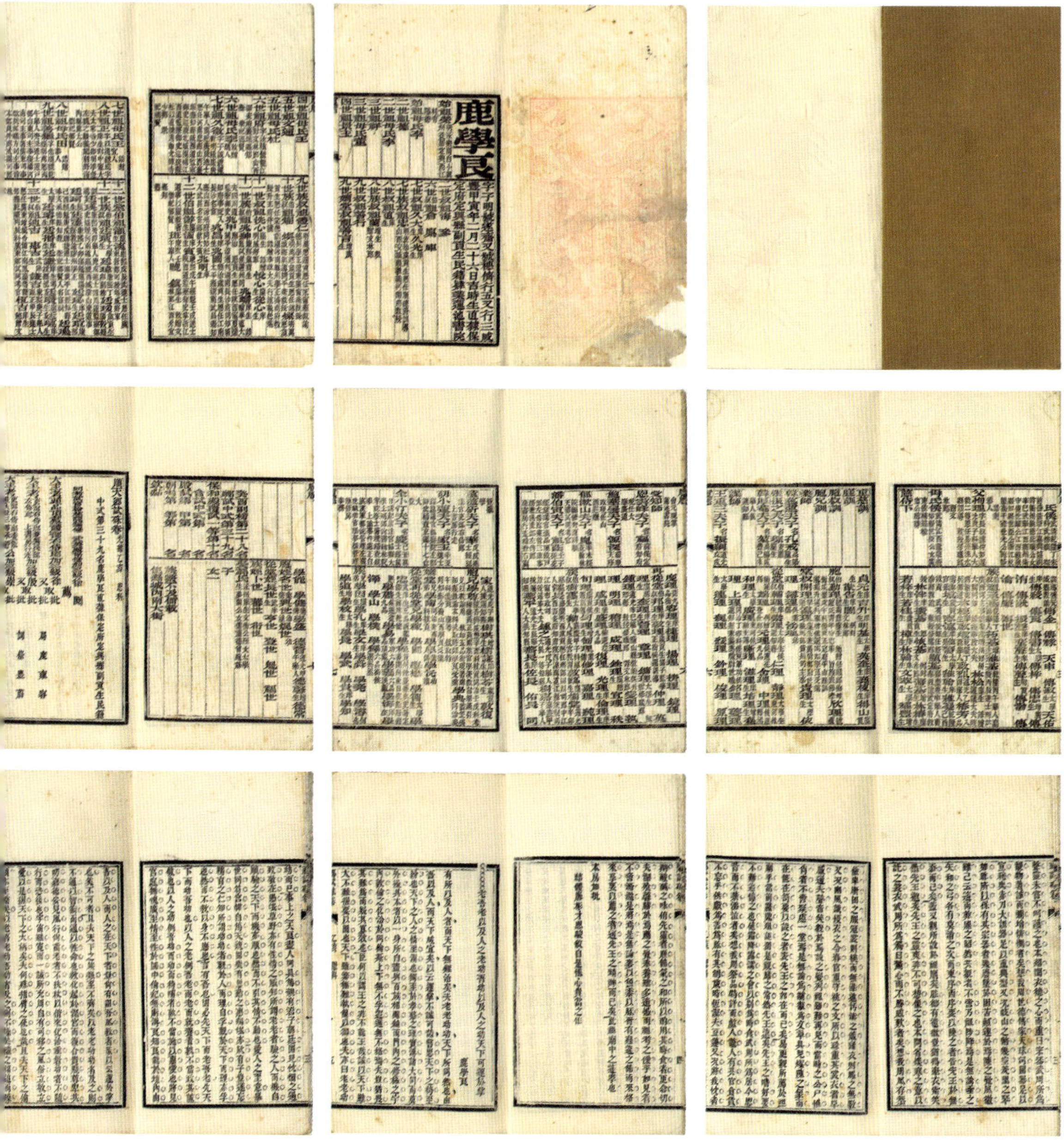

鹿学良（一八五四—一九二七），字子明，号遂斋，行五，附生，定兴县西江村人。同治十二年（一八七三）副贡生，光绪元年（一八七五）举人，光绪六年进士。刑部主事、员外郎、郎中，提牢厅律例馆提调，京察一等记名道府。简放广东琼州府知府、福建泉州府知府、福州府知府，简授福建盐法道兼署福建全省洋务督办，赏二品顶戴，授福建按察使，赏头品顶戴，兼署交涉使，授朝议大夫。民国时期任山西高等检察厅检察长，后调财政部。娶郝氏（一八五四—一八九〇），涿州国子生梦兰女，封恭人。续娶张氏，山东海丰候选盐大使守彝女，封恭人。合葬

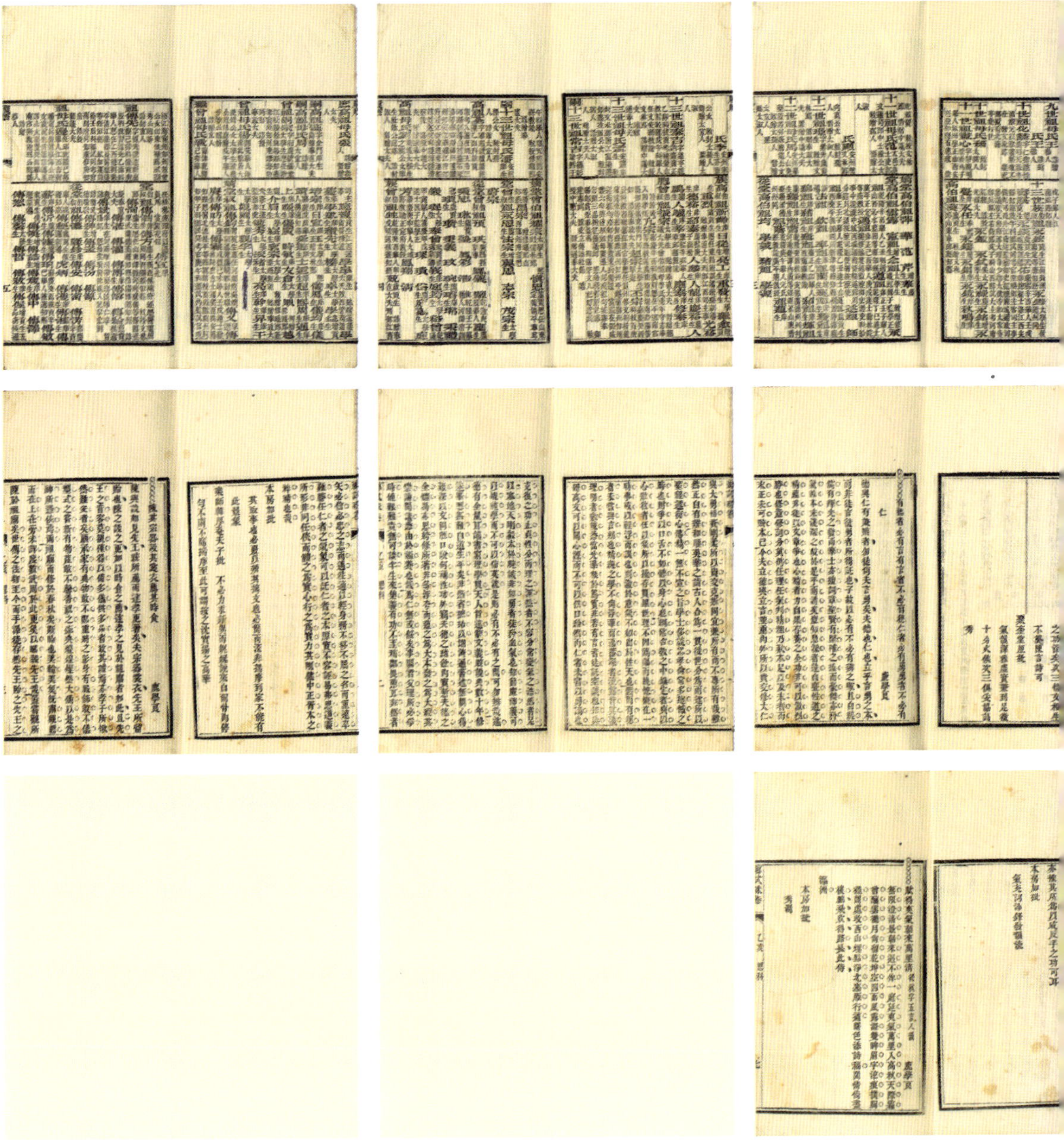

定兴田侯茔右。有二子，长子闳世，次子闾世。有三女。驻定兴城内南大街。鹿学良在同治十二年获癸酉副榜第二十八名，光绪元年考取顺天乡试第三十九名举人，光绪六年获保和殿复试一等第十名进士。

此乃光绪元年（一八七五）鹿学良考取顺天乡试第三十九名举人卷。

鹿学良业师：

王重三：名振纲，新城人。道光十八年（一八三八）进士，保定莲池书院院长。

恩云峰：名福，曾任保定府知府。

鹿學良

字子明號遂齋又號穗儕行五又行三咸豐甲寅年二月二十六日吉時生直隸保定府定興縣副貢生民籍肄業蓮池書院

始祖榮 明永樂間自小興州徙居定興西江村有豫德
始祖母氏李
二世祖德
二世祖母氏李
三世祖祥
三世祖母氏董
四世祖景玉

二世叔祖海 參
六世伯叔祖倉 廩 庫
七世叔祖久大庠生 久光庠生
七世族叔祖忠 明宏治歲貢生歷任順德府訓導山西交城縣教諭河間府教授
八世叔祖直庠生
八世族叔祖蘭 增生 贈文林郎 敦
九世叔祖善行
九世嫡堂叔祖善言增廣生

四世祖母氏王
五世祖文迥
五世祖母氏杜
六世祖府 字汝積號龍江封文林郎山西潞安府襄垣縣知縣 崇祀鄉賢
六世祖母氏李 敕贈孺人
七世祖久徵 字子誠號滄軒明隆慶庚午舉人萬歷庚辰進士歷任河南息縣山西襄垣縣知縣陝西道監察御史巡視北城復補江西道監察御史巡按蘇松以直諫追贈光祿寺少卿 崇祀鄉賢

九世族叔祖體仁 明萬歷選貢歷任永甯縣教諭德州學正遼東廣甯衛教授
十世族伯叔祖燿 貢生歷任棠邑訓導河南睢州學正濟南府教授升王府伴讀 誥贈奉政大夫行誼載邑乘 煥 明萬歷歲貢生歷任諸城縣訓導開平衛教授 燦 明萬歷歲
十一世叔祖洗心 廩生明威將軍 誥贈 悅心 廩生 從心 庠生
十一世族伯叔祖兆紳 康熙歲貢生廷試候選州同 兆蟾 庠生誥贈奉直大夫四川道監察御史 兆甲 順治恩貢生歷任陝西甯夏鹽捕平涼通判湖南長沙府同知署知府事祀入長沙名宦 兆昌 庠生 兆圖 順治歲貢生歷任江南太平縣湖南武昌縣知縣山西汾州府同知祀入武昌名宦鄉飲大賓 兆明 庠生
十二世伯祖游 廩生 涵 庠生 賓 康熙戊午經魁壬戌進士陝西道監察御史掌浙江道事以嚴毅著 崇祀鄉賢 珽 康熙壬午舉人 曉 鎮 廩生敕贈文林郎江西分宜縣知縣

七世祖母氏王 誥封宜人
八世祖正 字以道號成宇庠生封中憲大夫太常寺少卿明季急左魏之難義聞朝野海內稱鹿太公 崇祀鄉賢
八世祖母氏田 誥贈恭人
九世祖善繼 字伯順號乾嶽明萬歷丙午舉人癸丑進士選戶部山東司主事復補河南司主事署廣東司事改兵部職方司主事晉本部員外郎武選司郎中尚寶寺卿太常寺少卿管光祿寺寺丞事以殉城難贈大理寺卿諡忠節敕建專祠 賜額忠烈行載理學名臣

十二世堂伯祖灝 廩生 淡 康熙戊辰武進士歷任廣東營都司授明威將軍
十二世族叔伯祖廷璜 太學生 廷瑋 康熙丁卯副榜 廷瑗 歲貢生陽穀縣訓導 廷瑛 康熙癸卯舉人庚戌進士四川道監察御史協理河南道巡視西城掌山東道事 廷珂 廩生 廷逵 康熙乙卯經魁滋陽縣教諭膠州學正 廷珌 庠生 廷瑄 康熙己酉經魁庚戌聯捷進士湖廣平江縣知縣奉天承德縣知縣 崇祀鄉賢入名宦祠 廷瓏 太學生 廷璿 庠生 廷揩 庠生 廷謙 庠生授縣丞考 廷瓚 廩生 廷璉 庠生
十三世叔伯祖迪吉 惠吉 武庠生 謙吉 康熙庚子舉人雍正甲辰進士歷任廣東增城合浦江南鳳臺等縣知縣乾隆丙辰科廣東鄉試同考官 恆吉 庠生貤贈文林郎
十三世嫡堂叔伯祖聖芝 國學生贈文林郎 山芝 聖模 康熙己卯拔貢壬戌副榜 聖楷 山西沁水縣知縣 聖權 誥封奉政大夫福建道御史 元

傳 崇祀鄉賢有四書說約無欲齋詩集三歸草認眞草茅元儀輯文集二十一卷門人陳鋐纂年譜二卷行世
九世祖母氏王 誥贈恭人
氏王 誥封恭人
十世祖化麟 字仁卿號怡雲明天啟辛酉解元以孝著累徵不仕 贈文林郎 崇祀鄉賢有北海亭集行世
十一世祖母氏孫 敕封太孺人
十一世祖盡心 字靜觀明崇禎丙子舉人涿州學正山西安邑縣知縣有惠政 崇

英 庠生 應仙 元慶 庠生 聖敬 康熙戊子舉人江西分宜縣知縣 聖輔
武庠生 聖啟 康熙壬午舉人任縣教諭 聖榮 增生貤贈修職郎元氏縣教諭
十三世堂伯叔祖重光 庠生 重耀 庠生 重輪 雍正癸卯拔貢 聖基 康熙戊子舉人江南虹縣知縣
十三世族伯叔祖永鋐 貢生江南長洲嘉定等縣知縣 永鏻 太學生候選州同 壽祺 恩貢生 永鎬 歲貢生武城縣訓導 佑 康熙辛酉舉人壬戌聯捷進士浙江西安縣知縣庚午科鄉試同考官陞禮部主客司主事儀制司員外江南道監察御史巡視南城通政司參議順天府丞大理寺少卿太僕寺卿太常寺卿兵部左右侍郎戊子科山西鄉試大主考河南巡撫 誥授光祿大夫 永鑑 永鉽 俱太學生 永祿 廩生 永銘 增生 永
覺 庠生 永任 生 奉祀 永鑄 廩生 永鋗 庠生 永鏡 庠生 秋鳴 庠生
高伯祖葵 廩貢生敕贈文林郎山東章邱縣知縣

祀鄉賢 敕授文林郎 晉贈中議大夫
十一世祖母氏范 本邑進士吏部文選司郎中士楫公女 敕贈孺人 晉贈太淑人
氏顧 安州贈文林郎向高公女 敕封孺人 晉贈太淑人
十二世祖璟 字紫升歲貢生 敕贈文林郎 晉贈奉政大夫 累贈中議大夫
十二世祖母氏馬 安州舉人山東樂陵縣知縣騰龍公女 敕贈太孺人 晉贈太宜人 累贈太淑人

嫡堂高伯祖萍 華 范 芹 增生 奉 廩生
堂高伯祖雲霽 憲祖 增生 念祖 太學生國子監學正 承 敕贈修職郎
祖 乾隆辛酉舉人乙丑明通山西沁水藍田等縣知縣 遵祖 雍正壬子舉人乾隆丁巳進士 邁祖 雍正己酉舉人庚戌進士翰林院編修福建道監察御史禮吏科給事中巡視中城西城湖南督糧道四川分巡川北道按察司副使署按察使 述祖 師 廣平正定等府教授
祖 雍正壬子舉人乾隆乙丑進士山西樂平洪洞四川新津等縣知縣 顯祖 歲貢靜海縣生
訓導 法祖 欽祖 萃祖 庠生 蘭祖 增生 繩祖 庠生 纖祖 庠生
綿祖 庠生 緒祖 庠生 緝祖 雍正乙卯舉人西甯縣教諭 紹祖 庠生 輝祖
廩生 繹祖 庠生 曹祖 乾隆癸酉拔貢安徽廣德州州判河南滎澤內黃等縣縣丞山東曹州州同 陰祖 乾隆庚午舉人元氏縣教諭廣平府教授 蘊祖 庠生
從堂高伯祖均 學誠 緒祖 學源

履歷

氏李安州庠生芬香公女敕封太孺人累贈太淑人晉贈太宜人

十三世祖泰吉字道亨號許齋雍正乙卯科拔貢考補景山教習乾隆戊午科舉人任文安縣教諭教授文林郎誥贈中議大夫馳贈通奉大夫

十三世祖母氏孟安肅庠生敕封文林郎浙江富陽縣知縣兆祉公女敕封孺人誥贈太淑人馳贈太夫人

嗣十三世祖常吉字德彰康熙壬

族高伯叔祖祈齡庠生 日從增生 亮工庠生 重發太學生 繼恭貢附生 重烈歲貢生歷任東昌府訓導拔縣訓導馳贈奉直大夫刑部江西司主事 光裕 庠生 德裕庠生 紹泰康熙庚子副榜 人麟庠生 人龍庠生 慶裕庠生 慶人 鵬庠生 人驥庠生 幸章康熙辛卯舉人章邱縣教諭 應泰庠生 修泰庠生

胞曾伯叔祖振宗太學生馳贈奉直大夫晉贈朝議大夫 曾伯祖母李氏青年守志奉旨旌表入節孝祠 亢宗嘉慶辛酉科拔貢歷任平鄉南宮等縣教諭廣東順德湖南黔陽酉陽等知縣廣東澳門同知誥授奉政大夫 超宗早逝 丕宗太學生 嘉慶癸酉科拔貢庚辰科教習補鑲紅旗官學歷任貴州修文桐梓龍泉縣知縣黔西州知州平越州直隸州知州咸豐六年與會叔祖母蕭恭人同殉難以道銜署貴東兵備道勻府知府署貴東兵備道賞戴花翎奉旨照三品例從優議卹賜卹賞祭葬騎都尉世職入祀昭忠祠建專祠國史立傳諡壯節賜祭文御授中憲大夫晉贈通奉大夫誥敕

午科舉人順天府固安縣教諭敕授修職郎誥贈奉直大夫

嗣十三世祖母氏潘安州庠生標公女敕封孺人誥贈太宜人

高祖荃字君薦號蘊圃乾隆乙酉科拔貢朝考入選任順天府三河縣訓導山西靈石縣丞濟等縣知縣絳州直隸州知州江蘇鎮江府知府浙江督糧道兩淮都轉鹽運使司護理鹽漕察院誥授中議大夫晉贈通奉大夫

高祖母氏劉之綱公女太學生生壯猷公胞妹誥封淑人晉贈太夫人

嫡堂曾伯祖燿宗太學生封儒林郎馳贈修職郎山西蒲州府經歷 慎思廩貢歷任山東定陶清平章邱等縣知縣 昌宗

堂曾伯叔祖永思廩生 法宗增生 襄思 志宗 茂宗太學生

蔚宗

從堂曾伯叔祖預 琪廣昌縣訓導 鳳儀乾隆庚辰舉人 璽廩生 秉忠 琳歲貢生 瑩 鳳彩 浩 雖乾隆壬子舉人河間府訓導 項生歲貢生 瓚 秉義 玫 琬廩生 璿庠生 瑺 秉禮 巖 琨太學生 奉會歲貢候選訓導 義庠生 庭鈞太學生 裕會乾隆 甲寅舉人嘉慶甲戌進士國子監學正 琛 瓒 岱廩生 庭蘊太學生 庭 芳嘉慶庚申舉人大城縣教諭正定府教授 鳳翔 清

族曾伯叔祖甡乾隆癸酉舉人甲戌明通候選知縣 競歲貢生誥贈奉直大夫刑部江西

履歷

庶高祖母氏張人誥贈恭人晉贈太夫人

嗣高祖漢字金門庠生誥贈奉直大夫

嗣高祖母氏周太宜人誥贈

曾祖嗣宗字衍庭號錫堂太學生歷任浙江松陽餘姚等縣知縣海甯州知州東塘海防同知誥授奉政大夫

曾祖母氏楊固安舉人進南掖驗所大使嬉公女太學生維慶公胞妹嘉慶戊午舉人步蟾公胞姊誥贈宜人

繼曾祖母氏戰甯津乾隆己卯舉人

司主事 聰豫省督糧道貢生江西通議大夫陝西督商道馳贈通議學阜庠生 增貢 學凱庠生 纘先太學生 榛太學生 卓太學生 學益增生 夔庠生 培宗庠生 日宣庠生 珏太學生馳贈文林郎 儀鳳庠生 儀均庠生 儀 靖嘉慶戊辰舉人揀選知縣 舜遴庠生 士遉庠生 超庠生 熙周庠生 通庠生 上庠生 暻庠生 儀廣 時敏庠生 友倉太學生 則馳贈修職郎例贈奉直大夫 應介眉太學生 崧庠生 廣宗太學生 泰縣教諭 鎮秀太學生 振緒太學生 亮庠生 幹庠生 昇庠生 干 夫浙江道監察御史 敕贈修職郎馳贈奉政大夫

太學生 觀國太學生 觀今太學生

嫡堂叔祖傳鈞附貢生原任河間府吳橋縣訓導議敘驍騎都尉世職 傳又早逝 傳 庚傳昉太學生 傳纍咸豐己未舉人壬戌進士翰林院庶吉士選廣西興安縣知縣歷署北流桂平等縣調署桂首縣臨桂知縣甲子科鄉試同考官庚午科鄉試內監試官現

浙江海甯州知州敎曾秀公胞姊誥封宜人

祖傳先字質夫號進軒嘉慶己卯科優貢庚辰科教習道光乙酉科舉人歷任江西德興樂平清江雩縣長甯廬陵等縣知縣欽加運同銜壬辰科鄉試同考官南昌府同知廣信府知府誥授朝議大夫

祖母氏邊任邱乾隆己卯舉人江西吉南贛甯兵備道學海公孫女歲貢生候選訓導鳳詔公女嘉慶癸酉舉人南宮縣教諭珏公胞姊誥贈恭人

任桂林府知府以道員用賞戴花翎 傳宣早逝

堂伯叔祖傳泗庠生 傳方廩生陝西候補府經歷署隴州州同沂陽縣知縣河南商城縣知縣信陽羅州知州教授文林郎 傳洵廩生歷任山東嶧縣商儀等縣縣丞原武縣知縣誥授奉直大夫 傳湛 傳濯 傳溥庠生 傳溶 傳綸恩貢候選 傳斌庠生在河南舉州帶勇殺賊陣亡奉旨賜卹恩給雲騎尉世職入祀昭忠祠 傳紳增生 傳孟 傳汾 傳源 誥贈武德騎尉

從堂伯叔祖傳澧 隆鈞庠生 傳晏 傳密 傳涝嘉慶辛酉 舉人乾隆選知縣 傳經歲貢生候選訓導 虎炳 傳瀍 傳淮庠生 傳 新庠生 傳沂廩生 傳瀌廩生 傳珂嘉慶癸酉拔貢辛已舉人揀選知縣 傳敏 歲貢生候選訓導 傳渼增生 傳諳增生 傳箴庠生 傳中 傳澤 傳恕 傳馨太學生 傳哲 傳敘庠生 傳偓增貢生五品銜候選

氏侯武清乾隆丁未科武榜眼 御前侍衛浙江嘉興協副將衢州鎮總兵璜公女
辛巳武舉江西撫州衛守備世耀公江西龍泉縣知縣世臣公浙江杭嚴衛千總世光公胞姊
誥封恭人
父恂理字長叔號仲如道光庚子科舉人大挑二等原任易州淶水縣訓導 教授修職郎 晉文林郎
冉氏侯武清江西龍泉縣知縣世臣公女 廣東候補巡檢度公胞姊
慈侍下

傳金訓導署元城縣教諭 傳祿 天申 傳淑太學生 天佑
傳綬庠生 傳員 傳書太學生 傳梓 傳忠增生 廣傳
消 傳獻 振聲庠生 璧聲庠生 傳聲附貢生 傳勳 傳
淪 傳廉 傳世
族伯叔祖承基乾隆丁酉舉人 拓基增生 維基乾隆丙午舉人嘉慶丙辰進士刑部…誥贈…
廣西司主事…南明州知州…誥授奉政大夫 林松通議大夫陝…
大關同知…
西寧商林桂庠生 啟熾乾隆丁酉舉人 啟烈道光乙酉舉人 椿芳入品
兵備道…
壽維城歲貢 志瀛庠生 維藩太學生 維翰庠生 維凝乾隆己酉
官孫…生
拔貢武英殿校錄任新顯基嘉慶庚申舉人曹
泰縣教諭教授修職郎 縣教諭武定府教
授林泮庠生 擴基貢生 恩恢基例封文林郎 灝基增生 林椿廩生
若梓庠生 若桂歲貢生 樟庠生 林翰庠生 文萃太學生 耀豐增生

重慈訓
庭訓
胞叔訓
胞兄訓
業師
韓藕莊夫子名孔戒高陽廩生
張振之夫子名琮安肅廩生
韓厚菴夫子名鏊高陽咸豐己未舉人候選知縣
課師
王重三夫子名振綱道光戊戌

貞元庠生 吉升庠生 明基太學生 英奎庠生 嘉棟庠生 得山廩貢
生 猷告庠生 閣文林郎例封
胞伯叔勤理號菊農廩生 道氏青年守志奉旨旌表節孝 欣理號蘇
胎贈修職郎伯母
咸豐戊午科優貢正定府平山縣訓導指升選判軍功候選同知學員受業
堂叔開理早逝 瀛理廩生兼襲騎都尉世職刑部貴州司主事 貴理太學生 依
理 潯理俱業儒 滂理幼
從堂伯叔輔理庠生 崇理太學生選知縣 仁理 靜理太學生候選東河候選縣丞
補選 端理例贈登仕郎 元理候選從九品 金理 中理
判
和理太學生 廣理候選東河主簿 晰理 滋理庠生 培理增生 森
理 上理同治丁卯科優貢選知縣兼襲雲騎尉 軍功候名世職 銘理 夔理
太學生 進理 飄理 綏理 鈐理 俊理 原理

會元現掌蓮池書院
受知師
恩雲峰夫子名福前保定府知府 現任大順廣道
鮑華曇夫子名源深前順天學政現任山西巡撫
郁歘山夫子名崑辛未探花翰林院編修癸酉科順天鄉試同考官
潘伯寅夫子名祖蔭壬子探花頭品頂戴戶部尚書經筵講官管三庫事務兼署吏部左侍郎南書房行走稽查右翼

庚理從九品銜 容理庠生 捷理 揚理 撲理 鏡理
再從堂伯叔邦理庠生 教理歲貢生國子監學正銜候選訓導 仲理 英
理廩膳生 奎理庠生 晉理 章理 鏽理太學生貽修職郎 魁
鍾理道光辛巳舉人鹽山縣教諭候升 夔理 執
知縣教授修職郎晉文林郎
理 明理 稽理 成理 銓理廩膳生 官理 秩
理 咸理庠生 盛理候選從九品 復理 光理庠生 倫理庠生
旬理廩貢候選訓導 勻理增生 御理業儒 修理 嘉理 純理
族伯叔樹蕙太學生 勳嘉慶甲子科舉人咸豐癸丑會試大挑教習 教臨廩生 樹棠道光辛卯江
舉人 澤長嘉慶癸酉拔貢歷任刑部四川司郎中司
江西吉安府知府陝西潼商道江蘇按察
江寧布政司誥授通奉大夫 鍾之道光戊子舉人大挑一等知縣 樹嘉嘉慶甲子舉人
揀選知縣 燕平道光壬辰舉人大挑知縣 燕長庠生 佐長 佑長 同

覺羅學
童薇研夫子名華戊戌進士經筵講官吏部右侍郎上書房行走
胡小邁夫子名家玉辛丑進士經筵講官都察院左都御史稽查京通十七倉大臣
全小汀夫子名慶己丑進士經筵日講起居注官協辦大學士刑部尚書翰林院掌院學士署理稽查欽奉上諭事件處正白旗漢軍都統管理左翼世職幼官學事務管理新營房事務

家道光戊子舉人揀選知縣 樹琪增生 樹謙庠生 樹芩歲貢生 敦復
胞兄學尊號杏儕咸豐辛酉科拔貢同治壬戌科考補鑲黃正黃兩旗官學漢教習期滿引見以教諭用欽加五品銜現署南和縣教諭本科挑取謄錄學員受業 學典號蓀笙同治庚
午科優貢朝考欽取特用知縣分發山西學員受業
嫡堂弟兄學陶同治癸酉科拔貢 學序俱業儒 學沅幼讀
從堂再從堂兄學稼 學圃 學懋 學習太學生 學
忠武庠生五品頂戴 學程貴州餘慶縣典史署定番開州吏目保陞府經
歷儒先補用把總 候選從九品 學易軍功六品頂戴 學義六品頂戴 學海庠生 學
澤 學山 學棟 學綽候選縣丞 六品銜候
族兄弟學因廩生 學孔庠生 學文庠生 學舜 學堯 學濬佾生
學道增生 學枚太學生 學長 學武 學貴庠生 學知

學能　學健業儒　學盛　德音道光甲午舉人　德馨增生　德常

胞姪　名世業儒　興世幼讀　焜世幼

從堂姪　長世武庠生　亨世　登世　魁世　福世

族姪　卜世　蕃世　衍世

癸酉副榜第二十八名

娶郝氏涿州庠生文衡公孫女太學生夢蘭公女儒童德曾胞姊

鄉試中式第三十九名

子

保和殿覆試一等第十名

女一

會試中式第　名

殿試第　甲第　名

朝考第　等第　名

族繁不及備載

欽點

住縣城內南大街

順天鄉試硃卷光緒乙亥　恩科

中式第三十九名鹿學良直隸保定府定興縣副貢生民籍

同考試官翰林院編修　武英殿協修加三級徐　閱

薦

大主考頭品頂戴禮部右侍郎加三級徐　批　取　批　局度雍容

大主考吏部右侍郎兼署兵部左侍郎上書房行走加三級殷　批　又取　批　詞條豐蔚

大主考吏部右侍郎委散秩大臣三等承恩公加三級崇　批　又取　批　斂才就範

大主考翰林院掌院學士教習庶吉士吏部尚書加三級毛　批　又中　批　鍊氣歸神

本房原薦批

志壹文暢氣揚彩飛醞釀之功深矣次三情文相生不襲陳言詩可

聚奎堂原批

氣韻渾雅虛實兼到足徵十分火候次三俱妥協詩秀

有德者必有言有言者不必有德仁者必有勇勇者不必有仁

鹿學良

德與仁有兼賅者勿徒尚夫言勇矣夫德也仁也立乎言勇之本而非徒言徒勇者所得託也子故以必有不必有辨之歟且自純儒有輝光之發而華士亦擅詞章聖賢有堅確之操而豪傑亦矜氣節本末淺深之故於是乎兩淆矣豈知息深者達自靈性道之精蘊非徒以文章爭也心精者力自果存養之全功非可以激烈勝也修意修詞分眞僞任理任氣判精粗乃歎本足以及末者而末正未可賅本已今夫立德與立言並重內外所以貴交修大仁

與大勇相資剛柔所以貴交克斯固宜兼所有而不專所有哉雖然正自有辨和順英華之諳古人合為一貫後世分為兩途所以聖經遞衍心傳精一無不宣之旨學士侈談忠孝倫常多抱憾之時也則爭以口舌不如體以身心也綱常名教之中鎮定者貞以心壯往者任以氣所以操存貫畢世理不因禍福而撓慷慨在一時事或以輕浮而誤也則激於意氣不如出於性天也然而有德者未嘗與言期也精純之學不倚浮華而蘊蓄深者流露皆真義理明者敷陳悉當光華根於篤實非若有言者徒託空談也知與冊高文可以闡心源而不可以供口給然而仁者未嘗以勇詡也

克復之功止貞性分而理之渾然者不容分常變氣之浩然者足以塞地天剛毅本於肫誠非如勇者徒矜血氣也知節廉禮義可以覘純學而不可以信英流是則必有不必有之間可勿辨哉進德有全量耳讀書窮理學貫天人旨遠辭文義賅謨典數十年修途畢歷無難自道生平矣非然者摭拾以謅淹通著述無關心得艱深以文固陋口說何補性功外竊夫德之緒餘內實慚夫德之全體曷亦思姱修所著非等浮夸而蘊之為大本發之為大經其崇論閎議悉由於涵養也哉為仁無或餒矣事關君父理所必爭時值艱難責無可諉半生來集義有功不至稍鄰畏葸耳非然者

矣必信必忠之志而邁往適以輕身務不移不屈之名而重違卒難勝任仁者之氣象可以託仁者之本原實不容誣曷弗思道義所形非同任俠而體之為實心行之為實力其剛健中正胥本之粹精也哉

本房加批

其取事也必覈以辨其摛文也必簡而深非揣摩到家不能有此景象

業師韓厚菴夫子批　不必力求新異而娓娓說來自爾骨肉停勻不膚不腐揣摩至此可謂拔之沈實揚之高華

陳其宗器設其裳衣薦其時食　鹿學良

陳與設如見先王統所薦而達孝更著矣夫宗器裳衣先王所留貽也陳之設之更加以時食之薦達孝之見於祖廟者如此且先王之音容莫覩僅得以備多儀供多品者致其誠焉亦孝子所愀然難安者矣顧承家有典物敢不鄭重將之彰身有服飾敢不儀型式之嘗新有物產敢不馨香祝之鉅典煌煌燦然大備以是為神所憑依焉爾祖廟而修於春秋矣斯時也美輪美奐既肅觀瞻而在上在旁未詳度數武周於此更奚以昭報先王哉蓋嘗觀所陳於祖廟矣世傳之法物至今而手澤徒存然先王貽之先王之

聲靈未嘗不呵護之也本紹聞衣德之心而重曰宗器武周所爲
覲物著誠而彌增悱惻者矣想我周世德傳家天球河圖器足以
宣秘奥赤刀大訓器足以重典型又况岐山之觧幾空羑里之琴
如昨所以保有其宗器者幾廢墜於困苦顛連於焉陳之覺風徽
雖已云遠而彝鼎之昭然共覩者不啻乃祖陟降焉是無論垂之
矢和之弓各有奠滑之次而東序西序要以陳之者告先王於無
忝而已矣盖又觀所設於祖廟矣朕御有遺徽豈猶得璽衣索笑
然先王邈矣先王之靈爽非不可想像之也本問省燠寒之意以
託之裳衣武周所爲觸目驚心而不勝感歎者矣想我周風存恭
儉卑康田之服冠裳則樸而無華進汚澣之箴絺衣則服之無斁
又况豳風識授衣之令春官重守祧之文所以珍重其裳衣者早
感通夫謦音欬貌於焉設之覺列祖雖難再見而當時之公尸惟
肖者不啻聚處一堂焉是無論爲黼黻爲文章具見燦陳之象而
在篋在笥要以設之者表先王之如在而已矣曷更觀所薦於祖
廟乎當前羅鼎俎詎猶是視膳之常然先王遠矣先王之嗜好要
不難追憶之也値霜降露濡之會以別爲時食武周所爲居今思
昔而不禁涕泣者矣想我周祭品特詳而𢽾人饎人有其官食貨
不忘乎供獻爲羔爲豚有其制歲時恆潔夫豆籩又况將我忱者

劑酸鹹之味侑先靈者順節氣之和所以酌用其時食者更念切
夫潔殄馨膳於焉薦之覺奉養雖多遺憾而祖考之僾乎如見者
不啻瀡滫是將焉是無論麥以魚黍以豚胥有難逢之節而來格
來享要以薦之者通先王之精神而已矣此祖廟中之達孝也

本房加批

結體廖彬才思駿斂自是愜心貴當之作

老吾老以及人之老幼吾幼以及人之幼天下可運於掌

鹿學頁

有所以及人者、而天下無難治矣、夫老老幼幼天下所同然也、由
吾以及人、而天下咸宜矣、以云運掌、不誠可哉、嘗思天下之勢至
紛也天下之人之情至渙也獨至於孝慈之理實溥諸大同而莫
外操其本者以一身所自盡與百族相彌綸而門內之修極之宇
內敦倫之化洽於同倫斯上下無不孚遐邇無不格焉夫豈猶畏
其難爲而疑其寡效也臣何以謂王之非不能王哉誠以天下雖
大不難握要以圖也天下雖繁無難執簡以御也夫亦曰老老幼

幼而已事上之天良盡人同具篤親有君子朝廷固見忱悃之通
致敬在愚氓草野亦有性情之感知所謂老老者驗之人而機自
順驗之天下而機亦順也然而不引其情不動也愛人之至意舉
世同符宮幃自篤天親固樂有恩勤之惠編氓亦欣有子豈遂忘
鞠育之仁知所謂幼幼者覩於人而理自孚覩於天下而理亦孚
也然而不教以身不應也言有吾也固必先天下而老吾老先天
下而幼吾幼也以人之老例吾老而老而就養者孰不當致其誠
敬也以人之幼例吾幼而幼而待哺者孰不當施以惠愛也將見
宮庭無愧廣至情至性於國中倫紀無虧溥良知良能於境內由

吾以及人而人之在天下者豈倘有閡吾風教者哉以云運於掌
也矣不可者且夫天下之族類至不齊矣以老老幼幼者及之則
不遍以智術而遍以性命也教化起於深宮而復合貴賤尊卑共
明嘉德安見風行倘齒老者不扶杖以偕來化洽垂髫幼者不隨
行而恐後也宇宙雖寬而一誠所充周自有可移之風俗立敬立
愛以是握天下之大柄矣夫何殊指臂之使也哉且夫天下之倫
類亦至繁矣以老吾老幼吾幼者及之則不操於權之相追而操
於性之同原也至德孚於宮闈而復合智愚賢否共入倫常安見
奉養有方老者不優游於仁壽之域慈祥有化幼者不從容於名

教之中也疆土雖遙而真意所感通自無各殊之風氣恩明誼美
以是操天下之大本矣夫何難指揮惟我也哉臣言非過易也王
亦推其所為以成反手之功可耳

本房加批

氣充詞沛鋒發韻流

賦得爽氣朝來萬里清 得秋字五言八韻 鹿學夏

無限澄清景朝來迥不侔一庭延爽氣萬里入高秋天際霜
會釀雲衢月倚留乾坤空四面風露滌雙眸眉宇涼痕撲胸
襟闊處收西山螺點淨北塞雁行遒曙色添詩稿閒情倚畫
樓鵬飛欣得路長此侍
瀛洲

本房加批

秀潤

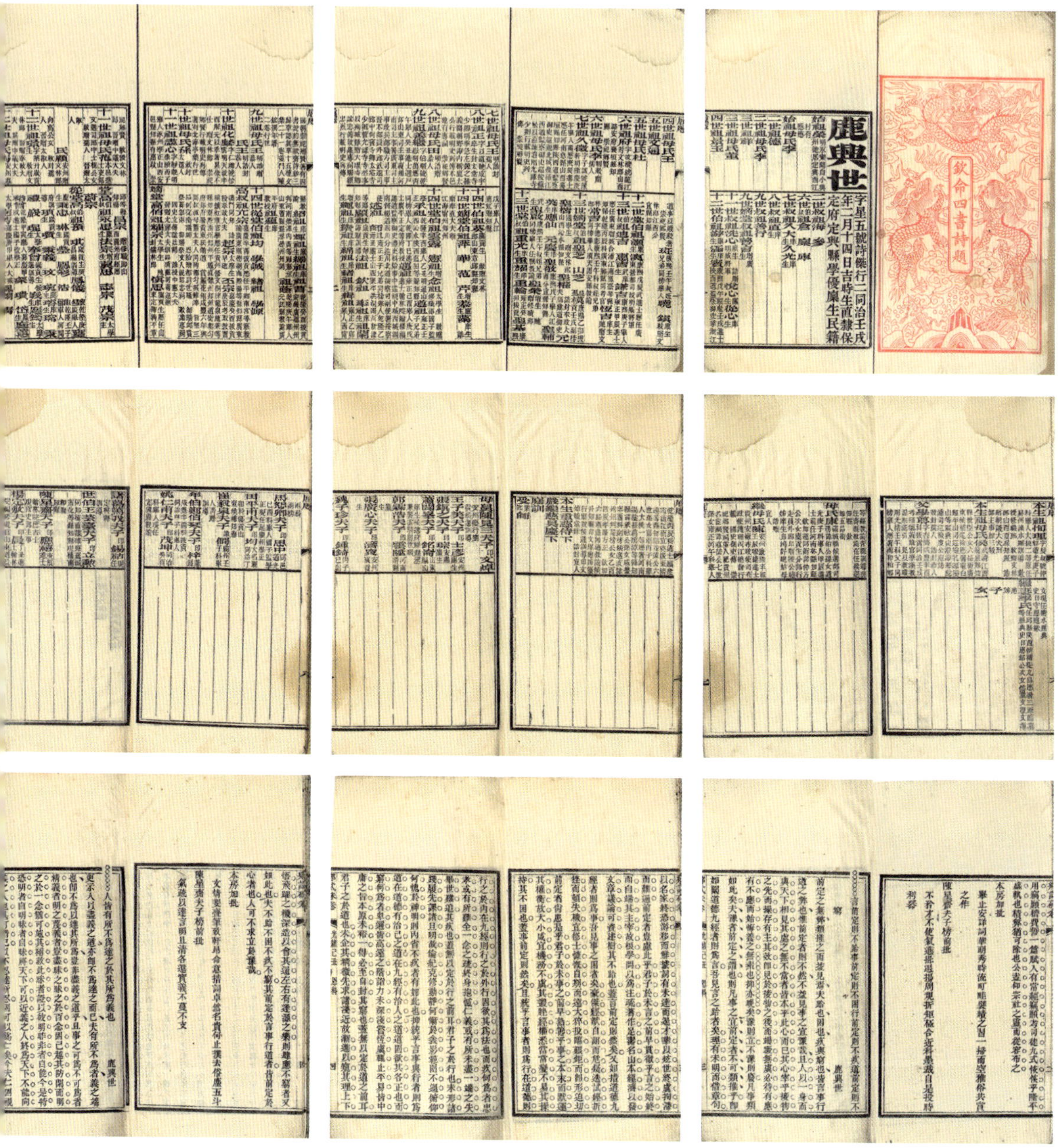

鹿兴世（一八六〇—一八九六），字星五，号诗杰，行二，廪生，定兴县西江村人。光绪十五年（一八八九）举人，考取咸安宫官学教习，国史馆誊录。曾任光绪十六年《定兴县志》校刊。在完县书院任山长（院长）多年，成就甚多；训子弟读书，尽心教授。性孝友，兄（鹿名世）殁，因痛致疾，赴琼州二叔鹿学良处，旋卒，举家悼惜。娶耿氏（一八五八—一八八四），山东历城、直隶南宫县知县觐光次女；续娶李氏（一八六二—？），任丘、陕西候补从九品恩铭次女。合葬定兴田侯茔右。有二子，长子笃平，次子笃年。一女。著有《史记私笺》。

此乃光绪十五年（一八八九）鹿兴世考取顺天乡试第一百六十名，复试一等第七名举人卷。

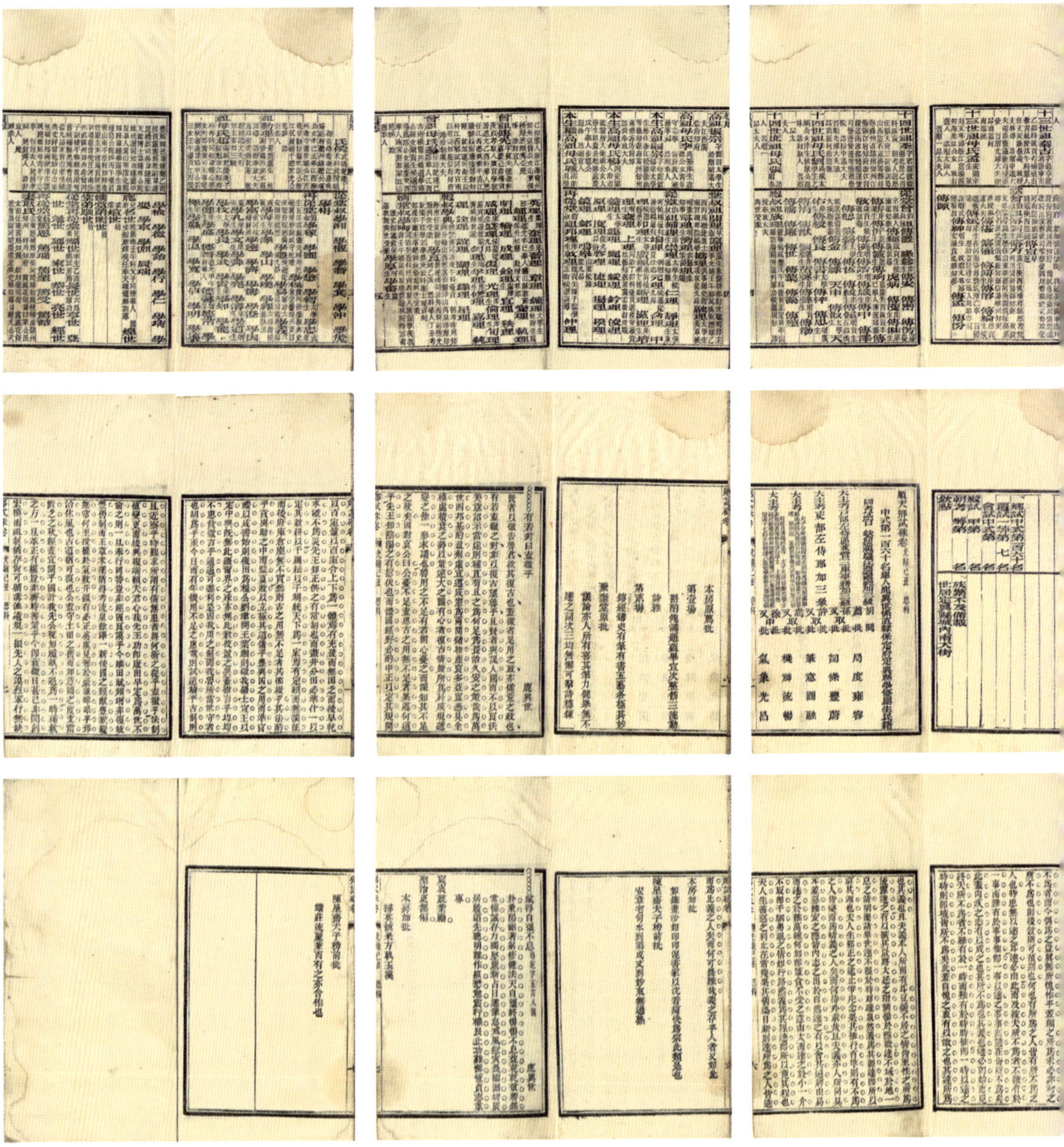

鹿兴世业师：

诸葛笃我（一八四一—一九二一），名锡祜，天津武清人。曾任定兴县训导、天津学正、光绪十六年（一八九〇）《定兴县志》协修、定兴河阳书院教习等职。

杨定敷：名晨。光绪三年（一八七七）进士，翰林院编修，山东道监察御史，光绪十一年顺天乡试同考官，光绪十六年《定兴县志》主编。

姚仁甫：名茂坤，同治十二年（一八七三）举人，定兴县教谕。

鹿興世

始祖榮明永樂間自小興州徙居定興西江村有隱德
始祖母氏李
二世祖德
二世祖母氏李
三世祖祥
三世祖母氏董
四世祖景玉

字星五號詩傑行二同治壬戌年二月十四日吉時生直隸保定府定興縣學優廩生民籍
二世叔祖海 參
六世伯叔祖倉 廩 庫
七世叔祖大庠生 久 光庠生
八世叔祖直庠生
九世叔祖善行
九世嫡堂叔祖善言增廣生
十一世叔祖洗心廩生明威將軍誥贈 悅心廩生 從心庠生
十二世伯祖游廩生 涵庠生 賓康熙戊午經魁壬戌進士陝西道監察御史掌浙江

四世祖母氏王
五世祖文通
五世祖母氏杜
六世祖府字汝積號龍江封文林郎山西潞安府襄垣縣知縣崇祀鄉賢
六世祖母氏李明敕贈孺人
七世祖久徵字子誠號豫軒明隆慶庚午舉人萬歷庚辰進士歷任河南息縣山西襄垣縣知縣陝西道監察御史巡視北城復補江西道監察御史巡按蘇松以直諫追贈光祿寺少卿行載明史列傳崇祀鄉賢

道事以嚴毅著崇祀鄉賢 珏康熙壬午叔姪兄弟同榜舉人 曉 鎮廩生敕贈文林郎江西分宜縣知縣
十二世堂伯祖灝廩生 湊康熙戊辰武進士歷任廣東營都司授明威將軍
十三世叔伯祖迪吉歷任廣東增城合浦江南鳳臺等縣知縣乾隆丙辰科廣東鄉試同考官 惠吉武庠生 謙吉康熙庚子舉人雍正甲辰進士 恆吉庠生貤贈文林郎 常吉字德彰康熙壬午科叔姪兄弟同榜舉人順天固安縣教諭
十三世嫡堂叔伯祖聖芝 山芝 聖模康熙乙卯拔貢壬戌副榜
聖楷國學生贈文林郎山西沁水縣知縣 聖權誥封奉政大夫福建道御史 元
英庠生 應仙 元慶庠生 聖敬康熙戊子舉人江西分宜縣知縣 聖輔
聖啟武生康熙壬午叔姪兄弟同榜舉人任縣教諭 聖榮增生貤贈修職郎
十三世堂叔伯祖重光庠生 重耀庠生 重輪雍正癸卯拔貢 聖基康熙

七世祖母氏王明誥封孺人
八世祖正字以道號成宇庠生封太常寺少卿明季急左魏之難義聞朝野海內稱鹿太公行載明史列傳本邑建有專祠崇祀鄉賢
八世祖母氏田明誥贈恭人
九世祖善繼字伯順號乾嶽明萬歷丙午舉人癸丑進士選戶部山東司主事復補河南司主事署廣東司事改兵部職方司主事晉本部員外郎武選司郎中尙寶寺卿太常寺少卿管光祿寺寺丞事以殉城難贈大理寺卿謚忠節敕建專祠賜額忠烈行載明史列傳

戊子舉人江南虹縣知縣
十四世伯祖葵廩貢生敕贈文林郎山東章邱縣知縣
十四世嫡堂伯祖萍贈奉直大夫浙江海甯州知州 華 范 芹增生 恭廩生 藹庠生 誥
十四世堂伯祖雲露 憲祖增生 念祖太學生修職郎國子監敕贈
學正 承祖乾隆辛酉舉人乙丑明通山西沁水陝西藍田等縣知縣 遵祖雍正壬子兄弟
同榜舉人乾隆丁巳進士廣平正定等府教授 邁祖雍正己酉舉人庚戌進士翰林院編修福
建道監察御史禮科給事中巡視中城西城湖南督糧道四川分巡川北道按察司副使署按察
使 述祖 師祖雍正壬子兄弟同榜舉人乾隆乙丑進士山西樂平洪洞四川新津
等縣知縣 顯祖歲貢生靜海縣訓導 法祖 欽祖 奉祖庠生 祖蘭
增生 繩祖庠生 纘祖庠生 綿祖庠生 緒祖庠生 緝祖雍正乙卯舉人西甯

國朝崇祀鄉賢著有四書說約無欲齋詩鈔三歸草認眞草十五種文集二十一卷並門人陳鋐撰年譜二卷行世

九世祖母氏王 明誥贈恭人

氏王 明誥封恭人

十世祖化麟 字仁卿號怡雲明天啟辛酉解元以孝著累徵不仕贈文林郎崇祀鄉賢行載明史列傳著有北海亭集行世

十世祖母氏孫 敕封太孺人

十一世祖盡心 字靜觀明崇禎丙子舉人涿州學正山西安邑縣知縣有惠政崇

縣教諭

紹祖 庠生　輝祖 廩生　繹祖 庠生　祖書 乾隆癸酉拔貢安徽廣德州州判河南滎澤內黃等縣縣丞山東曹縣縣丞德州州同　祖蔭 乾隆庚午舉人元氏縣教諭廣平府教授　祖蘊 庠生

十四世從堂伯祖均　學誠　緒祖　學源

高叔祖亢宗 嘉慶辛酉拔貢歷任平鄉南宮等縣教諭廣東順德湖南黔陽等縣知縣廣東澳門同知 誥授奉政大夫

超宗 太學生早逝

丕宗 嘉慶癸酉拔貢庚辰考取教習補鑲紅旗官學歷任貴州修文桐梓龍泉施秉等縣知縣黔西州知州平越直隸州知州道銜都勻府知府署貴東兵備道賞戴花翎咸豐六年與高叔祖母蕭太夫人同殉都勻城難奉旨照三品例從優議卹恩給騎都尉世職御賜祭葬銀兩御賜祭文入祀昭忠祠敕建專祠國史立傳諡壯節誥授中憲大夫晉贈光祿大夫頭品頂戴河南巡撫

嫡堂高伯祖耀宗 太學生貤封儒林郎

慎思 廩貢生歷任山東定陶清平章

祀鄉賢 敕授文林郎 晉贈中議大夫

十一世祖母氏范 本邑進士吏部文選司郎中士楷公女 敕贈孺人 晉贈太淑人

氏顧 安州贈文林郎向高公女 敕封孺人 晉贈太淑人

十二世祖璟 字紫升歲貢生 敕贈文林郎 晉贈奉政大夫 累贈中議大夫

十二世祖母氏馬 安州舉人山東樂陵縣知縣騰龍公女 敕贈太孺人 晉贈太宜人 累贈太淑人

邱等縣知縣

昌宗 贈修職郎山西蒲州府經歷

堂高伯叔祖永思 廩生　法宗 增生　蓋思　志宗　茂宗 太學生

蔚宗

從堂高伯叔祖預　琪 歲貢生廣昌縣訓導　鳳儀　璧 乾隆庚辰舉人　璉

秉忠 廩生　琳 歲貢生　瑩　鳳彩　浩　雄 乾隆壬子舉人河間府訓導

瑱 歲貢生　瓚　秉義　玫　琬 廩生　璐 庠生　瑢　秉

禮　嚴　琨 太學生　奉曾 歲貢生候選訓導　毅 庠生　庭鈞 太學生

裕曾 乾隆甲寅舉人嘉慶甲戌進士國子監學正　琛　瓚　位 廩生　庭蕙

庭芳 太學生 嘉慶庚申舉人大城縣教諭正定府教授　鳳翔　清

嫡堂曾叔祖傳鈞 增貢生選授吳橋縣訓導署樂亭縣教諭襲騎都尉世職 敕授修職郎 晉昭武都尉

傳文 早逝

傳賡 庠生貤贈奉政大夫廣西太平府龍州同知

氏李 安州庠生芬香公女 敕封太孺人 晉贈太宜人 累贈太淑人

十三世祖泰吉 字道亭號訥齋雍正乙卯科拔貢考補景山教習乾隆戊午科舉人任文安縣教諭 敕授文林郎 誥贈中議大夫兩淮鹽運使司鹽運使 晉贈光祿大夫頭品頂戴河南巡撫

十三世祖母氏孟 安肅庠生 敕封文林郎浙江富陽縣知縣兆祉公女 敕封孺人 誥贈太淑人 晉贈一品太夫人

傳昉 太學生貤贈奉政大夫廣西太平府龍州同知

傳棨 咸豐己未舉人壬戌進士翰林院庶吉士散館選授廣西興安縣知縣歷署北流桂平等縣調臨桂縣陞龍州同知甲子科廣西鄉試同考官庚午科廣西鄉試內監試官桂林府知府欽加鹽運使銜賞戴花翎廣東廉州府知府署廣州府知府簡放惠潮嘉兵備道福建四川按察使司按察使四川布政使司布政使河南巡撫頭品頂戴陝西巡撫

傳宣 早逝

堂曾伯叔祖傳泗 庠生

傳芳 廩生陝西候補府經歷署隴州州同汧陽縣知縣 敕授文林郎

傳洵 廩生歷任山東嶧縣河南蘭儀縣縣丞原武蘭儀葉縣知縣信陽雎州知州 誥授奉直大夫

傳湛　傳灝　傳溥 庠生　傳溶　傳綸 恩貢生候選教諭

傳斌 庠生在河南帶勇禦賊陣亡奉旨賜恩給雲騎尉世職入祀昭忠祠 誥贈武德騎尉

傳紳 增生 敕贈文林郎安徽貴池縣知縣

傳孟　傳汾

傳源

十四世祖荃 字君服號馥園乾隆乙酉科拔貢 朝考人選歷任順天府三河縣訓導山西靈石永濟等縣知縣絳州直隸州知州江蘇鎮江府知府浙江督糧道兩淮都轉鹽運使司鹽運使護理鹽漕察院 誥授中議大夫 晉贈光祿大夫頭品頂戴河南巡撫

十四世祖母氏劉 滿城太學生之綱公女庠生狀猷公胞妹 誥封淑人 晉贈一品太夫人

十四世庶祖母氏張 誥贈恭人 晉贈一品太夫人

從堂曾伯叔祖傳灃　隆鈐 庠生　傳安　傳密　傳滂 嘉慶辛酉舉人揀選知縣

傳經 歲貢生候選訓導　虎炳　傳濩 庠生　傳淮 庠生

傳新 庠生　傳沂 廩生　傳濂 廩生　傳珣 嘉慶癸酉拔貢辛巳舉人揀選知縣　傳

敏 歲貢生候選訓導　傳渼 增生　傳誥 增生　傳綫 庠生　傳中　傳澤

傳綜　傳馨 太學生　傳哲　傳綾 庠生　傳僖 增貢生五品銜

候選訓導大城縣教諭　傳金　傳祿　天申　傳淑 太學生　天

佑 庠生　傳綬　傳良　傳書 太學生　傳梓　傳思 增廣生

傳清　傳猷　振聲 庠生　碧瑩 庠生　傳蔭 附貢生　傳勃

傳瀹　傳廉　傳世　傳棠　傳藻　傳璽

胞叔祖欣理 號蘇齋咸豐戊午科優貢正定府平山縣訓導捐升通判軍功候選同知 誥授奉政大夫

興世受業

高祖振宗字裔昌太學生誥贈朝議大夫江西廣信府知府
高祖母氏李高陽庠生嘉德公女青年守志奉旨旌表入祀節孝祠誥贈恭人
本生高祖嗣宗字衍庭號錫堂太學生歷任浙江松陽餘姚等縣知縣海甯州知州東塘海防同知誥授奉政大夫
本生高祖母氏楊固安舉人淮南批驗所大使補公女太學生維慶公胞妹嘉慶戊午舉人步蟾公胞姊誥贈宜人
本生繼高祖母氏戰甯津乾隆己卯舉人浙江海甯州知州效曾公女山東候補縣丞擷秀公胞姊誥封宜人
曾祖傳先字質夫號進軒嘉慶己卯優貢庚辰考取八旗官學教習道光乙酉科舉人歷任江西德興樂平清江贛縣長甯廬陵等縣知縣欽加運同銜壬辰科江西鄉試同考官南昌府同知廣信府知府誥授朝議大夫
曾祖母氏邊任邱乾隆己卯舉人江西吉南贛甯兵備道學海公孫女歲貢生候選訓導鳳韶公女嘉慶癸酉舉人南宮縣教諭珏公胞姊誥贈恭人

堂叔祖開理早逝　瀛理廩生兼襲騎都尉世職刑部主事光緒壬午鄉試挑取謄錄乙酉丙戌聯捷進士現官翰林院編修　摛理供事國史館議敘從九品　融理太學生廣東候補鹽知事　濤理增生　滂理業儒　漣理業儒
從堂伯叔祖輔理庠生　崇理太學生候選知縣　仁理　靜理太學生東河候補通判署衞糧通判　端理例贈登仕郎　元理候選從九品　含理　中理候選縣丞　和理太學生　廣理東河候補主簿　晰理　滋理庠生　培理增生　森理　上理同治丁卯科優貢選授安徽貴池縣知縣兼襲雲騎尉世職　虁理太學生　運理　繩理　綬理　鈐理　俊理　原理　度理從九品銜　容理　捷理　揚理　揆理　鏡理　銘理　鳴皋山東候補從九品
再從堂伯叔祖邦理庠生　敦理歲貢生國子監學正銜候選訓導　仲理
英理廩膳生　奎理庠生　晉理　章理　鏞理太學生貤贈修職郎　鍾理道光辛巳舉人鹽山縣教諭保升知縣敕授文林郎　夔理　執理　明理　稽理　成理　銓理廩膳生　宜理　秩理　咸理庠生　盛理候選從九品　復理　光理庠生　倫理庠生　旬理　勻理增生　孚理庠生　修理　嘉理　純理　詮理　誼理　闓理　鐸理　星理
廩貢候選教諭署威縣教諭
胞叔學典號笠儕同治庚午科優貢朝考特用知縣分發山西歷署壺關浮山萬泉等縣知縣原任夏縣知縣興世受業　學貢號遂儕同治癸酉科副榜光緒乙亥恩科舉人丁丑考取國子監學正學錄庚辰科進士現官刑部提牢廳主事總辦秋審處興世受業
嫡堂叔學陶同治癸酉科拔貢考取八旗官學漢教習壬午鄉試挑取謄錄翰林院待詔銜國史館議敘候選教諭興世受業　學厚增生　學畲廩生

氏侯武清乾隆丁未科武榜眼御前侍衛浙江嘉興協副將衢州鎮總兵贈公女辛巳武舉江西撫州衞守備世爆公江西龍泉縣知縣世臣公浙江杭嚴衞千總世光公胞姊誥封恭人
祖勤理字菊農廩生貤贈修職郎淶水縣訓導誥贈奉政大夫五品銜壽縣教諭貤贈朝議大夫刑部主事加三級
祖母氏趙滿城乾隆庚子經魁浙江紹興府海防同知諱徽公孫女刑部廣東司主事總辦秋審處諱協中公第三女壬午優貢江西廣豐縣縣丞諱鍾蘭乙酉拔貢靈壽縣教諭諱鍾昆禮部司務諱鍾雁欽天監博士諱鍾林公胞妹候選同知印鍾畿甲辰舉人署山東霑化縣知縣諱鍾華國學生諱鍾翁公胞姊丙午優貢署山東平原縣知縣慶曾廩生來曾歲貢候選訓導蓺曾現任河南陝州直隸州知州希曾丙子副榜平鄉縣教諭報曾候補縣丞篤曾候選從九品女會山東候補典史祥曾胞姑母山東候補知縣爾猷庠生藎誠胞祖姑母壽年守志奉旨旌表入祀節孝祠貤封孺人誥封宜人貤贈恭人

從堂叔學湘　學檀　學濬　學巽　學沖　學麃　學楫
再從堂伯叔學稼　學圖　學楙　學智太學生　學忠武庠生五品頂戴儘先補用把總署博野縣城守把總　學程貴州餘慶縣典史署定番開州吏目保陞府經歷署安順府經歷　學禮候選從九品　學易軍功六品頂戴　學義六品頂戴　學海庠生　學澤　學山　學樸　學繹六品銜候選縣丞　學富東河候補縣丞　學逵　學濟　學濤　學澄　學因　學廣生　學孔庠生　學文庠生　學舜　學堯　學濬庠生　學道增生　學校太學生　學長　學武　學貴庠生　學知　學能　學健庠生　學盛　德晉道光甲午科舉人　德馨增生　德常　學惇庠生　學融　學溫　學寬　學信　學明　學讓　學檢　學徵　學詒　學行　學仁　學靖　學嬰　學景　學淵　辰瑞
胞兄弟名世號景聰壬午科父子同榜舉人國史館謄錄現任奉天鐵嶺縣訓導　煌世業儒　煊世幼
嫡堂弟閎世幼
堂弟馴世幼
從堂再從堂兄弟福世庠生乙酉鄉試房薦　長世六品軍功　亨世　登世　魁世　延世　家世　恭世　亮世　經世
再從堂姪鶴恩　鶴瑞　鶴鑾　鶴受　鶴詰
妻耿氏山東歷城縣原任河間縣知縣候補直隸州知州特用知府賞戴花翎諱曰棠公孫女前任南宮縣知縣欽加運同銜賞戴花翎歷署肅甯河間慶雲定興完縣知縣印覲光公次

本生祖恂理 字長叔號仲……科舉人大挑二等原任易州淶水縣訓導 敕授修職郎 敕贈文林郎山西夏縣知縣 誥贈朝議大夫刑部主事加三級

本生祖母氏侯 武清江西龍泉縣知縣世臣公女六品銜廣東候補巡檢歷署電白縣平山司巡檢乳源陽山等縣典史澄海縣鮀浦司巡檢度公胞姊 敕封孺人 誥封恭人

父學尊 字杏儕咸豐辛酉科拔貢同治壬戌考補鑲黃旗官學漢教習期滿引見以教職用光緒壬午科父子同榜舉人歷署南和柏鄉

女現任衡水縣典史印守恩胞妹

繼妻李氏 任邱縣陝西候補從九品歷署三原臨潼等縣典史印恩銘公次女儒童文澄文源胞姊

子

女二

等縣教諭青縣訓導現任青縣教諭在任候選知縣 欽加五品銜

母氏康 滿城縣候選部司務諱佑公孫女道光庚子科舉人甲辰進士前任河南林縣知縣 欽加運同銜諱仲方公次女廩貢生分部行走員外郎印增綬公胞姊庠生印鴻舒胞姑母 誥贈宜人

繼母氏陳 安州康熙辛卯壬辰聯捷進士貴州安徽布政使司布政使護理兩江總督行載國史循吏傳 崇祀鄉賢祠並入祀貴州名宦祠諱𢘿榮公七世孫女雍正丙午科舉人

乾隆丙辰科進士福建霞浦江南宜興廣東清遠等縣知縣諱策公六世孫女嘉慶丙子科舉人大挑一等歷署河南湯陰長葛臨漳等縣知縣諱承祜公孫女咸豐辛酉科副榜候選直隸州州判諱榜公女乙酉拔貢孝廉方正欽加六品頂戴即選教諭候升知縣印文煜胞姊優行廩貢候選訓導印文焯嫡堂妹 誥封宜人

本生重慈侍下

嚴繼慈具慶下

庭訓

受業師 知

母舅陳見三夫子 印文焯 安州優行廩貢候選訓導

王子美夫子 印士彥 安州廩生

張鎮之夫子 印琮 安肅廩生

蕭闓峯夫子 印銘裔 山東福山庠生候選府經縣丞兼襲雲騎尉世職

郭𥳑浩夫子 印雲陞 河南滑縣廩生

張廣心夫子 印濟泉 安州歲貢生

魏子珍夫子 印鍾錡 丙子己卯

受知師

兩科副榜

馬恕卿夫子　印　思中　同邑道光已酉科舉人國子監學正現任延慶州學正

田平甫夫子　印　均　同治丁卯科優貢山東候補知縣

崔毅泉夫子　諱　倜　霸州壬子科舉人青縣訓導

牟伯鄭伯琴夫子　印　梓　獻縣咸豐辛酉科拔貢同治甲子科舉人

姚仁甫夫子　印　茂坤　同治癸酉科舉人現任定興縣教諭

諸葛篤我夫子　印　錫祜　現任定興縣訓導

世伯王芸臺夫子　印　立勲　同知銜直隸雄縣藁城宣化等縣知縣現補南和縣知縣

陳星齋夫子　印　應禧　庚辰進士翰林院庶吉士現官吏部主事

楊定敷夫子　印　晨　丁丑進士翰林院編修現官山東道監察御史乙酉科順天鄉試同考官

徐季和夫子　印　致祥　庚申會元

現官都察院左副都御史前順天學政

鄉試中式第一百六十名

覆試一等第七名

會試中式第　名

殿試　甲第　名

朝考　等第　名

欽點

族繁不及備載

世居定興縣城內南大街

順天鄉試硃卷　光緒己丑　恩科

中式第一百六十名舉人鹿興世係直隸保定府定興縣學優廩生民籍

同考試官　欽巡視江西道察院加三級胡　閱　薦批　局度雍容

大主考戶部左侍郎兼管三庫事務加三級孫　又取批　詞條豐蔚

大主考吏部左侍郎加三級許　又取批　筆意圓融

大主考太子少保理藩院尚書吏部尚書鑲白旗漢軍都統總管內務府大臣管理頤和園宿衛官事務大臣查城大臣加三級御鳥槍處大臣管理　嵩　又取批　機神流暢

大主考經筵日講起居注官太子太保協辦大學士吏部尚書翰林院掌院學士上書房總師傅國史館總裁會典館總裁管理戶部三庫事務稽察京通十七倉大臣管理八旗官學事務大臣加三級　徐　中批　又批　氣象光昌

本房原薦批

第壹場

斟酌飽滿題蘊畢宣次整飭三流動

詩雅

第貳場

鎔經鑄史有筆有書五藝各極其妙

聚奎堂原批

議論亦人所有喜其筆力健舉無不達之詞次三均無懈可擊詩穩鍊

有若對曰盍徹乎　　鹿興世

賢者以徹告魯君欲其復古也蓋徹者足用之政亦備荒之政也有若盍徹之對非以復古望魯乎且賢者與謀人國而不以良法美意詔示當途則補苴苟且之爲何足爲長治久安之策哉爲萬世固邦基酌盈劑虛宜遵成憲爲兩間儲物產裒多益寡悉具全模處積衰之勢以策遠大之圖有心者復古情殷所爲於成規遞變之餘一參末議也魯用之不足有若固心憂之而深知其不足之故矣因對哀公曰公憂不足盍思古之用無不足者果遵何道乎先王知陰陽之有愆伏也而體國經野必酌中正以定其規開

以百室盈以百室合上下爲一體焉有充盈而無困乏而後旱乾水溢不爲災先王知正供之有常制也而畫井分田必準什一以定其數耕以千耦耘以千耦統天下爲一家焉有定額而無羨征而後府庫倉廩無不實然則古之用無不足者其惟徹乎其法酌乎貢與助之中而監夏殷以立極其道備乎豐與凶之用而準官禮以成書始則徹田爲糧公劉聿開王業繼則徹我疆土宣王以定中興既無此疆爾界之殊亦無此歉彼盈之異蓋徹言乎均均不患貧徹言乎通通可盡利是固我周之制而我魯所當世守者也胡爲乎至今日而有年饑用不足之慮哉則試遠稽乎古制則

且近察乎時艱求所謂有備無患者將何術之從乎盍徹乎法制值變更而後興復端賴夫君心我先王功即康田早定爲萬世不渝之則一旦奉行罔替豈非經國良謨乎今雖田賦頻增非復岐豐舊制而王章未墜猶得考流泉餘澤一新侯國之經猷豐歉縱無常何至授權於氣數井疆有必正奚虞見奪於豪強皞皞乎郅治休風也古道猶可復也公盍守土田之舊而加意圖之度支當匱乏之秋經畫宜關乎國計我先公稅加履畝不過爲一時補救之方一旦革正有權豈非濟時善策乎今即衰微日甚已非開創宏模而祖制猶存尚可循溝洫遺規一振先人之謨烈軍行無缺

用竊願稽賚詧一篇賦入有常經竊願考司徒九式恢恢乎隆平盛軌也積弊猶可除也公盍仰宗社之靈而從容布之

本房加批

舉止安詳詞華朗秀時流町畦襞積之習一掃而空雅俗共賞之作

陳星齋夫子榜前批

不矜才不使氣進揖退揚周規折矩極合近科墨裁自是投時利器

言前定則不跲事前定則不困行前定則不疚道前定則不窮

鹿輿世

前定之無弊類推之而益見焉夫跲也困也疚與窮也皆言事行道之弊也惟前定者則不然不益見事之宜豫哉且人以一身而與天下相見其處之無不當者皆本乎此心而已其心宰乎接物之先而操存有主其效即見於接物之後而竭蹶無虞必待有應有不應而始悔養之無素也抑亦晚矣豫則立不豫則廢凡事類如此矣夫豫者前定之謂也則凡事之宜前定者不可類推乎即如闡道德九經者則爲言吾見言之跲者矣理有未明而借章句以名家終恐游移而鮮據詞有未達而逞才華以炫世終虞拘滯而難通前定者豈慮此乎君子於未言之前早貫徹乎言之始終而自端其主宰故根學問以爲注疏著作足壽名山本經濟以發文章議論可資建樹其不跲也蓋言前定則然矣又如措道德九經者則爲事吾見事之困者矣豪傑經猷自詡而危疑迭試經折挫而頓失機宜修士慷慨自期而遠大猝投臨艱鉅而即形迫切前定者倘患是乎君子於未事之前早熟籌乎事之本末而默運其權衡故大小咸宜機務不虞其叢脞經權悉當常變不易其操持其不困也蓋事前定則然矣且統乎言事者則爲行在道德則行之於內在九經則行之於外行固欲其爲法也而疚何爲者忠孝或有所虧全一念之疏終身抱憾仁義或有所未盡一端之失畢世難追其疚也蓋無以定於行之前耳君子之於行也未形諸踐履先課諸且明故倫紀克修動靜何慚於衾影範圍不過俯仰何愧於神明則內省不疚者有如此也抑統乎言事與行者則爲道在道德有治己之道在九經有治人之道道固欲其各正也而窮何爲者卑邇皆高遠之階詣力未深淺嘗恆廣輒止平易皆中庸之旨本原未裕一得必至自封其窮也蓋無以定於道之前耳君子之於道也未企其精微先求諸淺近故漸進以窺其理上下

悟飛躍之機深造以會其逼左右有逢源之樂則肆應不窮者又如此也夫不跆不困不疚不窮其前定於言事行道者皆前定於心者也人可不求立於豫哉

本房加批

文情斐亹筆致軒昂命意措詞卓然名貴何止摸去俗塵五斗

陳星齋夫子榜前批

氣疏以達言明且清各還實義不蔓不支

人皆有所不爲達之於其所爲義也　鹿興世

更示人以盡義之道亦即不爲達之而已夫有所不爲者義之端也即不爲以達其所爲豈非盡義之道乎且事之可爲不可爲者精義者明之蔑義者豈盡昧之昧之於百念固已越其防閑而明之於一念猶可施其補救此昧者證以彼明昨非者自能今是特恐明者自明昧者自昧將天下可以近義之人終爲天下不能向義之人也甚可惜已以不忍達所忍固可以爲仁矣今夫仁固視乎忍不忍而義又視乎爲不爲人必不自愛惜然後舉天下不可爲之事爲之而獨蹈其愆尤人所不爲者而已獨爲之豈眞無所

忌憚乎蓋所爲之中即有所不爲者在也則天良猶未盡泯也人必役於外緣然後舉天下不可爲之端爲之而不深其惕悟向所不爲者而今偶爲之豈眞無所愧怍乎蓋繼之所爲未必非初之所不爲也則後效猶可預期也何也有所爲之人皆有所不爲之人也特患無以達之耳達必由此而及彼夫所不爲者不難有於一事而難有於事事惟即一事以達之事事則隨在皆所不爲矣此蓋內疚之志有以成之也其所不爲也其義也達必即始而見終夫所不爲者不難有於一時而難有於時時惟即一時以達之時時則即境皆所不爲矣此蓋自愧之衷有以激之也其達所爲也其義也且夫義本人所固有耳豆羹不屑之情皆至性之所爲流露達之有以擴其量將大廷之指摘惕於隱微達不域於地一息之清明操諸畢世達不限於時如疏泉然義爲其源達即所以窮其源也夫人生邪正之途止爭片念果其推行有準則有不爲之人皆變而爲精義之人矣而何待外求哉且夫義亦人所同具耳羞惡難安之隱皆內志之出於自然達之有以會其通將由易而達之於難萬鍾何加即簞食不受之意由大而達之於小一介不取即千駟弗視之情如行路然義爲其程達即所以竟其程也夫人生善惡之別止在當幾果其舊染日新則達所爲之人皆進

而爲比義之人矣而何可畏難哉義之存乎人者又如此

本房加批

如錐畫沙如印印泥書家以沉着痛快爲宗此類是也

陳星齋夫子榜前批

安章宅句水到渠成文到妙來無過熟

賦得自彊不息得乾字五言八韻　鹿興世

卦象陽剛著躬修健法天自彊終惕惕不息盎乾乾敬勝銘常懍誠存力獨堅鼎新占日進豫怠戒風愆寅畏臨淵切辰居履道先聰明離作照懋勉震行權艮止功難懈恆貞志並事宸衷兢業勵聖治更無偏

本房加批

擣英摭釆方軌玉溪

陳星齋夫子榜前批

端莊流麗兼而有之亦合作也

賦得自彊不息得乾字五言八韻　鹿興世

卦象陽剛著，躬修健法天。自彊終惕惕，不息益乾乾。敬勝銘
常懔，誠存力獨堅。鼎新占日進，豫怠戒風愆。寅畏臨淵切，辰
居履道先。聰明離作照，懋勉震行權。艮止功難懈，恒貞志並
專。

宸衷兢業勵，聖治更無偏。

本房加批

摛英摭釆方軌玉溪

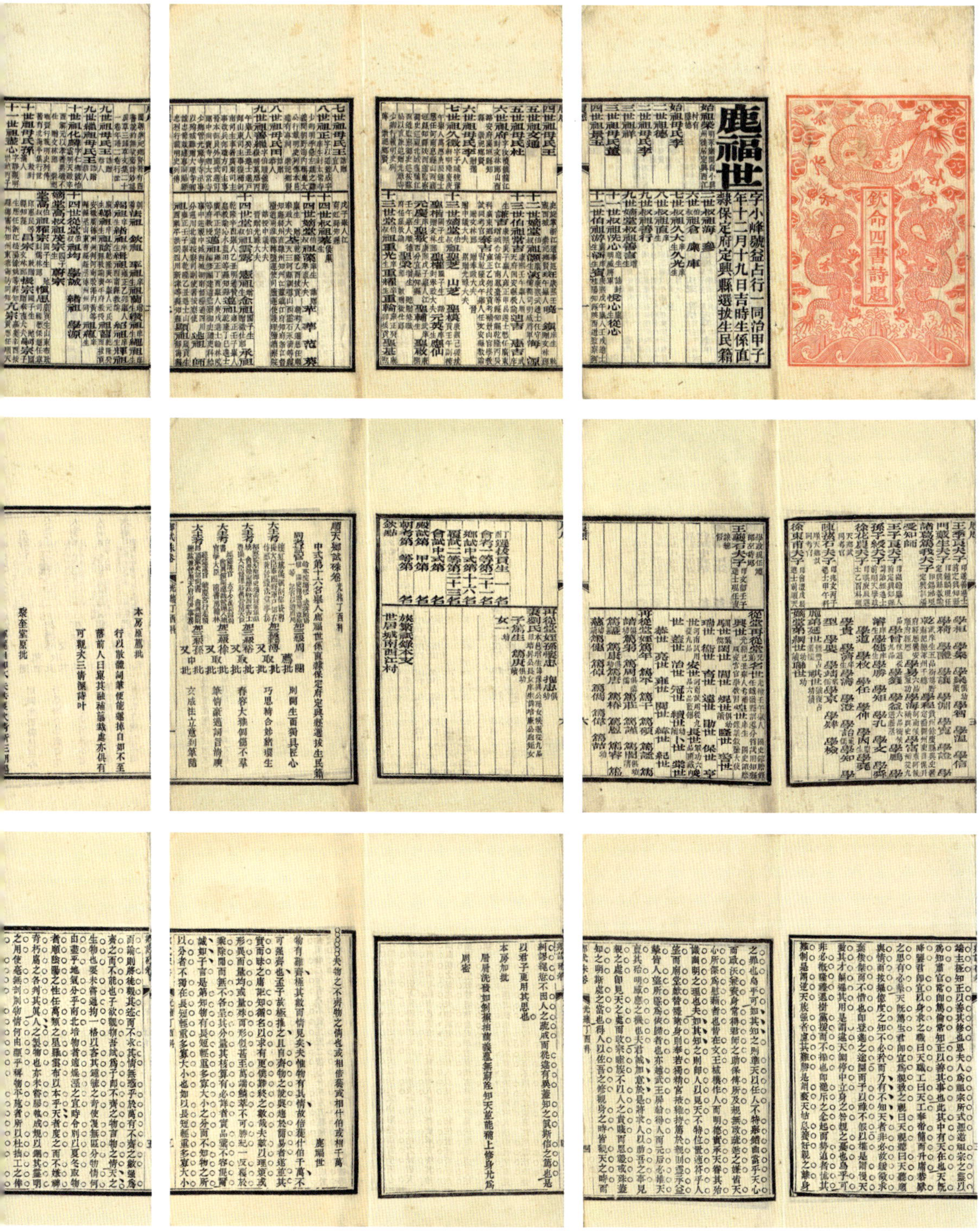
欽命四書詩題
鹿福世
字小峰號益占行一同治甲子年十二月十九日吉時生係直隸保定府定興縣選拔生民籍

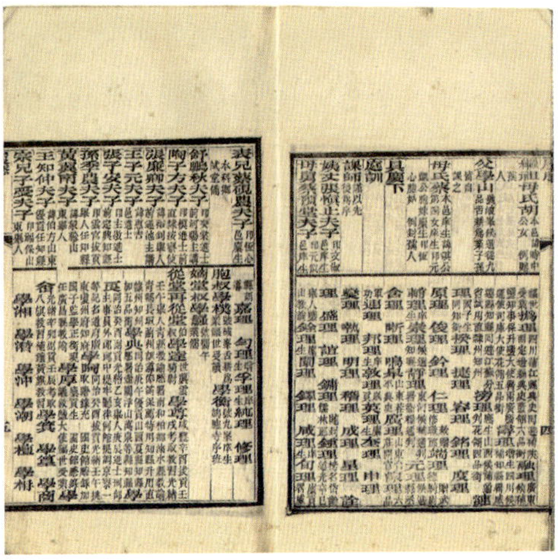

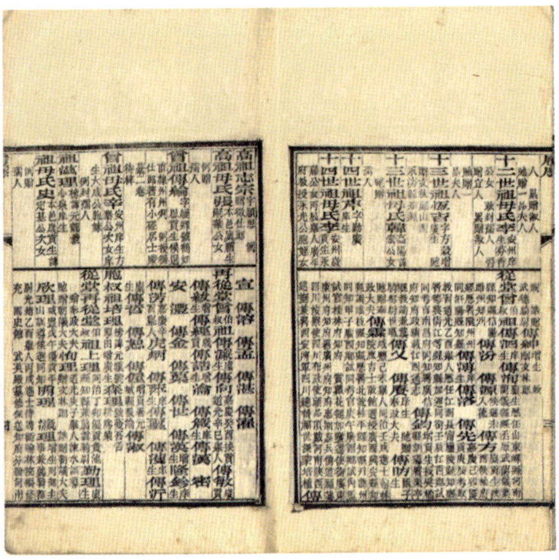

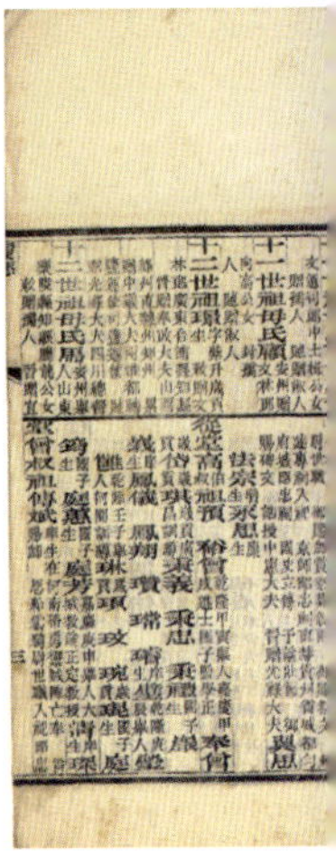

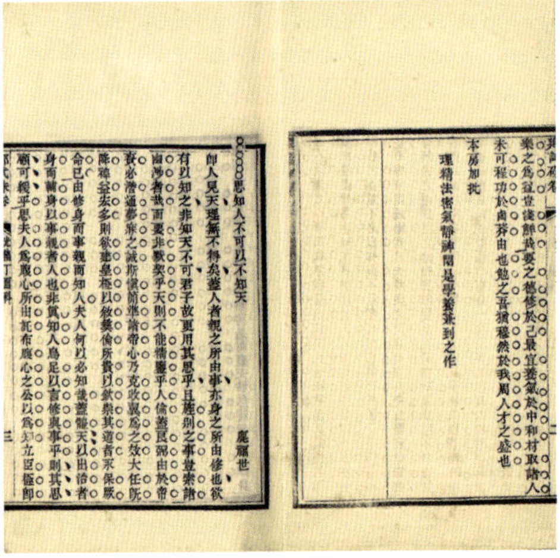

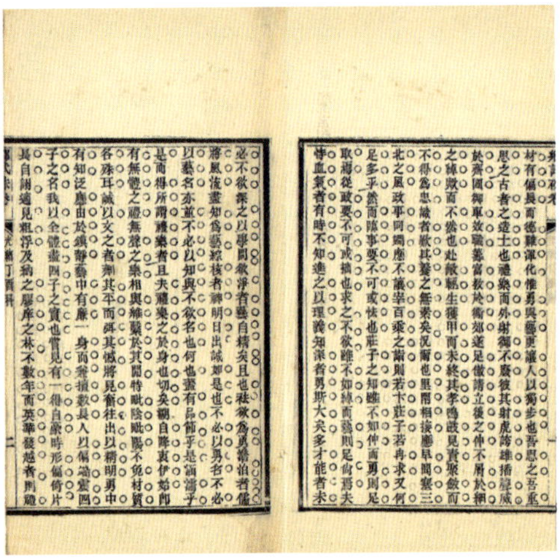

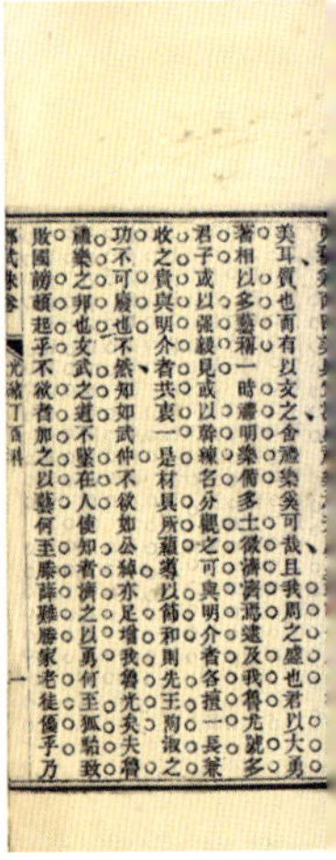

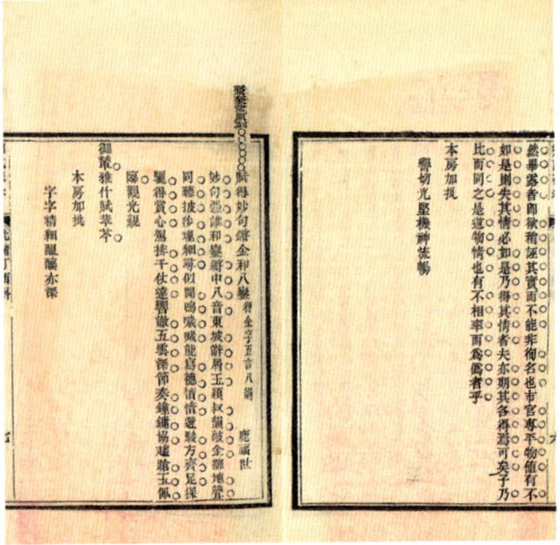

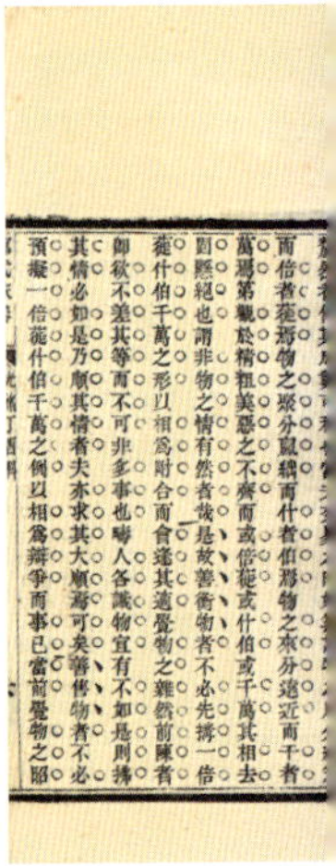

鹿福世（一八六四—一九三〇），字益占，行一，增生，定兴县西江村人。光绪二十三年（一八九七）拔贡生、本科举人，拣选知县，授文林郎。娶刘氏（一八六六—一九四四），本邑培升长女，合葬定兴西江村鹿氏祖茔。有三子一女，长子笃生，次子笃庚，三子笃璋（殇）。鹿福世早年随曾叔祖鹿传霖赴陕任事，参与了光绪十六年《定兴县志》的编纂工作。光绪三十二年科举制度废除后，直至民国二年（一九一三），在城内高等小学堂（原河阳书院）任校长，撰写了大量有关鹿氏家族的文章，为后人研究鹿氏及定兴文化提供了宝贵的历史资料。鹿福世在光绪二十三年选拔贡生获第一名，会考第一等第二十一名，乡试中式第十六名，复试第二等第二十三名。

此乃鹿福世光绪二十三年（一八九七）考取顺天乡试第十六名举人卷。

据鹿福世《五秩前行季节略》记载，鹿福世于光绪七年（一八八一）十八岁时初次参加童试，获县试第十一名，府试第十名，院试未通过。光绪八年十九岁时参加河阳书院官课考试，县试第一，院试又第一，定兴知县王子良（名松翰）、学台孙子受授奖。光绪十一年二十二岁参加顺天乡试落榜。光绪十三年二月二十四岁时参加莲池书院淘汰赛考试，主讲老师为张廉卿（名裕钊），获官课超等第四名，列特等第一名。光绪十四年二十五岁参加顺天乡试又落榜。光绪十六年至二十年随曾叔祖鹿传霖赴陕西节署办笔墨之事，未参加陕西顺天乡试。光绪二十年三十一岁由陕回京第三次参加顺天乡试，又未被录取。光绪二十一年三十二岁参加河阳书院官课等考试，均列超等，膏火从优，受到定兴知县王季良（名遂善）青睐。光绪二十二年第四次参加顺天乡试，考取一等第三名，因增生、拔贡名额只有二人，未果。光绪二十三年三十四岁九月第五次参加顺天乡试，举顺天乡榜第十六名，考中举人。光绪三十年四十一岁未赴礼部之试注册拣选知县，参加吏部招考中书之试未被录取。光绪三十一年四十二岁在北京课读兼办笔墨之事。当年科举制度废止。腊月，定兴知县朱慎初（名贞保）函请商办学务。鹿福世于光绪三十二年四十三岁到定兴城内高等小学堂（原河阳书院）任董事，旋改充堂长（校长），兼充师范学堂监学，代理模范初学事务。宣统三年（一九一一）四十八岁，小学堂毕业二十九人，又招新班。东林寺初级小学堂因无款停办，后以鹿传霖之子鹿浔理奉鹿传霖遗嘱捐款又恢复，并设单级师范传习所。腊月二十五日宣统帝逊位。自改共和体制后，因学堂学生以自由平等为口号参与政治，故四十九岁的鹿福世年终呈请县长辞去堂长之职，直至次年暑假才有人接任。

《五秩前行季节略》详细地记录了鹿福世读书经历和人生历程，其参加童试到多次参加顺天乡试，最后考取举人的过程，折射出在科举制度下考取功名的艰辛。光绪三十一年（一九〇五）科举制度废止后，自光绪三十二年至民国元年（一九一二），鹿福世任定兴城内高等小学堂堂长七年之久，办理学务，为定兴基础教育的发展做出了突出贡献。

鹿福世业师：

蔡预堂：名元凯，庠生，定兴县辛木村人，鹿福世舅舅。

蔡砚农：名恒心，廪生，定兴县辛木村人，鹿福世表兄。

舒鹏秋：名癸棠，进士，定兴河阳书院主讲。

张廉卿（一八二三—一八九四）：名裕钊，道光二十六年（一八四六）举人，保定莲池书院山长。

王子元：名惠吉，光绪三年（一八七七）进士，定兴县贤寓村人。

张子安：名主敬，贵州贵阳府贵筑人。进士，光绪十五年（一八八九）四月署任定兴知县。

王季良：名遂善，进士，定兴知县。

门敩生：名锺麟，定兴县教谕。

诸葛笃我（一八四一—一九一二），名锡祜，定兴县训导。

王子良：名松翰，举人，山东平度人。光绪七年（一八八一）十月任定兴知县。

据鹿福世《五秩前行季节略》记载，鹿福世光绪二十三年（一八九七）顺天乡试主考官是：

同考试官：（房师）周政伯，名爰诹，陕西蒲城人。

大主考：（座师）孙燮臣，名家鼐，安徽寿州人。

大主考：裕德。

大主考：溥良。

大主考：徐公，名辅。

又载：『据房师（周政伯）云，孙公（孙家鼐）得余（鹿福世）首场卷，拟中五魁，代拟试帖一首，并首艺俱交聚奎堂发刊，后因第三场稍逊，抑置十五名以外。策中且有金马之误，房师为添改人字始免驳斥，此情可感也。』

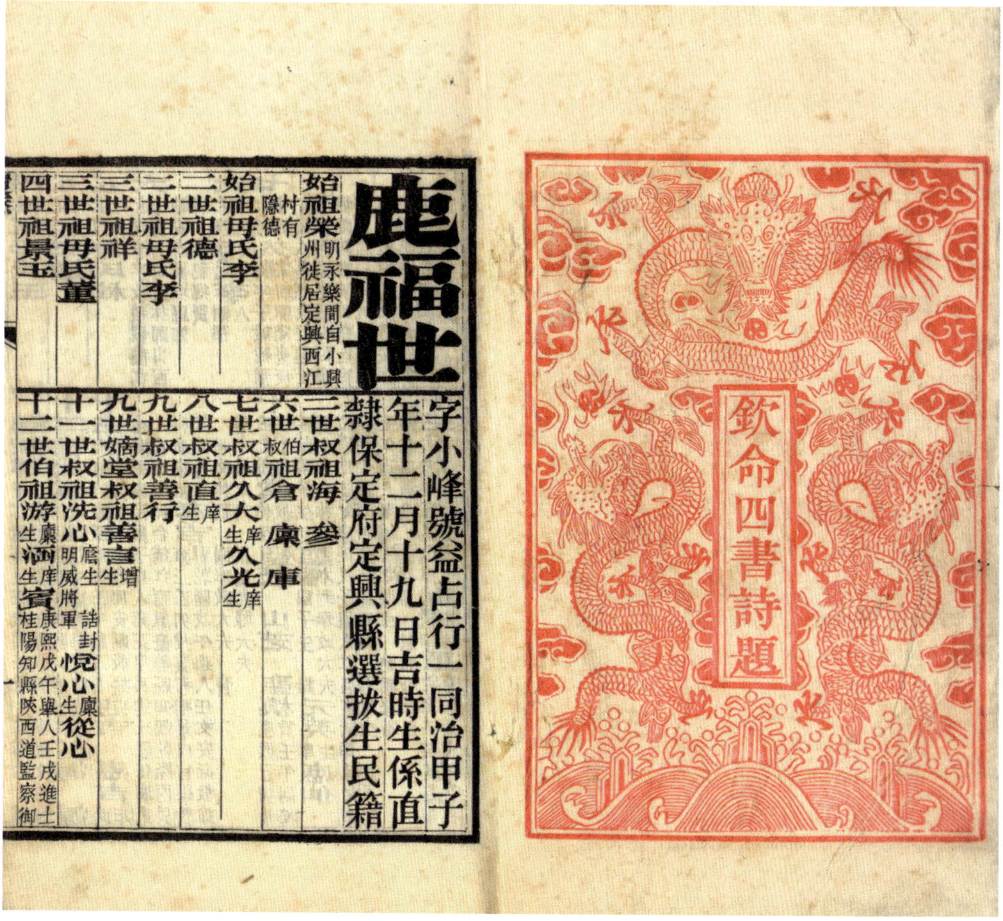

鹿福世 字小峰號益占行一同治甲子年十二月十九日吉時生係直隸保定府定興縣選拔生民籍

始祖榮 明永樂間自小興州徙居定興西江村有隱德
始祖母氏李
二世祖德
二世祖母氏李
三世祖祥
三世祖母氏董
四世祖景玉

三世叔祖海 參
六世叔祖倉 伯 廩 庫
七世叔祖久大 庠生 久光 庠生
八世叔祖直 庠生
九世叔祖善行
九世嫡堂叔祖善言 增生
十一世叔祖洗心 廩生 明威將軍 誥封 悅心 廩生 從心
十二世伯祖游 廩生 康熙戊午舉人壬戌進士桂陽知縣陝西道監察御

欽命四書詩題

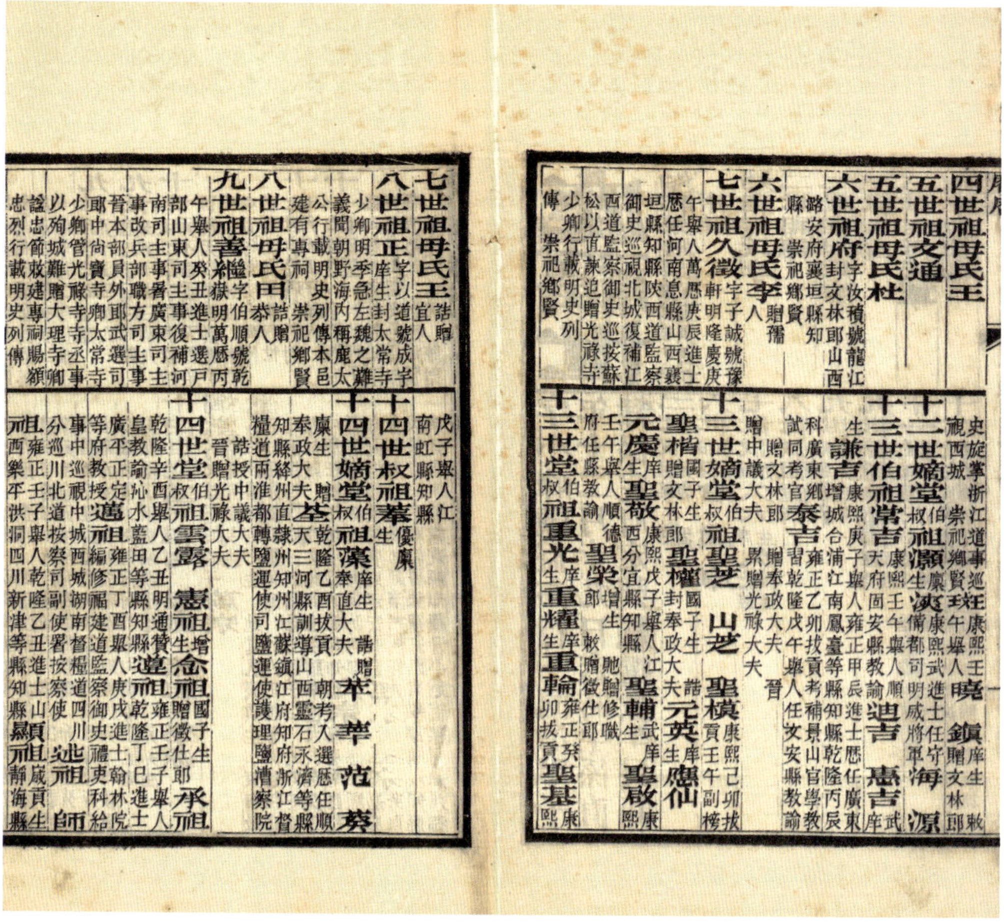

四世祖母氏王
五世祖文通
五世祖母氏杜
六世祖府 字汝積號龍江封文林郎山西路安府襄垣縣知縣崇祀鄉賢
六世祖母氏李 贈孺人
七世祖久徵 字子誠號豫軒明隆慶庚午舉人萬曆庚辰進士歷任河南息縣山西垣縣知縣陝西道監察御史巡視北城復補江西道監察御史巡按蘇松以直諫追贈光祿寺少卿行載明史列傳崇祀鄉賢

七世祖母氏王 誥贈宜人
八世祖正 字以道號成宇庠生封太常寺少卿明季急左魏之難義聞朝野海內稱鹿太公行載明史列傳本邑建有專祠崇祀鄉賢
八世祖母氏田 誥贈恭人
九世祖善繼 字伯順號乾岳明萬曆丙午舉人癸丑進士選戶部山東司主事復補河南司主事改兵部職方司主事晉本部員外郎武選司郎中尚寶寺卿太常寺少卿管光祿寺丞事以殉城難贈大理寺卿謚忠節敕建專祠賜額忠烈行載明史列傳

國朝崇祀鄉賢著有四書說約無欲齋詩鈔認眞草三歸草文集二十一卷年譜二卷行世
九世祖母氏王 誥贈恭人
九世繼祖母氏王 誥贈恭人
十世祖化麟 字仁卿號怡雲明天啟辛酉解元以孝著累徵不仕 贈文林郎 崇祀鄉賢行載明史列傳著有北海亭集行世
十世祖母氏孫 敕封孺人
十一世祖盡心 字靜觀明崇禎丙子舉人歷任書縣教諭泳州學正山西安邑縣知縣有惠政 崇祀鄉賢 貤贈敕授文林郎

訓導法祖 欽祖 卒祖 庠生 祖蘭 增生 纘祖 庠生 繩祖 庠生
絹祖 庠生 緒祖 庠生 緝祖 雍正乙卯舉人西甯縣教諭 紹祖 庠生 輝祖
廩生 繹祖 庠生 祖蔭 乾隆庚午舉人元氏縣教諭廣平府教授 祖晉 乾隆癸酉拔貢
安徽廣德州州判河南滎澤內黃等縣縣丞山東曹縣縣丞德州州同 祖蘊 庠生
十四世從堂伯叔祖均 學誠 緒祖 學源
嫡堂高叔祖茂宗 國子生 蔚宗
堂高伯叔祖耀宗 國子生封儒林郎 貤 慎思 廩貢生山東布政司經歷保題任章邱惠民等縣知縣
昌宗 文林郎 敕贈 振宗 國子生 贈奉直大夫 貤 嗣宗 國子
生歷任浙江松陽餘姚等縣知縣海甯州知州東塘海防同知 亢宗 嘉慶辛酉拔貢歷任順天府真鄉縣教諭廣東定安文昌會同順德等縣知縣澳門同知 超宗 丕宗 嘉慶癸酉拔貢庚辰考取教習補鑲紅旗官學期滿以知縣揀發貴州補施秉縣知縣升平越直隸州知州

中議大夫兩淮都轉鹽運使司鹽運使
十一世祖母氏范 本邑進士吏部文選司郎中士楷公女 貤贈淑人 贈孺人
十一世祖母氏顧 安州文林郎 贈孺人 敕封
向高公女 貤贈淑人
十二世祖環 字紫升歲貢 敕贈文林郎廣東合浦縣知縣 晉贈奉政大夫山西絳州直隸州知州 累贈中議大夫兩淮都轉鹽運使司鹽運使 貤贈光祿大夫四川總督
十二世祖母氏馬 安州舉人山東樂陵縣知縣騰龍公女 敕贈孺人 晉贈宜

欽加道銜賞戴花翎歷署大定安順府知府兼護貴東兵備道勻府知府郎岱台拱同知黔西開州知州龍泉修文桐梓縣知縣咸豐六年殉難奉旨照三品例從優議卹給騎都尉世職入祀御賜卹賞祭葬銀兩御賜祭文賜祭一次建專祠入祀京師昭忠祠直隸貴州省城都勻府城昭忠祠國史立傳予謚壯節加等賜碑文誥授中憲大夫晉贈光祿大夫 冀思
法宗 增生 丞思 廩生
從堂高伯叔祖預 裕曾 乾隆甲寅舉人嘉慶甲戌進士國子監學正 奉曾
歲貢 岱 歲貢 琪 昌訓導 歲貢廣 義 秉忠 秉禮 國子生 嶷
義 庠生 鳳儀 鳳翔 瓚 瑺 瑨 庠生 璧 乾隆庚辰舉人 學
雝 乾隆壬子舉人河間訓導 琳 歲貢 項 玫 琬 歲貢 琨 國子生 庭
鈞 國子生 庭憲 國子生 庭芳 嘉慶庚申舉人大城教諭正定教授 清 庠生 琛
堂曾叔祖傳斌 庠生在河南帶勇禦賊陣亡奉旨賜卹恩給雲騎尉世職入祀昭忠

十二世祖母氏李 安州庠生芬香公女 敕封孺人 累贈淑人 貤贈一品夫人 累贈淑人 貤贈一品夫人
十三世祖恆吉 字方穀 增廣生 貤贈文林郎山西永濟縣知縣
十三世祖母氏韓 高陽諱宏公女 貤贈孺人
十四世祖芹 字勤庵 庠生
十四世祖母氏李 安州歲貢生丞嘉公女丙辰舉人廣平府教授丞光公胞姪女

敕授文林郎 傳紳 增生 傳泗 庠生 傳洄 廩生歷任山東嶧縣河南武陟儀封蘭儀等縣縣丞 傳源 候選未入流 傳方 廩貢生陝西候補府 諸贈武德騎尉
從堂曾伯叔祖傳泗 庠生 傳汾 縣知縣信陽州知州署隴州知縣 傳溥 庠生 傳洛 傳先 嘉慶己卯優貢庚辰考取
教習道光乙酉舉人歷任江西長甯盧陵縣知縣加運同銜壬辰江西鄉試同考官南昌府同知署廣信府知府政績載江西通志 傳鈞 增貢生揀選縣訓導署樂亭
縣教諭兼襲世職 傳乂 傳履 庠生 貤贈奉政大夫 傳昉 國子生
傳纍 咸豐己未舉人同治壬戌進士翰林院庶吉士散館選授廣西興安縣知縣調臨桂縣知縣歷署北流桂平縣知縣升龍州同知甲子廣西鄉試同考官庚午廣西鄉試內監試官桂林府知府 賞戴花翎加鹽運使銜廣東廣州府知府署廣州府知府惠潮嘉兵備道福建四川按察使四川布政使頭品頂戴河南陝西巡撫兼署西安將軍四川總督福世深蒙培植 傳

高祖志宗 字穎思 贈徵仕郎 例
高祖母氏張 本邑廩膳生嗣華公女 例贈孺人
曾祖傳綸 字綬州號鶴如恩貢生候選直隸州州判 例授徵仕郎著有小徑居士膽藁二卷 待梓
曾祖母氏辛 安州庠生方泰公次女庠生大成公胞妹 例封孺人
祖滋理 榜諱元龍號心泉庠生
祖母氏史 本邑歲貢生諱定基公次女 例贈孺人

宣 傳洛 傳盂 傳湛 傳灌
再從堂曾伯叔祖傳瀛 廩生 傳向 嘉慶癸酉拔貢道光辛巳舉人 傳敏 歲貢
傳紱 增生 傳經 歲貢 傳誥 增生 淪 傳徽 庠生 傳漢 銜
安 澧 傳金 傳棨 傳世 傳漢 增生 隆鈔 庠生
傳涝 嘉慶辛酉舉人 虎炳 傳萃 庠生 傳璽 傳遠 庠生 傳沂
廩生 傳浩 傳恕 傳偓 增貢署元城縣教諭 傳淑
胞叔祖培理 榜諱元璣號厚田增廣生 森理 號蔆吾 耕為業 舌
從堂再從堂伯叔祖上理 同治丁卯優貢貴池縣知縣兼襲雲騎尉 勤理 廩生
貤贈朝議大夫 怡理 道光庚子舉人涞水訓導 誥贈朝議大夫 誥授奉政大夫 贈文林郎
欣理 咸豐戊午優貢平山訓導候選同知 開理 瀛理 增生刑部主事兼襲騎都
尉光緒乙酉舉人丙戌進士侍講銜翰林院編修充國史館 武英殿纂修保送知府分發河南

繼祖母氏胡 本邑諱時中公女 例贈孺人

父學山 崴峻峯候選從九品舌耕爲業子孫皆自課之

母氏蔡 本邑庠生諱淇公第四女庠生印元凱公胞妹廩生印恆心胞姊 例封孺人

具慶下

庭訓

課師 謹以先後爲序

姨丈張慎止夫子 印文徽 邑庠生

母舅蔡頤堂夫子 印元凱 邑庠生

福世受業 撝理 四川蒲江縣典史同遴補陝西定邊縣典史藍翎六品銜 融理 廣東候補鹽知事保升鹽大使署兩廣鹽運使司庫大使花翎五品銜 淳理 增生四川候補知縣署威遠縣知縣同遴江蘇分省試用直隸州知州 滂理 廩生山西候補通判花翎四品銜 漣理 國子生同知銜 揆理 捷理 容理 銘理 度理

原理 俊理 鈐理 仁理 敕贈修職郎 端理 贈武德騎尉

輔理 庠生 崇理 候選知縣 靜理 東河候補通判署衛糧通判 元理 候選縣丞

含理 晰理 鳴皋 山東茌平典史 廣理 山東台莊閘官 燦理 六品軍功

逵理 邦理 庠生 敦理 歲貢 英理 廩生 奎理 申理

燮理 熱理 明理 稽理 成理 星理 詮理

盛理 誼理 鏞理 貤封儒林郎 鍾理 榜名岱齡道光辛巳舉人鹽山教諭

銓理 廩生 闡理 鐸理 咸理 庠生 旬理 廩貢署威縣訓導

表兄蔡硯農夫子 印恆心 邑廩生

本科鄉試堂備

舒鵬秋夫子 印癸棠 進士前河陽主講

陶子方夫子 印模 進士前直隸按察使

張廉卿夫子 諱裕釗 舉人前蓮池主講

王子元夫子 諱惠吉 邑進士

張子安夫子 印圭徵 進士前定興知縣

孫季農夫子 印雲官 拔貢舉人任知縣

黃翼南夫子 諱彖彬 山東舉人

王知仲夫子 諱伯方 山東優貢任知縣

宗兄子愛夫子 印福保 山東舉人

嘉理 勻理 增生 孚理 庠生 純理 修理

胞叔學樸 號棫峯舌耕爲業福世受讀 學衡 號九峯庠生鴻臚寺序班

嫡堂叔學顯 號嚮午 業儒

從堂再從堂伯叔 學達 世襲雲騎尉 學尊 咸豐辛酉拔貢壬戌考取教習光緒壬午舉人青縣教諭歷署南和柏鄉淶水縣教諭青縣長垣薊州訓導俸滿保薦特用知縣升用直隸州知州加五品銜 學典 同治庚午優貢山西夏縣知縣歷署壺關浮山萬泉等縣知縣 學長 同治癸酉副貢光緒乙亥舉人庚辰進士刑部主事員外郎郎中提牢廳律例館提調京察一等記名道府廣東瓊州府知府 學陶 同治癸酉拔貢光緒壬午挑取謄錄充國史館謄錄加國子監學正銜現任廣昌縣教諭 學厚 廩貢生國史館謄錄議敘鹽大使福世受業 學畬 光緒辛卯副貢壬辰考取八旗教習補鑲黃旗教習 學箕 學篁 學商

學湘 學潛 學沖 學湖 學檀 學柑

王季眞夫子 印遂善 進士前定興知縣

門藪生夫子 印鍾麟 現任定興縣教諭

諸葛鶴我夫子 印錫祜 現定興訓導

受知師

王子眞夫子 印崧翰 舉人前定興知縣

孫子綬夫子 諱詒經 進士前順天學政

徐花農夫子 印琪 庚辰進士乙酉科順天鄉試同考官

陳蓀石夫子 印兆文 丙子進士甲午科順天鄉試同考官

徐東甫夫子 印會澧 戊辰進士前順天學政現任禮部左侍郎

王蘷石夫子 印文韶 壬子進士現任直隸總督

學桓 學槃 學鑾 俱幼讀 學智 學溫 學信

學精 學醴 學讓 學淵 學寬 學證

學乾 武庠生五品銜博野縣把總涿州千總 學程 貴州餘慶縣典史署定番開州吏目保升府經歷署安順府經歷 學易 六品軍功 學海 河南候補典史 學富 東河候補從九品

學曾 候選從九品 學錢 學益 六品銜候選縣丞 學鵬

學濬 庠生 學健 庠生 學勝 學矩 學孔 學文 學彝

學道 學校 學任 學仲 學因 廩生 學堯

學貴 學濟 庠生 學濤 學澄 學詒 業儒 學知

學型 學嬰 學靖 業儒 學京 學肆 學檢

胞弟延世 號豐占 業儒 祺世 號復占 幼讀

嫡堂弟綱世 幼讀 聯世 幼

從堂再從堂兄弟 名世 光緒壬午舉人國史館謄錄任鐵嶺縣訓導分省試用知縣

興世 光緒己丑舉人考補咸安宮官學教習 煌世 庠生國史館謄錄議敘鹽大使

馴世 業儒 閎世 閬世 焜世 俱幼讀 隆世 譽世

瑞世 衛世 育世 遠世 勛世 保世 亨世 河南試用從九品

安世 河南試用從九品六品藍翎 長世 軍功六品頂戴 峻世

藎世 治世 冠世 續世 幼讀 卜世 棠世

赫世 亮世 雍世 閎世 緯世 紀世

再從堂姪 篤年 篤平 篤千 篤碩 篤諡 篤諳 俱幼

篤躬 篤周 俱業儒 篤莊 篤謹 篤闓 俱幼讀 篤藹

篤康 俱幼 篤唐 篤椿 篤恩 篤睿 篤慈 幼讀

篤德 篤倬 篤儁 篤偉 篤喆 幼

再從堂姪孫懷忠　抱忠 俱幼
妻劉氏 本邑增生諱豫巽公孫女侯選從九品印培昇公長女庠生諱培廉公胞姪女
子篤生　篤庚 俱幼
女一 幼
族繁祗錄本支
世居城南西江村

丁酉選拔貢生　一名
會考一等第二十一名
鄉試中式第十六名
覆試二等第二十三名
會試中式第　名
殿試第　甲第　名
朝考第　等第　名
欽點

順天鄉試硃卷 光緒丁酉科

中式第十六名舉人鹿福世 係直隸保定府定興縣選拔生民籍

同考試官 翰林院編修 武英殿協修 國史館纂修 京察一等 記名以道府用 加三級周　閱　薦批　別開生面獨具匠心

大主考 鑲紅旗滿洲副都統專操大臣奉國將軍戶部右侍郎兼管錢法堂事務 加二級宗室薄　又　取批　巧思綺合妙緒環生

大主考 都察院左都御史鑲黃旗漢軍都統會典館副總裁教習庶吉士專操大臣管理新舊營房大臣 加三級裕　又　取批　春容大雅倜儻不羣

大主考 經筵講官 太子少保兵部尚書 會典館副總裁管理八旗官學大臣 南書房翰林 加三級徐　又　取批　筆情豪邁詞旨清腴

大主考 經筵講官 毓慶宮行走頭品頂戴吏部尚書 會典館副總裁兼管順天府府尹事務 加三級孫　又　中批　文成法立意到筆隨

本房原薦批
行以散體詞筆便能運掉自如不至落前人日窠其融補翦裁處亦俱有可觀次三清潔詩叶

聚奎堂原批
揮灑自如不失法度次清晰三明暢

詩工

聚奎堂原刻

鹿福世

○○○○○○○卞莊子之勇冉求之藝文之以禮樂

勇藝兼而四美具宜濟以禮樂焉夫以勇藝較知廉四者特質之美耳質也而有以文之舍禮樂奚可哉且我周之盛也君以大勇著相以多藝稱一時禮明樂備多士徵濟濟焉逮及我魯尤號多君子或以强毅見或以幹練名分觀之可與明介者各擅一長兼收之貴與明介者共衷一是材具所藴導以節和則先王陶淑之功不可廢也不然知如武仲不欲如公綽亦足增我魯光矣夫魯禮樂之邦也文武之道不墜在人使知者濟之以勇何至狐駘致敗國謗頓起乎不欲者加之以藝何至滕薛難勝家老徒優乎乃

材有偏長而德難渾化惟勇與藝更讓人以獨步也吾思之吾重思之古者之造士也禮樂而外射御不廢彼其射虎誇雄播聲威於齊國御車效職籌富教於衞郊遂足傲請立後之仲不屑於細之綽歟而不然也赴敵輕生獲甲而未終其孝嗚鼓見責聚斂而不得爲忠識者歎其養之無素矣況爾也里閈相接應早聞塞三北之風政事同嫻應不讓宰百乘之詣則若卞莊子若冉求又何足多乎然而臨事要不可或怯也莊子之知雖不如仲而勇則足取焉從政要不可或拙也求之不欲雖不如綽而藝則足尚焉夫恃血氣者有時不知進之以理義知深者勇斯大矣多才能者未必不欲深之以學問欲淨者藝自精矣且也袪欲爲勇澹泊者儒將風流盡知爲藝綜核者神明日出誠如是也不必以勇名不必以藝名亦並不必以知與不欲名也何也蓋有品節乎是涵濡乎是而得所謂禮樂者且夫禮樂之於身也切矣溯自降衷伊始即有無體之禮無聲之樂相與維繫於其間特毗陰毗陽不免材質各殊耳誠以文之者劑其平而弭其憾將見奮往出以精明勇中有知泛應由於鎮靜藝中有廉一身而兼擅數長人以偏端震四子之名我以全體盡四子之實也嘗見有一得自豪時形偏倚片長自詡適見粗浮及納之膠庠之林不數年而英華發越者則禮

樂之爲益豈淺鮮哉要之德修於己最宜養氣於中和材取諸人未可程功於鹵莽由也勉之吾猶穆然於我周人才之盛也

本房加批

理精法密氣靜神閑是學養兼到之作

思知人不可以不知天　　鹿福世

即人見天理無不得矣蓋人者親之所由事亦身之所由修也欲有以知之非知天不可君子故更用其思乎且旌別之事豈索諸幽渺者哉而要非默契乎天則不能精鑒乎人倫蓋良弼由於帝賚必潛通夢寐之誠斯慎簡準諸帝心乃克收翼爲之效大任既降神益宏多則欲建皇極以敘彝倫所貴以欽崇其道者永保厥命已由修身而事親而知人夫人何以必知哉蓋體天以出治者身而輔身以事親者人也非冥知人烏足以言修與事乎則其思顧可緩乎思夫人爲腹心所由託布腹心之公以爲知立臣極即

端圭極知正以善其修也思夫人爲祖宗所式憑邀祖宗之靈以爲知肅官常即篤倫常知正以善其事也此其中有天在也天既降鑒君即宜以身求之職曰天職工曰天工奉帝簡而升庸恭默之思有必摯天既篤生君即宜爲親致之視曰天視聽曰天聽順輿情而拔擢億度之知不必矜而乃有不知天者非必故緩徵求棄俊傑而不惜也即登進之途開而予以祿不假以權是謂慢天愛其才偏遲其用是謂違天調停中立身之咎親之憂也烏乎可非必概隆禮遇樹黨援而不擇也即罷斥之念起而勢迫者怵其難制是謂逆天族强者慮其難勝是謂褻天姑息養奸親之離身之罪也烏乎可如其知之則準天以任人不特舉錯曲當乎天心而敵沃兼資身常得君師之助保傅所及親無敵疏逖之嫌皆天心所深爲慰藉者也昔在文王棫樸作人而明德實承天眷其殆識幽明之理也夫如其知之則即人以見天不特位置適符乎人望而廟堂獻替體諸身則奉若獨精宮掖維持篤於親則靈承益摯皆人望所隱爲依歸者也亦越武王屏翰得人而元后必推天亶其殆明感應之機也夫君誠加意於是將求人以助吾之事見親之處即見天之處而收宗睦族不以人之貴賤而恩禮或殊蓋知之明斯處之當也得人以佐吾之修觀身之時皆觀天之時而

糾謬繩愆不因人之疏戚而從違有異蓋知之眞斯信之篤也是以君子更用其思也

本房加批

層層洗發如剝蕉抽繭義蘊無窮詮知天並能補上修身尤爲周密

夫物之不齊物之情也或相倍蓰或相什伯或相千萬

鹿福世

物有難齊極其數而情見矣夫惟物有其情故倍蓰什伯千萬不可強齊也孟子故極推之且自齊物之說興趨於簡易者遂並其實而昧之庸詎知循名以求有更僕難終之數哉夫數以理煩或形異而量均或量殊而形似甚至萬端鱗萃不可勝紀一反覆於乘除間而無不各呈其分量其核算有必詳者實品彙不容混爾誠如子言是第知物有長短輕重多寡大小之分而不知物之所以分者不獨在長短輕重多寡大小也如以長短輕重多寡大小

而論則將徒觀其迹而不求其情無惑乎於萬有不齊之數强爲齊之而不能也子欲觀物吾試爲子即不齊之物言物之情天之生物也要未嘗過拘一格以各其鍾毓之奇使漫無區分物情何由盡乎地氣分乎南北培物者適燥溼之宜時令別乎夏冬取物者順陰陽之性任萬類之星羅雲布以本乎天者度之而不嫌神奇朽腐之各判其眞人之製物也亦未嘗膠執成規以錮其靈明之用使毫無剖別物情何由顯乎稱物平施者所以杜拙工之倖念因物以付者乃不負良匠之苦心合五方而類聚羣分以成於人者衡之而不患疏糲堅良之互標其質今試由物極於萬者等

而下之秩然者何其主名可按也今試由物加於倍者等而上之釐然者何其成數可稽也當夫交易之時姑無論物之用分緩急而倍者蓰焉物之聚分贏絀而什者伯焉物之來分遠近而千者萬焉第觀於精粗美惡之不齊而或倍蓰或什伯或千萬其相去固懸絕也謂非物之情有然者哉是故善衡物者不必先揣一倍蓰什伯千萬之形以相爲附合而會逢其適覺物之雜然前陳者即欲不差其等而不可非多事也嚮人各識物宜有不如是則拂其情必如是乃順其情者夫亦求其大順焉可矣善售物者不必預擬一倍蓰什伯千萬之例以相爲辯爭而事已當前覺物之昭

然畢露者即欲稍誣其實而不能非徇名也市官專平物値有不如是則失其情必如是乃得其情者夫亦期其各得焉可矣子乃比而同之是逆物情也有不相率而爲僞者乎

本房加批

嚮切光堅機神流暢

聚奎堂原刻

賦得妙句鏘金和八鑾 得金字五言八韻　鹿福世

妙句憑誰和鑾鏘中八音東坡辭屑玉穎叔韻敲金擲地聲同聽披沙理細尋似聞鳴噦噦能寫德愔愔選駿方齊足探驪得賞心駕排千仗遠響徹五雲深節奏鐘鏞協趨蹌玉佩臨觀光覲

御輦雅什賦苹芩

本房加批

字字精細醞釀亦深

而下之秩然者何其主名可按也今試由物加於倍者等而上之釐然者何其成數可稽也當夫交易之時姑無論物之用分緩急而倍者蓰焉物之聚分贏絀而什者伯焉物之來分遠近而千者萬焉第觀於精粗美惡之不齊而或倍蓰或什伯或千萬其相去固懸絕也謂非物之情有然者哉是故善衡物者不必先搆一倍蓰什伯千萬之形以相爲附合而會逢其適覺物之雜然前陳者即欲不差其等而不可非多事也疇人各識物宜有不如是則拂其情必如是乃順其情者夫亦求其大順焉可矣善售物者不必預擬一倍蓰什伯千萬之例以相爲辯爭而事已當前覺物之昭

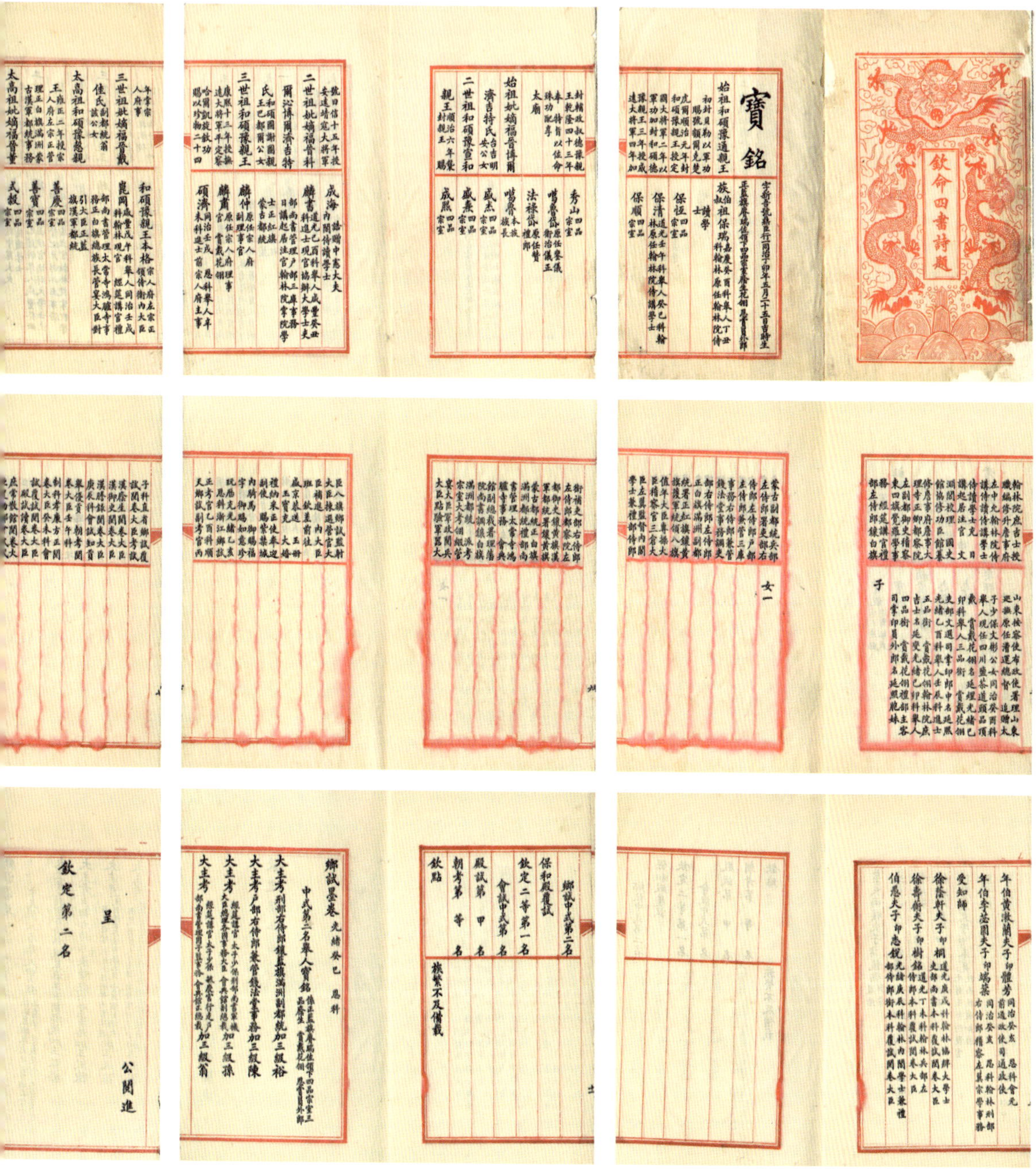

宝铭（一八六七—?）

字新吾，号鼎臣，行一。同治六年（一八六七）五月二十五日生，清太祖努尔哈赤第十五子多尔衮同母弟多铎后裔。多铎，清太祖努尔哈赤第十六子，崇德元年（一六三六）被清太宗皇太极封为豫亲王，谥通。其子多尼改为信亲王。乾隆四十三年（一七七八）正月，封和硕豫亲王。正蓝旗赓瑞佐领下四品宗室，三品荫生，赏戴花翎，恩赏员外郎。光绪十九年（一八九三）恩科举人。

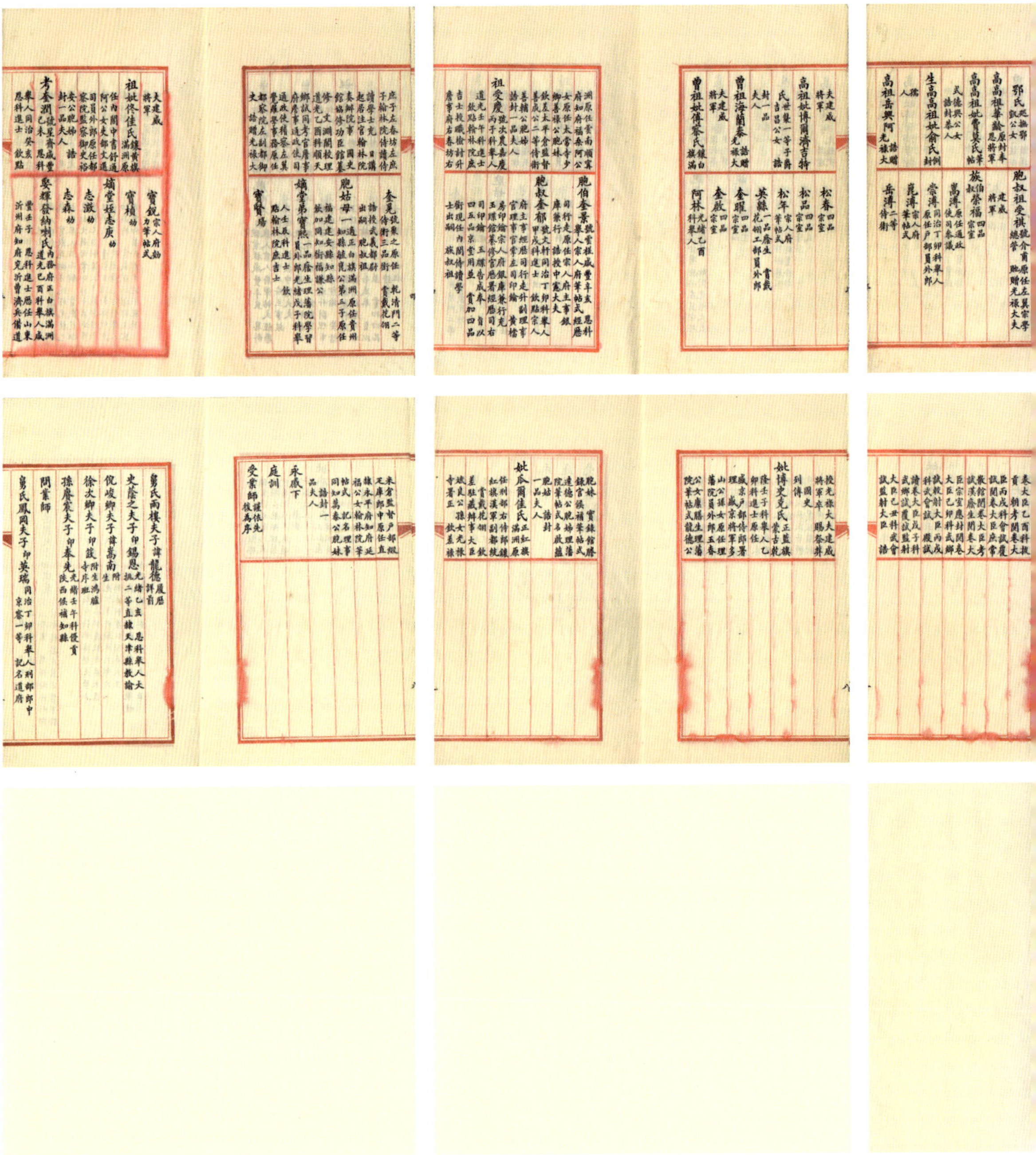

寶銘

始祖和碩豫通親王
初封貝勒以軍功
賜號額爾克楚
虎爾順治元年封
和碩豫親王授定
國大將軍二年以
軍功加封和碩德
豫親王三年授威
遠大將軍四年加

字新吾號鼎臣行一同治丁卯年五月二十五日吉時生
正藍旗扉瑞佐領下四品宗室廕生花翎恩賞員外郎
族伯叔祖保瑞嘉慶癸酉科舉人丁丑科翰林原任翰林院侍
讀學士
保恆四品宗室
保清道光壬午科舉人癸巳科翰林原任翰林院侍講學士
保順四品宗室

封輔政叔德豫親
王乾隆四十三年
奉特旨以佐命
殊功配享
太廟
始祖妣嫡福晉博爾
濟吉特氏台吉明安公女
二世祖和碩豫宣和
親王順治六年襲封親王賜

秀山四品宗室
噶魯岱原任鑾儀衛治儀正
法祿岱原任贊禮郎
噶魯本族族長
盛杰四品宗室
盛熹四品宗室
成熙四品宗室

號曰信十五年授
安遠靖寇大將軍
二世祖妣嫡福晉科
爾沁博爾濟吉特
氏和碩圖謝圖親王巴都爾公女
三世祖和碩豫親王
康熙十三年授撫
遠大將軍平定察
哈爾凱旋敘功
賜以珍物二十四

成海內閣侍讀學士誥贈中憲大夫
麟書道光己酉科舉人咸豐癸丑科進士現官協辦大學士吏部尚書管理戶部三庫事務日講起居注官翰林院掌院學士正紅旗蒙古都統
麟仲原任宗人府副理事官
麟肅原任宗人府理事官賞戴花翎
碩濟同治壬戌恩科舉人辛未科進士前宗人府主事

年掌宗人府事
三世祖妣嫡福晉戴
佳氏副都統翁該公女
太高祖和碩豫愨親
王雍正二年授宗人府左宗正管
理正白旗滿洲蒙古漢軍都統事務
太高祖妣嫡福晉董

和碩豫親王本格宗人府左宗正領侍衛內大臣
崑岡咸豐戊午科舉人同治壬戌科翰林現官　經筵講官禮
部尚書管理太常寺鴻臚寺事務正白旗總族長管宴大臣對
引大臣正藍旗漢軍都統
善慶四品宗室
善寶四品宗室
式穀四品宗室

鄂氏巡撫鄂凱公女
高高祖華齡原封奉恩將軍
高高祖妣費莫氏筆帖
式德興公女誥封恭人
生高高祖妣俞氏封例
孺人
高祖岳興阿誥贈光祿大

胞叔祖受祺號介甫原任左翼宗學總管　貤贈光祿大夫
建威將軍
族伯叔榮福四品宗室
嵩溥原任通政使司參議
崇溥同治丁卯科舉人原任戶部員外郎
崑溥宗人府筆帖式
岳溥二等侍衛

夫建威將軍
高祖妣博爾濟吉特
氏世襲一等子爵吉昌公女誥
封一品夫人
曾祖海蘭泰誥贈光祿大
夫建威將軍
曾祖妣傅察氏鑲白旗滿

松春四品宗室
松品四品宗室
松年宗人府筆帖式
英緜一品蔭生　賞戴花翎工部員外郎
奎曜四品宗室
奎啟四品宗室
阿林光緒乙酉科舉人

洲原任雲南順寧府知府福桑阿公
女原任太常寺少卿善祿公胞妹
欽差太平倉監督善成公二等侍衛
善輔公胞姊誥封一品夫人
祖受慶號次農嘉慶丙子科舉人
道光壬午科進士欽點翰林院庶
吉士授職檢討升詹事府右春坊右

胞伯奎景號雲槎咸豐辛亥恩科舉人宗人府筆帖式經歷
司行走原任宗人府主事銀庫兼行　誥授中憲大夫
胞叔奎郁號文軒同治丁卯科舉人甲戌科進士　欽點宗人
府主事經歷司行走升副理事官理事官掌左司印鑰　黃檔
房印鑰宗人府銀庫兼行充玉牒館纂修官歷署經歷司右
司印鑰　玉牒告成奉　旨以四五品京堂用並　賞加四品
銜現任內閣侍讀學士出嗣　族叔祖

庶子左春坊左庶
子翰林院侍讀侍
讀學士充日講
起居注官翰林院
奏辦院事國史
館協修功臣館纂
修文淵閣校理
道光乙酉科順天
鄉試同考官詹事
府詹事通政使司
通政使稽察左翼
覺羅學事務原任
都察院左副都御
史誥贈光祿大

奎晃號聚之原任 乾清門二等
侍衛三品銜 賞戴花翎
誥授武義都尉
出嗣胞叔祖
胞姑母一適正白旗滿洲原任貴州
知縣毓崑公第三子原任
欽加同知銜福建建安縣知縣福謙公
嫡堂弟寶熙一品廕生理藩院學習
員外郎光緒戊子科舉
人壬辰科進士 欽
點翰林院庶吉士
寶賢殤

夫建威
將軍
祖妣佟佳氏鑲黃旗
滿洲原
任內閣中書舒通
阿公女吏部文選
司員外郎原任都
察院監察御史裕
安公胞姊 誥
封一品夫人
考奎潤號星齋咸豐
己未 恩科
舉人同治癸亥
恩科進士 欽點

寶銳宗人府効力筆帖式
寶楨幼
嫡堂姪志庚幼
志澂幼
志森幼
娶輝發納喇氏內務府正白旗滿洲
道光己酉科舉人咸
豐壬子 恩科進士歷任山東
沂州府知府兗沂曹濟兵備道

翰林院庶吉士授
職編修升詹事府
左中允翰林院侍
講侍讀侍講學士
侍讀學士充日
講起居注官 文
淵閣校理 國史
館協修功臣館纂
修詹事府詹事大
理寺正卿都察院
左副都御史稽察
東四旗覺羅學事
務經筵講官禮
部左侍郎鑲白旗

山東按察使布政使署理山東
巡撫原任漕運總督 追贈太
子少保文彬公女同治癸酉科
舉人現任四川鹽茶道頭品頂
戴 賞戴花翎名延煜光緒己
卯科舉人三品銜 賞戴花翎
吏部文選司掌印郎中名延熙
光緒乙酉科舉人壬辰科進士
五品銜 賞戴花翎翰林院庶
吉士名延燮光緒己卯科舉人
四品銜 賞戴花翎禮部主客
司掌印員外郎名延照胞妹
子

蒙古副都統兵部
左侍郎署吏部右
侍郎左侍郎戶部
左侍郎兼管三庫
事務右侍郎兼管
錢法堂事務調吏
部右侍郎左侍郎
正白旗滿洲副都
統署正紅旗鑲黃
旗護軍統領八旗
值年大臣專操大
臣稽察官三倉大
臣左翼監督內閣
學士兼禮部侍郎

女一

銜補吏部右侍郎
左侍郎都察院左
都御史鑲黃旗漢
軍都統署鑲黃旗
蒙古都統正白旗
滿洲都統禮部尚
書管理太常寺鴻
臚寺事務會典
館副總裁署理藩
院尚書調鑲白旗
滿洲都統派考
宗室大考翎緞管
宴大臣軍政閱兵
大臣點驗軍器大

臣八旗鄉試監射
大臣揀選營官大
臣 補進內大臣
班 欽差前往
盛京恭送 玉冊
玉寶充 大婚
禮納采正使奉迎
副使 賜紫禁城
內騎馬 御賜福
字 御賜如意珍
玩歷充光緒乙亥
恩科浙江鄉試
正考官乙酉科順
天鄉試副考官丙

子科直省鄉試覆
試閱卷大臣考試
漢廕生閱卷大臣
漢御史閱卷大臣
漢謄錄閱卷大臣
庚辰科會試知貢
舉優貢朝考閱
卷大臣壬午科
制科孝廉方正閱
卷大臣癸未科會
試覆試閱卷大臣
殿試讀卷大臣
庶常散館閱卷大
臣覆勘鄉會試

卷大臣乙酉科拔
貢朝考閱卷大
臣丙戌科會試覆
試閱卷大臣庶常
散館閱卷大臣考
試漢廕生閱卷大
臣宗室應封閱卷
大臣己卯科武鄉
試較射大臣丙戌
科武會試殿試
讀卷大臣戊子科
武鄉試覆試監射
大臣己丑科武會
試監射大臣 誥

授光祿大夫建威將軍卒賜祭葬國史列傳

妣博克氏正藍旗蒙古乾隆壬子科舉人乙卯科進士原任盛京戶部侍郎署理盛京將軍多山公孫女原任理藩院員外郎玉春公女廩膳生理藩院筆帖式龍德公

肫妹實錄館膳錄官候補筆帖式達德公肫姊理藩院筆帖式名啟蘊

肫姑誥封一品夫人

妣瓜爾佳氏正紅旗滿洲原任刑部右侍郎鑲紅旗漢軍副都統賞戴花翎欽差駐藏辦事大臣斌良公孫女光祿寺署正欽差祿

米倉監督戶部緞疋庫郎中原任直隸永平府知府延福公女翰林院筆帖式記名理事同知萬泰公肫妹誥封一品夫人

永感下

庭訓

受業師謹依先後為序

舅氏雨樓夫子諱龍德履歷詳前

史蔭之夫子印錫恩光緒乙亥恩科舉人大挑二等直隸天津縣教諭

倪峻卿夫子諱嵩南附生

徐次卿夫子印鈸附生鴻臚寺序班

孫賡宸夫子印奉先光緒壬午科優貢陝西候補知縣

問業師

舅氏鳳岡夫子印英瑞同治丁卯科舉人刑部郎中京察一等記名道府

年伯黃漱蘭夫子 印體芳 同治癸亥恩科會元 前通政使司通政使

年伯李苾園夫子 印端棻 同治癸亥恩科翰林刑部右侍郎稽察左翼宗學事務

受知師

徐蔭軒夫子 印桐 道光庚戌科翰林協辦大學士吏部尚書本科覆試閱卷大臣

徐壽蘅夫子 印樹銘 道光丁未科翰林兵部左侍郎本科覆試閱卷大臣

伯愚夫子 印志鋭 光緒庚辰科翰林內閣學士兼禮部侍郎銜本科覆試閱卷大臣

鄉試中式第二名

保和殿覆試

欽定二等第一名

會試中式第　名

殿試第　甲　名

朝考第　等　名

欽點

族繁不及備載

十一

鄉試墨卷 光緒癸巳恩科

中式第二名舉人寶銘 係正藍旗賡瑞佐領下四品宗室三品廕生賞戴花翎恩賞員外郎

大主考刑部右侍郎鑲藍旗滿洲副都統加三級裕

大主考戶部右侍郎兼管錢法堂事務加三級陳

大主考 經筵講官太子少保刑部尚書軍機大臣總理各國事務大臣會典館副總裁加三級孫

大主考 經筵講官太子少保毓慶宮行走戶部尚書管理國子監事務會典館正總裁加三級翁

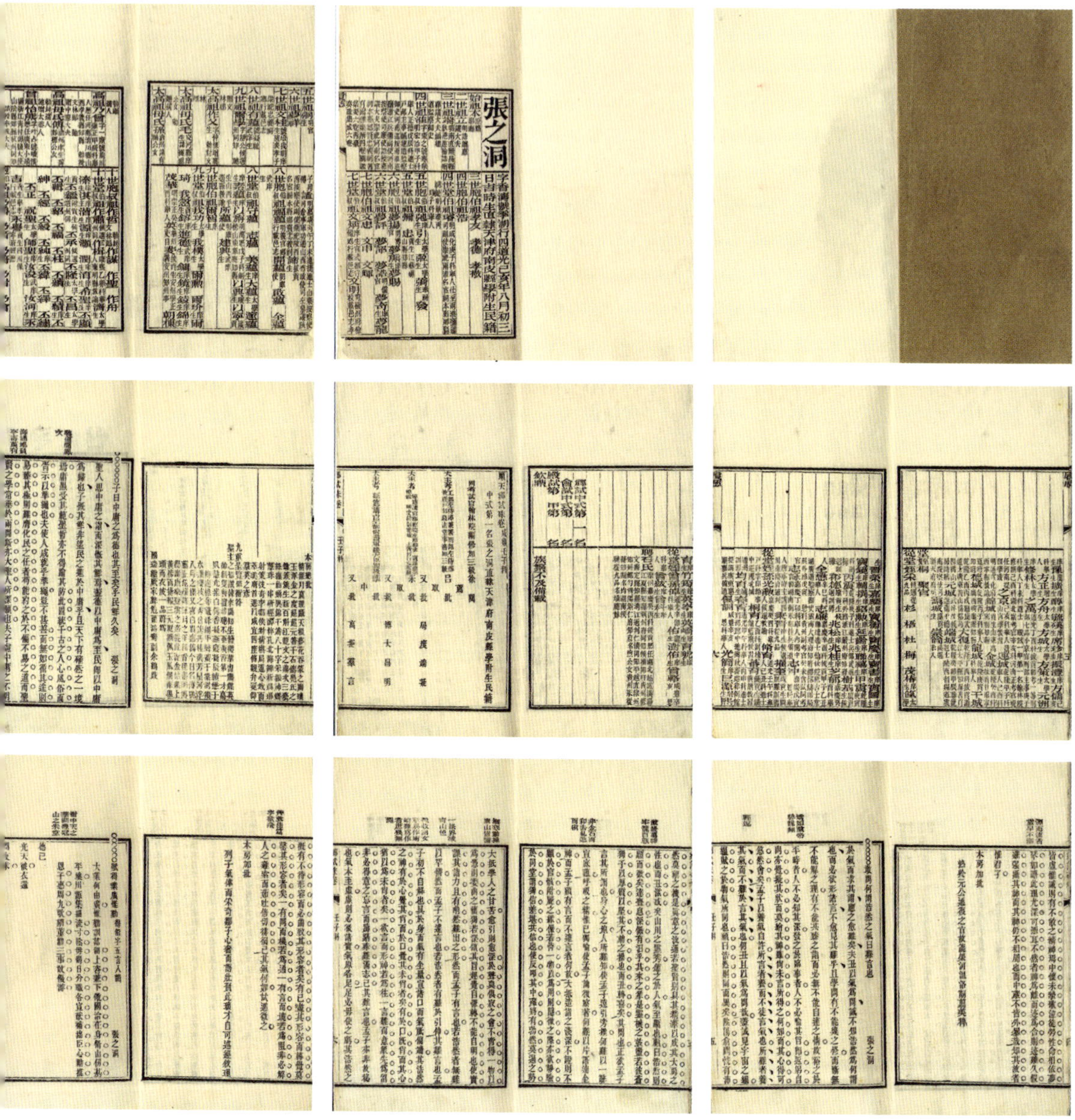

张之洞（一八三七—一九〇九），字孝达，号香涛，时称总督为帅，故时人皆呼之『张香帅』。晚清名臣，清代洋务派代表人物。祖籍直隶南皮，出生在贵州兴义府（今安龙县）。咸丰二年（一八五二）十六岁中顺天府解元，同治二年（一八六三）二十七岁中进士第三名探花，授翰林院编修，历任教习、侍读、侍讲、内阁学士、山西巡抚、两广总督、湖广总督、两江总督、军机大臣等职，官至体仁阁大学士。在教育方面，他创办了自强学堂（今武汉大学前身）、三江师范学堂（今南京大学前身）、湖北农务学堂、湖北武昌蒙养院、湖北工艺学堂、慈恩学堂（今南皮县第一中学）、广雅书院等。曾提出『中学为体，西学为用』的口号。工业上创办汉阳铁厂、大冶铁矿、湖北枪炮厂等。八国联军入侵时，张之洞会同两江总督刘坤一等与各国达成『东南互保』，并镇压维新派唐才常、林珪、秦力山等的自立军起义。光绪三十四年（一九〇八）十一月，以顾命大臣晋太子太保，次年病卒，谥文襄。有《张文襄公全集》。

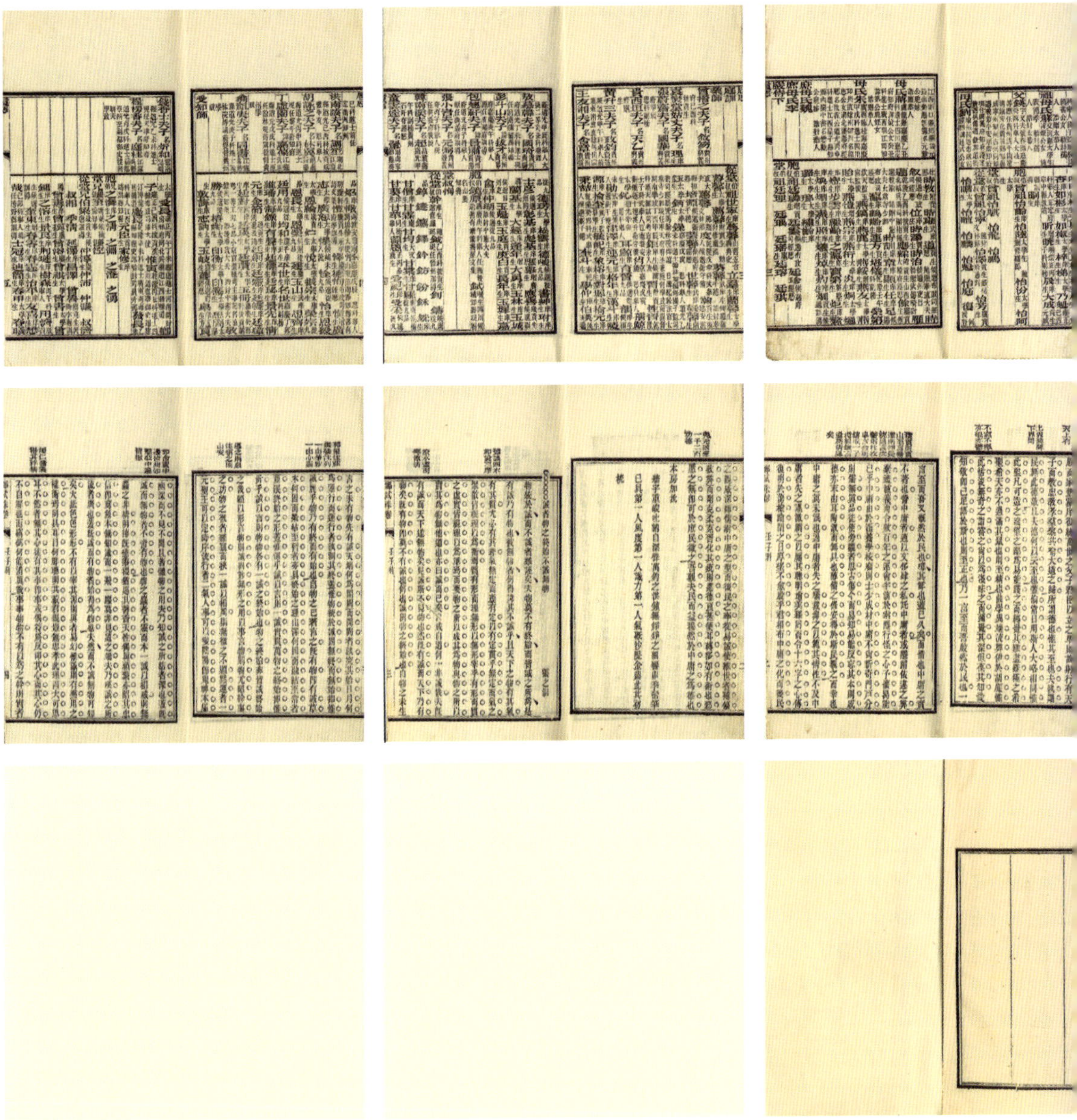

与曾国藩、李鸿章、左宗棠并称『晚清中兴四大名臣』。

南皮张氏与定兴鹿氏明清时期都是名门望族，是世交。张之洞的父亲张瑛与鹿传霖的父亲鹿丕宗早年同在贵州做官。张之洞与鹿传霖都出生在贵州，从小在一起长大，同中进士，同入军机，自比唐代丞相房玄龄、杜如晦。光绪三十四年（一九〇八）十一月十四日光绪帝驾崩，张之洞和鹿传霖是为数不多守候在光绪帝身旁的朝廷重臣。鹿传霖的原配夫人张氏是张之洞的姐姐，他们是郎舅关系。咸丰六年（一八五六）贵州都匀被苗民义军攻占，鹿传霖的父亲鹿丕宗自焚而亡，时年二十岁的鹿传霖将其灵柩运回定兴，安葬在定兴田侯村祖茔，其父鹿丕宗墓志铭就是道光二十七年（一八四七）状元、张之洞族兄张之万书写的。

此卷是张之洞于咸丰二年（一八五二）考举人时，获顺天乡试中式第一名解元的科举档案资料，由定兴鹿氏家族收藏，弥足珍贵。

張之洞

始祖本原籍鄚縣
二世祖立 明誥贈嘉議大夫
三世祖端 明南直繁昌縣狄港巡檢誥贈嘉議大夫福建道監察御史
四世祖準 字東之號寒泉明宏治甲子科舉人正德戊辰科進士戶部主事福建道監察御史河南巡按兩淮巡鹽浙江兵備副使河南按察使司廉使誥授嘉議大夫崇祀河南名宦祠本縣鄉賢忠義祠著有爾雅集解四卷綱鑑集要六卷西臺奏疏集成六卷

字香濤號季湖行四道光己亥年八月初三日吉時生直隸天津府南皮縣學附生民籍
三世胞伯祖孝友　孝德　孝敬
四世胞伯祖浩
四世堂伯祖璿 明成化庚子科舉人仕至兩淮鹽運司副使崇祀兩淮名宦祠本縣鄉賢祠　璣 明景泰丙子科舉人
五世胞伯叔祖弛 庠生　引 太學生　弼 太學生　彌 庠生奉祠　發
五世堂伯叔祖彌　忠 貢生江蘇碭山縣知縣
六世胞伯叔祖夢揚 明壽官　夢熊 庠生　夢賜
六世堂伯叔祖夢許　夢詔　夢誥 明儒官　夢奇 庠生　夢龍
七世胞伯祖文忠　文申　文輝
七世堂伯叔祖文炳 庠生官武都守備鄉行載邑志　文明 明徽州府檢校載邑志孝

五世祖弼 同明官生
六世祖夢祥
七世祖文桂 號培我明庠生旌表孝子
崇祀忠義祠 鄉行載邑志
八世祖有蘊 號凝祉武庠生
九世祖爾學 字靜公候選州同知 馳贈文林郎
太高祖作乂 字仲條增廣生 勅封文林郎
太高祖母氏毛 交河縣庠生諱繩祖公女 勅贈孺人
太高祖母氏孫 滄州諱有禍公女

子列 謚明嘉靖丙午丁未連捷進士山東按察使司僉事軍功遷山西布政使司左參議陝西按察使副使崇祀陝西名宦祠本縣鄉賢忠義祠 傳
帝 拔貢 諸 生
八世胞伯叔祖福蘊 明義官鄉行載邑志 開蘊 明庫使 啟蘊 全蘊
武庠生
八世堂伯叔祖守蘊 志蘊 美蘊 庠生 大蘊 太學生 邃蘊
素蘊 庠生 以旃 明萬歷戊子科副榜山東單縣知縣 以興 廪生 以寧 歲貢生山西平遙縣教諭 所蘊 明庫使 建興 武庠生
九世胞伯祖爾智 庠生
九世堂伯叔祖我功 太學生 我模 太學生 爾勳 爾玠 庠生 爾琦 我瑴 貢生 進德 武庠生 鏞 庠生 鏡 庠生 銨 庠生 錦 庠生
茂華 明崇正癸酉科舉人 英 華州吏目 斐 拔貢生安州學正署安州知州事 朝棟

勅贈孺人
高祖乃會 字一齋號前川雍正甲辰科舉人歷任河南淯川縣山西孝義縣知縣 勅授文林郎 馳贈中憲大夫
高祖母氏傅 滄州庠生諱如標公女 勅封孺人 馳贈太恭人
曾祖怡熊 字叶占號磻溪歷任廣東小靖場浙江青村場鹽大使山陰縣知縣杭州同知 誥授奉政大夫 誥贈中憲大夫
曾祖母氏傅 滄州太學生諱宏仁公女 勅封宜人 晉贈太恭人
祖廷璨 字獻侯歷任福建浦東場浯州場

十世胞叔祖作哲 勅封文林郎 作謀 作聖 作舟
十世堂伯叔祖作肅 候選州同 作楫 康熙乙卯科舉人東明縣教諭 濟 太學生
溱 庠生 淇 庠生 湝 庠生 源 庠生 灝 潤 庠生 渭 庠生 希聖 庠生 丕顯
丕繼 貢生附貢候選州同 丕承 候選州同 丕隆 太學生 丕昌 太學生
丕緝 丕紹 丕福 丕桂 丕績 丕續 庠生 丕紳 丕經 丕綬 丕純 庠生 丕緯 丕繹 丕繡
丕正 祝聖 太學生 師聖 庠生 汝浚 武庠生 汝河 庠生 汞吉 貢生舉孝行載邑志 永譽 貢生四川保寧府經歷
胞伯叔高祖乃魯 乃音 乃普 乃旹 乃會
堂伯叔高祖乃史 雍正丙午丁未聯捷進士山東高密縣知縣 乃晉 太學生 乃詩 乃澧 乃竺 乃德
從堂伯叔高祖乃書 太學生 述家 太學生 逢家 太學生 進家 庠生

鹽大使候官縣知縣福州府通判 勅封文林郎 誥贈中憲大夫
祖母氏王 漢軍正白旗前浙閩總督諱國安公曾孫女乾隆壬申科舉人國子監助教諱綺書公女 勅封孺人 誥贈太恭人
祖母氏蘇 交河縣太學生諱煜公女 勅封孺人 旌表節孝 誥封太恭人
父鍈 字又夫號春潭嘉慶癸酉科舉人大挑一等歷任貴州清平鎮遠清鎮安化貴筑縣知縣威寧州知州古州同知遵義黎平安順府知府現任興義府知府護理貴西兵備道欽加道銜
母氏劉 滄州候選布政司經歷諱廷式公女

遴家 乾隆戊午科舉人雲南趙州知州 鯤家 太學生 映家 太學生 輝家
翔家 庠生 榮家 太學生 芳家 庠生 寧家 太學生 興家 太學
自修 太學生 黃甲 太學生 殿甲 太學生 雲甲 庠生 鵬甲 庠生
鳴甲 廪生 楠 庠生 元杲 增生 杞 庠生 長模 庠生 樸 庠生 棟 太學生 如杏 庠生 如彬 太學生 如椒 太學生 梓 庠生 梯 太學生 乃魁 雍正己酉科舉人正定府阜平縣教諭 昕 增生 曉 明崇正丙子科副榜 晟 庠生 大成 貢生元城縣訓導 晍 庠生
胞伯叔曾祖怡齡 庠生 怡陸 太學生 贈修職郎 馳 怡汾 太學生 怡阿 太學生
堂伯叔曾祖怡騏 怡龍 怡鵬
從堂伯叔曾祖怡亭 文林郎 馳封 怡澤 貢生韶州府通判 怡芳 廪貢生
怡瞻 太學生 怡暄 怡麟 怡魁 怡庭 復 例授登

仕郎 時教 附貢生 時羅 武庠生 道 貢生歷候選布政司經歷 馳贈奉直大夫 時
敘 候選布政司經歷 位 庠生 時澤 貢生 時治 候選州吏目 勅贈武德騎尉 雁
題 乾隆乙酉科拔貢生北城兵馬司副指揮 應綵 附貢生山西太原府經歷 餘 廪貢生 候
選教諭 贈中憲大夫太常寺少卿 時訓 庠生 育 庠生 顯 庠生 任 庠生 足 候選
布政司經歷 瀛 庠生 鶴齡 庠生 連方 貢生 堪儀 乾隆壬午科副榜 榮第
欽天監五官監候 燕鎬 庠生 燕麗 太學生 燕綏 增生 燕友 太學生 燕
貽 太學生 燕愷 增生 燕宗 庠生 燕衍 太學生 焱 庠生 炯 太學生 燧
燈 庠生 步雲 庠生 繼齡 庠生 之瀛 庠生 寶第 算學生 炬 庠生 藜
煥 庠生 焵 庠生 燾 庠生 照 庠生 燨 庠生 焯 庠生 灼 庠生 燗 選貢生候選訓導
璐 太學生 瑯 太學生 繡齡 庠生
胞伯叔祖廷璘 增貢生 廷雲 候選布政司經歷 廷珍 候選府經歷
堂伯叔祖廷理 廷瑀 廷瑤 廪生 廷瑢 廷琪

江西湖口縣知縣諱元鈺南樂縣訓導名元鈐公胞妹 誥贈恭人
母氏蔣 盧龍縣嘉慶乙丑科進士四川嘉定府知府諱榮公女癸丑科進士廣西明江同知諱第公胞姪女 誥贈恭人
母氏朱 廣西臨桂縣嘉慶甲戌科進士四川邛州直隸州知州名紹忠公女湖北漢陽府經歷名汝霖公道光丙申科進士江西星子縣知縣內閣中書名懋勳公胞姊 誥封恭人
庶母氏魏
庶母氏李
嚴侍下

庭訓

業師

曾揩之夫子　名敘勞　貴州興義府己酉科拔貢生

袁燮堂姑丈夫子　名理　生庠

張蔚齋夫子　名國華　貴州興義府甲辰恩科副榜

貴西垣夫子　名天乙　貴州興義府廩生

黃升三夫子　名政鈞　貴州貴筑縣道光甲午科舉人　前廣東南雄直隸州知州

王友湘夫子　名含章　貴州貴筑縣道光甲辰科舉人　大挑二等　癸丑科謄錄

敖慕韓夫子　名國琦　貴州貴陽府道光丁未科進士　現任河南陳留縣知縣

彭斗山夫子　諱拔才　貴州貴陽府嘉慶庚午科舉人　原任安順府訓導

包魁軒夫子　諱晨肅　貴州貴陽府道光丙子科舉人　原任興義府訓導

張小岩夫子　名元弼　貴州遵義府丙子科舉人　現任興義府教授

韓南溪夫子　名超　昌黎縣道光甲午科副榜　貴州石阡府經歷

童雲逵夫子　名量　湖南寧鄉縣癸巳科進士　前任定番州知州

洪南陔夫子　名調笙　湖北江夏縣道光己酉科拔貢　咸豐辛亥恩科舉人

胡詠之夫子　名林翼　湖南益陽縣道光丙申科進士　現任黎平府知府

丁虛園夫子　諱嘉葆　江蘇武進縣道光戊戌科進士　原任翰林院侍講　提督貴州學政

翁祖庚夫子　名同書　江蘇常熟縣道光庚子科進士　翰林院侍講　前提督貴州學政

受知師

錢香士夫子　名炘和　雲南昆明縣道光乙未科進士　現任天津府知府

程楞香夫子　名庭桂　江蘇吳縣道光丙戌科進士　前都察院左副都御史　提督順天學政

庠生豫 廩生擴 庠生醇 庠生毓 庠生瑛 庠生席珍 庠生振澧 庠生方儒 己亥科舉人

方正 增生 方舟 太學生 方城 太學生 方策 太學生 元洲

庠生 修林 太學生 之萬 道光丁酉科拔貢朝考一等刑部七品小京官刑部主事庚子科舉人丁未科進士殿試一甲第一名翰林院修撰己酉科湖北副考官辛亥科河南正考官現任河南提督學政 之京 己亥科舉人景山官學教習 運城 乾隆甲子科舉人己酉科明通宣化府西寧縣教諭 錦城 貢生山東高密縣知縣 金城 乾隆癸酉科拔貢甘肅寧夏府知府 德城 乾隆丙子科舉人廣西興業縣知縣 龍城 乾隆庚寅科舉人 干城 乾隆乙酉丙戌聯捷武進士廣東香山協都司 大復 乾隆丁酉科拔貢浙江太平縣知縣著有因樹山房詩稿 元城 武庠生候選衛千總 端城 乾隆癸卯甲辰聯捷進士陝西督糧道雲南按察使司順天府府丞 鎬城 廩貢生 崇簡 候選未入

堂姪 桐 聚官

從堂姪 朶 候選從九品 杉 梧 杜 梅 茂椿 庠生 龢 太學生

晉榮 庠生 嘉麟 庠生 寶衡 庠生 寶慶 庠生 寶書 庠生 寶圖 庠生

寶鏡 庠生 輔撰 庠生 紹勳 庠生 延齡 庠生 聯禧 庠生 甲震 乾隆庚寅科副榜 丙震 乾隆庚子科進士兵部武選司員外郎浙江嚴州府知府 樹基 廩貢生候選訓導 裕德 廩貢生候選訓導 兆松 庠生 兆桂 庠生 芝郁 嘉慶癸酉科舉人 全懋 辛巳科舉人 志廉 嘉慶辛酉科拔貢甲子乙丑聯捷進士翰林院庶吉士掌湖廣道監察御史雲南大理府知府禮部鑄印局員外郎戊寅恩科貴州副考官癸未會試同考官 志詠 嘉慶丁卯科舉人內閣中書湖南衡永郴桂兵備道 志沖 嘉慶戊寅恩科舉人詹事府主簿四川重慶府通判 秉育 庠生候選從九品 擢奎 歲貢生開原縣訓導

從堂姪孫 光勳 嘉慶癸酉科舉人候選教諭 脩育 道光壬午科舉人己丑科進士戶科掌印給事中巡視北城 桐育 乙酉科副榜鑲藍旗教習 蕃育 優貢生鑲黃旗教習通州訓導 均育 廩生 春育 道光甲午科舉人丙申科進士刑部郎中總辦秋審處律例館提調廣東惠潮嘉兵備道 佩訓 咸豐辛亥恩科舉人 光簡 庠生 巨源 增生 熙育 庠生 竹筠 庠生 英岑 庠生 英嶠 庠生 育珖 庠生

從堂姪曾孫 偉 道光辛卯科舉人 佑 廩生 澍佑 庠生 曾略 咸豐辛亥恩科舉人 曾紱 庠生 曾科 庠生

聘石氏 灤州嘉慶癸酉科拔貢歷任湖北松滋漢陽江夏縣知縣荊州府同知候補知府貴州修文普定縣知縣清江通判仁懷同知平越直隸州知州都勻貴陽銅仁府知府名煦公女貴州永從縣知縣名均湖南候補從九品名壎胞妹

族繁不及備載

鄉試中式第一名

會試中式第　名

殿試第　甲第　名

欽點

順天鄉試硃卷 咸豐壬子科

中式第一名張之洞 直隸天津府南皮縣學附生民籍

同考試官翰林院編修加三級徐 閱 薦

大主考 工部左侍郎兼署刑部左侍郎兼理戶部錢法堂事務加三級 呂 批 取 又批 局度端凝

大主考 經筵講官都察院左都御史實錄館副總裁國史館副總裁上書房行走加三級 朱 批 取 又批 博大昌明

大主考 經筵講官工部尚書軍機大臣加三級 麟 批 中 又批 高挹羣言

本房總批

精採月窟理躡天根夢花吞篆之胸璞玉渾金之度超超元箸千石鑄覔氏之鏤簇簇生新百斛扛龍文之鼎炊三藝絲纏仙蛹異錦千端八十字采振神蟋慧珠一串研經醰粹孔北海辨析琊琊射策弢奇李鄴侯對精棋局運心裁而萃美膺首選以咸宜四座傳觀弁冕仰羣英之彥

九重呈覽鑑衡符

聖主之知撤棘來謁知生簪纓華胄鵷傑英齡無雙譽體幼聰不亞黃香第一才高夙慧允推白傳香凝燕寢凝辰續懋于椿庭標奪簫峰編甲聲蜚于棠樹頻水擢雙枝之秀曾誇丹桂齊芳星河浮八月之槎又喜白眉適為今日名傳鶚薦正危耀歸詠月之年郎看雁塔騰搏得謝康樂登雲之路從此泥金帖煥上黃榜而捷報三元更期佩玉風鏘際黑頭而衣披一品蔚為

國瑞繼厥家聲勉爾鴻騫副余鶴跂

馳道開風吹

海涵地負亭毒萬有

挈民字落題顯其色赤其聲魄

子曰中庸之為德也其至矣乎民鮮久矣　張之洞

聖人思中庸之詣而深慨其鮮焉蓋德以中庸為至民即以中庸為歸也子慨其鮮非望民之進於中庸乎且天下有確然之一境焉庸愚受其範聖哲亦不得踰其防此固統千古之人心風俗而胥示以準繩也夫使人咸就乎準繩豈不甚善而無如循其途則易臻其極則難膺化民之任者苟能約之於不偏不易之道而聖賢之學常垂於兩間斯亦大聖人所深願也夫子慮中庸之不明於天下也曰世㮣言化民矣抑知民之本然者安在哉吾觀夫民而不禁穆然於中庸之為德也古帝王執中固其操建中懋其學

震鑠之賁雲和之筌此曲只應天上有

上界鐘聲下界聞

不窕不槬亦碩亦鬱

而坊情正性復合天下之智愚賢否以大其裁成故首出有聖神而無黨無偏四海共仰維皇之極古帝王庸言有必謹庸行有必嚴而家塾黨庠復統萬世之父子君臣以立之準則故躬行有天子而教忠教孝羣黎共喻大道之歸所謂德也惟其至也夫孰謂民無此德哉且夫德何以云至也蓋倫常日用斯人大略相同惟此聖凡可造之端望之鄙為易能踐之而轉覺其難盡雖極之希聖希天亦不過滿其量也則至精也曲學異端流弊伊於胡底惟此恬淡無奇之詣嘗之尚以為淺味之而彌覺其深但葆其知愛知敬即已足語於斯也則至正也乃一言至而吾殷然於民也一

積實則賈山至言暢達則仲長統昌言洗鬱則杜牧辠言合而鑄成一子椎貌螘言盪為清風矣

言至而吾又慨然於民也噫其鮮也蓋已久矣而惜也中庸之實不著也嘗中庸者適以文侈肆之私託中庸者或隱蹈依違之弊棄禮滅義而令數百年之運會半溺於索隱行怪之心予懷曷能已乎中庸由於涵養學校廢則士少成材中庸不尚新奇門戶分則儒無真品徒使旁觀者思古傷今而易知易能反忘其本則成德亦末由耳陶淑而無具也醇備之修安得於斯民覯之而幸也中庸之真未泯也過中庸者失之驕裁抑之以範其情性不及中庸者失之謹激厲之以牖其聰明增美釋回而令十六字之心傳復明於蕩檢踰閑之日厚望不愈殷乎君相布中庸之化而後民

鬼元同應一千二百功德

之觀感深師儒樹中庸之型而後民之率從易誠使維世者補偏救弊而剛克柔克胥化其疵則進德良甚便耳轉移如有術也邪慝之無即可於庶民徵之吾觀夫民而益穆然於中庸之爲德也

本房加批

牆宇重峻吐納自深辟萬鈞之洪鐘無錚錚之細響卯季奮筆已具第一人風度第一人識力第一人氣概沙隄金鼎此其初桄

知談四本如說三摩

潦水盡而寒潭清

誠者物之終始不誠無物　張之洞

物統於誠而不誠者雖誣矣夫物莫不有終始而皆誠之所爲是有誠乃有物也彼無物者何得諱其不誠乎且天下之物有其氣有其質尤必有其理氣無定而理有定以有定貫乎無定而氣之聚散皆視理以爲衡焉質有形而理無形以無形宰乎有形而質之虛實皆視理以爲準焉而要物之所以成其爲物與物之所以實其爲物無他道也亦曰誠而已矣夫成自道何一非誠哉夫旣有誠而天下遂無物矣見誠斯不見物也然旣有誠而天下乃有物矣旣有物即莫不有誠也何也誠固物之終始也自物之未生

郭泉注莊張騫注列一由筆妙一由心靈

導之則泉注頓之則山安

言之未有物先有誠天地何爲開闢而開闢者孰究其始日月何爲運行而運行者孰測其終蓋惟物統於誠固無終而無始抑惟誠麗乎物乃有終而有始也自物之已著言之旣有物即有誠草木何因而榮枯至暫者亦具終始之理山澤何因而融結至常者亘㳂終始之形蓋惟渾乎誠以言則一誠實貫萬物之終始抑惟析乎誠以言則物物各有一誠之終始也物之終始非皆誠終始之哉顧以形言物則誠固妙無形之用以事言物則物尤昭幹事之功物之微者雖顯而挾一誠以相周則無微之不顯黙運者一元聖王可以定時序流行者二氣人事可以變陰陽即鬼神本屬

如含蜜中邊皆甜如擊鼓中邊皆徹

湧仁漉義得其粹精

幽深而不見不聞且著體物之用夫乃知誠之所結者深也蓋旣誠而無物者不啻有物也物之盛者不靈而本一誠以相感則無盛之非精明德旣馨黍稷猶遥其馨香天性獨眞蘋蘩亦昭其忠信即鳶魚本無知識而一飛一躍莫非見道之端夫乃嘆誠之所流者廣也蓋旣誠而有物者始得爲物也夫然而不誠無物可知矣大抵色色形形不有以宰其源則眞者易幻惟誠則有黙用之權衡焉同具耳目何鮮聰明共戴君親豈無忠孝此理同大可思耳不然者無其心徒有其事即事或偶符將反即其心而其心仍不自解也而竊僞何能淆眞哉事事物物不有以爲之幹則實者

源而流者歲旱不涸

皆虛惟誠則有不敝之精神焉中懷未摯歌泣徒勞性命相依夢
琴如聽此理尤深可憑耳不然者神爲離而迹爲合則迹難久假
雖强攝其神而其神仍不相屬也而中藏不皆外暴哉知其故者
惟君子

本房加批

熟於元公通復之旨故能榮河温洛蔚蔚美稱

矯如羣帝驂龍翔

聖逗

鄉試硃卷　壬子科　五

敢問何謂浩然之氣曰難言也　張之洞

於氣而求其謂應之愈難矣夫丑以氣爲問誠不知浩然爲何謂
也而必欲形諸言不愈見其難乎且學問有不能幾之修而斷無
不能解之理有不能共臻之詣而必無不能自達之情故裕之於
平時者人不必知其深發之於臨事者人不必喻其旨即返躬自
問亦覺擬其狀而莫繪其神雖尚未言所得之何如而其心得可
悠然會矣孟子以養氣自許所言者養而不徒言氣也所難者養
其氣而不難於言其氣也何丑且以氣爲問哉蓋誠見宇宙之絪
缊賦之於物氣所同也顧曰浩然則同而異矣陰陽翕闢恍有沛

漱滌萬物牢籠百態

非金石而和去糺逖而密

然莫窮之機是眞意之流通若聖賢别具其精華以成其大勇之
性也而丑滋惑矣山川之靈秀鍾之於人氣至顯也顧曰浩然則
顯而微矣達舋息深儼有汨乎其來之象是靈機之鼓盪若彼蒼
獨予以厚質以堅其不動之操也而丑轉喜矣其問也正欲孟子
言其所謂也身心之地人所難知使孟子遠引旁推何難以一辭
宣底蘊呼吸之精惟已獨喻使孟子論微察著何難以片語達全
神而孟子顧有言而不遽言者何故大抵造詣之淺深不證則不
顯於官骸附麗之緣儼若恃一物以爲用則隱微之際亦欲靜驗
於同堂謂獨信差堪共信也使反叩其中藏將有勃然莫遏之勢

撫琴動操衆山皆響

一條界破青山色

執收曰安詞易作庸峭難爲作者庶幾無愧

鄉試硃卷　壬子科　六

大抵學人之甘苦愈引則愈深於聲臭俱寂之會不啻得一物以
爲憑則委曲之懷獨若深領其旨趣覺自慊轉不能自明也使實
詰其詣力且有爾然難出之形然而孟子有言也若浩然者無難
以罕譬然而孟子不遽言也若浩然者有難於引伸其難言也孟
子初不自解也其於身而氣有全量宣諸口而氣祇偏端其浩然
之神有於心覺其肖而於口覺其未肖者矣有於口既肖而其心
猶以爲未肖者矣一欲言而形神若爲往一言難而意象先爲留
非必得意之忘言而躊躇疾難滿志已其難言也孟子亦非故秘
也氣本至虛虛則必徵諸實氣原各足足必毋使之虧其浩然之

興就佳篇字欲飛

概有不待形容而必曲致其形容者矣有已盡其形容而轉覺莫
罄其形容者矣一有問而機若爲通一有言而境若爲阻非必解
人之難索而茹吐倍切徘徊已其氣何如試進徵之

本房加批

列子氣偉而宋奇鄒子心奢而語壯負此瓌才自可述經敘理

樹中天之華闕帶冠山之朱堂

賦得業廣惟勤 得脩字五言八韻　張之洞

大業何由廣惟勤訓誥留上咨兼下儆國治在身脩山仞基
平壤川源集細流寸陰毋惕日分職各宣猷補拙臣心勵推
恩子惠周九歌期董勸三事啟優游
德已
光天被衣還
問夜求
皇衷塵勉勉
闓澤徧遐陬

本房加批

刻鏤聲律萌芽比興

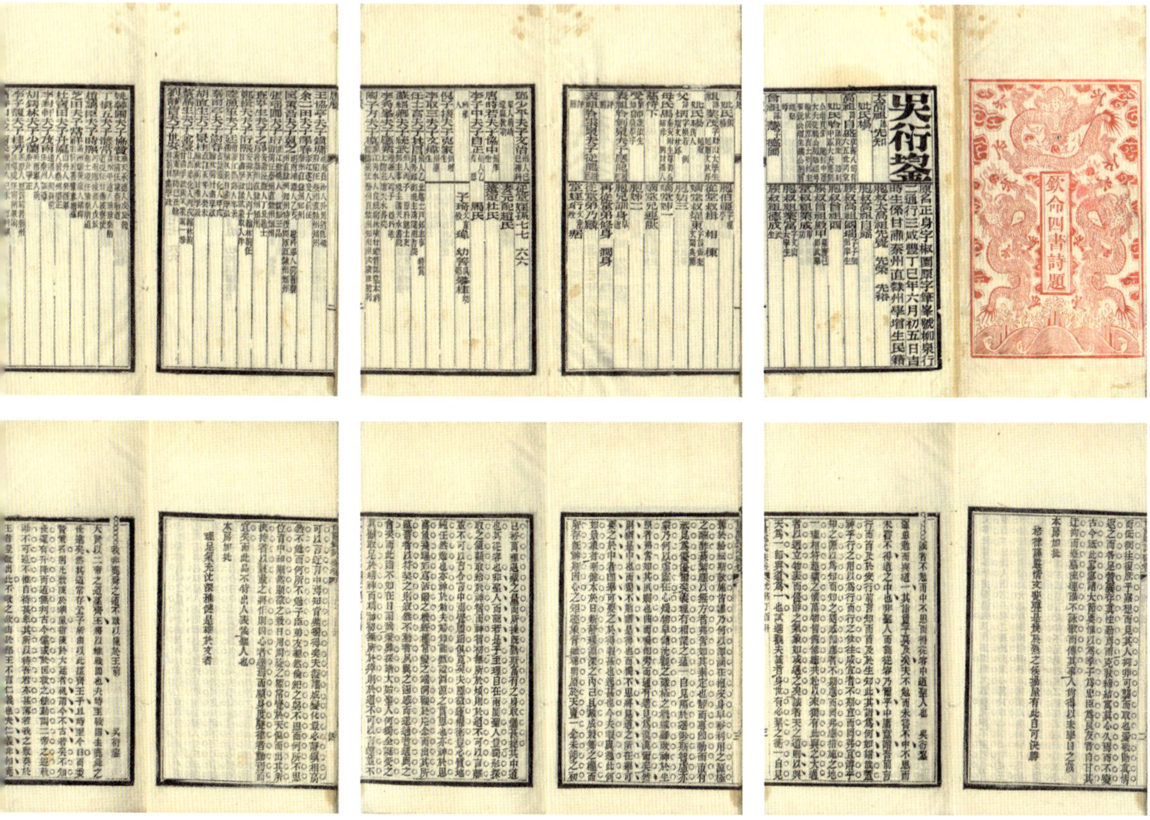

吴衍鋆（一八五七—？），原名正身，字椒园，原字笔峰，号柳泉，行二，通行三。咸丰七年（一八五七）六月初五生，甘肃秦州直隶州学增生民籍。光绪二十三年（一八九七）中举，与定兴鹿氏后裔鹿福世是同年举人。

此乃光绪二十三年吴衍鋆考取甘肃乡试第二十九名举人卷，是鹿福世的旧藏。

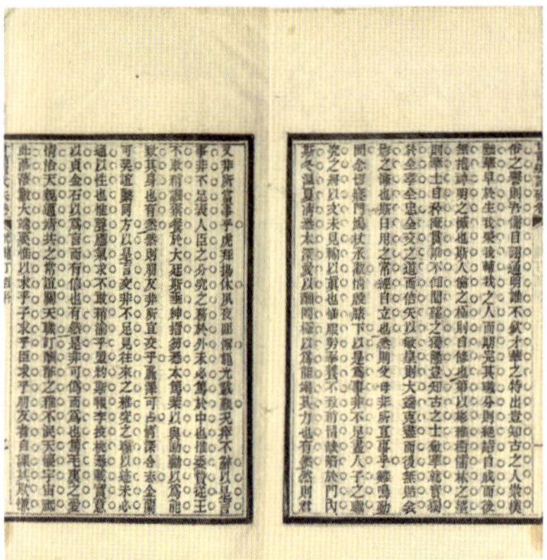

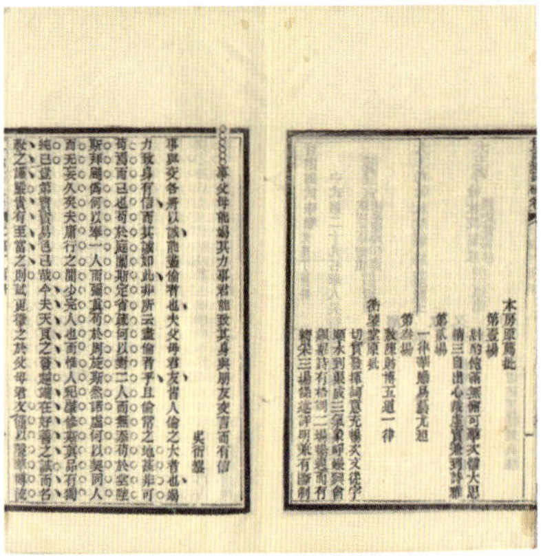

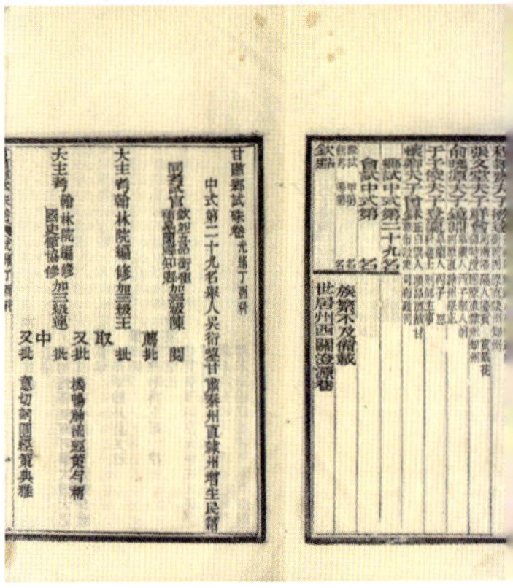

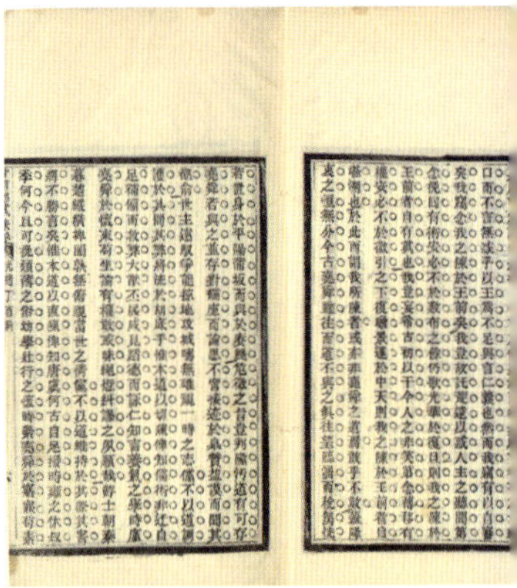

吳衍鋆

太高祖諱先知

妣氏楊、

高祖諱自盛享壽八旬有六五世同堂 歲貢生 誥封

妣氏哈中憲大夫應龍公曾貢生 貤封中憲大夫從龍公胞姑祖母 翰林院庶吉士刑部主事銳公增生鑄公胞曾祖姑

母

曾祖諱壽字德圃

原名正身字椒園原字筆峯號柳泉行二通行三咸豐丁巳年六月初五日吉時生係甘肅秦州直隸州學增生民籍

胞叔太高祖先覺 先榮 先裕

胞叔高祖自福

族叔高祖國瑞字子麟州庠生

胞叔曾祖西

族叔曾祖殿甲嘉慶己卯武舉

堂叔祖業成軍功

胞叔祖業富字文山太學生

族叔祖德成武生

妣氏張 楊

祖諱業茂字對山太學生 貤贈文林郎

妣氏楊孺人 貤贈

父諱炳字煥若 贈文林郎 例

母氏馬秦安附生尊美公姑母 例封孺人

慈侍下

受業師謹依先知自後恭序

表祖哈劍泉夫子應龍屡歷詳前

表祖哈雲泉夫子從龍屡歷詳前

胞伯疆字理亭

從堂叔楫 相 棟

嫡堂叔燿東字震齋奎文閣典籍

胞姑三

嫡堂姊一

嫡堂兄連陞

胞姊二

胞兄訓身早逝

再從堂弟修身 潤身

從堂弟乃麟

堂姪珩文童殁 琚

鄧少平夫子文治州人己巳補科舉人前靖遠縣教諭

唐時若夫子協中州庠生

李子中夫子自正州人乙亥恩科舉人

倪子接夫子克家州增生

李取三夫子文煒州廩生

任士言夫子其昌州人乙丑進士戶部主事員外郎銜現主講隴南書院 特賞

蘇紹卿夫子統武州人丙子恩科進士吏部主事現主講天水書院

李秀峯夫子應紫禮縣人丙子恩科進士前主講天水書院

陶子方夫子模浙江秀水人戊辰翰林陝甘總督部堂本科監臨前任秦州直隸州知州州試蒙取前列

從堂姪孫七七 六六

妻元配趙氏

繼室杜氏

馬氏

子琦文童殁 瑋 幼 善俱殤 攀桂 幼

房師

王協亭夫子鎮墉 湖南長沙人升用道前補府前任秦州直隸州知州

余二田夫子澤春 浙江遂安人前任秦州直隸州知州

匡策菩夫子襄之 湖南湘潭人乙亥恩科舉人前署秦州直隸州知州特授固原直隸州知州

張瑶圃夫子珩 浙江餘姚人欽加三品銜前任秦州直隸州知州

查岑生夫子之屏 安徽涇縣人丁丑進士署秦州直隸州知州

鄭緝夫夫子衍熙 安徽英山人丙子翰林前任甘肅學政歲試業取入泮

陸瀛笙夫子廷黼 浙江鄞縣人辛未翰林前甘肅學政

秦雨亭夫子澍春 直隸遵化人甲戌翰林前甘肅學政

胡直生夫子景桂 直隸永年人癸未翰林前甘肅學政

蔡燕生夫子金臺 江西德化人丙戌翰林前甘肅學政歲試業取一等

劉靜皆夫子世安 廣東駐防己丑翰林前甘肅學政

姚馨圃夫子協贊 奉天承德人戊辰翰林前任鞏秦階道

丁慎五夫子體常 貴州平遠人前鞏秦階道現任甘肅按察使

趙講臣夫子時熙 河南郾城縣人戊辰進士現任鞏秦階道

芝田夫子常祥 滿洲鑲黃旗人繙繹生員前署鞏秦階道

杜寶田夫子升瀛 山丹人癸酉舉人前秦州學正

李對軒夫子茂南 通渭人附貢前任秦州訓導

胡鍔林夫子少蘭 癸酉舉人前秦州學正

李子馥夫子桂芳 固原人恩貢前署秦州訓導現任甯朔教諭

譚香山夫子丙燊 隴西人己未恩科舉人前涼州府學教授

李益齋夫子守謙 甯遠人乙亥恩科舉人現任秦州學正

鄭靖臣夫子善令 甯州人歲貢生現任秦州訓導

貢師

房師

雷緯堂夫子正綰 四川中江人原任陝西固原提督軍門前課五原書院蒙取超等

王海門夫子源瀚 靜甯州人丙戌進士前主講五原書院

程穎齋夫子敏達 安徽阜陽縣人花翎運同銜前固原直隸州知州

張文堂夫子祥會 河南洛陽人優貢賞戴花翎特授固原直隸州知州

俞曉潭夫子鏡淵 臯蘭人丙子舉人前固原直隸州學正

于子俊夫子登瀛 臯蘭人丙子恩科進士刑部主事

懷卿夫子會鉌 正白旗人頭品頂戴甘肅布政使司布政司

鄉試中式第二十九名

會試中式第　名

殿試　甲第　名

朝考　等第　名

欽點

族繁不及備載

世居州西關澄源巷

甘肅鄉試硃卷 光緒丁酉科

中式第二十九名舉人吳衍鋆甘肅秦州直隸州增生民籍

同考試官欽加五品銜准補臯蘭縣知縣加三級陳 閱

薦批

大主考翰林院編修加三級王 批

取

又批 機暢神流經策勻穪

大主考翰林院編修國史館協修加三級連 批

中

又批 意切詞圓經策典雅

甘肅鄉試硃卷 光緒丁酉科

本房原薦批
第壹場
斟酌飽滿無懈可擊文體大思精三自出心裁虛實兼到詩雅
第貳場
一律華贍易藝尤超
第叄場
敷陳賅博五道一律
衡鑒堂原批
切實發揮詞意充暢文文從字順水到渠成三氣象崢嶸興會飆舉詩有格調二場暢適而有精采三場條晰詳明兼有斷制

事父母能竭其力事君能致其身與朋友交言而有信

吳衍鋆

事與交各將以誠能盡倫者也夫父母君友皆人倫之大者也竭力致身有信而其誠如此非所云盡倫者乎且倫常之地甚非可苟焉而已也苟於庭闈斯定省疏何以對二人而無忝苟於堂陛斯拜颺僞何以奉一人而彌真苟於周旋斯然諾虛何以契同人而无妄久矣夫庸行之間少完人也而惟人紀攀修斯真品有獨純已豈第賢賢易色已哉今夫天良之發越端在好善之誠而名教之謹嚴貴有至當之則試更徵之於父母君友僅以聲華博流俗之譽則吾儒自詡通明誰不欽才華之特出豈知古之人崇樸黜華早於生我榮我輔我之人而期完其職分則絕詣自成而後無抱神明之憾也斯人倫之極則自修也第以彬雅樹儒林之望則華士自矜淹貫誰不仰聞望之獨隆豈知古之士斂華就實獨於全孝全忠全交之道而倍矢以敏皇則大端克盡而後無貽衾影之慚也斯日用之常經自立也然則父母非所宜事乎雞鳴勤問念切寢門鳩杖承歡情殷膝下以是為事非不足盡人子之職究之將以文未見輸以真也惟服勞奉養不致稍留缺陷於門內斯冬溫夏凊悉本深愛以酬罔極以為能竭其力也有然然則君又非所當事乎虎拜揚休夙夜匪懈龍光載覲兕瘁不辭以是言事非不足表人臣之分究之務於外未必篤於中也惟委贄從王不敢稍譏素餐於大廷斯垂紳搢笏悉本篤棐以與勵勸以為能致其身也有然然則朋友非所宜交乎麗澤可占情深合志金蘭可契誼繫同方以是言交非不足見往來之雅究之聯以迹未必通以性也惟聲應氣求不敢稍渝乎盟約斯報李投桃悉載實意以貞金石以為言而有信也有然是非可僞而為也篤毛裏之愛情洽天親邁靖共之常誼關天職訂酬酢之雅不泯天懷宇宙祇此落落數大端要惟以求乎子求乎臣求乎朋友者自課其欺慊

而低徊往復庶乎寤想而見其人抑非可襲而取也愛敬勛眞情返之而各足贊襄存眞性勤焉而克敦締結寓眞心久焉而不變古今祇此寥寥諸大節要惟以爲孝子爲忠臣爲良友者自甘其迂拘而慨慕流連詎不詠歌而傳其事入倘得以未學目之哉

本房加批

格律謹嚴情文斐亹是幾於熟之候場屋有此自可決勝

誠者不勉而中不思而得從容中道聖人也　吳衍鏊

渾忽勉而與道一其詣質乎莫及矣夫不勉而未嘗不中不思而未嘗不得道之中也非聖人而能從容乃爾乎中庸意謂吾前言行而首及於安行前言知而首及於生知此其詣爲何如詣哉蓋神乎行之用以爲行而行之攸往咸宜者不期宜而罔弗宜濬乎知之源以爲知而知之隨感卽應者不期應而罔弗應措施之地一理相符超曠之懷萬物皆備修途共赴以來獨有此與之大適者以迥立物表而優游之氣象如或遇之矣誠者天之道則以與天爲一卽與道爲一也試進觀夫誠者身世有必絜之衡一自見

奪於紛紜斯敷施皆謬乃何以渾涵在抱安身早裕利用之源極之酬酢綦繁應以無方者弗啻如其素定也靜而專卽動而直有祇見爲優優爾矣義理有相深之蘊一自見隔於遥渺斯智慮亦棠乃何以虛靈在心燭物早儲洗觀之識極之機緘難啟神於坐照者弗啻如其夙嫺也曲而暢卽旁而通有適見爲漠漠爾矣然則猶是中也而獨不勉猶是得也而獨不思將見道之所在舉可要之於中者卽舉可要之於得暇甚也適甚也今夫暇與適此何如景象者剛健本於日新靜穆淵深之内已具栽成鼓舞之權而所存旣神斯因心之矩迹象胥融聰明原於天亶一念未涉之初

已裕萬理退藏之量而所操旣熟斯富有之身取攜甚捷其中道也其從容也非聖人而能若是乎至理自在兩間聖人豈獨形探取之便顧取給於神智而神智初無所於煩則於道不可以言離並不可以言合言中焉覺履蹈俱寬矣夫隱微運權衡豈必質地純任然勉也亦神於勉夫婦知能默證淵源之貫思也亦神於思鳶魚飛躍如寫活潑之機經權常變之端洞觀於片念而出其所蘊蓄者以符契之則寂然不動者夙與之涵感而遂通者適與之會矣而此詣不如在目前哉秉彝探諸大始聖人何獨全誕受之眞顧取足於精神而精神初無所於瘁則於道不可以言違並不

可以言近言中焉知肎綮獨得矣夫擬議成變化豈必靜鎮相高
然不勉而何所不勉子臣弟友翕然倫紀之躬不思而何所不思
位育中和晰然顯微之致日用周旋之際常覺於天俔而出其所
挾持者以鼓盪之將作則因心者達焉而順身度聲律者動焉而
宜矣而此品不特出人表哉聖人也

本房加批

理足氣充沈深雅健是雄於文者

我非堯舜之道不敢以陳於王前　吳衍鋆

大賢以二帝之道望齊王將以維戰國也夫時至戰國去堯舜之
世遠矣然其道常存孟子所由以此望齊王乎且時至今日而委
贄策名則凡敷陳於華屋指陳於大廷者輒謂今不古若矣不知
世運有升降而道無判古今儻或於匡救之餘動謂二帝之遐軌
渺不可追不惟自待甚卑其所以待吾君亦甚薄若我之敷奏於
王者豈敢出此不敬之故由於鄙王不言仁義也夫仁義非即堯
舜之道哉維時左右於王前者非富強之策即功利之圖而王乃
心焉憶之王之臣亦聞而熟之即間有服先王之法服誦先王之

法言矩步而規行者踵門修謁其君則鄙其所言之迂其臣又誣
其所言之謬由是抗心希古之儒望程而卻步獻可替否之士緘
口而不言無惑乎以王為不足與言仁義也然而我竊有以自審
矣我竊念我之陳於王前矣我豈故託荒遠以惑人主之聽聞第
念挽回有術安必不於敷布之餘仍歌光華於復旦則我之陳於
王前者自有真也我豈妄希古初以干今人之非笑第念轉移有
權安必不於徵引之下復睹景運於中天則我之陳於王前者自
堪溯也於此而謂我所陳者或亦非堯舜之道焉敢乎不敢蓋降
衷之恒無分今古堯舜雖往而道不與之俱往望臨淄而稷駕恍

若置身於平陽蒲坂而與於賡颺危微之旨豈判隆汙道有可存
堯舜若與之並存對黼座而論思不啻接迹於皋夔益謨而聞其
都俞世主遠馭爭能掠地攻城嚇無雄視一時之志儻不以道調
護於其間其弊將流於胡底乎惟本道以切陳俾知儒術非迂自
足補偏而救弊大猷丕展咸見蹈德而詠仁知言養氣之學時廑
堯舜於懷來苟坐論有權敢或昧繩愆糾謬之夙願哉游士朝秦
暮楚縱橫捭闔孰無俯視當世之情儻不以道維持於其際其害
將不勝言矣惟本道以直陳俾知唐虞何古自足播時雍之休叔
季何今且可挽頹薄之俗幼學壯行之懷時縈堯舜於寤寐苟素

志得抒敢或忘陳善閉邪之初心哉吾子諒我之衷勿以我之所陳為非則幸甚

本房加批

詞氣充沛興會淋漓三藝有此可稱後勁

賦得一雁過連營 得營字五言八韻　吳衍鋆

目極關山迥寒空一雁驚飛曾淩大漠過自傍連營秋氣千崖肅軍容萬竈橫風雲誰列陣星月此孤征塞北迢迢路樓南渺渺情片翎衝暮色殘角動邊聲意怯疑笳繳宵深靖鼓鉦為儀逢

盛世洗甲樂

昇平

本房加批

英思逸韻秀骨天成

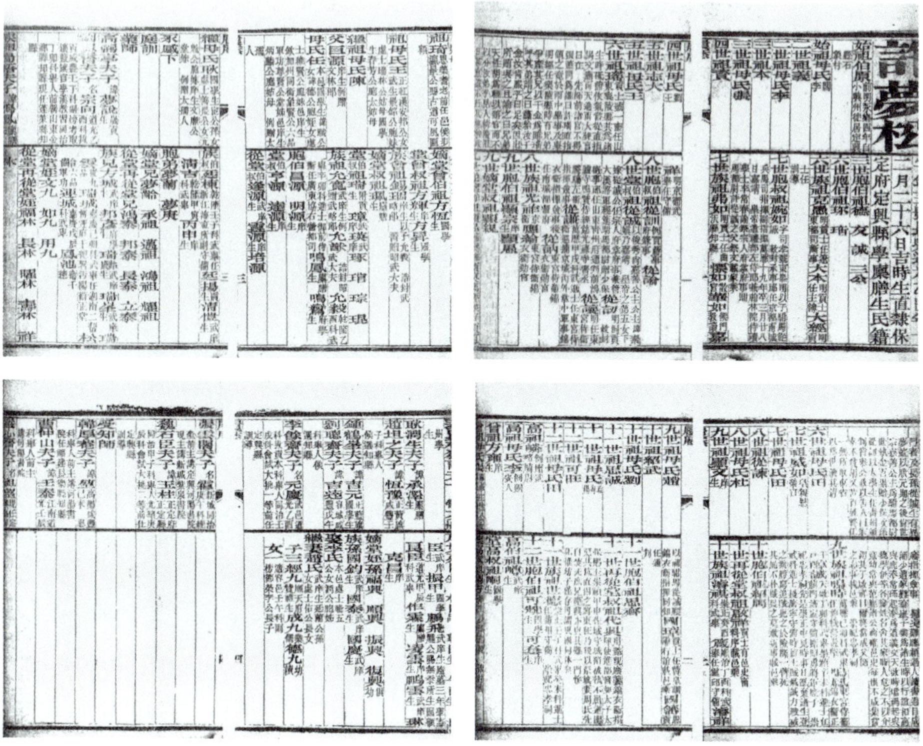

许梦松（一八四五—？），字锡三，号长卿，道光二十五年（一八四五）十二月二十六日生，定兴县石象村人。光绪十四年（一八八八）举人。参与编纂光绪十六年《定兴县志》，是定兴田侯村举人杨振邦的老师。自幼聪敏，有异才。因家境寒微，常随父课读苦研，夙兴夜寐，始得廪生（秀才），至光绪十四年戊子乡试考中举人，又大挑二等，以教职选用，加捐知县，分拨河南候补。至河南参与顺天会试散卷并验签暨开封谳局问案，记大功数次，并有『心城诚朴，办事谨慎』等评语。

许梦松业师：

张云阁：名霈，新城人。同治九年（一八七〇）庚午科经魁，定兴河阳书院主讲。

魏石臣：名玉柱。正定县人。同治二年（一八六三）甲子科举人，定兴县训导。

韩厚菴：名堃，高阳人。咸丰八年（一八五九）恩科举人，定兴河阳书院主讲，福建长乐知县。

曹仲山：名壬泰，江南道光十二年（一八三二）壬辰科举人，定兴河阳书院主讲。

严心斋：名祖望，浙江绍兴府诸暨县人，监生，光绪九年（一八八三）任定兴知县，光绪十四年（一八八八）再任。

李余齐：名元庆，武邑人。道光五年（一八二五）拔贡，本科举人，同治元年（一八六二）会试大挑一等，定兴训导。

长书舫：名秀，满洲镶白旗人。光绪二年（一八七六）举人，光绪三年进士。光绪八年署任定兴知县。

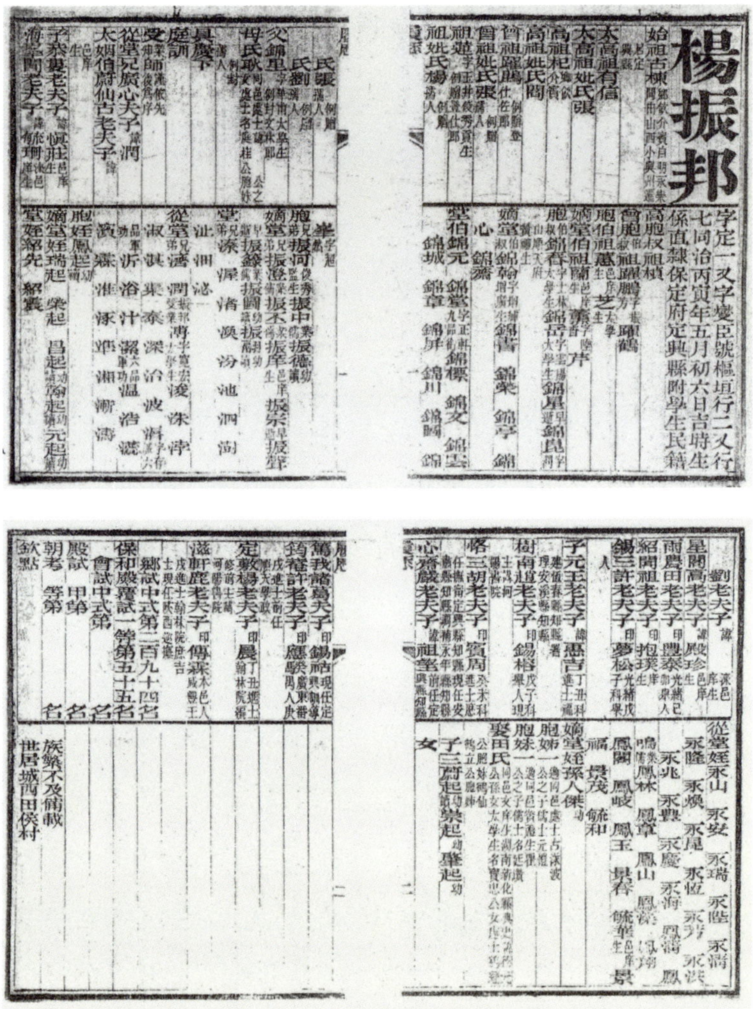

楊振邦 字定一又字燮臣號樞垣行二又行七同治丙寅年五月初六日吉時生係直隸保定府定興縣附學生民籍

始祖吉棟

太高祖有信

太高祖妣氏張

高祖杞

高祖妣氏閻

曾祖耀鵬

曾祖妣氏張

祖廷

祖妣氏楊

父錫里

母氏耿

具慶下

劉老夫子

王老夫子

趙老夫子

胡老夫子

諸葛老夫子

許老夫子

楊老夫子

鹿老夫子

鄉試中式第一百九十四名

覆試一等第五十五名

會試中式第　名

殿試　甲第　名

朝考　等第　名

欽點

族繁不及備載

世居城西田侯村

杨振邦（一八六六—？），字定一，又字燮臣，号枢垣，行二，又行七。同治五年（一八六六）五月初六日生，直隶保定府定兴县田侯村人。光绪二十年（一八九四）举人。

杨振邦业师：

王子元：名惠吉，定兴县贤寓村人。光绪三年（一八七七）进士，曾任福建恒春、安溪知县。

赵树南：名锡榕，光绪十五年（一八八九）举人，定兴河阳书院主讲。

胡恪三：名宾周，光绪九年（一八八三）进士，历任抚宁、定兴、安肃（徐水）、永年知县。

诸葛笃我（一八四一—一九二二）：名锡祜，天津武清人，定兴县训导。

杨定敷：名晨，光绪三年（一八七七）进士，翰林院编修，定兴河阳书院主讲，光绪十六年《定兴县志》主编。

严心斋：名祖望，定兴县知县，光绪十六年（一八九〇）《定兴县志》主编。

定兴进士、举人、贡生（秀才）名录

清康熙十二年（一六七三）《定兴县志》进士、举人、贡生（秀才）名录

科甲

明嘉靖二十五年邑人趙宸有定興縣儒學科第題名記

題名有記所以備遺志昭勸戒也人品不同上者功德在人自不能朽其次傳者必有所託下者廿與草木同腐而已唐虞三代之才今可見者稷契皋陶伊傅周召之屬耳然皆載之經傳者也其湮沒而不聞者多矣夫使賢者不幸而不得傳於後不賢者遂得以掩其惡而勸戒之道息焉此題名之不可以已也故邑舊爲皇甫店屬易州至金大定間始立爲縣迨入我朝距今幾三百年擢賢科躋顯仕者若干人邑人兵部尚書南皋公嘗欲爲記以識之未果而卒嘉靖乙卯冬余以述職過家翌日謁文廟廟前有石碑二詢知爲科貢題名用也適邑令慎齋冀公謂此爲盛舉因以文命予余豈能文者哉惟茲事之不舉是懼故不敢以不能辭

定興縣志　卷之九　科甲　一

夫科目之事固斯人之徒也一得與其選焉雖五尺童子皆爭羡以爲榮其貴可知矣而士固有不自貴者不亦可歎也哉余嘗以此觀天下之士其於科目爭先有適有贅有竊之不同焉夫科目以文取士文者士之末也孔子亦曰文莫吾猶人也蓋以末爲後也果能文行相符而其行又足以風後世此之謂科目之光其次審時達變知難而退澤雖不及於時而能高尚其志清風懿節足以激頑而起懦此之謂科目之適又其次也其中挺挺其行悶悶忠厚朴直與物無競以此類膺長者致身廊廟而無所建明此之謂科目之贅至於平居讀書志在進取射策登第趨時逢君矯外虛中竊奇釣譽期寵若威而上下交受其害此之謂科目之竊是故賢前而耀後者光也忘人而安己者適也均在可承而遂不可以爲訓矯誣無益於世者贅也罔上而貽害於下者竊也均在可棄而竊尤所當戒君鄉之士其爲光爲適爲贅爲竊苦自有

公論在吾不敢知也後之與是選者其尚鑒之哉

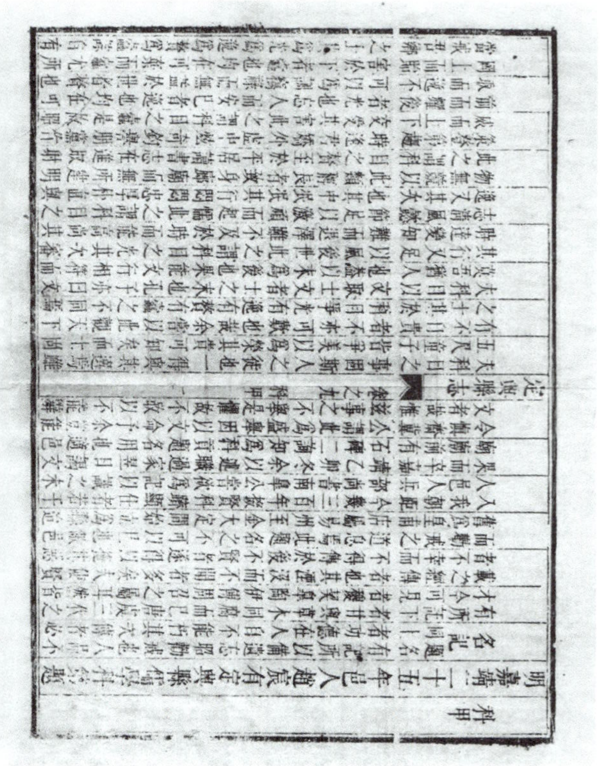

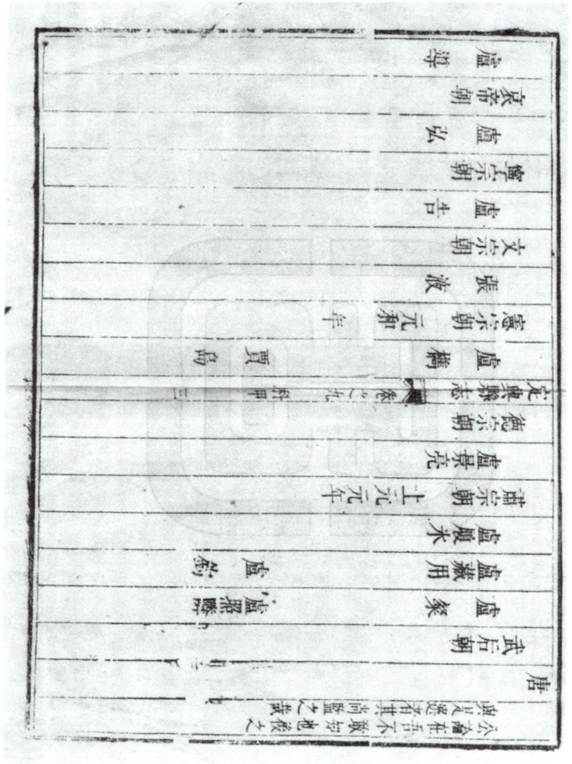

唐

武后朝

盧粲　盧照鄰

盧藏用　盧鈞

盧履冰

肅宗朝　上元元年

盧景亮

德宗朝

定興縣志　卷之九　科甲　三

憲宗朝　元和　年

盧構　賈島

張液

文宗朝

盧告

寧宗朝

盧弘

哀帝朝

盧導

五代

盧蔚甫　弱冠登第　劉　載　後唐進士

宋

太宗朝　太平興國三年

張鑑　李　及

趙　曮

真宗朝　景德二年

劉宗聖　載子

高宗朝　紹興二年

定興縣志　卷之九　科甲　四

張九成　狀元

遼

聖宗朝　開泰五年

杜　防

興宗朝　重熙十九年

楊遵勗

道宗朝　清寧五年

王　鼎　牛溫舒

末帝朝　天慶八年

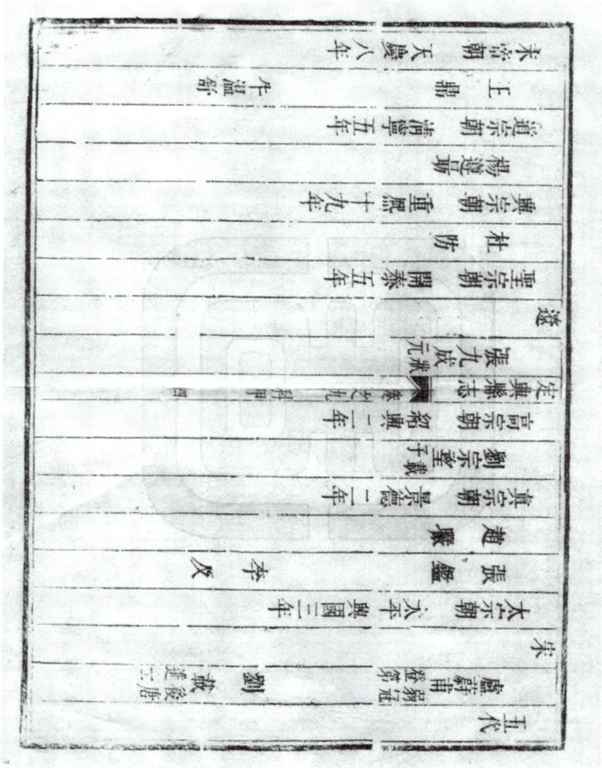

趙 元

金

熙宗朝 天眷元年

王建均 李慈

王修然

海陵王 正隆二年

郭濟道 五年 郭濟忠

楊 畾 字㒺之不詳年代劉靜修外祖

元

劉 章

明

成祖朝 永樂六年戊子二人

田 文 任兵科給事中 張 猷 任户部給事中

九年辛卯二人

蔡 欽 力 勝

十二年甲午一人

李 福 山東按察僉事

十八年庚子二人

王 璧 鴻臚寺序班 劉 川

二十一年癸酉一人

宋 傑 祀鄉賢

宣宗朝 宣德五年庚戌會試一人

宋 傑 字廷英，門台村人，歷官右副都御史，巡撫蘇松

十年乙卯一人

任 倫 麻城知縣

景泰朝 景泰元年庚午二人

石 玉 崔 夔 密縣知縣

七年丙子一人

秦 臻 鳳翔知縣

英宗朝 天順三年己卯三人

李翔鳳 經魁，荊州府同知 秦 猷 延安府同知

李鳴鳳

八年甲申會試一人

李鳴鳳 字府陽，西鄰社人，歷任兗州府知府

憲宗朝 成化元年乙酉三人

胡 昂 中進士 宋 輿 靈丘知縣

魏 圓 四年戊子二人

蔡 賢 登州府推官 趙 俊 咸陽知縣，陞府同知

七年辛卯一人

趙 瑄 鄒平知縣

十年甲午二人

李 高 亞魁，大同知縣 李文深 發明易，古不仕

十三年丁酉一人

魏 昂 中進士

十六年庚子一人

魏宗舜 曹州知州

十七年辛丑會試一人

胡 昂 倉巨村人，歷任湖廣按察司副使，祀鄉賢

十九年癸卯三人

王 成 太原府同知 杜 璵

宋 昂

孝宗朝 弘治二年己酉二人

劉 璉 原武知縣 楊 滋 府學，中進士

三年庚戌會試一人
楊滋 留村人歷官山東按察司僉事
十一年戊午一人
田景文
十二年己未會試一人
魏昂 任印壘縣知縣
十四年辛酉一人
任章 旌德知縣
十七年甲子一人

王堯封 中進士
十八年乙丑會試一人
王堯封 字伯圻周城人歷任南京兵部尚書祀鄉賢
武宗朝 正德十四年己卯一人
陳讜 平遙知縣
世宗朝 嘉靖七年戊子二人
張鎬 經魁中進士　劉沂 應州知州
十三年甲午二人
張寀 府判　趙宸

十七年戊戌會試一人
張鎬 字啓周楊村人歷官巡撫宣府右僉都御史祀鄉賢
二十三年甲辰會試一人
趙宸 號南臺石象村人歷官臨洮兵備道祀鄉賢
二十八年己酉二人
宋登 中進士　魏濟民 中進士
二十九年庚戌會試一人
宋登 在城人任兵部主事祀鄉賢
三十二年癸丑會試一人

魏濟民 大位村人任無爲州知州
三十七年戊午一人
郭天祿 大寧司學中進士
三十八年己未會試一人
郭天祿 重興村人任至山東按察司副使
四十年辛酉一人
樊一夔 府學汝寧府通判
四十三年甲子五人
韋以誠 府學中進士　王一守 定陶知縣

賈世康 臨清知州　胡汝欽 中進士
李志道 代州知州
穆宗朝 隆慶二年戊辰會試三人
韋以誠 字躍齋周城人仕至山西布政司參政
蔣遵箴 字松屏門台社人籍全州仕至南京光祿寺卿
胡汝欽 字龍川仕至按察司副使
四年庚午二人
鹿久徵 中進士　樊尚言 新泰知縣
神宗朝 萬曆丙子一人

范錫 大同府同知
七年己卯三人
馬鐸 同官知縣陞同知　祖濯 商河知縣
陳正心 仕至淮安同知
八年庚辰會試一人
鹿久徵 字子誠江村人任江西道御史祀鄉賢
十年壬午一人
楊繼先 中進士
十三年乙酉一人

陳所見 中進士
十四年丙戌會試二人
楊繼先 留村人仕至陝西神木道副使 陳所見 字賓是在城人任戶部主事
十六年戊子二人
蔡夢齊 府學中進士 蔡應齊 仕至登州府同知
十九年辛卯一人
耿　哲 仕至磁州知州
二十年壬辰會試一人
蔡夢齊 字覺我辛木村人仕至太原府同知

定興縣志　卷之九　科甲　十一

二十二年甲午一人
蔣士忠 遵義子廣西中式中進士
二十五年丁酉一人
王家賓 中進士
二十八年庚子一人
羅萬象 仕至河南府同知
三十一年癸卯一人
蔣士範 遵義子廣西中式
三十二年甲辰會試一人

王家賓 字尤宇固城人歷任陝西右布政
三十四年丙午三人
鹿善繼 中進士 薛一鶚 薊州知州
耿好仁 中進士
三十五年丁未會試一人
耿好仁 字青我百樓村人仕至巡撫寧夏右都御史兼兵部右侍郎
三十七年己酉一人
李　潤 龍游知縣
四十年壬子二人

定興縣志　卷之九　科甲　十二

薛一鵾 太原府同知 楊　茂 靈寶知縣
四十一年癸丑會試二人
鹿善繼 字伯順久徵之孫太常寺少卿贈大理寺正卿
蔣士忠 字瞻明遵義之子仕至貴州右布政
四十三年乙卯一人
薛一鳴 滎陽知縣
四十六年戊午一人
范士楫 中進士
熹宗朝 天啓元年辛酉一人

鹿化麟 解元
四年甲子三人
陳三章 黃州府通判 范文淑 中進士
陳于啓
七年丁卯一人
李定策 戶部江西司郎中陞臨洮府知府
懷宗朝 崇禎元年戊辰會試一人
范文淑 字荀仲在城人錫仲子任鹽城知縣
六年癸酉一人

定興縣志　卷之九　科甲　十三

薛士琳
九年丙子三人
鹿善治 庚辰特用不出 田　宇 黃巖知縣
鹿盡心 麥邑知縣
十年丁丑會試一人
范士楫 字箕生會魁仕至吏部文選司郎中
皇清
世祖章皇帝 順治十八年庚子一人
徐振采 原名耿采哲曾孫兼武子籍知州江南中式

貢舉

貢夫亦繹古人鄉舉里選法哉貴在德矣德可贋文不可贋故求之兼朝廷操爲第三格顧其人未必不第一者出其間矣唐張如騫兄弟五人皆明經高第最著餘代無攷茲題明世以何鞔首之時遠難盡稽故不譜年而譜名氏如左

明嘉靖三十五年邑人張鎬有宇興縣儒學題名記

善惡者榮辱之主也識趣者顯晦之基也將欲昭前人垂後世彰善癉惡以開趨避之途則必假堅金鑿山骨爲鐫錄琬琰以勸不然後可以廣觀聽之軌歷歲月之遠否則與生而存隨死而滅者求一言一行之傳於世不可得也嘗考諸古凡登巖石入谿谷偶行獨步薄游採奇於山水之上其事其微其存否不足以爲輕重率皆有題名焉夫豈貢士所以簡傳與備臣工關係於天下國家其大其在唐虞爰出世胄四岳九官十二牧皆其儔也自湯之立賢無方側陋之士始興至周而其制益備鄉舉里選之法得人爲多漢唐中葉則有輔助官之側士之好義者以此秦漢唐宋將相垂名於竹帛者甚衆益士之重在此則天下之豪傑必奔走而趨之故取士之制不同而國家同亨其利洪惟我朝稽古立政而貢士之途有三一曰歲貢廩膳之年深者即周之鄉舉里選也二曰恩貢縉紳之子孫應之即唐虞之世胄也三曰例貢生員之納粟者應之即漢唐之輸財助官也吾鄉之士在國朝者總百餘人其有志制行要皆有可稱焉嘗懼其湮沒而不傳也爲後之人由是而怠於爲善今題名立矣其感物之誠吾行定之得失將於是乎定而其善可以傳其在於世乎傳曰鄉國之善士斯友鄉國之善士天下之善士斯友天下之善士以友天下之善士爲未足又尚論古之人夫固以古之聖賢乃吾人之徒亦忽而已矣夫國朝取古制以待我而可委於不相及耶嗚呼凡名之題於上者將以觀其責也謹慮左以待後之人焉

何　靚　縣丞　　任　禮　鹽運司同知

趙　昉　教諭　　蔡　誠　府同知

李　遜　按察司照磨　　牛　述　推官

傅　賚　縣丞　　張　蓋　縣丞

任　彬　經歷　　李　旲　州判

白　素　縣丞　　李　忠　仕至監察御史

魏　本　順天府治中　　姬　整　主簿

馮　祿　縣丞　　耿　桓　主簿

裴　原　主簿　　魏　沔　主簿

王　恂　縣丞　　范得通　澤州知州

張　贇　典膳　　杜　閔　照磨

馬　智　知縣　　戈用光　縣丞

楊　善　縣丞　　楊　勗　淄川縣丞

劉朝宗　知縣　　范　鑫　麻城知縣

蕭　鵬　判官　　張　琛

劉繼宗　縣丞　　劉　緯　典縣知縣

谷　雲　　高遷志　百萬倉經歷

謝　表　　姬　秀

魏　瓚　訓導　　韓文昌　教諭

李惟寅　主簿　　張　廸　經歷

李　仁　教諭　　楊　濟

陳　範　息縣訓導　　任顯宗　王府教授

鄭　漢　山陽縣丞　　陳　瑞　隴州吏目

許克愚　遼東都司斷事　　田禾昌

許大經　訓導　　許　鳳　訓導

胡　昇　訓導　　李思明　訓導

劉　相　金縣知縣　　張　諒　訓導

蔡紹夔　東平判官　　李希思　石州同知、祀鄉賢

宋　厚　中牟教諭　　許弗如　曲沃知縣

何汝爲　洪縣縣丞　　苗彥登　太倉經歷

張　璣　教諭　　劉　瑞　縣丞

高憲章　長垣縣丞　　梁　庠　利縣縣丞

杜宗舜 德平知縣　楊思廣 由長平學貢通判
許　璐 樂陵知縣　張文簡 平涼通判
李希夔 教諭　李希稷 主簿
郭大綸 教諭　張三省 教諭
王　珉 教諭　石　璞 判官
趙　漢 訓導　張天祐 訓導
石　儆 訓導　張　燧
任天民 靈寶教諭　傅　漟 選貢縣丞
鍾啓蒙 訓導　張從哲

胡尚志 縣丞　王　宇 訓導
張　焞 訓導　王世强 訓導
楊伯滐 縣丞　杜　焞 訓導
毛　衢　郭建中 主簿
胡自淑 訓導　任誠正 訓導
王　沂 樂陵知縣　陳　藻 訓導
范文源 選貢仕工部員外郎　田九錫 訓導
韓應元 教諭　楊守先 訓導
梁茂陽 訓導

陳鐘秀 初克騎馬選後由順天府學貢考授知縣　賈　傑 仕至鄜州知州
楊劭先 訓導
李　鎬 教諭　楊三元 教諭
康　宇 訓導　姚元德
苗國侯 教諭　陳啓心
李　湛 選貢崇禎中新城知縣順治中欒城安東知縣
樊養賢 寶坻訓導　句應乾 教授
王　珆 訓導　于躍如 恩選順治中宜興縣丞
王　節 禮縣知縣卒葬其地

杜　滋 不仕教諭嗜讀隱於酒天趣似太古人
杭　彬 訓導　張之俊 教諭
王來聘 府學貢死丙子城守　李茂暘 選貢順治中岐山知縣
杜振之 監元　趙浚明
楊　琦 定州訓導　陶　桂 眞定訓導
李　滉 順治中彰德府推官濟南府同知

皇清

田　信 選貢蘄州判官改江南布政司照磨
杜　越 恩貢字君異甘貧抗志人號紫峰高隱

李　渻 渭源知縣陞臨洮同知贈兵備僉事
孫枝茂 天津衛教授陞蘭州判官　許國璋 訓導
陳大綸 拔貢太和知縣　許國藩 恩貢通判
劉　惺 政和知縣
尚新民 選貢湖廣郴州知州掛冠歸里怡志簞瓢
陳展學 訓導　陶崇儒
耿　楨 選貢鉅野知縣　蔡文衛
李鳴謙　范　勲 恩貢教習
田鶯培　許啓祚

杜　蘧　劉文助
田廣英 拔貢

例貢

明

孫　紀 教諭　韋景和 經歷

韋景高 知事　王仲良 知事

董　璋　李時通 主簿

祖萬良 縣丞　張世雍 鎮平知縣

陳　鎮 沈丘知縣　董　璜 縣丞

王　言 五臺定襄知縣　徐　琪

徐　恩 主簿　王胤之 州判

魏一守 典簿　楊　復

魏　愷 主簿　魏宗武 吏目

魏宗儒　姬克棠 判官

劉　垠 吏目　楊　良 主簿

王衍之 序班　朱　琦 縣丞

尚守澄 斷事　劉廷祿 縣丞

尚　錦 主簿　陳　鈍

王進之　楊宗禹

馬伯界　耿　達

□一德　于廷民

姬　悅　田　枝

李原培 主簿　杜　棟

徐邦棟　陳危言 主簿

李　實　張令儀

王師之　趙　旻 中書

劉協中　李　誨

李維翰　張從古

尚　銳　王三台

王賜爵　張　仕

姬　性　王　詰

張時序　姬　忱 吏目

姬　惇　姬　愷

張一貫 序班　許從詗 青州府通判

許從訓　許如欽

尚汝桐　牛應斗

胡用霖 蚆州衛經歷　杜本立 安陽主簿陞府經歷候補

蔡爾新 工署書　李化春

皇清

張胤昌　崔崇禮

孟良弼　黄甲第

黄士英　崔　岱 山西籍

武科
先代固不聞稱武進士也明亦傳始嘉靖間至江
陵柄國文途既隘才乃溢出其中姓名已半湮矣
明末右武辛未有甲第之目
熙朝臨軒賜策問制寖與文埒虎頭猿臂其應運而
興歟

明
隆慶元年丁卯一人
羅　龍三科
定興縣志　卷之九　武科
萬曆二年甲戌會試二人
許從謙南京左軍都督府都督僉事　薛虎臣選舉第一不門路參將
七年己卯一人
許鳴時
十九年辛卯三人
田應登　郭　柱
宋　詠
二十五年丁酉二人
尹汝應　劉天祚三科

二十八年庚子四人
薛一鴻中進士　李實達
任復亨　許顯讀京衛
三十五年丁未會試一人
薛一鴻第三名鎮都司
三十七年己酉一人
杜　鑑
四十年壬子八人
李正芳中進士
定興縣志　卷之九　武科
耿秉芳由文生中武舉丙子從王師而東順治二年任濮州知州
王　欽　劉揚武
王家柱　高化大
任光遠　韋　策中進士
四十四年丙辰會試二人
李正芳京營佐擊　韋　策和陽遊擊
四十六年戊午一人
許顯純京衛
四十七年己未會試一人

天啓元年辛酉二人
許顯純錦衣衛北鎮撫司詔獄掌刑逆黨之魁事敗伏誅子宽殺多賢青史難洗比於不幸
馬三才　孫邦澤
四年甲子二人
喬煥世　劉應科
七年丁卯二人
許醇誠中進士　孫邦澤
崇禎三年庚午年五人
耿　英　喬粲世
定興縣志　卷之九　武科
宋邦柱　王　政中進士
胡希孟
四年辛未會試二人
許醇誠龍門游擊守備昭勇將軍廕子
王　政文縣守備昭勇將軍廕子
六年癸酉七人
李應龍　郭翼明
劉之俊　梁之璋
□□權　王嘉猷

□齊□ 京衛

九年丙子三人

秦之奚　鍾撫世

甯騰龍

十二年己卯三人

耿兼武 中進士　高攀龍

馬雲程

十三年庚辰會試一人

耿兼武 錦衣衛百戶順治初改建寧府左衛守備

十五年壬子七人

李建邦 解元　董明

許世德 中進士　李植 中進士

杭志履　葛鳴春

葛逢夏

十六年癸未會試一人

許世德 肅州守備

皇清

順治二年乙酉八人

□□ 元　王廷

孟國士　齊綏徵

苗典　張一元

史善政 福寧衛千總　李鑑 延平府左營中軍守備

五年戊子七人

楊士弘　高弘猷

綦之芬　梁桐 梧州守備

耿權 京衛陳州衛守備　耿鴻功 京衛

耿之基 京衛

八年辛卯四人

張緯　耿世濟

石琢玉　張濬修

九年壬辰會試一人

李植 延綏寧塞堡專城守備

十一年甲午四人

張亮　郭三章

石峻　楊令名 中進士

十二年□□會試一人

□□□ 永州衛守備

十四年丁酉五人

張猷　李沂

張棟　王志美 中進士

許箴 偏關中軍守備

十七年庚子二人

王魁武 中進士　耿一培 京衛進士

十八年辛丑會試四人

耿一培 兼武子涼州中軍守備　楊令名 士弘子靈山守備

王志美 邳州衛守備　王魁武 志美子

康熙十一年壬子二人

張□ 京衛　田廷績

明

李士成 以子福贈文林郎後軍都督府都事以子

李福 按察使司僉事以子俊進封奉政大夫

李俊 按察使以子鳴鳳進封正議大夫

王得辛 以孫堯封贈正議大夫戶部右侍郎

王琮 以子堯封封中憲大夫累贈正議大夫戶部右侍郎

趙白 以子宸贈文林郎監察御史

張景芳 以子鎬封承德郎戶部主事

魏恒 以子濟民封文林郎長安知縣

許婉如 以子從誠封承事郎南城兵馬指揮

郭進 以子天祿贈奉政大夫

韋儒 以子以誠贈奉政大夫戶部郎中

馬雲路 以子鐸贈文林郎同官知縣

鹿府 以子久徵封文林郎襄垣知縣

蔡蒸 以子夢奇贈文林郎萊陽知縣以子應奇贈奉政大夫登州府同知

李儒 以子志道贈承德郎大同府通判

[illegible] 以子所見封承德郎戶部主事

定興縣志 卷之九 封廕 三十

子家賓贈中憲大夫青州府知府

范世坤 以子錫贈奉政大夫山西大同府同知

許顯忠 以子濟祥贈錦衣衛都督同知

耿學詩 以子好仁贈都御史兼兵部右侍郎

鹿正 以子善繼累封太常寺少卿

范錫 府同知以子文源贈工部虞衡司員外郎

廕

宋晃 以父都御史傑廕南京後府都事

王繼之 以父尚書堯封廕南京前府都事

許從讓 以兄駙馬從誠廕錦衣衛指揮同知

許從誨 以兄駙馬從誠廕錦衣衛勳官

許濬祥 以祖駙馬從誠廕錦衣衛指揮

許顯道 以父駙馬從誠廕指揮僉事

耿滑 以父巡撫好仁廕

耿世濟 以祖巡撫好仁廕錦衣衛千戶

蔣士麟 以父光祿寺卿蓮廕太常寺典膳

客光先 以爺奉聖夫人客氏廕錦衣衛指揮

[illegible] 以父[illegible]勇[illegible]軍[illegible]誠廕

定興縣志 卷之九 封廕 三十一

清光绪十六年（一八九〇）《定兴县志》进士、举人、贡生（秀才）名录

進士
金正隆二年
郭濟道興中縣令　郭濟忠通志正隆中知安肅軍事按墓碑是五年
登第明昌中四爲縣令
楊勖年次無考康熙志字勉之劉靜修外祖通志附錄
鄭仲國鄭贍碑云子仲國十八歲通經中第特授將仕郎積十九遷至奉政大夫明昌二年致仕遷朝
列大夫碑詳金石志
元劉章年次無考通志附錄
明宣德五年庚戌以下通志府志並同
宋傑歷官右副都御史巡撫蘇松祀鄉賢有傳
定興縣志　卷八　進士　三
天順八年甲申
李鳴鳳歷任兗州府知府有傳
成化十七年辛丑
胡昂歷任湖廣按察司副使祀鄉賢有傳
宏治三年庚戌
楊滋歷官山東按察司僉事
宏治十二年己未
魏昂任即墨縣知縣
宏治十八年乙丑
王堯封歷任南京兵部尚書祀鄉賢有傳

嘉靖十七年戊戌
張鎬歷官巡撫宣府右僉都御史祀鄉賢有傳
嘉靖二十三年甲辰
趙宸歷官臨鞏兵備道祀鄉賢有傳
嘉靖二十九年庚戌
宋登任兵部主事祀鄉賢有傳
嘉靖三十三年癸丑
魏濟民任無爲州知州
嘉靖三十八年己未
郭天祿仕至山東按察司副使有傳
定興縣志　卷八　進士　四
隆慶二年戊辰
韋以誠仕至山西布政司參政　蔣遵箴原籍全州仕至南京光祿寺卿
胡汝欽仕至陝西按察司副使
萬歷八年庚辰
鹿久徵仕至江西道御史贈光祿寺少卿祀鄉賢有傳
萬歷十四年丙戌
楊繼先仕至陝西神木道副使　陳所見任戶部主事
萬歷二十年壬辰
蔡夢齊仕至太原府同知有傳
萬歷三十二年甲辰

王家賓仕至陝西右布政使有傳
萬歷三十五年丁未
耿好仁仕至巡撫甯夏右都御史兼兵部右侍郎有傳
萬歷四十一年癸丑
鹿善繼久徵孫仕至太常寺少卿贈大理寺卿祀鄉賢有傳
蔣士忠仕至貴州右布政
崇正元年戊辰
范文淑錫子任鹽城縣知縣
崇正十年丁丑
范士楫仕至吏部文選司郎中有傳以上康熙志
定興縣志　卷八　進士　五
國朝順治六年己丑　施肇元見進士題名碑錄
康熙二十一年壬戌　鹿賓陝西道御史祀鄉賢有傳
康熙二十四年乙丑
田得名任鳳縣知縣
康熙四十八年己丑
郭文元
康熙五十二年癸巳
石生暉任陝西咸陽縣知縣有傳
雍正二年甲辰
鹿謙吉任廣東合浦縣知縣有傳

雍正八年庚戌
鹿邁祖 仕至四川按察司副使有傳
乾隆二年丁巳
鹿遵祖 任正定府教授
乾隆七年壬戌
王太岳 歷官雲南布政使有傳
乾隆十年乙丑
鹿師祖 任山西樂平縣知縣調洪洞縣知縣
乾隆三十六年辛卯
張芬 欽賜翰林院檢討銜 以上乾隆志

嘉慶元年丙辰
李藩 內閣中書有傳
嘉慶十九年甲戌
鹿裕曾
同治元年壬戌 恩科
鹿傳霖 翰林院庶吉士今任陝西巡撫
光緒三年丁丑
王蕙吉 即用知縣任福建恆春縣知縣
光緒六年庚辰
鹿學良 刑部主事

光緒十二年丙戌
鹿瀛理 翰林院庶吉士今任編修
光緒十六年庚寅 恩科
張文煥 工部主事

按舊志有唐武后朝盧粲唐書涿人盧照鄰唐書范陽人盧藏用唐書涿人張智慧康熙志無盧鈞涿人盧履冰唐書范陽人肅宗朝盧景亮唐書范陽人德宗朝盧攜通志范陽人賈島唐書范陽人據唐詩紀事方干詩未及第而唐才子傳云及第憲宗朝張液范陽人文宗朝盧告通志范陽人甯宗朝盧宏同上哀帝朝盧導同上五代盧蔚甫通志無劉載宋太平興國三年張鑑宋史涿人藏英孫李及通志涿人

趙瓛涿人上交子宋史兄晙同舉進士景德二年劉宗望宋史云載子劉爽康熙志無紹興二年張九成宋史開封人遼開泰五年杜防遼史涿州歸義縣人重熙十九年楊遵勖遼史涿州范陽人清甯五年王鼎遼史涿州人牛溫舒遼史范陽人天慶八年趙元金天眷元年王建均通志作建中李慤通志涿州人王修然遼史王脩字脩然通志王脩涿州人以上二十九人府志刪今附後

舉人

明永樂六年戊子
田文 任兵科給事中　張軾 任戶科給事中
永樂九年辛卯
蔡欽　力勝
永樂十二年甲午
李福 山東按察僉事祀鄉賢有傳
永樂十八年庚子
王整 鴻臚寺序班　劉川
永樂二十一年癸酉

宋傑
宣德十年乙卯
任倫 麻城縣知縣
景泰元年庚午
石玉　崔奐 密雲縣知縣
景泰七年丙子
秦臻 鳳翔縣知縣
天順三年己卯
李翔鳳 荊州府同知　秦獻 延安府同知
李鳴鳳

成化元年乙酉
胡昂 朱興靈邱縣知縣康熙志作宋興
魏圜
成化四年戊子
蔡賢登州府推官 趙俊咸陽縣知縣陞同知
成化七年辛卯
趙瑄鄒平縣知縣
成化十年甲午
李高亞魁大同縣知縣 李文深有傳
成化十三年丁酉

定興縣志 卷八 舉人 九

魏昂
成化十六年庚子
魏宗舜曹州知州
成化十九年癸卯
王成太原府同知 杜瑛
宋昂
宏治二年乙酉
劉瓘原武縣知縣 楊滋
宏治十一年戊午
田景文

宏治十四年辛酉
任章旌德縣知縣
宏治十七年甲子
王堯封
正德十四年己卯
陳讜平遥縣知縣
嘉靖七年戊子
張鎬 劉沂應州知州
嘉靖十三年甲午
張舉府通判 趙宸

定興縣志 卷八 舉人 十

嘉靖二十八年己酉
宋登 魏濟民
嘉靖三十七年戊午
郭天祿大甯司學
嘉靖四十年辛酉
樊一夔府學汝甯通判
嘉靖四十三年甲子
韋以誠 王守定陶縣知縣
賈世康臨清州知州 胡汝欽
李志道代州知州

隆慶四年庚午
鹿久徵 樊尚言新泰縣知縣
萬歷四年丙子
范錫大同府同知有傳
萬歷七年己卯
馬鐸同官縣知縣陞同知 杜濯商河縣知縣
陳正心仕至淮安府同知有傳
萬歷十年壬午
楊繼先
萬歷十三年乙酉

定興縣志 卷八 舉人 十一

陳所見
萬歷十六年戊子
蔡夢齊 蔡應齊仕至登州府同知
萬歷十九年辛卯
耿哲仕至磁州知州
萬歷二十二年甲午
蔣士忠遵箴子由廣西籍中式
萬歷二十五年丁酉
王家賓
萬歷二十八年庚子

羅萬象 任至河南府同知

萬歷三十一年癸卯

蔣士龍 遵箴子由廣西籍中式

萬歷三十四年丙午

鹿善繼　　薛一鶚 蘭州知州有傳

耿好仁

萬歷三十七年己酉

李潤 龍遊縣知縣

萬歷四十年壬子

薛一鵾 太原府同知　　楊茂 靈寶縣知縣有傳

萬歷四十三年乙卯

薛一鳴 榮陽縣知縣

萬歷四十六年戊午

范士楫

天啟元年辛酉

鹿化麟 善繼子解元祀鄉賢有傳

天啟四年甲子

陳三章 黃州府通判　　范文淑

陳子啟

天啟七年丁卯

李定槃 臨洮府知府有傳

崇正六年癸酉

薛士琳

崇正九年丙子

鹿善治 庚辰特用不出　　田字 黃巖縣知縣

鹿盡心 安邑縣知縣祀鄉賢有傳

國朝順治十七年庚子

徐振釆 原名耿釆哲曾孫由江南和州籍中式按耿氏譜云字子亮後中康熙癸丑進士任東安縣知縣詹從孫徵君學府志進士不載詳見文錄韓菼贈序　以上康熙志

康熙二年癸卯

任正誼 任昌平州學正吳橋縣教諭

康熙十一年壬子

鹿班

康熙十七年戊午

鹿賓

康熙二十三年甲子

田得名

康熙二十六年丁卯

耿永年 振釆弟任固安縣教諭祀鄉賢有傳

康熙三十八年己卯

孫詵

康熙四十一年壬午

鹿聖啟 任任縣教諭　　鹿常吉 任固安教諭

康熙四十四年乙酉

郭文元

康熙四十七年戊子

崔因時 任湖南桂陽縣知縣有傳　　鹿聖敬 任江西分宜縣知縣有傳

鹿聖基 由河南籍中式官江南虹縣知縣

康熙五十二年癸巳

石生暉

康熙五十九年庚子

李賢杜 舉山西同考試官

雍正元年癸卯

鹿謙吉　　楊文喜 高縣知縣

雍正四年丙午

王應 任獲鹿縣教諭

雍正七年己酉

鹿邁祖　　苗銳

雍正十年壬子

鹿遵祖　　鹿師祖

雍正十三年乙卯
鹿緝祖 任西甯縣教諭
乾隆三年戊午
蔡潤
鹿泰吉 景山教習授文安縣教諭有才略通吏治大吏重之
乾隆六年辛酉
王太岳　鹿承祖 由西沁水陝西藍田縣知縣有傳
乾隆十五年庚午
鹿祖蔭 廣平府教授
乾隆十八年癸酉

任枚　趙吉芝 任河南盧氏縣知縣
張崇禮　畢沅 歸江蘇籍中庚辰進士授修撰官至湖廣總督
乾隆二十一年丙子
王勳　張遠
乾隆二十四年己卯
耿徵文
乾隆二十五年庚辰
張松齡　鹿璧
乾隆三十年乙酉
胡耀甲

乾隆三十三年戊子
趙吉藺
乾隆三十五年庚寅
李又泌　張芬 年八十欽賜舉人
乾隆三十六年辛卯
李擴芳
乾隆四十四年己亥
陸鑑　李甡
乾隆四十五年庚子
張浩

乾隆四十八年癸卯
張庭桂 任廣西興安縣知縣　趙粹
乾隆五十三年戊申
張謙泰
乾隆五十七年壬子
鹿蘊 任河間府訓導
乾隆五十九年甲寅
鹿裕曾
乾隆六十年乙卯
李藩

嘉慶五年庚申
鹿庭芳 任正定府教授　張錦洲 任宣化府教授
楊麃
嘉慶六年辛酉
鹿傳滂 揀選知縣　張允修
王谿 講明理學游其門者多知名士
嘉慶十二年丁卯
馬思裕 任江蘇邳州知州有傳
嘉慶十三年戊辰
于京 任清河縣教諭

嘉慶十五年庚午
馬鑑 孝友能文尤究心易學
嘉慶二十一年丙子
房其修 任內邱縣教諭
道光元年辛巳
鹿傳珣 揀選知縣品端行粹士多出其門下　鹿鍾理 任鹽山縣教諭
道光五年乙酉
鹿傳先 任至江西廣信府知府有傳
道光十二年壬辰
陳培艮 事異母兄盡禮所得修脯周恤鄉鄰

道光十九年己亥

李作乂

道光二十年庚子

鹿恂理任淶水縣訓導有傳

道光二十九年己酉

馬思中延慶州學正

咸豐五年乙卯

馬玉畢山西候補知縣

咸豐九年己未　恩科

鹿傳霖　吳寶訥山西石樓縣知縣

咸豐十一年辛酉

張保元任邱縣教諭

同治六年丁卯

劉宗向山東蓬萊縣知縣　甄琦大挑候選教諭

同治九年庚午

王惠吉

光緒元年乙亥　恩科

鹿學亘

光緒二年丙子

陳繩武

光緒五年己卯

田豐泰　高樹珠

光緒八年壬午

鹿學尊今任青縣教諭分纂畿輔通志　鹿名世今任鐵嶺縣教諭

光緒十一年乙酉

鹿瀛理

光緒十四年戊子

許夢松　張樹芳

光緒十五年己丑　恩科

張文煥　鹿興世

潘增綬

貢生

明

何靦縣丞　任禮鹽運司同知

趙昉教諭　蔡誠府同知

李遜按察司照磨　牛述推官

傅資縣丞　張璿縣丞

任彬經歷　李曇州判

白素縣丞　李忠仕至監察御史

魏本順天府治中　姬整主簿

焉祿縣丞　耿桓主簿

裴原主簿　魏河主簿

王恂縣丞　范得通澤州知州

張瓚典膳　杜閔照磨

馬智知縣　戈用光縣丞

楊善縣丞　楊昂淄川縣丞

劉朝宗知縣　范鰲麻城縣知縣

馬驥知縣　韋照按察司照磨

趙新推官　鄭珏府學貢

劉傑府學貢　趙玘主簿

蔡王知縣　李安縣丞

王鼎經歷　朱璧詹事府主簿

定興縣志　卷八　貢生　三十

甄諭 教諭
佟孜 訓導
魏守正 訓導
王燦
蔡澤
趙緒 主簿
樊景光 主簿
王逵 主簿
張秉 主簿
任紀 檢校
許大本 主簿
李燧 主簿
傅相 經歷
王亨 知縣
魏守文 狄道縣知縣
于棨 州判
任和 主簿
楊彬 宣慰司經歷
趙紘 縣丞
于英 縣丞
宋璵 監事
傅宗 許州吏目
劉震 主簿
張忠 州判
范志清 經歷
孟俊 主簿
蕭鵬 州判
張琛
劉繼宗 縣丞
劉緯 興縣知縣
谷雲
高遜志 百萬倉經歷
謝表
姬秀
魏瓚 訓導
韓文昌 教諭
李惟寅 主簿
張迪 經歷
李仁 教諭
楊濟

定興縣志　卷八　貢生　三十一

陳範 息縣訓導
任顯宗 王府教授
鄭漢 山陽縣縣丞
陳瑞 隴州吏目
許克愚 遼東都司斷事
田永昌
許大經 訓導
許鳳 訓導
胡昇 訓導
李思明 訓導
劉相 金縣知縣
張諒 訓導
蔡紹夔 東平州州判
李希思 石州同知祀鄉賢有傳
宋厚 中牟縣知縣
許弗如 曲沃縣知縣
何汝爲 洪縣知縣
苗彥登 太倉經歷
張璣 教諭
劉瑤 縣丞
高憲章 長山縣縣丞
梁序 剡縣縣丞
杜宗舜 德平縣知縣
楊思廣 由長平學貢任通判
許瑤 樂陵縣知縣有傳
張文簡 平涼通判
李希夔 教諭
李希稷 主簿
郭大綸 教諭
張三省 教諭
王琚 教諭
石璞 州判
趙漢 訓導
張天佑 訓導
石嶽 訓導
張燧
任天民 靈寶縣教諭有傳
傅湟 選貢縣丞
鍾起棠 訓導
張從魯

定興縣志　卷八　貢生　三十二

胡尙志 咸甯縣丞
王宇 訓導
張焴 訓導
王世強 訓導
楊白濂 縣丞
杜焴 訓導
毛衢
郭建中 主簿
胡自淑 訓導
任誠正 訓導
王沂 樂陵縣知縣
陳藻 訓導
范文源 選貢仕至工部員外郎有傳
田九錫 訓導
韓應元 教諭
楊守先 訓導
蔡茂暘 訓導
陳鍾秀 由順天府學貢考授知縣
楊劾先 訓導
賈傑 仕至鄭州知州
李鎬 教諭
楊三元 教諭
康宇 訓導
姚元德
苗國依 教諭
陳啓心
李湛 選貢崇正中新城縣知縣順治中稾城安東縣知縣
樊養賢 寶坻縣訓導
句應乾 教諭
王玲 訓導
于躍如 恩選順治中宜興縣丞
王節 醴縣知縣卒葬其地
杜泫 平谷縣教諭嗜讀書隱於酒
杭彬 訓導
張之俊 教諭
王來聘 府學貢丙子殉城
李茂暘 選貢順治中岐山縣知縣
杜振之
趙浚明

楊琦定州訓導　陶桂正定訓導
李澆順治中彰德府推官濟南府同知
國朝田信選貢蘄州州判改江南布政司照磨　杜越恩貢見選舉
李涓渭源縣知縣陞臨洮同知有傳　孫枝茂天津衛教授陞蘭州州判
許國璋訓導　陳大倫選貢太和縣知縣
許國藩恩貢通判　劉悍政和縣知縣
尙新民選貢湖廣郴州知州挂冠歸里　陳辰學訓導
陶崇儒　耿正選貢任鉅野縣知縣
蔡文衡　李鳴謙
范勳恩貢教習　田雋培

定興縣志　卷八　貢生　二四

許啟祥　杜韙
劉文助　田廣英拔貢
任猷龍　任士瑾新河縣訓導
王道興　蔚敬
田存芝　劉萬策
耿覲文　婁謹
王家正　陳策
任九軾　張學俊
和文斗　鹿聖模副貢
陳薑　崔奇琚

苗銳　李琇
杜効　張鵬奇
任宗尹　和鍾麟
馬瑛如　黨師孔
鄭之諶成安縣訓導　韋璿
鹿璟歲貢生　鹿重輪雍正癸卯拔貢
韓正欒　王維屏
田廣英　孫捷
蔡毓機　劉瓚
劉清泰　牛應舉贊皇縣訓導

定興縣志　卷八　貢生　二五

黃元玠鐵嶺縣教諭　蔡涵甯河縣教諭
李九獻　劉文炳
王璐　張雲鵬
張敬慶雲縣教諭　許逢泰
喬國漢　李景龍
李嗣孔　任應橋
王德昌曲陽縣教諭　張宏道
張自新良鄉縣訓導　王雲著有傳
田延琇　韓鳳翽
田日翼　黃允中元氏縣教諭

鹿祖晢拔貢仕至山東德州州同　陳孚
蕭承謨　崔允中
婁忻　王琨
耿成麟　鹿泰吉雍正乙卯拔貢
鹿荃乾隆乙酉拔貢仕至兩淮鹽運使有傳　許逢時
李霄翽　楊廷傑
王緒蓮　李又沆
鹿顯祖歲貢生靜海縣訓導　張濬
蔡文暉　鹿琪歲貢生廣昌縣訓導
姬思和　陸壎

定興縣志　卷八　貢生　二六

杜世楠　耿中權
李宵翽歲貢篤志嗜學遠近多問津焉　馬鑑恩貢
鹿奉曾歲貢　張溥雲乾隆辛酉拔貢任江西永豐縣知縣
劉際泰乾隆辛酉副貢　李芸閣
鹿亢宗嘉慶辛酉拔貢仕至廣東澳門同知有傳
鹿琬歲貢　劉文治
許蕙田　翟薰
劉純仁　張敬副貢慶雲縣教諭
鹿岱歲貢　鹿琳歲貢
房凝祚　鹿丕宗嘉慶癸酉拔貢仕至貴州都勻府知府陞

壯節有傳
鹿傳珣嘉慶癸酉拔貢　張鏞寅歲貢
張瑞麟歲貢　張震元恩貢
鹿傳先嘉慶己卯優貢　姬誠歲貢
牛沖霄道光乙酉拔貢　張鄰歲貢
李梅麟歲貢　温廷璠歲貢
李檀歲貢　張震田歲貢
李作肅歲貢　謝紳道光丁酉拔貢任廣東新會縣知縣署儋州知州同治七年以團練賞知州銜
鹿傳經歲貢　李逢瑾歲貢

耿鑑歲貢　鹿傳綸恩貢潛心理學方正朴誠
韓效奇恩貢　耿坦歲貢
馬思中道光丙午副貢　徐奎章歲貢
劉宗向道光己酉拔貢咸豐壬子副榜八旗教習
李春華恩貢　牛沖霨歲貢
李炳文歲貢　周世泰歲貢
陸鍾瑜恩貢　齊錦恩貢有傳
解懷珍恩貢有長者風從學甚衆　陸渠歲貢
李樹棠歲貢　趙元英歲貢
鹿敦理歲貢　蔡宗沆咸豐戊午副榜

鹿欣理咸豐戊午優貢任正定府平山縣訓導候選同知
趙連城歲貢　王琨歲貢
鹿傳敏歲貢　張保元咸豐己未副榜
谷慶雲恩貢　梁維翰歲貢
鹿學尊咸豐辛酉拔貢官學教習　劉文炳歲貢官順義縣訓導
紀思齊恩貢　鹿上理同治丁卯優貢選安徽貴池縣知縣
李祥麟歲貢　王化寬歲貢官奉天海城縣訓導
李聚奎同治丁卯副榜河南候補知縣　李珍歲貢
張瑞來歲貢　鹿學典同治庚午優貢山西夏縣知縣
郭景昌歲貢　鹿學陶同治癸酉拔貢

鹿學良同治癸酉副貢　高夢說歲貢同治丁卯勸捐施賑
張廷相歲貢　張孝銘恩貢
蔡培恩貢　姬顯歲貢
田襄歲貢　任席珍恩貢
耿玉璋恩貢　張湘恩貢
王道平歲貢　任寶徵光緒壬午優貢今任清河縣訓導
林振鐸恩貢　張逢源歲貢
張葆翰歲貢　潘增綬光緒乙酉拔貢考取八旗官學教習
蕭峻德歲貢　王柱歲貢
馬凌漢歲貢

武進士

明萬歷二年甲戌
許從謙南京左軍都督府都督僉事　薛虎臣選舉第一石門路參將
萬歷三十五年丁未
薛一鴻薊鎮都司
萬歷四十四年丙辰
李正芳京營遊擊　韋策陽和遊擊
萬歷四十七年己未
許顯純錦衣衛北鎮撫司
崇正四年辛未

許純誠濟甯守備贈昭勇將軍廕子有傳　王政文縣守備贈昭勇將軍廕子附傳
崇正十三年庚辰
耿兼武錦衣衛百戶順治初改延甯府左衛守備
崇正十六年癸未
許世德蒲州守備有傳
國朝順治九年壬辰
李植延綏甯塞堡專城守備
順治十二年乙未
楊士宏永州衛守備
順治十八年辛丑

耿一培兼武子仕至江甯遊擊有傳　楊令名士宏子蠹山守備
王志美邳州衛守備　王魁武志美子
康熙十五年丙辰
田廷績
康熙二十七年戊辰
鹿湊任廣東都司屢平盜賊以謀勇著
雍正元年癸卯
耿邦賢任陝西鳳翔府副將
乾隆十九年甲戌
劉秉龍侍衛仕至廣東高廉鎮總兵有傳　張廷教侍衛歷任山東撫標中軍參將
定興縣志　卷九　武進士　二
乾隆三十六年辛卯
許允毅任廣東永安協右營都司
光緒二年丙子
張鳳池侍衛任蒲河營都司

武舉人
明隆慶元年丁卯
羅龍
萬歷七年己卯
許鳴時
萬歷十九年辛卯
田應登　郭杜
宋詠
萬歷二十五年丁酉
韓汝聰　劉天祚
定興縣志　卷九　武舉人　三
萬歷二十八年庚子
薛一鴻　李實遠
任復亨　許顯謨康熙志云京衛
萬歷二十七年己酉
杜鑑
萬歷四十年壬子
李正芳
耿秉芳由文生中武舉丙子從王師南東順治二年任灤州知州
王欽　劉揚武
王家柱　高化大

任光遠　韋策
萬歷四十六年戊午
許顯純
天啟元年辛酉
馬三才　孫邦澤
天啟四年甲子
喬煥世　劉應科
天啟七年丁卯
許爾誠
崇正三年庚午
定興縣志　卷九　武舉人　四
耿英　喬粲世
宋邦柱　王政
胡希孟
崇正六年癸酉
李應龍　郭翼明有傳
劉之浚　粱之璋
王繼震　王嘉猷
許濬祺京衛
崇正九年丙子
秦之奚　鍾撫世

甯騰龍
崇正十二年己卯　高攀龍
耿兼武
馬雲程
崇正十五年壬午　董明
李建邦解元
許世德　李植
杭志履　葛鳴春
葛遂夏
國朝順治二年乙酉

定興縣志　卷九 武舉人　五

李機　王廷
孟國士　齊紱纖
苗興　張一元
史善政福甯衛千總　李鑑延平府左營中軍守備
順治五年戊子　高宏猷
楊士宏　梁桐梧州守備
蔡之芬　耿鴻功
耿權陳州衛守備　黃可樂運粮千總歷陞花馬池副將
耿之基有傳舊志三耿均注京衛
順治八年辛卯

張緯　耿世濟
石琢玉　張濬修
順治十一年甲午
張亮　郭三章
石崚　楊令名
順治十四年丁酉
張猷　李圻
張棟　王志美
許箴偏關中軍守備
順治十七年庚子

定興縣志　卷九 武舉人　六

王魁武　耿一培舊志注京衛
康熙十一年壬子
張鐄舊志注京衛　田廷績
康熙二十六年丁卯
田廷弼運粮千總陞鎮江衛守備　田彰千總陞龍門衛守備
康熙二十九年庚午
王成祿
康熙五十二年癸巳
耿郁文
康熙五十三年甲午

耿邦賢歷任陝西鳳翔府副將
康熙五十六年丁酉
田成章
康熙五十九年庚子
田廷球
乾隆六年辛酉
張永清　胡耀先
乾隆十七年壬申
劉耀龍　劉秉龍
乾隆十八年癸酉

定興縣志　卷九 武舉人　七

張廷教
乾隆二十四年己卯
白虎臣　和振剛
乾隆二十七年壬午
崔永清
乾隆三十年乙酉
許允毅
乾隆三十三年戊子
劉文炳
乾隆三十五年庚寅

任見龍
乾隆三十九年甲午
黨璘　崔景雲衛千總
乾隆四十二年丁酉
馬攀龍　張屏翰
乾隆四十九年甲辰
張謙良候選千總
乾隆五十一年丙午
馬延玉　任振甲

閆廷棟
嘉慶三年戊午
于國彥
嘉慶十二年丁卯
陳奉元任湖州衛千總
嘉慶十五年庚午
趙立元　馬錦
嘉慶十八年癸酉
趙啟元　于國樑

房嘉勳候選千總
道光五年乙酉
韓雲臺
道光十一年辛卯
馬鋭
道光十四年甲午
黃國泰任常州衛千總
道光十五年乙未
趙華齡　曹元彪

劉廷魁　劉鵬振

任振平

乾隆五十四年己酉

許龍雯　趙淵修

乾隆五十七年壬子

許廷棟

乾隆五十九年甲寅恩科

張蘭　許清吉

乾隆六十年乙卯

黃甫澄衛千總

嘉慶二十三年戊寅

王殿魁捐建張家莊粜善橋有碑記

嘉慶二十四年己卯

許瑞成湖南衛領運千總　馬承謙

嘉慶二十五年庚辰

許連城

道光二年壬午

陳培華運粮千總　張震遠咸豐癸丑同治丁卯兩次團練禦賊

道光十九年己亥

張珠　夏忠

劉毅　張雙保蘭子好施同治丁卯歲祲設粥厰濟人

道光二十年庚子

張清奇　夏溫

道光二十三年癸卯

趙雲昇　張鳳鳴

道光二十四年甲辰

許艮田新訪冊作艮臣

道光二十六年丙午

劉清瑞任湖北武昌黃州衛守備賞花翎三品銜

張環

道光二十九年己酉

張鳳翥

咸豐元年辛亥

趙振清

咸豐二年壬子

張豫晉江南衛千總

咸豐四年甲寅

定興縣志　卷九　武舉人　十一

許清吉

咸豐十一年辛酉

宋九成　張鳳翔保定營守備

同治六年丁卯

張鳳池雙保子

同治九年庚午

句吉祥　張鳳誥保定營守備

光緒二年丙子

白雲鵬

光緒五年己卯

李廷魁

光緒十一年乙酉

祖世勳　李廷蘇

定興縣志　卷九　武舉人　十二

民国二十年（一九三一）《定兴县新征志料》进士、举人、贡生（秀才）补录

進士

東落堡村張文煥光緒己丑科舉人庚寅科進士

舉人

張世傑北章村人前明戊午舉人曾任山東諸城縣知縣

孟恩第究室村人己丑科舉人

喬振岐辛卯舉人

王履泰甲午舉人内閣中書

揚振邦甲午舉人

鹿福世丁酉舉人

李元超壬寅舉人

馬玉泉壬寅舉人内閣中書

董景勲師範畢業舉人禮部司務

東平堽村王吉祥字興國辛卯科武舉

劉會同易上村人丁酉科武舉人光緒二十七年卒

貢生

王澍涵字慰農西各莊人丁酉科副貢候選州判

張鶴峯光緒癸巳科副榜任本縣高小學校漢文教員多

年於民國九年勞病卒

王炳文拔貢七品小京官

馬惠泉優貢法律畢業大理院八品錄事

孟鴻逵究室村人光緒己酉科拔貢

王道平廪貢生

張筠廪貢生

楊清字潤齋廪貢生

王福泰副貢生

百年青史　百年梦想（后记）

《桂花榜》一书，经过一年多的努力就要付梓了。这是定兴文化史上的一件大事，又是有关科举制度一部新的文献。

定兴是全国文化先进县，有着悠久的历史和丰富的文化。近年来，在定兴县委、县政府领导下，定兴经济蓬勃发展，文化事业方兴未艾。

定兴鹿氏是名门望族，明清时期出了三十三名举人、十二名进士，历史上出现了鹿久徵、鹿正、鹿善继、鹿化麟、鹿荃、鹿丕宗、鹿传霖等鹿氏名人。多年来，我和定兴鹿氏后人鹿耀世、鹿贞全等人有着密切联系，收集整理了《鹿善继年谱》《定兴鹿氏名人传》《鹿传霖荣哀录》《鹿文拾遗》《鹿文荟萃》《笑花轩笔记》等，在编辑整理过程中深深体会到鹿氏文化的博大精深。鹿氏文化所展示的不仅是定兴鹿氏文化史，也是定兴文化史，填补了明清时期定兴文化的空白。

《桂花榜》的编著正值全国人民抗击新冠疫情时期。这场突如其来的疫情从二〇二〇年春节开始迅速蔓延，在党中央、国务院和习近平总书记指挥下，全国人民万众一心，众志成城，展现出强大的民族凝聚力和团结进取的爱国精神，取得了抗击疫情的伟大胜利。疫情期间，我对此书的编著进行了思考，利用两个多月的时间完成了初稿。在编著过程中得到了定兴鹿氏后人鹿子山等人的大力帮助。鹿子山，又名鹿贞全，一九三九年生，今已年过八旬，长期以来热衷于定兴鹿氏文化的研究，积累了大量资料。自二〇〇〇年出版《范阳风》至今我们相识已有二十年，二〇一九年三月我们又去山东烟台参加了全国鹿氏文化研讨会，把定兴鹿氏文化研究的成果带到会上，提高了定兴的知名度。

回望历史，感慨万千。书中的鹿传霖、张之洞都是晚清重臣，他们既是举人、进士，又是废除科举制度的决策者。实行一千多年的科举制度的废除是一个痛苦抉择的过程，他们看到了科举制度的弊端，做了正确的抉择，为现代教育制度的发展奠定了基础。今年清明时节，我到定兴西江村鹿氏墓地凭吊，看到了北京的鹿涛先生为其几代先祖鹿传先、鹿恂理、鹿学尊、鹿学良、鹿名世、鹿兴世等人竖起的墓碑，浮想联翩，他们正是我在《桂花榜》中所记载的举人、进士的一部分，他们志存高远，在桂花飘香的时节都金榜题名，都是百年前的风流人物。作为定兴鹿氏后裔，他们是鹿荃最近的一支，随鹿荃迁到定兴县城居住，去世后葬在了定兴田侯村墓地。『文革』中，定兴城内鹿氏祠堂、田侯墓地被夷为平地，鹿氏宅院也随着古城改造逐步拆除。

二〇二〇年五月二十一日，我去定兴贤寓村调研，采访了九十二岁高龄的王士通老人。王士通是进士王惠吉的后代。王惠吉是清同治九年（一八七〇）举人，光绪三年（一八七七）进士，曾任福建恒春知县，其叔曾祖王洁也是清嘉庆六年（一八〇一）的举人，可谓文化世家。王洁讲习理学，门生很多，其中不乏知名人士。王士通老人给我讲述了王惠吉及其家族的事迹。贤寓王氏家族古时有许多旧藏，『文革』中逐渐散失。恰巧，当天下午我去西李家庄采访，无意中又见到了进士王惠吉珍藏的失散多年的清光绪八年鹿学尊及其儿子鹿名世同榜的乡试（举人）卷，非常兴奋，在我正编著《桂花榜》的时刻，它们的出现似乎是上天的眷顾，又纯属偶然……

百年历史，百年人生，百年梦想。在近代中国一百多年的时间里，发生了许多翻天覆地的变化，无论是凡夫俗子的衣食住行，还是人们的举止风范，无论是家庭邻里的风俗习惯，还是国家的典章制度，都和过去列祖列宗男耕女织的时代大不相同了。二十世纪以前的小脚、辫子、长袍、马褂和科举考试已被时代的洪流远远地甩在了身后。近现代的发展变化当然会相应引起人们观念上的变化，我们可以观察到，电子仪器改变了我们的时间观念，高铁、飞机等现代交通工具改变了我们的地理观念，卫星、北斗导航改变了我们的时空观念，现代考试制度已取代了旧时的科举制度，在选人、用人制度等方面有更大的发展，等等，这些变化都是中国社会进步的表现，是历史的必然。总结回顾百年历史，记述科举制度变迁，对于今天的改革开放和今后的不断发展进步有着重要的意义。

需要说明的是，我作为长期在文艺战线奋战的一名老兵，多年来整理出版了《范阳风》《范阳潮》《义慈惠石柱》《黄金台》等书籍，与河北大学出版社结下了不解之缘。早在二〇〇〇年我和时任中共定兴县委常委、宣传部长李云峰在河北大学出版社出版《范阳风》时就结识了朱文富社长、马力总编及赵谦、王红梅等编辑。长期以来，是他们的辛勤劳动，才使我编著的书稿得以顺利出版。朱文富博士和李云峰是大学同学，在朱博士的帮助下，我和李云峰部长合作的第一部书《范阳风》于二〇〇〇年十二月顺利出版。李云峰部长是山西平陆人，一九六五年出生，可惜在二〇〇五年三月病逝，时年四十岁。这次《桂花榜》的出版，使我有机会与河北大学出版社及朱社长进一步合作，也是对李云峰部长的怀念和慰藉。

时光荏苒，日月如梭。我们留不住已经逝去的时光，只有加倍努力，写出更多更好的作品告慰先人、回报社会。感恩我们的党、我们的祖国、我们的时代给我们创造了美好的时光，同时对在《桂花榜》一书中做出贡献的人士表示深深的感谢和敬意。

由于学疏才浅，难免有不妥之处，请广大读者和专家不吝赐教，批评指正。

作者于二〇二〇年十二月三十日

出 版 人：朱文富
封面题字：王振林
责任编辑：王殊宁
装帧设计：赵 谦
责任校对：王亚薇
责任印制：常 凯

图书在版编目（CIP）数据

桂花榜 / 王振林主编 . -- 保定 ：河北大学出版社，2021.2

ISBN 978-7-5666-1779-8

Ⅰ . ①桂… Ⅱ . ①王… Ⅲ . ①举人－列传－定兴县－清后期 Ⅳ . ① K827=52

中国版本图书馆 CIP 数据核字 (2021) 第 001272 号

GUI HUA BANG

出版发行：河北大学出版社
地址：河北省保定市七一东路2666号 邮编：071000
电话：0312-5073003 0312-5073029
网址：www.hbdxcbs.com
邮箱：hbdxcbs818@163.com
印 刷：保定市正大印刷有限公司
幅面尺寸：185 mm × 285 mm
字 数：90千字
印 张：20
版 次：2021年2月第1版
印 次：2021年2月第1次印刷
书 号：ISBN 978-7-5666-1779-8
定 价：129.00 元

如发现印装质量问题，影响阅读，请与本社联系。
电话：0312-5073023